CIÊNCIAS da Natureza 6

VERSÃO BETA

CB137932

CIÊNCIAS da Natureza 6

VERSÃO BETA

ARMÊNIO UZUNIAN

Mestre em Ciências na área de Histologia pela Universidade Federal de São Paulo

Médico pela Universidade Federal de São Paulo

Professor e Supervisor de Biologia em cursos pré-vestibulares na cidade de São Paulo

ERNESTO BIRNER

Licenciado em Ciências Biológicas pelo Instituto de Biociências da Universidade de São Paulo

Professor de Biologia na cidade de São Paulo

JOSÉ EDUARDO REZENDE

Bacharel em Física pela Universidade Estadual de Campinas

Coordenador e professor de Física, Química e Matemática em escolas particulares e cursos pré-vestibulares

Trabalha com projetos de formação continuada de professores da rede privada

MARLON WRUBLEWSKI

Mestre em Ciência e Engenharia de Materiais pela Universidade Federal do Paraná

Licenciado em Física pela Universidade Federal do Paraná

Professor de Física em cursos de graduação em Engenharia na Pontifícia Universidade Católica do Paraná

Professor de Física do Ensino Fundamental e Médio

editora HARBRA

Direção Geral:
Julio E. Emöd

Supervisão Editorial:
Maria Pia Castiglia

Edição de Texto:
Carla Castiglia Gonzaga

Programação Visual e Capa:
Mônica Roberta Suguiyama

Editoração Eletrônica:
Neusa Sayuri Shinya

Assistente Editorial:
Darlene Fernandes Escribano

Fotografias da Capa:
Shutterstock

Impressão e Acabamento:
Gráfica Forma Certa

CIP-BRASIL. CATALOGAÇÃO NA PUBLICAÇÃO
SINDICATO NACIONAL DOS EDITORES DE LIVROS, RJ

C511

Ciências da natureza : 6º ano : versão beta / Armênio Uzunian ... [et al.]. - 1. ed. - São Paulo : HARBRA, 2024.
254 p. : il. ; 28 cm. (Ciências da natureza)

Inclui bibliografia
ISBN 978-85-294-0583-4

1. Ciências - Estudo e ensino (Ensino fundamental). I. Uzunian, Armênio. II. Série.

CDD: 372.35
23-87158 CDU: 373.3.016:5

Meri Gleice Rodrigues de Souza - Bibliotecária - CRB-7/6439

Ciências da NATUREZA – 6º ano – versão beta
Copyright © 2024 por editora HARBRA S.A.
Rua Mauro, 400
04055-041 – São Paulo – SP
Tel.: (0.xx.11) 5084-2482. Site: www.harbra.com.br

Todos os direitos reservados. Nenhuma parte desta edição pode ser utilizada ou reproduzida – em qualquer meio ou forma, seja mecânico ou eletrônico, fotocópia, gravação etc. – nem apropriada ou estocada em sistema de banco de dados, sem a expressa autorização da editora.

ISBN 978-85-294-0583-4

Impresso no Brasil *Printed in Brazil*

PREFÁCIO

Prezado estudante:

É com prazer que lançamos uma coleção que valorizará sempre a sua intensa participação e incentivará o conhecimento das Ciências da Natureza com ética, responsabilidade, estimulando o respeito a si próprio e ao outro. Dirigiremos nossas abordagens principalmente ao princípio da valorização do meio ambiente e incentivaremos sempre que possível a sustentabilidade ambiental de forma responsável, conscientes de que é preciso interagir e efetuar um trabalho em conjunto, com ênfase na ética e na cidadania, sempre com a meta de formar cidadãos responsáveis e participativos.

Nesta coleção, valorizaremos insistentemente o processo investigativo e questionador, sempre recorreremos à contextualização dos conhecimentos, e utilizaremos as Ciências da Natureza para incentivá-lo a tomar decisões frente a questões científicas, tecnológicas e socioambientais, com respeito à saúde individual e coletiva. Enfatizaremos os princípios éticos, democráticos, sustentáveis e solidários. Para isso, é preciso reconhecer a importância da transversalidade e a integração dos conhecimentos de Química, Biologia e Física, e mostrar que as novidades derivadas dessas áreas contribuem para formar cidadãos participativos, questionadores e difusores de boas práticas diárias de respeito ao meio ambiente e às pessoas que nos cercam, valorizando a diversidade de indivíduos e grupos sociais, sem preconceitos de qualquer natureza.

Nós, professores, precisamos levar em conta a opinião dos nossos alunos. Precisamos valorizar a sua opinião, necessitamos de sua conhecida capacidade de observar fenômenos, propor hipóteses, fazer perguntas, planejar e realizar atividades que permitam a perfeita compreensão dos fenômenos que ocorrem à sua volta. Esse é um dos importantes diferenciais da presente obra – contar com a participação dos estudantes. Esse foi o desejo da editora HARBRA e dos autores, também professores, ao lançar a presente coleção de Ciências destinada aos alunos do Ensino Fundamental de nosso país e que se enquadra perfeitamente bem às novas orientações geradas pela Base Nacional Comum Curricular.

Os autores.

APRESENTAÇÃO DA COLEÇÃO

Organização do volume

2 Linguagem adequada à faixa etária dos alunos
Textos escritos em linguagem acessível, de modo a facilitar a compreensão dos conceitos.

1 Unidades organizadas segundo a BNCC
A abertura de cada unidade assim como de cada capítulo, com fotos motivadoras e texto cuidadosamente preparado, visam captar a atenção dos alunos, apresentando-os ao conteúdo a ser estudado e sua relação com o cotidiano.

Quadros à margem do texto estimulam a interação dos alunos com o conteúdo

3 Fique por dentro!
Pequenas curiosidades motivadoras sobre o tema em pauta.

4 Descubra você mesmo!
Neste momento, os alunos são convidados a pesquisar em livros da biblioteca ou por meio eletrônico, hoje praticamente ao alcance de todos, para descobrir respostas a atividades propostas.

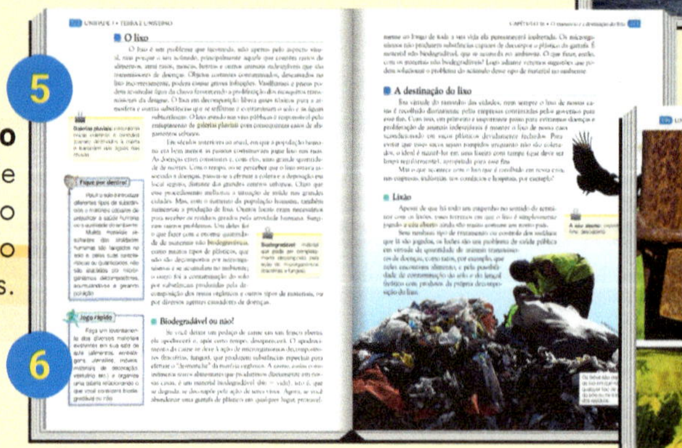

5 Glossário
Nova oportunidade para enriquecer o vocabulário dos leitores.

6 Jogo rápido
Perguntas simples sobre o tema que acabou de ser exposto, cujas respostas podem estar no próprio capítulo ou já fazer parte do repertório dos alunos.

Lembre-se
São destacados do corpo do texto dados e informações relevantes que os alunos não podem deixar de contemplar.

Complementando a teoria, quadros apresentam uma diversidade de situações em que o tema em estudo é aplicado

7 De olho no planeta

Meio ambiente, Sustentabilidade e Ética & Cidadania

Neste quadro, a importantíssima questão socioambiental, tema da atualidade, é abordada, em seus três pilares, objetivando o desenvolvimento da capacidade de atuação no e sobre o mundo, importante ao exercício pleno da cidadania.

8 Estabelecendo conexões

Cotidiano, Interdisciplinaridade e Saúde

Quadros que integram os temas abordados no capítulo com outras áreas do conhecimento, situações do cotidiano e saúde.

9 É sempre bom saber mais!

Destacados do corpo principal do texto, esses sempre interessantes aprofundamentos podem ser abordados em sala de aula a critério do professor.

12 Nosso desafio

Ao fim do capítulo, atividade de construção de mapas de conceitos.

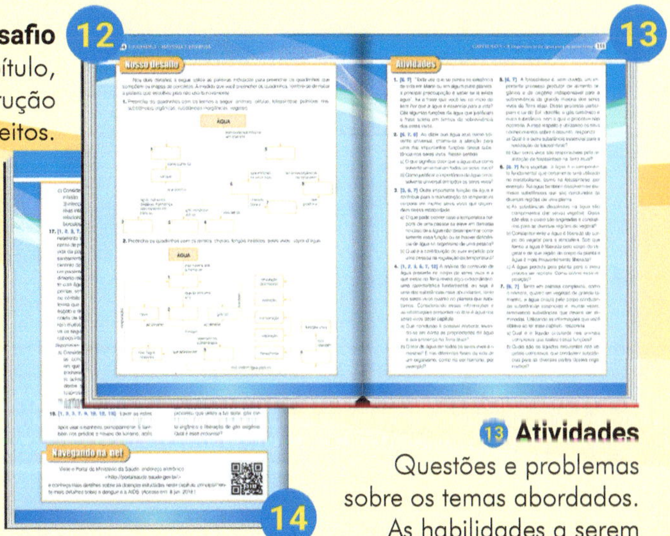

10 Entrando em ação!

Práticas que não precisam de laboratório para serem realizadas.

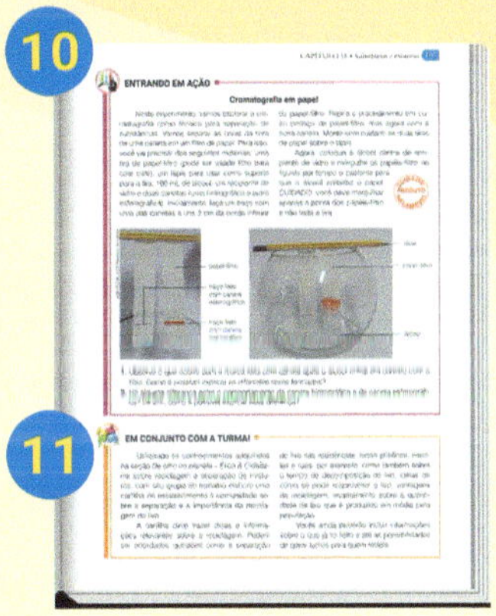

11 Em conjunto com a turma!

Atividades facilitadoras de integração e interação entre os membros da equipe. Estimulam o interesse e a curiosidade científica, permitem definir problemas, levantar, analisar e representar resultados, comunicar conclusões e propor intervenções.

13 Atividades

Questões e problemas sobre os temas abordados. As habilidades a serem desenvolvidas em cada atividade estão indicadas entre colchetes no início de cada uma.

14 Navegando na net!

Sugestão de *sites* relacionados ao tema do capítulo.

Ao final de cada unidade

15 Leitura

Enriquecendo a unidade, uma leitura direcionada, seguida de uma ou mais questões para reflexão, é mais uma oportunidade para estimular os alunos a investigar sobre os temas apresentados.

16 *Tecnews*

Leitura em formato de revista científica. Inclui sugestão de pesquisa, oportunidade em que os alunos podem utilizar ferramentas, inclusive digitais, para coleta, análise e representação de dados.

CONTEÚDO

INTRODUÇÃO 12

- O estudo das Ciências da Natureza 13
- Como a Ciência trabalha 16
  - Já aconteceu com você? 16
  - Generalização e elaboração de teorias 18

Nosso desafio 19
Atividades 20

UNIDADE 1 Vida e EVOLUÇÃO 23

capítulo 1 AS CARACTERÍSTICAS DOS SERES VIVOS 24

- As substâncias químicas presentes nos seres vivos 26
- Metabolismo 26
- Organização celular 27
- Ciclo vital 29
  - Reprodução 30

Nosso desafio 32
Atividades 33

capítulo 2 A ORIGEM DOS SERES VIVOS 37

- A ideia de geração espontânea (abiogênese) 38
- Francesco Redi: a crença na biogênese 38
- Louis Pasteur e o triunfo da biogênese 40
  - O experimento de Pasteur 40
- O surgimento de vida na Terra 40
  - A hipótese de Oparin e Haldane 41
  - O experimento de Miller e Urey 41
  - Os primeiros seres vivos 42

Nosso desafio 44
Atividades 44

capítulo 3 A "FÁBRICA" CELULAR 49

- Introdução à Citologia: estudo das células ... 50
  - O tamanho das células 51
  - Microscópios: auxiliares do olho humano . 51
  - Microscópio eletrônico: visualização das células em detalhe 52
- A estrutura de uma célula animal: membrana plasmática, hialoplasma e núcleo 52
- Célula vegetal e diferenças em relação à célula animal 54
- A célula bacteriana 56
- Estrutura do DNA 57
  - Por que as células se dividem 57

Nosso desafio 58
Atividades 59

capítulo 4 O ESTUDO DOS TECIDOS 62

- De células a organismo 63
- Tecido epitelial 64
- Tecidos conjuntivos 65
  - Tecidos conjuntivos especializados 67

- Tecido adiposo 67
- Tecido cartilaginoso 68
- Tecido ósseo 69
- Tecido sanguíneo 71

Tecido muscular 74
Tecido nervoso 76
Nosso desafio 78
Atividades 79

capítulo 5 MOVIMENTO E COORDENAÇÃO 82

A vida depende de organização e equilíbrio 83
Ação conjunta de vários sistemas e a coordenação dos movimentos 83
Neurônio: corpo celular e prolongamentos 86
- Nervos: feixes de "fios" condutores 87
- Bainha de mielina 87
- As sinapses e a propagação dos impulsos nervosos 89
- Tipos de neurônio 90

A organização do sistema nervoso 91
Drogas psicoativas 92
- Tipos de drogas psicoativas 92

Nosso desafio 93
Atividades 94

capítulo 6 SISTEMAS ESQUELÉTICO E MUSCULAR 96

O sistema esquelético humano e suas funções 97
Principais ossos do esqueleto humano 97
- Ossos da cabeça 98
- Ossos do tronco 98
- O esqueleto dos membros 100

Articulações 102
O sistema muscular humano e suas funções 104
- Alguns músculos do corpo humano 105
- O tecido muscular estriado esquelético 106

Integração sistemas locomotor, nervoso e muscular 109
Nosso desafio 111
Atividades 112

capítulo 7 ÓRGÃOS DOS SENTIDOS 116

Receptores sensoriais 117
A pele e o tato 117
A língua e o gosto dos alimentos 118
O nariz e a captação dos odores 120
Orelhas e audição: captação das ondas sonoras 121
- Os canais semicirculares e o equilíbrio do corpo 125

Olhos e visão 125
- Formação da imagem 128
- Problemas de visão mais frequentes 129
  - Miopia 129
  - Hipermetropia 130
  - Presbiopia 130
  - Astigmatismo 131

Nosso desafio 132
Atividades 133
Navegando na net 134

capítulo 8 VÍRUS E BACTÉRIAS 135

Vírus: seres vivos ou não? 136
Reprodução dos vírus 137
Como nosso organismo combate os vírus 138
- Vacinação: um modo de imunização artificial 138

Doenças causadas por vírus 140
- Gripe e resfriado comum 140
- Sarampo e catapora 141
- Dengue 141
- Febre amarela 142

- AIDS 143
- Covid 143
- Reino Monera 146
- A célula bacteriana 146
  - A forma das bactérias 146
  - Nutrição e respiração bacterianas 148
  - Reprodução das bactérias 148
- A importância das bactérias 148
  - Decomposição 149
  - Fixação do nitrogênio 149
  - Em associação com outros seres vivos 149
  - Importância econômica 150
  - Biotecnologia 151
- Doenças causadas por bactérias 151
  - Cólera 151
  - Leptospirose 151
  - Disenteria bacteriana (salmonelose) 151
  - Tuberculose 151
  - Febre maculosa 152
  - Tétano 152
- Cianobactérias 154
- Água: importante para a vida 154

Nosso desafio 155
Atividades 156
Navegando na net 159

capítulo 9 — FUNGOS, PROTOZOÁRIOS E ALGAS 160

- Reino Fungi 161
  - Características dos fungos 161
    - Como os fungos se nutrem? 162
    - A reprodução dos fungos 163
  - A importância dos fungos 163
    - Decomposição 163
    - Fermentação 163
    - Produção de antibióticos 165
    - Fonte de alimentos 165
    - Associações benéficas: mutualismos 166
    - Associação prejudicial: parasitismo 167
- Reino Protista (ou Protoctista) 167
  - Os protozoários 167
    - Doenças causadas por protozoários 169
  - As algas 173
    - A importância das algas 175

Nosso desafio 176
Atividades 177
Leitura 182
Tecnews 183

UNIDADE 2 — Matéria e ENERGIA 185

capítulo 10 — AS MUDANÇAS DA MATÉRIA 186

- Matéria e energia 187
  - Como medir a matéria? 188
- Os estados físicos da matéria 189
  - Por que a matéria se transforma? 190
  - Tipos de transformação da matéria 192
- De que é feita a matéria? 194
  - Os átomos são divisíveis 194
  - Os átomos não são todos iguais 194

- Moléculas ... 195
- Como os átomos ou as moléculas se comportam no interior da matéria? ... 195

Nosso desafio ... 197
Atividades ... 198

capítulo 11 SUBSTÂNCIAS E MISTURAS 201

- Métodos de separação ... 202
- Substâncias puras e misturas ... 203
- Processos de separação dos componentes de uma mistura e suas aplicações ... 208
  - Filtração ... 208
  - Catação ... 209
  - Peneiração (tamisação) ... 210
  - Levigação ... 210
  - Ventilação ... 210
  - Separação magnética ou imantação ... 211
  - Flotação (sedimentação fracionada) ... 211
  - Dissolução fracionada ... 211
  - Decantação ... 212
  - Centrifugação ... 213
  - Evaporação ... 214
  - Destilação simples ... 214
  - Destilação fracionada ... 215
  - Cromatografia ... 216
- Transformações químicas ... 218
  - Evidências de transformações químicas ... 220
- Materiais naturais e sintéticos ... 221

Nosso desafio ... 222
Atividades ... 223
Leitura ... 226
Tecnews ... 227

UNIDADE 3 Terra e UNIVERSO 229

capítulo 12 A IMPORTÂNCIA DO SANEAMENTO BÁSICO 230

- Afinal, o que é "saneamento básico"? ... 231
- Quando não há estações de tratamento de água e de esgoto ... 231
  - Uma noção fundamental ... 233
  - O sistema de distribuição de água potável ... 234
    - Captação e tratamento de água ... 235
    - Tratamento de esgoto ... 236
- O lixo ... 238
  - Biodegradável ou não? ... 238
- A destinação do lixo ... 239
  - Lixão ... 239
  - Aterro sanitário ... 240
    - Metano: gás resultante da decomposição do lixo ... 240
    - Chorume: uso como fertilizante ... 241
  - Compostagem ... 242
  - Incineração ... 242
  - Reciclagem ... 243

Nosso desafio ... 246
Atividades ... 247
Navegando na net ... 251
Leitura ... 252
Tecnews ... 253

Bibliografia ... 254

INTRODUÇÃO

Você observa o mundo à sua volta e começa a se perguntar: do que é feito o nosso planeta? Você vê que há uma enorme diversidade de seres vivos adaptados a determinados ambientes. Quais são as características básicas desses seres, o que há de comum em todos eles? Será que esses organismos existem só em nosso planeta ou haverá vida além dele? Como seria a viagem ao interior da Terra, que substâncias e materiais seriam nele encontrados? O que possibilita a existência de vida como a conhecemos?

Essas e outras tantas perguntas relacionadas às ciências naturais fazem parte de nossa vida – seres curiosos que somos – e de tantos cientistas que buscaram explicar os fenômenos naturais à nossa volta. Com o conhecimento, com o desenvolvimento científico, modificaram-se as sociedades. As tecnologias voltadas às Ciências da Natureza tornaram-se relevantes na produção de alimentos, de medicamentos, na preservação do meio ambiente, no desenvolvimento sustentável, entre tantas outras aplicações.

A Ciência é uma construção humana e, se humanos somos, queremos incentivar vocês, estudantes, a pensar sobre os fatos da natureza. Queremos que se posicionem com respeito a questões científicas, tecnológicas e socioambientais; que estejam atentos à saúde individual e coletiva, assim como à valorização do meio ambiente, à sustentabilidade do planeta. Queremos que estejam conscientes de que é preciso interagir e efetuar um trabalho em conjunto, valorizando a busca pelo conhecimento com ênfase na ética, sempre com respeito à diversidade de indivíduos e de grupos sociais, sem preconceitos de qualquer natureza.

WAVEBREAKMEDIA/SHUTTERSTOCK

O estudo das Ciências da Natureza

Uma das preocupações atuais dos cientistas é saber se existe vida em Marte. Tamanha preocupação tem sentido na medida em que os recursos da Terra atual podem vir a se esgotar em vista do futuro excesso populacional. Quem sabe seria possível a obtenção dos mesmos recursos provenientes daquele planeta?

Outra justificativa para essa busca seria relativa à composição da vida em Marte. Será que lá também o desenvolvimento da vida seguiu os mesmos passos que se supõe tenham sido seguidos na Terra? Exagero pensar nesses temas? Pois é assim que a Ciência trabalha, por meio de pesquisas que visam a encontrar respostas de fenômenos que frequentemente são observados por nós seres humanos e que tentamos a todo custo esclarecer. E pensar que a Ciência, no passado, era dotada de poucos instrumentos, que dificultavam o encontro de respostas esclarecedoras pelos assim denominados filósofos e cientistas...

Fique por dentro!

A palavra "ciência" deriva do latim *scientia*, que significa conhecimento.

É só pensar, por exemplo, nos tempos em que indivíduos de nossa espécie eram considerados caçadores/coletores e caminhavam sem parar por diversos ambientes à procura de alimentos e locais de repouso. Progressivamente, porém, surgiram as comunidades de seres humanos e, com elas, as primeiras manifestações da chamada **agricultura primitiva**, por meio da qual eram produzidos alimentos essenciais à sobrevivência. Hoje, com os recursos tecnológicos disponíveis, a agricultura está praticamente "mecanizada" e, quem sabe, em um futuro próximo, será totalmente automatizada com o objetivo de produzir alimento para bilhões de pessoas.

E o que a Ciência tem a ver com tudo isso? Pois foi justamente a partir do trabalho incessante dos cientistas que esses e outros progressos foram obtidos. Pensemos, por exemplo, nas primeiras cirurgias e seus instrumentos realizadas por médicos de séculos passados e comparemos com o que ocorre hoje, em que é comum "cirurgias robóticas", ou seja, com a utilização de máquinas "chamadas de robôs" sem a interferência direta das mãos do cirurgião. Este é outro exemplo do progresso da Ciência em benefício da nossa espécie.

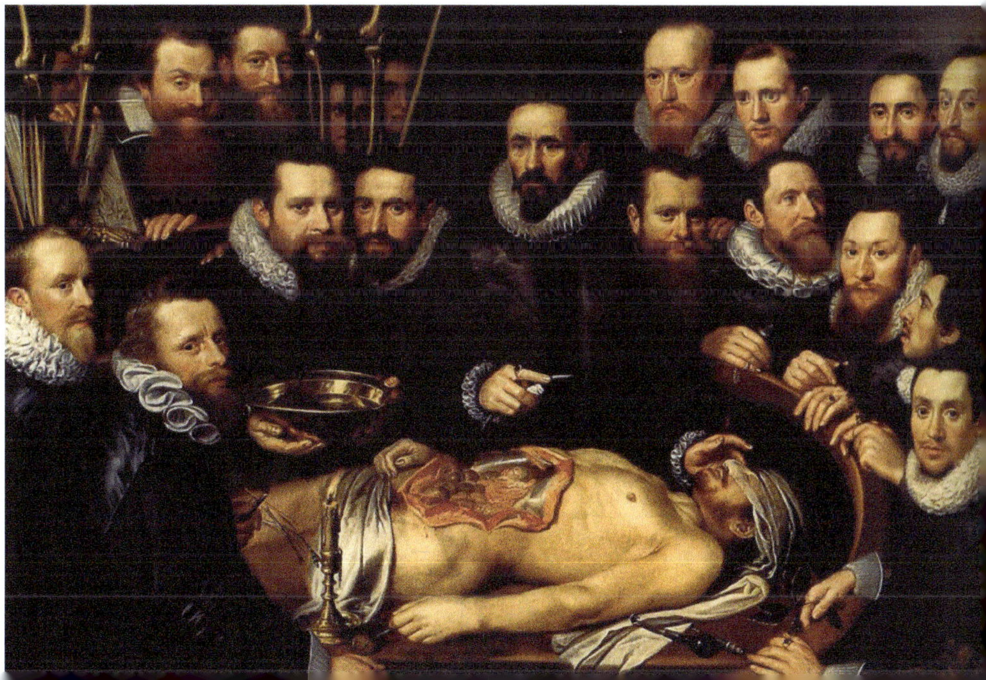

Pintura do holandês Michiel Jansz van Miereveld (1567-1641), intitulada *Aula de Anatomia do Dr. Willem van der Meer*, 1617, uma das primeiras obras do gênero na pintura da Holanda. (Óleo sobre tela, 144 cm × 198 cm. Gemeente Musea, Haia, Holanda.)

Galileu, Galilei. Gravura da coleção Meyers Lexicon (21 volumes, 1905-1909).

NICKU/SHUTTERSTOCK

E o que dizer, então, das hipóteses a respeito da posição da Terra em relação ao Sol e a outros planetas? Foi célebre e histórica a discussão efetuada pelo físico e matemático italiano Galileu Galilei (1564-1642) ao não concordar com posições anteriormente defendidas pelos filósofos Aristóteles e Cláudio Ptolomeu. Este último propunha a ideia do chamado **geocentrismo**, ou seja, de que a Terra ocupava o centro do Sistema Solar, opinião totalmente contrária à de Galileu, que acreditava que nosso planeta simplesmente girava ao redor do Sol e estava sujeito às leis da gravidade. Para comprovar sua tese, diz-se que Galileu subiu até o alto da torre de Piza, na Itália, e de lá soltou objetos: analisando a queda desses objetos, propôs a existência de **efeitos da gravidade** sobre os corpos, ou seja, independentemente de suas massas, eles chegariam ao solo ao mesmo tempo (desprezando-se a resistência do ar), ao contrário do que pensava Aristóteles, que objetos pesados cairiam antes do que objetos leves.

DARIOS/SHUTTERSTOCK

Torre inclinada de Piza, Itália.

CREATIVE COMMONS

Cláudio Ptolomeu, matemático e astrônomo grego (gravura do século XVI).

No modelo de Universo de Ptolomeu, a Terra ocupa o centro do Sistema Solar. Gravura de Andreas Cellarius, cartógrafo holandês,1660.

Esses fatos todos mostram que a Ciência atravessou vários períodos até atingir-se a chamada **Revolução Científica**, a partir da qual hoje podemos dizer que as conquistas tecnológicas permitem que, entre outros exemplos, investiguemos a suposta existência de vida em outros planetas, adotemos métodos mais eficientes de cultivo de alimentos, possamos realizar cirurgias de modo mais seguro com a utilização de instrumentos mais adequados, sintetizemos medicamentos mais eficientes contra inúmeras infecções bacterianas e virais e, ainda, criemos mecanismos de comunicação e pesquisa rápida, tais como celulares e *tablets*, que permitem o envio de mensagens com rapidez impressionante entre pessoas.

A utilização crescente de computadores de última geração favoreceu a ideia hoje muito valorizada da chamada **Inteligência Artificial (IA)** que, por meio da criação de **algoritmos**, permitirá melhor compreensão de vários fenômenos, entre eles alterações da saúde humana, como vários tipos de câncer, o que permitirá melhor avaliação e tratamento mais adequado, com benefício acentuado à saúde das pessoas. Isso é Ciência, é desenvolvimento científico, que resultará em benefícios para o ambiente, em termos de sustentabilidade e, claro, para a saúde em seus diversos níveis.

Algoritmos: sequência de passos lógicos de um raciocínio, visando a obtenção de um resultado ou realização de uma tarefa. Os algoritmos são a base de toda programação de computadores modernos.

ESTABELECENDO CONEXÕES

Linguagem

Quais são as linguagens utilizadas pela Ciência para registrar e comunicar seus resultados? De forma mais ampla, qual a importância das linguagens para o desenvolvimento científico?

As civilizações das culturas norte-americanas, desde o México até o Canadá, possuíam uma linguagem de símbolos que, apesar das diferentes línguas faladas, era compartilhada por todas as tribos. Isso foi muito importante para a transmissão dos conhecimentos. A existência de uma língua comum que possibilite um diálogo entre diferentes culturas é fundamental para a transmissão do conhecimento científico e o desenvolvimento da Ciência. Diversas línguas cumpriram esse papel quando pensamos no progresso da Ciência de maneira geral: na Idade Média, por exemplo, era o árabe; depois, passou a ser o latim e, atualmente, temos o inglês.

Descubra você mesmo!

A Wikipédia é uma enciclopédia virtual que conta com a contribuição de inúmeras pessoas do mundo todo. Quando mencionamos a importância de uma língua comum para transmitir o conhecimento científico, citamos o inglês como aquela que cumpre esse papel atualmente. Será que o banco de dados de informações da Wikipédia reflete esse fato? Pesquise qual a quantidade de páginas em inglês, francês, espanhol e português que existem na Wikipédia.

Enfim, o estudo das chamadas **Ciências da Natureza** é plenamente justificado por todas as conquistas científicas promovidas por cientistas, filósofos e pensadores de modo geral, com o único objetivo que é o de melhorar a vida das pessoas. Nas próximas páginas desta Introdução você entrará em contato com os mecanismos mais usuais que fundamentam o chamado **método científico** e perceberá, por que, afinal, o estudo das **Ciências da Natureza** é tão importante nos dias atuais.

Como a Ciência trabalha?

Você percebe que o seu celular não funciona e logo pensa: "acho que é porque a bateria está descarregada". Como confirmar essa suspeita? Fácil, colocando a bateria do celular para carregar. Pronto, após certo tempo, ele volta a funcionar, confirmando que a bateria estava descarregada mesmo. Provavelmente, de cada 100 celulares que não ligam em 98 deles a causa deve ser a falta de carga na bateria. E nos outros dois, qual deve ser o problema? Que tal arriscar uma outra suposição? Será que a bateria não retém mais carga? Ou outra peça qualquer deixou de funcionar? Para saber a resposta é preciso investigar.

Ao constatar o problema no celular, desconfiar da causa que impedia o funcionamento e recorrer ao simples teste de recarregar a bateria e, assim, confirmar ou não a sua suspeita, você, sem perceber, adotou alguns dos procedimentos que os cientistas utilizam em seu trabalho. Esses procedimentos fazem parte do *método científico*, cujos detalhes você compreenderá ao ler esta seção.

Você perceberá, ao estudar os assuntos que abordaremos neste livro, que muito do conhecimento que temos hoje dependeu, e ainda depende, do trabalho de inúmeros cientistas no esclarecimento da origem, da evolução e das características dos seres vivos que você conhecerá ao longo das próximas páginas.

Já aconteceu com você?

Goiaba aberta em que se vê uma larva (também conhecida como bicho-da-goiaba).

Alguma vez, ao saborear uma goiaba madura colhida diretamente do pé, você encontrou pequenos "vermes" (na verdade, são formas jovens de insetos, chamadas *larvas*), movimentando-se no interior da polpa? As pessoas costumam dizer que aqueles bichinhos foram "gerados" pela goiaba. Será verdade? Como proceder para confirmar ou rejeitar tal afirmação? Essas perguntas têm tudo a ver com os procedimentos utilizados pelos cientistas que investigam as ocorrências relacionadas ao mundo dos seres vivos. Esses procedimentos fazem parte do **método científico**, uma série de passos seguidos pelos cientistas no esclarecimento dos mistérios da natureza. As etapas desse método são:

a) **Observação de algum fato ou ocorrência que chame a atenção do cientista** – no caso presente, o fato é: existem pequenas larvas na polpa da goiaba. Essa observação conduz a outro passo da investigação científica que é a *formulação ou elaboração de hipóteses* (suposições).

b) **Hipótese** – nesse caso, são duas as hipóteses:

1. as larvas são geradas espontaneamente pela goiaba;
2. as larvas são geradas a partir do desenvolvimento de ovos depositados por insetos sobre o fruto.

Para testar essas hipóteses, o cientista deve passar à etapa seguinte de seu trabalho, que é *planejar e realizar um experimento controlado*.

FECUNDAP STOCK/SHUTTERSTOCK

Por meio da experimentação e dos resultados obtidos, o cientista poderá, então, aceitar ou rejeitar as hipóteses formuladas e dar prosseguimento ao seu trabalho.

c) **Experimentação (experimento controlado)** – no caso presente, um experimento de fácil execução consiste em separar dois grupos de frutas em início de formação. As goiabas de um grupo serão envolvidas por um saquinho de papel, bem amarrado para evitar a visita de insetos. O outro grupo de goiabas deverá permanecer sem essa proteção.

Após o amadurecimento das frutas, o cientista deverá analisar o resultado do experimento e tirar suas conclusões.

d) **Resultados obtidos** – vamos imaginar dois resultados:

1. larvas desenvolveram-se igualmente nos dois grupos de frutas selecionados (protegidos e não protegidos);
2. larvas desenvolveram-se apenas no grupo de goiabas sem a proteção dos saquinhos.

Como já dissemos, os resultados levam o investigador a aceitar ou rejeitar hipóteses e prosseguir o seu trabalho a caminho de alguma *conclusão*.

e) **Conclusão** – nessa etapa do trabalho científico, o que se poderia concluir a partir de cada um desses resultados?

Se o primeiro resultado fosse obtido, poderíamos concluir que as goiabas, de fato, geram espontaneamente as larvas.

No segundo caso, a conclusão seria outra: as larvas não são geradas espontaneamente pelas frutas, mas a partir do contato com insetos que sobre elas depositam seus ovos.

Você já deve ter conhecimento suficiente para saber que o resultado desse experimento é o segundo, e que as larvas se originam de ovos de insetos depositados sobre os frutos.

A *repetição do experimento* leva o cientista a confirmar suas conclusões.

f) **Repetição do experimento por outros cientistas** – para que o trabalho do cientista tenha credibilidade, é preciso que experimentos semelhantes sejam efetuados por outros pesquisadores e que os resultados por eles obtidos sejam comparados.

EM CONJUNTO COM A TURMA!

Que outras situações da sua vida diária o fazem agir como um cientista? Converse com os seus colegas e descubram os tipos de ocorrências comuns nas suas casas, na escola, nos passeios, que os levam a adotar os procedimentos que você acabou de ler no texto.

Generalização e elaboração de teorias

Somente depois de os mesmos resultados terem sido obtidos por outros cientistas em experimentos iguais ou semelhantes – por exemplo, a partir de outros frutos, carne etc. onde se desenvolvam larvas –, é possível chegar a uma *generalização*, isto é, afirmar que larvas de insetos surgem somente se fêmeas adultas neles depositarem seus ovos. Nos diversos campos do conhecimento científico, quando os mesmos resultados e conclusões são obtidos por meio da experimentação, pode-se partir para a elaboração de *teorias* ou *leis*, aceitas pela comunidade científica.

A **teoria** *é uma ideia, apoiada pelo conhecimento científico, que tenta explicar fenômenos naturais relacionados, permitindo fazer previsões sobre eles*. Ou seja, poderemos prever o que ocorrerá quando os mesmos fenômenos se apresentarem novamente.

Mas, é bom lembrar, teorias e leis podem ser reformuladas, quer dizer, pode ser que novas observações, seguidas de novas hipóteses e experimentos, produzam novos conhecimentos e conduzam a novas teorias e leis que substituam as anteriores.

Jogo rápido

1. Na página anterior, utilizou-se a expressão experimento controlado. Qual é a razão dessa expressão?
2. Afinal, a goiaba é mesmo importante para o desenvolvimento de larvas de moscas ou elas acabariam se formando mesmo sem a presença das frutas? Por quê? Justifique a sua resposta.

É SEMPRE BOM SABER MAIS!

Para trabalhar com pesquisa científica, são necessárias algumas qualidades, desejáveis em qualquer um de nós, mas indispensáveis aos homens de ciência. É preciso:

- ter desejo de conhecimento, isto é, ter uma curiosidade muito desenvolvida;
- não aceitar conclusões sem estarem acompanhadas dos experimentos e dos resultados que as comprovem;
- mudar os conceitos nos quais acredita, toda vez que lhe sejam apresentadas provas confiáveis contrárias;
- não desanimar diante de possíveis insucessos.

ESTABELECENDO CONEXÕES

Saúde

Um exemplo de cientista persistente

Ignác Semmelweis (1818-1865) nasceu na capital da Hungria, em uma família de classe média. Para contentar o pai, que queria que ele fosse advogado, frequentou o curso de Direito em Viena, na Áustria, mas, depois de casualmente assistir a uma aula de anatomia dada por um famoso professor de Medicina, resolveu mudar de carreira.

Formado em Medicina, Semmelweis tentou trabalhar com professores famosos, que, aliás, não faltavam em Viena. Por falta de oportunidade, não conseguiu. Acabou optando por ser médico obstetra (parteiro). Foi, então, que sua carreira e sua vida sofreram uma brusca mudança. Sua capacidade de observação, de juntar uma grande quantidade de fatos, e compará-los, foi decisiva. Foi capaz de associar as mortes por febre pós-parto (assustadoramente comuns naqueles tempos) ao precário atendimento que as pacientes recebiam dos médicos.

Ocorreu, então, um fato até certo ponto inesperado e doloroso que, no entanto, foi de grande

Patologista: médico especialista no estudo de células, tecidos ou órgãos, a fim de verificar se há mudanças que possam estar causando alguma doença ou mal-estar.

Autópsia: exame minucioso de um cadáver, realizado por especialista qualificado para determinar o momento e a causa da morte.

importância para a investigação que Semmelweis vinha realizando. Um amigo seu, grande patologista, adoeceu e morreu depois de ter se ferido acidentalmente, após uma autópsia. Seu cadáver mostrava os mesmos achados encontrados em mulheres falecidas de febre pós-parto. Ora, pensou Semmelweis, se a infecção generalizada resulta da inoculação de partículas de um cadáver, como acontecera com o amigo, então a febre pós-parto origina-se da mesma maneira. Mas, quem inoculava as partículas nas pacientes? Os médicos que as atendiam no parto, claro. Para evitar a doença era preciso remover tais partículas das mãos dos profissionais (que, é bom lembrar, não usavam luvas) mediante simples medidas de higiene.

Adaptado de: NULAND, S. B. *A Peste dos Médicos.* São Paulo: Cia. das Letras, 2005. p. 13.

➢ Por que é necessário lavar as mãos antes de qualquer refeição?

Nosso desafio

Para preencher os quadrinhos de 1 a 5, você deve utilizar as seguintes palavras: experimentação, generalização, hipótese(s), observação, teorias ou leis.

À medida que você preencher os quadrinhos, risque a palavra que escolheu para não usá-la novamente.

Atividades

1. [1, 4, 6] O trabalho de todo e qualquer cientista é recheado de curiosidade. Todo cientista é um ser curioso e procura elucidar ou esclarecer dúvidas a respeito do dia a dia da vida de todos os seres vivos. Para isso, o cientista recorre às etapas do que se denomina *método científico*.

a) Cite as etapas componentes do método científico.

b) Uma dessas etapas necessita de alguns equipamentos para sua execução. Qual é essa etapa?

2. [6, 7] Neste capítulo, o texto do item *Já aconteceu com você?* faz referência a algumas etapas relacionadas à boa metodologia científica. Assim, indique a que etapa do método científico está relacionada cada uma das frases a seguir.

a) Goiabas costumam ter muitas larvas de insetos.

b) Acho que larvas de insetos presentes na goiaba surgiram da própria goiaba.

c) Acho que larvas de insetos presentes na goiaba se originaram de ovos depositados por insetos na goiaba.

d) Embrulhar algumas goiabas em saco plástico transparente e não embrulhar outras goiabas com saco plástico transparente.

e) Goiabas embrulhadas em saco plástico transparente não apresentaram larvas de inseto.

f) Goiabas não embrulhadas em saco plástico transparente apresentaram larvas de inseto.

g) Resultados demonstram que larvas de inseto surgem apenas em goiabas que não foram embrulhadas com saco plástico e foram visitadas por insetos.

3. [3, 6, 7] No caso de os resultados relativos à existência de larvas em goiabas serem confirmados por experimentos feitos por outros cientistas ou mesmo agricultores, que importante etapa do método científico terá sido obedecida?

4. [3, 4, 6, 7] Nutrientes minerais presentes no solo são considerados essenciais para o bom desenvolvimento de um pé de laranja e para a produção de frutos dessa planta. É o caso de sais contendo sódio, potássio, fósforo, magnésio, nitrogênio, entre outros. O nitrogênio, por exemplo, é essencial para a produção de proteínas, moléculas orgânicas importantes para o crescimento da planta. Considerando essas informações:

a) A que etapa do método científico está relacionada a frase: "a ausência de sais de nitrogênio prejudica o crescimento e o desenvolvimento de uma planta que produz laranjas"?

b) Sugira um experimento que comprove que sais de nitrogênio contidos em adubos são essenciais para o bom desenvolvimento de vegetais.

5. [3, 4, 6, 7] Na casa de um estudante, havia uma planta que estava crescendo em um vaso de plástico, e que devia ser regada periodicamente para evitar que a planta murchasse e até viesse a morrer. Curioso, o estudante quis saber se havia perda de água a partir da terra do vaso, da própria planta ou de ambas.

Para isso:

1. embalou a planta e o vaso com um saco plástico transparente;
2. no dia seguinte, percebeu que as paredes internas do saco plástico encontravam-se umedecidas, cheias de gotículas de água;
3. supôs que a água poderia ter evaporado da terra ou poderia ser proveniente das folhas da planta.

Com relação aos itens anteriores, responda:

a) A que etapa do método científico se relaciona o item 2?

b) A que etapa do método científico se relaciona o item 3?

c) O procedimento adotado pelo estudante pode ser considerado um experimento controlado? Justifique a sua resposta.

6. [3, 6, 7] No meio científico, sobretudo nos meios biológico e médico, é comum o aparecimento de artigos relatando importantes conquistas relacionadas ao tratamento de doenças ou mesmo à utilização das chamadas células-troncos, que são células ainda indiferenciadas que poderão ser empregadas na cura de várias doenças. Ocorre que tais experimentos, feitos por outros cientistas, muitas vezes resultam em fracassos ou os resultados obtidos não são os mesmos relatados pelos primeiros cientistas que fizeram as descobertas. Em termos de metodologia científica:
   a) Indique a etapa do método científico que não foi bem-sucedida nesse caso.
   b) Sugira uma simples medida que poderia resolver o problema da não confirmação dos resultados obtidos.

7. [3, 6, 7] É inegável que atualmente se considere o material genético existente no núcleo de células como o comandante dos processos vitais dos seres vivos. Mas demorou bastante para que se reconhecesse o ácido nucleico DNA como, de modo geral, a molécula dotada de informações que resultarão no controle do metabolismo, ou seja, da vida de todos os seres vivos. Vários experimentos precisaram ser feitos, desde o início do século 20, para se chegar a essas informações, sendo que apenas a partir da década de 1940 é que houve razoável concordância a respeito da atividade da molécula de DNA.

   Considerando o método científico, que termo pode ser empregado depois de os mesmos resultados terem sido obtidos por vários cientistas em experimentos iguais ou semelhantes.

8. [2, 6, 7] O trecho "é uma ideia, apoiada pelo conhecimento científico, que tenta explicar fenômenos naturais relacionados, permitindo fazer previsões sobre eles" está presente na página 18.
   a) A que etapa do método científico se refere o texto grifado?
   b) É comum, no meio científico, ocorrer a substituição da ideia original, ou da generalização original, por outra que explique melhor os fatos e hipótese elaboradas. Em sua opinião, por que isso pode ocorrer?

9. [3, 6, 7] Foi graças à observação do médico húngaro Ignác Semmelweis (1818-1865) que se iniciou a compreensão da natureza das infecções em mulheres após o trabalho de parto. Esse médico e cientista conseguiu demonstrar, por meio de simples constatações, que a falta de cuidados higiênicos durante o trabalho de parto executado por um médico, por exemplo, ao não lavar as mãos, conduzia a sérios casos de infecção pós-parto e mesmo mortes.
   a) Semmelweis não realizou experimento controlado que poderia esclarecer sua suspeita, mas mesmo assim ele recorreu, com sucesso, a importantes etapas da metodologia científica. Quais foram essas etapas?
   b) Que procedimento sugerido por Semmelweis, e que passou a ser implementado em maternidades do mundo inteiro, contribuiu para evitar contaminações e mortes após a realização de partos e cirurgias de diversas naturezas?

10. [3, 4, 6, 7] Agora que você aprendeu quais são as etapas do método científico, a partir da releitura do texto sobre o celular, página 16, aponte o que corresponde a:
   a) observação do fato;
   b) hipótese (suposição);
   c) experimentação (verificação da hipótese);
   d) resultado;
   e) conclusão e confirmação da hipótese.

SYDA PRODUCTIONS

UNIDADE 1

FILIPE FRAZAO/SHUTTERSTOCK

Vida e EVOLUÇÃO

Dos corpos celestes descobertos, pelo menos por enquanto, o único que possui ***vida***, na forma como a conhecemos, é o nosso. Como ela teria surgido nesse nosso planeta Terra? O que os seres vivos têm em comum? O que os torna capazes de habitar ambientes tão diferentes como a água (rios, lagos, oceanos) e a terra (cidades, florestas, campos, montanhas, desertos)?

Nesta unidade, vamos conhecer a resposta que a Ciência dá a essas e outras perguntas, percebendo que o conhecimento é uma eterna construção humana, em que os "tijolos" desse edifício vão sendo produzidos a partir da investigação científica, cada vez mais apoiada por ferramentas tecnológicas.

capítulo 1

AS CARACTERÍSTICAS DOS SERES VIVOS

Você...

... anda, come, bebe, respira, ri, chora. Pessoas à sua volta nascem, envelhecem, morrem, em um processo chamado vida!

A preocupação dos seres humanos sempre esteve voltada para sua própria sobrevivência, sem se preocupar de maneira mais ativa com a preservação da biodiversidade. Agora, felizmente, já se nota um movimento no sentido de se preservar não só nossa espécie, mas também a vida do maior número delas possível. Da atitude que tomarmos de agora em diante depende o futuro de nosso planeta e a sobrevivência das espécies que nele habitam, inclusive da nossa.

Neste capítulo, você aprenderá a caracterizar os seres vivos, poderá compará-los com a matéria inanimada, além de outros detalhes daquilo que mais estimamos: a VIDA.

WHYFRAME/DIOGOPPR/
SHUTTERSTOCK

Você já parou para se perguntar o que é vida? Essa é uma tarefa desafiadora e, frequentemente, qualquer conceituação a respeito do tema é muito complexa. Por isso, acreditamos que mais atraente do que conceituar vida, seja conhecer as **características gerais dos seres vivos**.

Um fato que nos chama a atenção é a grande variedade de formas de vida que existe em nosso planeta. Ao observarmos um vegetal simples, como um musgo, é difícil acreditar que ele tenha algo em comum com uma araucária. O mesmo ocorre ao compararmos um elefante com um carrapato. A dificuldade é ainda maior quando comparamos o musgo e o elefante. A verdade é que a grande maioria dos seres vivos apresenta algumas características comuns. Entre elas, podemos citar a *composição química*, o *metabolismo*, a *organização celular* e a capacidade de *reprodução*.

VICTOR LAPAEV/SHUTTERSTOCK

NECHAEVKON/SHUTTERSTOCK

O que têm em comum carrapato, elefante, araucária e musgo, seres vivos tão distintos? (Tamanho médio dos indivíduos quando adultos: carrapato, 2 mm; elefante, de 2 a 3 m de altura; araucária, de 10 a 35 m de altura e musgo, de 3 a 5 cm de altura.)

DESERTOFSNOWFLAKE/PANTHERMEDIA/KEYDISC

LISANDRO LUIS TRARBACH/SHUTTERSTOCK

As substâncias químicas presentes nos seres vivos

Componentes orgânicos	Componentes inorgânicos
• proteínas	• água
• ácidos nucleicos (DNA, RNA)	• sais inorgânicos
• açúcares (carboidratos)	
• gorduras (lipídios)	
• vitaminas	

Jogo rápido

Se, no lugar da fatia de fígado, triturássemos grãos de feijão no liquidificador e analisássemos a composição do caldo obtido, o resultado seria o mesmo?

Se você pegasse uma fatia de fígado, triturasse em um liquidificador, transformando-a em uma pasta homogênea e, a seguir, entregasse o caldo a um químico para que ele fizesse uma análise da composição química, sabe qual seria o resultado? Provavelmente, algo parecido com a tabela ao lado.

Componentes orgânicos são aqueles nos quais a estrutura de suas moléculas é constituída de uma sequência variável de **átomos de carbono**, ligados entre si e a outros átomos, como, por exemplo, os de hidrogênio e oxigênio. Formam-se, assim, as *moléculas orgânicas* como, por exemplo, as de proteínas, carboidratos e ácidos nucleicos. Os compostos orgânicos encontrados nos seres vivos constituem também uma *característica exclusiva* desses organismos. Essas moléculas não fazem parte, por exemplo, de uma rocha.

A água é um *componente inorgânico* (formado apenas por hidrogênio e oxigênio) indispensável para a vida de qualquer ser vivo existente na Terra atual.

Dentre os sais inorgânicos podemos citar os que são formados por elementos químicos, como o sódio, o potássio, o ferro etc.

Metabolismo

Metabolismo é o nome dado ao conjunto de reações químicas que ocorrem nas células dos seres vivos a fim de manter todas as suas funções vitais. Desde os seres unicelulares mais simples, como as bactérias, até os mais complexos pluricelulares, como você, uma árvore ou um ratinho, em todos ocorrem reações químicas extremamente semelhantes. Dessas reações participam diferentes tipos de substâncias orgânicas (como açúcares, gorduras, proteínas, DNA etc.) e outras inorgânicas (como a água, o oxigênio, os sais

HANDMADEPICTURES/ SHUTTERSTOCK

Provavelmente, o sal inorgânico que você mais conhece seja o sal de cozinha, ou cloreto de sódio, formado pelos elementos químicos sódio e cloro.

minerais). Para que essas reações químicas aconteçam, é necessária uma fonte de energia, sem a qual elas não se realizam. Essa energia é liberada a partir de reações químicas celulares que utilizam os alimentos orgânicos que os seres vivos consomem, como, por exemplo, a glicose.

HANDMADEPICTURES/ SHUTTERSTOCK

A energia que utilizamos para nossas atividades é liberada a partir da glicose um açúcar.

Organização celular

Se lhe perguntassem de que é composto o seu bichinho de estimação, você provavelmente diria que o animal possui muitos órgãos e estruturas que lhe permitem viver. Esta resposta está correta, mas uma procura mais detalhada dos componentes do animal mostraria que ele é formado por unidades básicas conhecidas como **células**.

A palavra célula é derivada do latim, *cellula*, e significa pequeno compartimento. Veja, ao lado, o esquema de uma célula animal.

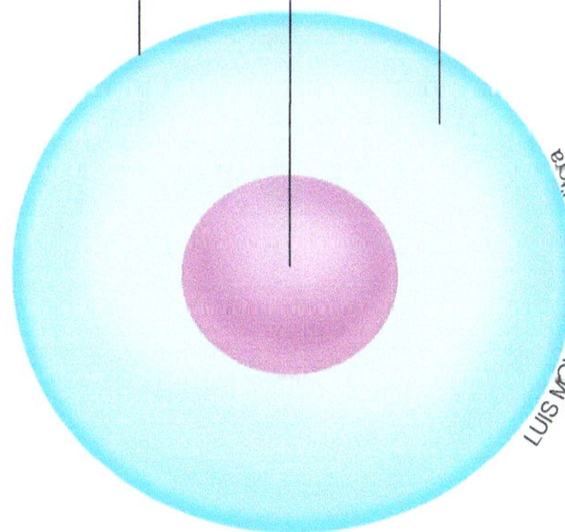

LUIS MOURA/acervo da editora

A maioria das células é formada basicamente por três partes: membrana, citoplasma e núcleo. (Cores-fantasia. Ilustração fora de escala.)

Toda célula pode ser comparada a uma fábrica com vários departamentos. Assim como na fábrica existe um muro com portões para a entrada e saída de pessoas e veículos, também a célula possui um envoltório, a *membrana* (cujo nome correto é **membrana plasmática**), que separa o meio interno do externo e permite a entrada e saída de substâncias. O **citosol** (ou **hialoplasma**) é o conteúdo interno da

Lembre-se!

Os vírus não possuem organização celular, nem metabolismo próprio ou capacidade de reprodução. Somente quando se encontram no interior de uma célula é que, a partir dos componentes dessa célula, conseguem se multiplicar. Por isso, muitos cientistas não consideram os vírus como seres vivos.

célula e nele estão mergulhadas várias **organelas** ou **orgânulos** (do latim, *organum* = órgão + *ulo* = pequeno tamanho). Cada organela desempenha determinada função, assim como os vários setores de uma indústria. Ao conjunto citosol e organelas dá-se o nome de **citoplasma**.

A célula em geral possui um compartimento reservado à "diretoria", o **núcleo**, limitado por um envoltório e dentro do qual se encontra o material que dirige as atividades da célula, constituído por ácidos nucleicos, principalmente DNA (ácido desoxirribonucleico).

Os seres vivos podem ser formados por apenas uma célula, como as amebas e as bactérias, por exemplo, e nesse caso são chamados **unicelulares**. Já os seres vivos, como os humanos, por exemplo, que são formados por várias células, são chamados **pluricelulares**.

Note que apesar de amebas e bactérias serem constituídas por uma única célula, há uma diferença entre esses dois seres unicelulares: a célula da ameba possui um núcleo diferenciado, isto é, envolvido por uma *membrana nuclear*; o mesmo não ocorre com a célula da bactéria. Nas bactérias, o material que comanda a célula (material genético) fica disperso no citoplasma. Seres vivos como as bactérias, que não possuem núcleo diferenciado, são denominados **procariontes** (do grego, *pró* = antes + *kárion* = = núcleo + *óntos* = ser, criatura). Já a ameba e todos os demais seres celulares que possuem núcleo diferenciado são **eucariontes** (do grego, *eu* = propriamente dito, bom, verdadeiro).

Disperso: espalhado.

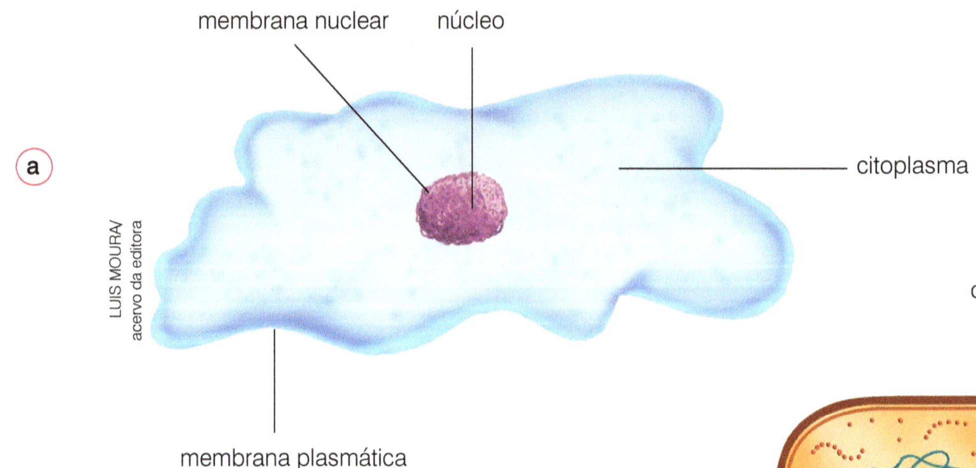

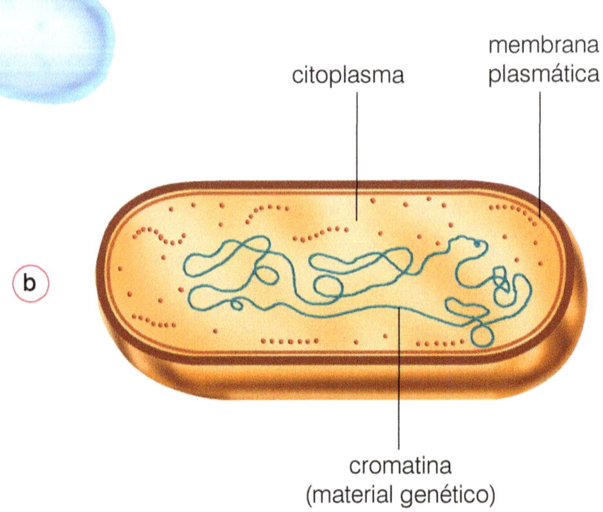

Ilustração (a) de uma ameba e (b) de uma bactéria. (Cores-fantasia. Ilustrações fora de escala.)

Nos organismos pluricelulares, as células, de acordo com a sua função, encontram-se reunidas em outros **níveis de organização**:

- *tecidos* – reunião de células geralmente com a mesma forma e função. Exemplos: tecido nervoso, tecido ósseo, tecido muscular, tecido sanguíneo, tecido cartilaginoso, epiderme etc.;
- *órgãos* – estruturas formadas pela reunião de vários tecidos. Exemplos: estômago, cérebro, osso, músculo, vasos sanguíneos, folhas etc.;
- *sistemas* – conjuntos de órgãos envolvidos com uma mesma função (sistema digestório, sistema circulatório, sistema locomotor, sistema reprodutor, sistema foliar etc.);
- *organismo* – conjunto de sistemas que atuam de forma coordenada na manutenção das funções vitais. Exemplos: uma planta, um animal.

Fique por dentro!

Evite a confusão: quando nos referimos a um tecido, por exemplo, o *tecido ósseo*, estamos apenas considerando um agrupamento de células ósseas. Quando nos referimos a um *osso*, além de considerarmos o tecido predominante, que é o tecido ósseo, na composição do osso entram também sangue, nervos, revestimento externo (tecido sanguíneo, tecido nervoso, tecido epitelial). Portanto, todo osso é um *órgão*, isto é, um conjunto de tecidos.

LUIS MOURA/acervo da editora

Ciclo vital

Todos os seres vivos apresentam um ciclo de vida que, em geral, inclui as fases de **nascimento**, **crescimento**, **reprodução** e **morte**. Em condições normais, os seres vivos também são capazes de reagir a estímulos (luminosos, sonoros, de contato, por exemplo).

Este ciclo pode variar em duração, dependendo dos seres vivos que considerarmos. Para alguns, como as microscópicas bactérias, o ciclo vital dura poucos minutos. Em outros, como as gigantescas castanheiras-do-pará, o ciclo pode durar centenas de anos.

A duração do ciclo de vida não é igual para todos os seres vivos. (Cores-fantasia. Ilustração fora de escala.)

Reprodução

Os seres vivos apresentam a capacidade de se reproduzir, ou seja, de produzir descendentes. Há duas modalidades de reprodução: a **assexuada** e a **sexuada**.

Na maioria dos seres vivos em que se verifica a reprodução sexuada, a produção de descendentes é iniciada pelo encontro de **gametas** (do grego, *gamos* = casamento), células sexuais produzidas pelos pais. O gameta masculino une-se ao feminino em um fenômeno conhecido como **fecundação**. Dessa união, forma-se o **zigoto** (do grego, *zigo* = par), que reúne o material genético, isto é, os cromossomos e genes contidos nos gametas. O zigoto é o ponto de partida para o desenvolvimento de um novo ser, que contém características de ambos os pais.

É interessante perceber que os descendentes de um processo de reprodução sexuada, embora semelhantes, não são exatamente iguais entre si, nem aos seus pais. Em uma família, filhos, pais e avós, embora mostrem semelhanças decorrentes da herança genética, são diferentes em algumas características. Ou seja, entre os descendentes de um processo de reprodução sexuada existe **variabilidade**.

Na reprodução assexuada, não há necessidade de produção, nem encontro de gametas. Apenas um indivíduo pode produzir vários descendentes, cópias idênticas de si mesmo. Na natureza, vários seres recorrem a esse tipo de reprodução. Nas bactérias, por exemplo, a partir de uma célula, em condições favoráveis e em cerca de 20 minutos, ocorre uma **bipartição** (ou **divisão binária**), gerando duas células com as mesmas características. Estas repetem o processo, originando-se quatro células, que logo serão oito, dezesseis, e assim por diante.

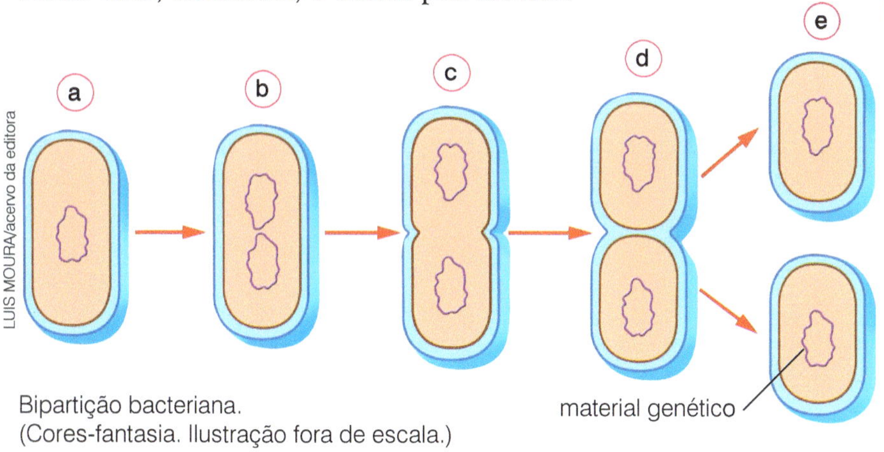

Bipartição bacteriana.
(Cores-fantasia. Ilustração fora de escala.)

Nos animais, a reprodução assexuada é mais rara; ocorre em alguns invertebrados. Como exemplo, podemos citar o **brotamento** da hidra verde, um pequeno animal encontrado em certas lagoas. A partir da forma adulta, formam-se *brotos*, que se destacam e passam a ter uma vida independente.

Hidra de água doce em fase de reprodução (o tamanho de uma hidra é variável, chegando a 1,5 cm com os tentáculos distendidos). Observe o pequeno broto do lado direito do animal.

ESTABELECENDO CONEXÕES

Agricultura

Reprodução assexuada em vegetais

Entre os vegetais, a reprodução assexuada é uma modalidade de reprodução que o homem aproveita para multiplicar plantas que possuem qualidades de seu interesse e que deseja preservar. É o caso, por exemplo, da produção de plantas ornamentais, mandioca, cana-de-açúcar, árvore frutífera etc., reproduzidas a partir de ramos ou pedaços de caule.

Na mandioca, a reprodução assexuada consiste em plantar pedaços do caule (foto ao lado), que originarão raízes comestíveis (foto abaixo).

Nosso desafio

Para preencher os quadrinhos de 1 a 11, você deve utilizar as seguintes palavras: assexuada, células, ciclo vital, citoplasma, gametas, inorgânicas, membrana plasmática, organelas, orgânicas, reprodução, sexuada.

À medida que você preencher os quadrinhos, risque a palavra que escolheu para não usá-la novamente.

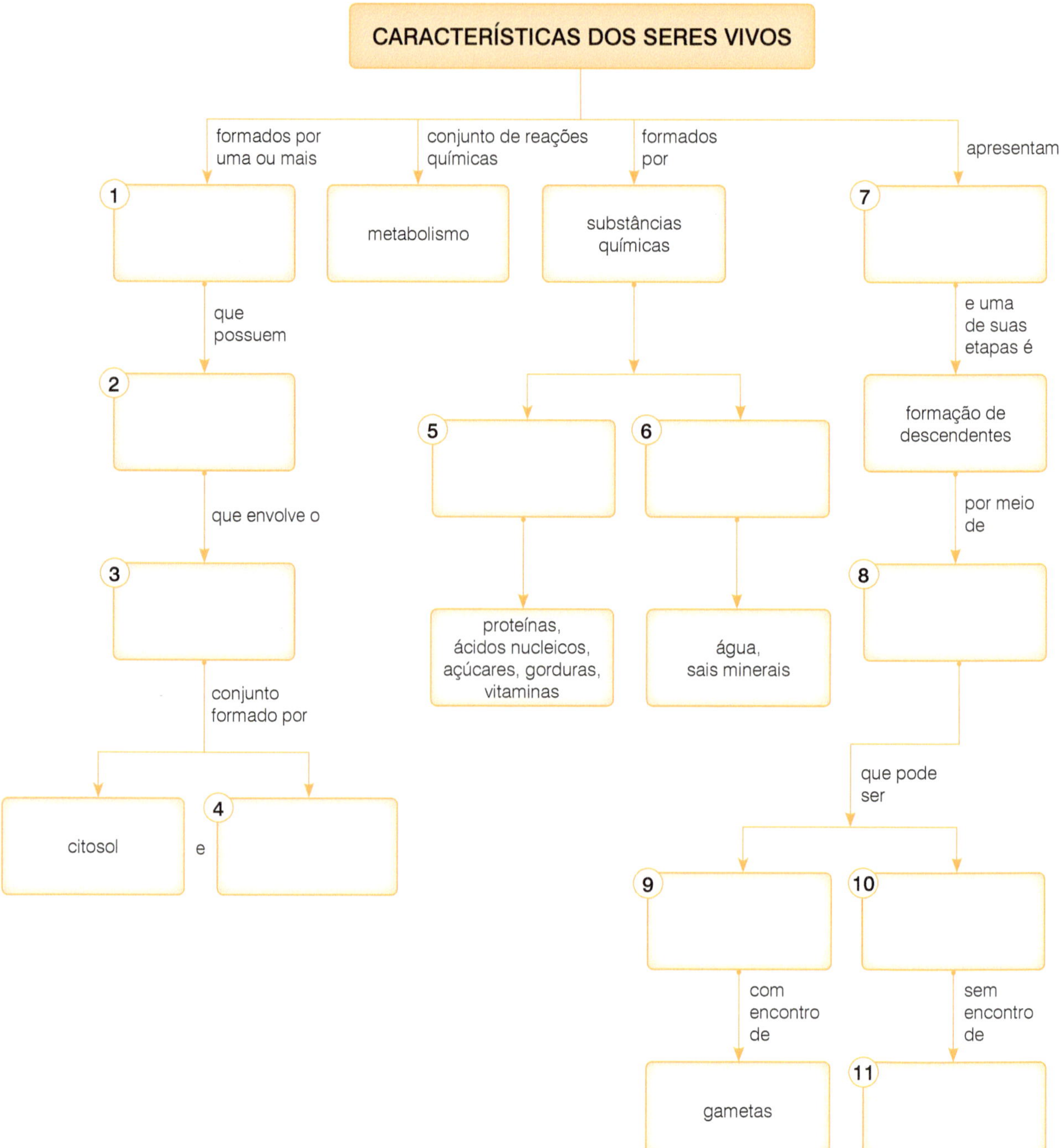

Atividades

1. [6] Nosso planeta é habitado por uma grande variedade de formas de vida, desde as de pequeníssimo tamanho, por exemplo, bactérias, até as enormes e complexas, como elefantes, baleias, castanheiras-do-pará e até nós, seres humanos. Todos elas têm algo em comum, que as caracteriza como seres vivos. Indique as quatro características comuns, que você leu no texto deste capítulo, presentes na grande maioria dos seres vivos existentes hoje em nosso planeta.

2. [7] O esquema ao lado representa as diversas fases do desenvolvimento do mosquito.

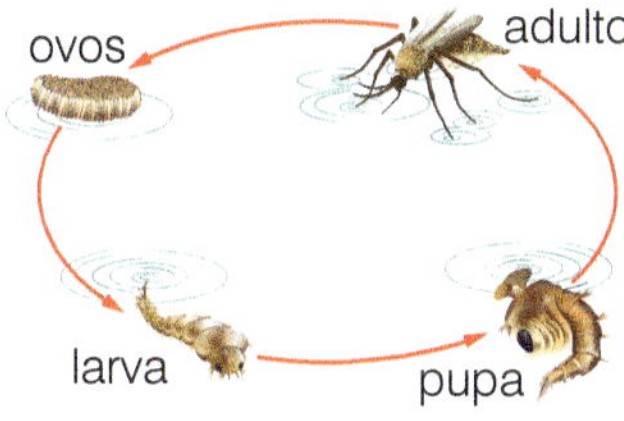

BLUERINGMEDIA/ PANTHERMEDIA/KEYDISC

A que característica dos seres vivos você relacionaria o esquema? Justifique.

3. [1, 7] Ao observarmos o mundo à nossa volta, percebemos uma grande quantidade e variedade de seres vivos caminhando pelo solo, presos a rochas, nadando em rios e oceanos e voando livremente. Os ambientes frequentados pelos seres vivos possuem vários tipos de características próprias, algumas das quais são compartilhadas com os seres vivos que neles habitam. Assim:
   a) Ao comparar os seres vivos com o mundo que os rodeia, indique a característica comum presente na matéria não viva (rochas, água, terra, ar) e nos seres vivos.
   b) No entanto, ao fazermos essa comparação entre seres vivos e o mundo não vivo, pelo menos uma característica é exclusiva da composição dos seres vivos. Escreva no seu caderno qual é essa característica.

4. [3, 7] Ácidos nucleicos, sais inorgânicos, proteínas, açúcares, gorduras, água e vitaminas são substâncias químicas normalmente presentes nos seres vivos. Dessas substâncias:
   a) Quais delas, normalmente, contêm o elemento químico carbono em sua composição?
   b) Entre as substâncias a seguir, identifique as que estão presentes na composição química das rochas: ácidos nucleicos, proteínas, açúcares, gorduras.
   c) Dos componentes inorgânicos, um deles é considerado indispensável para a vida de qualquer ser vivo existente na Terra atual. Qual é esse componente inorgânico?

5. [3, 7] Para responder às questões dos itens seguintes, consulte, se necessitar, a seção *Metabolismo*.
   a) Qual é o significado de metabolismo?
   b) Das substâncias orgânicas normalmente presentes nos seres vivos – proteínas, ácidos nucleicos, gorduras, açúcares e vitaminas –, qual é a citada no texto como a mais utilizada para a liberação de energia necessária à realização das atividades vitais?

6. [3, 7] Para que as reações químicas do metabolismo aconteçam, é necessária uma fonte de energia, sem a qual elas não se realizam.
   a) Qual é a substância, citada como exemplo no texto do capítulo, diretamente utilizada como fonte de energia para a realização das reações químicas celulares?
   b) A que categoria de substância orgânica – proteínas, ácidos nucleicos, açúcares, gorduras, vitaminas – pertence a substância citada no item anterior (*item a*) desta questão?

7. [3, 7] O esquema ao lado representa simplificadamente uma célula, com seus três principais componentes, indicados por letras.

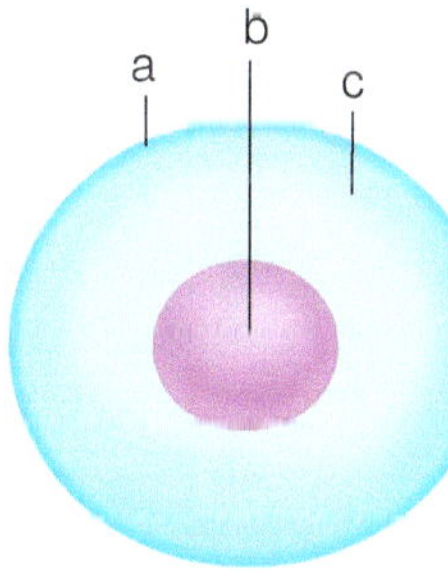

LUIS MOURA/acervo da editora

   a) Reconheça cada um dos componentes indicados pelas setas e letras.
   b) É correto afirmar que toda e qualquer célula possui os três componentes representados?

8. [3, 7] Ainda considerando o esquema da questão anterior, indique entre as afirmativas a seguir quais são verdadeiras.

a) O componente *a* é o que favorece a ocorrência de trocas de substâncias entre a célula e o meio em que ela se encontra.

b) Toda e qualquer célula possui os três componentes indicados no esquema.

c) O componente *c* é o relacionado ao comando das atividades celulares.

d) O componente *b* é o que contém a maior parte das estruturas celulares.

e) O esquema não poderia representar uma célula de bactéria.

f) Uma célula humana poderia ser representada simplificadamente pelo esquema.

g) O comando das atividades celulares é associado ao componente *b*.

As ilustrações a seguir representam as células de uma ameba (a) e de uma bactéria (b) e deverão ser utilizadas para responder às questões **9** e **10**.

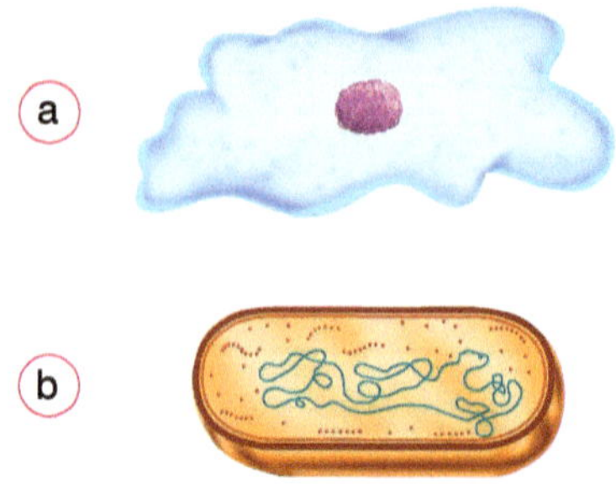

LUIS MOURA/acervo da editora

9. [6, 7] Considerando os componentes presentes nos esquemas representativos das células:

a) Qual é a principal diferença entre as células (a) e (b)?

b) Bactérias são conhecidas como seres vivos procariontes. Qual motivo justifica essa denominação?

c) Amebas, além de seres humanos e inúmeros outros seres vivos, são denominadas de seres eucariontes. Qual componente celular justifica essa denominação?

10. [1, 3, 7] Frequentemente são ouvidos comentários de que bactérias são seres vivos microscópicos, de organização celular simples. Embora sejam microscópicas, bactérias são muito importantes para o ambiente, uma vez que várias espécies são consideradas decompositoras ("desmanchadoras") de matéria orgânica, atividade fundamental para o retorno de muitas substâncias químicas inorgânicas para o ambiente, possibilitando o seu reuso por plantas, por exemplo. Por outro lado, há espécies causadoras de doenças, como tuberculose, cólera e meningite meningocócica, por exemplo.

a) Explique por que, mesmo sendo microrganismos, bactérias são consideradas seres celulares.

b) Qual é a principal diferença estrutural entre uma célula de bactéria e uma célula humana?

11. [1, 3, 7] Febre amarela foi uma doença que acometeu várias pessoas e macacos nos anos de 2017 e 2018, acarretando algumas mortes. É doença causada por vírus, seres microscópicos transmitidos pela picada de pernilongos que vivem em matas ou mesmo em meios urbanos nas grandes cidades. A prevenção pode ser feita impedindo que os mosquitos se reproduzam nas cidades e também existe uma vacina, utilizada intensivamente no período em que a doença se espalhou por algumas cidades brasileiras.

a) Vírus são seres considerados acelulares, ou seja, não possuem estrutura celular típica existente em bactérias e em todos os demais seres vivos hoje existentes. Claro que possuem moléculas de comando da atividade metabólica, ou seja, material genético, mas não possuem célula. Nesse sentido, a que importante conclusão se pode chegar referente à estrutura básica dos seres vivos existente em nosso planeta?

b) Embora não possuam estrutura celular, vírus – como os do tipo causador da febre amarela – são capazes de produzir inúmeros descendentes, o que ocorre no interior das células em que penetram. Então, considerando as características típicas dos seres vivos, qual delas está presente nos vírus, mesmo que estes não apresentem estrutura celular?

12. [6] Preencha as lacunas do esquema abaixo, com os níveis de organização correspondentes.

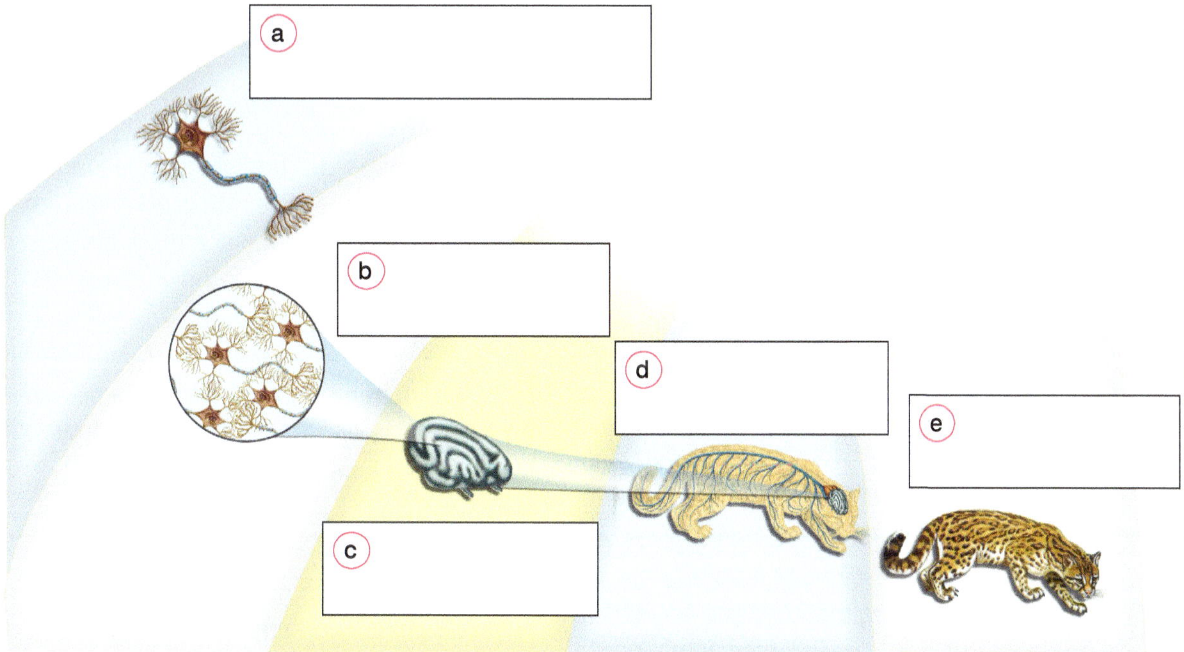

LUIS MOURA/acervo da editora

13. [6, 7] O estômago, o coração, o fígado, os pulmões, o osso da coxa e o cérebro são importantes exemplos de estruturas essenciais à sobrevivência de todos os seres humanos. Cada um desses órgãos é dotado de conjuntos de células específicas relacionadas às funções dessas estruturas no nosso corpo. O cérebro, por exemplo, é dotado de células denominadas de neurônios, de importância fundamental à nossa sobrevivência. Em cada uma dessas estruturas citadas, as células se reúnem em conjuntos relacionados às funções que exercem. Essas estruturas contêm, ainda, inúmeros vasos sanguíneos que conduzem nutrientes às células e delas retiram restos que devem ser eliminados. Considerando todas essas informações:

a) Estômago, coração, fígado, pulmões, osso da coxa e cérebro pertencem a qual nível de organização citado no texto deste capítulo? Justifique sua resposta.

b) Qual é o nível de organização associado ao *conjunto de células específicas relacionadas às funções* dessas estruturas no nosso corpo, conforme citado no texto dessa questão?

14. [6, 7] Seres vivos podem ser formados por uma única célula, como é o caso das bactérias. Já uma árvore ou mesmo o ser humano são constituídos por várias células, sendo, por esse motivo, considerados seres pluricelulares. Na grande maioria dos seres pluricelulares é comum dizer-se que podem ocorrer tecidos, órgãos e sistemas.

a) Indique a diferença entre tecido, órgão e sistema.

b) No ser humano, estômago, cérebro, coração, fígado, rim e várias outras estruturas são consideradas órgãos. Em poucas palavras, como justificar a denominação de órgãos para as estruturas citadas.

15. [1, 3, 6, 7] Para as rochas, estruturas inanimadas que existem em vários ambientes terrestres, é difícil pensar na existência de um *ciclo vital*. Mas, entre os seres vivos, essa denominação é muito comum. Considere, por exemplo, o esquema da página 30, que ilustra esse fenômeno em sapos.
Escreva em seu caderno as etapas que simbolizam o ciclo vital não apenas em sapos, mas em todos os seres vivos presentes na Terra atual, incluindo plantas, bactérias e demais seres vivos.

16. [6, 7] Seres vivos apresentam a capacidade de se reproduzir, ou seja, gerar descendentes. Nesse sentido, é comum considerar-se a existência de dois tipos de reprodução nos seres vivos, sexuada e assexuada.
Indique a diferença fundamental existente entre esses dois tipos de reprodução.

17. [3, 6, 7] Na maioria dos seres vivos em que ocorre reprodução sexuada há uma sequência de acontecimentos, que se iniciam com a produção de gametas femininos e masculinos. A esse respeito:

a) Indique os dois processos que devem ocorrer, em condições ideais, após a produção de gametas masculinos e femininos.

b) Entre os descendentes de um processo de reprodução sexuada que ocorre por meio da produção e encontro de gametas, os organismos originados nem sempre são iguais entre si nem aos seus pais. Ou seja, entre os descendentes de um processo de reprodução sexuada originam-se descendentes que apresentam diferenças. Qual termo melhor representa essa diferença existente entre os descendentes de um processo de reprodução sexuada?

18. [6, 7] A ilustração a seguir mostra a ocorrência de um tipo muito comum de reprodução entre bactérias que resulta, em pouco tempo, enorme quantidade de indivíduos. Nesse processo de reprodução, a cada 20 minutos um indivíduo produz dois outros, cópias idênticas da célula que inicia o processo, ou seja, são geradas duas células com as mesmas características.

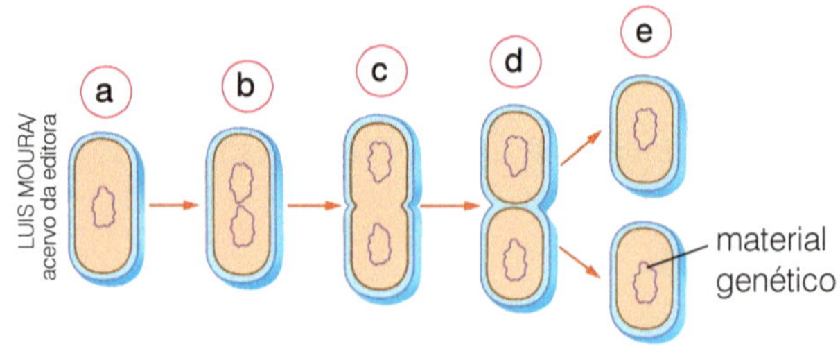

a) Que tipo de reprodução, sexuada ou assexuada, está simbolizado pela imagem acima? Justifique sua resposta com base nas informações fornecidas pelo texto da questão.

b) Considerando o que se mostra na ilustração, que denominação deve ser atribuída a esse tipo de produção de duas células a partir de uma inicial?

19. [6, 7] Embora as variedades de mandioca possam se reproduzir sexuadamente, produzindo flores, frutos e sementes, os agricultores plantam mandioca enterrando pedaços do caule. Como você classificaria esse tipo de reprodução? Quais são as vantagens desse procedimento? Qual seria uma desvantagem de se cultivar esse vegetal a partir das sementes?

20. [6, 7] Está cada vez mais frequente hoje no meio científico a utilização das chamadas células-tronco para a obtenção de seres vivos de interesse médico e biológico. Células-tronco são assim denominadas por serem ainda não especializadas e poderem, posteriormente, gerar células especializadas que se organizarão em tecidos e, eventualmente, originarão seres vivos. Esse procedimento, ou tipo de reprodução, é comum, por exemplo, a partir de células-tronco obtidas de porcos. Assim, considerando que, de determinado animal, obtiveram-se 50 células-tronco e a partir delas foram gerados 50 animais, todos iguais do ponto de vista genético, é possível dizer que esse tipo de reprodução é sexuada ou assexuada? Justifique sua resposta.

A ORIGEM DOS SERES VIVOS

capítulo 2

Não deixe o vidro de molho de tomate destampado!

Converse com a sua mãe. Pergunte a ela se é verdade que não se deve deixar o vidro de molho de tomate destampado e, ainda, fora da geladeira. Certamente ela dirá que sim, pois se o vidro ficar aberto, depois de alguns dias o molho de tomate irá estragar e ficar embolorado, quer dizer, cheio de seres vivos que pertencem ao grupo dos fungos. Neste momento, você para e se pergunta: mas como o molho de tomate estragou? De onde veio o bolor? Será que surgiu do próprio molho de tomate?

A dúvida acerca da *origem dos seres vivos* vem despertando a curiosidade de vários cientistas há séculos. No fundo, é a mesma dúvida que tivemos na *Introdução* deste livro, sobre a origem das larvas de moscas na goiaba, lembra? Aqui a resposta também é a mesma. O molho de tomate embolorou porque, estando o vidro destampado, caíram nele, provenientes do ar, minúsculas células reprodutivas de fungos que, aproveitando os nutrientes existentes no molho, nele se desenvolveram e originaram o bolor.

Existe um princípio relativo a esse tema, que é o seguinte: *a vida somente se origina de vida preexistente*. Não existe outra possibilidade.

Neste capítulo, você tomará conhecimento sobre o trabalho de alguns cientistas que "suaram a camisa" ao tentar esclarecer como a vida se origina. Todas essas histórias reforçam a ideia de que o emprego correto de uma metodologia científica pode mudar o pensamento humano ao tentar buscar a verdade nas descobertas no campo das ciências.

YULIA DAVIDOVICH/SH

A ideia de geração espontânea (abiogênese)

Até a metade do século 19 muita gente, incluindo cientistas, acreditava na possiblidade de surgir vida a partir de materiais não vivos, como o ar, a água parada, a terra, o lixo, a madeira, a carne podre, por exemplo.

Para isso, as substâncias deveriam conter um suposto **princípio ativo** ou **força vital**, isto é, uma capacidade responsável pela **geração espontânea** de seres vivos.

Aristóteles, filósofo grego, há mais de 2.500 anos já defendia a existência do tal "princípio ativo". Embora conhecesse a origem de animais a partir de cruzamentos, e de plantas a partir de sementes, acreditava que muitos outros seres surgiam por geração espontânea.

Essas ideias, nunca comprovadas, faziam parte da crença na geração espontânea ou **abiogênese** (do grego, *a* = não + *bio* = = vida + *genesis* = origem), ou seja, de que um novo ser vivo poderia surgir sem que fosse gerado por uma forma de vida preexistente.

Mas, já nessa época, a maioria dos cientistas aceitava que somente formas inferiores de vida, por exemplo, insetos e girinos, pudessem ser formados por geração espontânea. Faltava-lhes, ainda, uma observação mais profunda dos fatos da natureza.

Lembre-se!

Geração espontânea é a ideia de que substâncias não vivas, em condições favoráveis, possam gerar seres vivos.

Preexistente: que já existia antes.

É SEMPRE BOM SABER MAIS!

Camisa suja + grãos de trigo = camundongos. Isso é possível?

No século 17, Jean Baptiste Van Helmont (1577-1644), um médico belga, chegou até a escrever uma receita para produzir camundongos. Bastaria uma camisa suada em contato com grãos de trigo deixados em um lugar escuro; em 21 dias lá estariam os pequenos roedores. Para Van Helmont, o "princípio ativo" ou força geradora de vida era o suor. E ele achava estranho que ratos que ele imaginava terem surgido por geração espontânea fossem iguais aos que nasciam de cruzamentos entre ratos normais!

MRS. NUCH SRIBUANOY/SHUTTERSTOCK

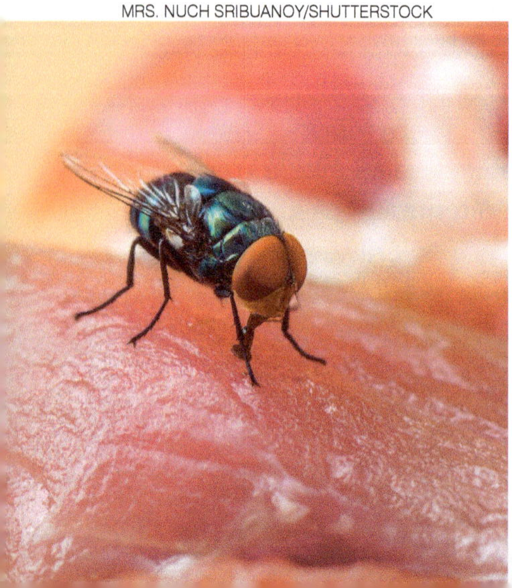

Francesco Redi: a crença na biogênese

O cientista italiano Francesco Redi (1626-1697) acreditava na **biogênese**, ou seja, que *a vida só era produzida por vida preexistente*. Em meados do século 17, pesquisando sobre a origem de moscas que apareciam em carnes em putrefação, Redi tentou provar que as larvas só apareciam se a carne fosse contaminada por ovos depositados pelos insetos que nela pousassem.
Em seu experimento, Redi colocou pedaços de carne em frascos de boca larga, mantendo alguns abertos e outros tampados por uma gaze que não impedia a entrada de ar.

Gaze: tecido de algodão, muito leve, cujos fios formam um reticulado fino.

Moscas pousavam livremente na carne dos recipientes abertos (Frasco 1) e não demorou muito para que apenas a carne desses frascos ficasse cheia de larvas. O cheiro da carne podre também atraía moscas para os frascos tampados (Frasco 2), mas lá não apareceram larvas.

O resultado do experimento de Redi confirmou a hipótese de que eram as moscas as responsáveis pelo aparecimento de larvas na carne em decomposição. Portanto, geração espontânea (ou abiogênese) não era uma explicação aceitável para o surgimento de seres vivos; a crença na abiogênese parecia derrotada. Porém, mais fatos estavam para surgir.

Em 1745, John Needham (1713-1781), um padre inglês, colocava caldos nutritivos (de carne, de vegetais) em tubos de ensaio: aquecia-os, fechava-os cuidadosamente e reaquecia-os. Após alguns dias, os líquidos ficavam turvos, contaminados por inúmeros microrganismos. Para ele, essa era uma demonstração clara em favor da hipótese de que a vida tinha sido realmente produzida espontaneamente dentro dos caldos.

Needham foi contestado pelo padre naturalista italiano Lazzaro Spallanzani (1729-1799), que repetiu o experimento de Needham com uma importante diferença: os caldos nutritivos foram fervidos demoradamente, cerca de uma hora. Nessas condições, deixava de haver turvação nos tubos, o que parecia indicar que, realmente, a crença na geração espontânea estava com os dias contados. No entanto, os críticos diziam que, ao ferver o caldo, Spallanzani tinha destruído o *princípio vital* nele existente, princípio esse que era essencial para o surgimento de vida. A comprovação definitiva da biogênese viria a seguir.

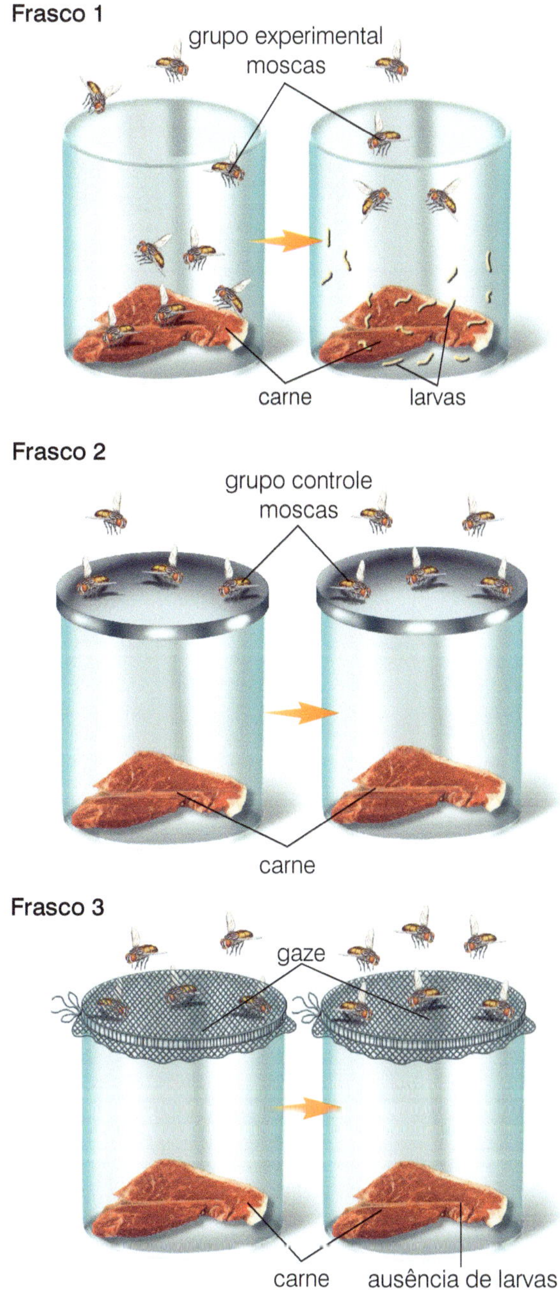

Experimento controlado realizado por Francesco Redi para invalidar as ideias sobre geração espontânea. Esta experiência confirmou a hipótese de que as moscas eram responsáveis pela presença de larvas na carne em decomposição.

Descubra você mesmo!

Por que será que, depois de aberto uma vez, além de manter o vidro de molho de tomate tampado, é recomendável colocá-lo na geladeira? E se o molho for fervido, qual seria o benefício no sentido de evitar que ele se estrague? Existe algum outro procedimento que poderia ser adotado para evitar que os alimentos estraguem? Busque informações em jornais, revistas ou na Internet. As pessoas de casa (avós, pais etc.) podem lhe ajudar e lhe ensinar como fazer para conservar alimentos em uma situação em que não puder contar, por exemplo, com a refrigeração.

EVERETT HISTORICAL/SHUTTERSTOCK

O cientista francês Louis Pasteur fez importantes contribuições no campo da Medicina e da Química.

Louis Pasteur e o triunfo da biogênese

Mentes brilhantes conduzem a descobertas maravilhosas. Foi o caso do grande cientista francês Louis Pasteur (1822-1895). Em 1860, ele elaborou um experimento que confirmou a hipótese da biogênese. Veja, a seguir, o procedimento desse grande cientista.

O experimento de Pasteur

Pasteur preparou, entre outros, um caldo contendo água, açúcar e lêvedos de cerveja (fungos), adicionando-o em frascos de gargalos longos.

Em seguida aqueceu e puxou os gargalos, recurvando-os para que tivessem o formato de um "pescoço de cisne". Os frascos com os caldos foram fervidos durante vários minutos e, ao esfriar, o ar poderia entrar livremente em todos eles.

O caldo que estava nos frascos "pescoço de cisne" permaneceu livre de contaminação. Por quê? A resposta é que, ao recurvar os "pescoços" dos frascos, Pasteur permitia a livre passagem do ar; os microrganismos e as partículas de poeira, porém, ficavam retidos na curva inferior do "pescoço", na água formada pela condensação do vapor, quando a temperatura baixava. Assim não contaminavam o caldo.

Pasteur comprovou, com esse experimento, o princípio de que, nas condições da Terra atual, *a vida somente surge a partir de vida preexistente*. Foi um golpe fatal na hipótese da abiogênese (ou geração espontânea).

Jogo rápido

Que crença Pasteur pretendeu abolir definitivamente a respeito da origem dos seres vivos com o experimento que efetuou?

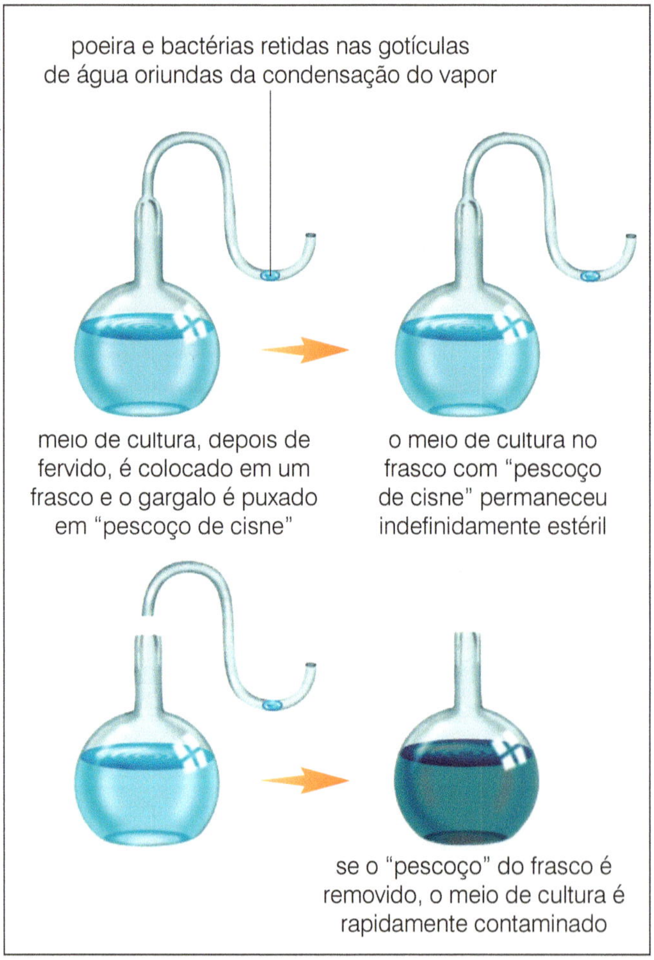

LUIS MOURA/acervo da editora

Experimento de Pasteur.

O surgimento de vida na Terra

Bem, falta esclarecer de que maneira as primeiras manifestações de vida teriam surgido na Terra. Embora, ainda hoje, seja um assunto cercado de muitas dúvidas, podemos dizer que, do ponto de vista da Ciência, há algumas evidências de como o processo teria ocorrido. Lembre-se que o método científico envolve a elaboração de hipóteses que devem ser sujeitas a comprovação, por meio de experimentos. É o que mostraremos a você a seguir.

A hipótese de Oparin e Haldane

Na década de 1920, o bioquímico russo Aleksander Ivanovich Oparin (1894-1980) e o geneticista inglês John Burdon S. Haldane (1892-1964), de maneira independente, propuseram a hipótese de que, inicialmente, a atmosfera da Terra seria formada por uma mistura de gases (metano, amônia e hidrogênio, entre outros) e muito vapor-d'água. Sendo continuamente atingida por descargas elétricas e atravessada por raios solares, teria havido a produção de determinados compostos orgânicos a partir dessas substâncias inorgânicas supostamente existentes na primitiva atmosfera terrestre.

O resfriamento gradual do planeta fez aparecer reservas de água no estado líquido (rios, lagos, oceanos). Graças aos violentos temporais que se abatiam sobre a Terra, os compostos orgânicos teriam sido levados aos oceanos primitivos, onde teriam formado um "caldo" de substâncias orgânicas, como se fosse uma "sopa quente", que constituiu o ponto de partida para a origem da vida, há cerca de 3,6 bilhões de anos. À medida que as primeiras proteínas se formaram, elas teriam se reunido com outras moléculas orgânicas em conjuntos cada vez maiores até se formarem aglomerados envoltos por uma espécie de membrana, chamados **coacervatos**. Claro que nunca ninguém viu tudo isso acontecer, por isso se tratava de uma hipótese, que deveria ser testada por um experimento. É o que veremos a seguir.

Fique por dentro!

Atualmente, acredita-se que a atmosfera primitiva da Terra teria composição diferente da imaginada por Oparin e Haldane. Seria constituída de gás carbônico (CO_2), monóxido de carbono (CO), nitrogênio (N_2) e vapor-d'água (H_2O), além de metano (CH_4), amônia (NH_3) e hidrogênio (H_2).

LUIS MOURA/acervo da editora

O experimento de Miller e Urey

Em 1950, dois pesquisadores americanos, Stanley Lloyd Miller (1930-2007) e Harold Clayton Urey (1893-1981) montaram um aparelho no qual simularam as supostas condições da primitiva atmosfera terrestre.

Inicialmente, obtiveram com seu experimento substâncias orgânicas de pequeno tamanho que, com o passar do tempo, se combinaram formando substâncias orgânicas mais complexas, mergulhadas em um caldo que simulava a "sopa" imaginada por Oparin. Claro que não viram nada parecido com um coacervato subindo pelas paredes de vidro do aparelho! Mas, pelo menos, estava esclarecida a hipótese sugerida por Oparin e por Haldane para a formação das primeiras substâncias orgânicas complexas que teriam constituído o ponto de partida para a origem da vida na Terra.

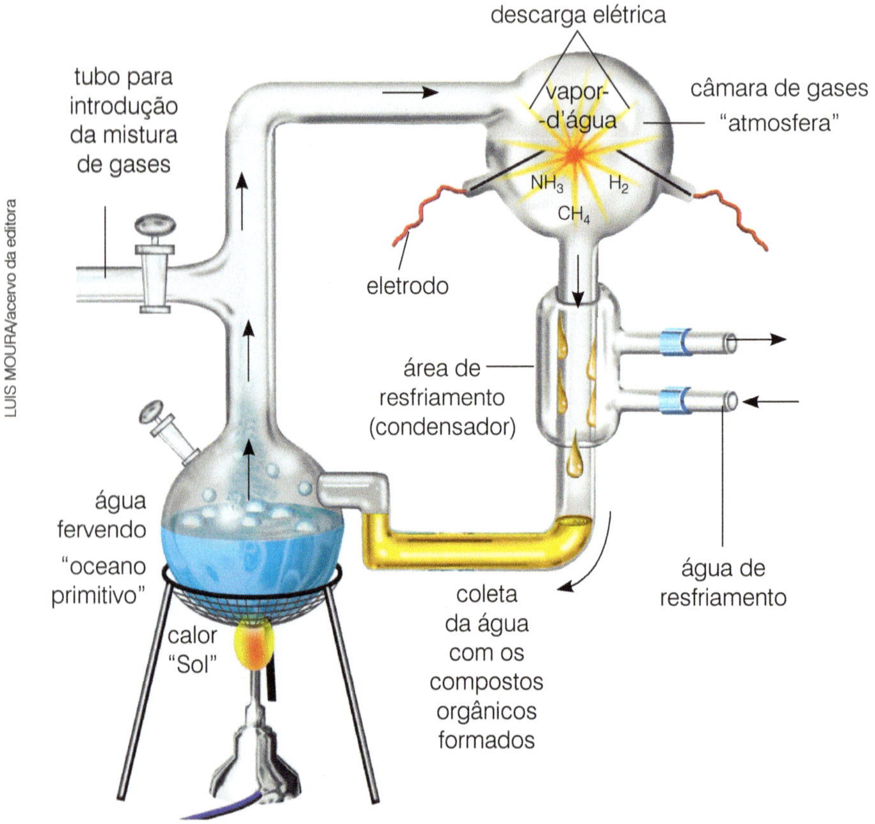

Experimento conduzido por Stanley Miller e Harold Urey. Observe que há uma câmara em que foram colocados vapor-d'água e gases (amônia, hidrogênio e metano), simulando a atmosfera nas etapas iniciais da vida na Terra. Essa câmara foi bombardeada por descargas elétricas (como se fossem raios). Um condensador com água resfriava os gases e provocava "chuvas". As gotas dessa "chuva", com quaisquer outras moléculas porventura formadas na "atmosfera", eram recolhidas para outra câmara, o "oceano primitivo", de onde eram coletadas periodicamente e analisadas.
(Cores-fantasia. Ilustração fora de escala.)

Os primeiros seres vivos

Admitindo-se como correta a hipótese de como teria surgido a vida na Terra, que você leu nos itens anteriores, fica a pergunta: quem teria surgido antes, os **heterótrofos**, seres que não possuem a capacidade de produzir seu próprio alimento, ou os **autótrofos**, organismos que produzem o próprio alimento?

Tudo leva a crer que as primeiras formas de vida, a partir dos coacervatos, seriam semelhantes às bactérias atuais (procariontes). Rodeadas por um "caldo" repleto de alimento orgânico, essas formas de vida unicelular teriam um metabolismo extremamente simples. Obteriam energia das substâncias orgânicas, sem a participação do oxigênio, que ainda não existia na atmosfera terrestre. Portanto, admite-se que os primeiros seres vivos da Terra do passado teriam sido **heterótrofos** que não utilizavam o oxigênio em seu metabolismo.

Posteriormente, devido a modificações surgidas nos seres vivos primitivos, algo aconteceu que possibilitou a algumas formas de vida a capacidade de produzir o seu próprio alimento orgânico, a partir de gás carbônico e de água do ambiente, *utilizando a luz solar como fonte de energia*. Assim teriam surgido os primeiros seres **autótrofos** (fotossintetizadores), talvez formas primitivas semelhantes a algumas bactérias atuais. Isso deve ter ocorrido há cerca de 3,5 bilhões de anos. Essa atividade fotossintética resultou na liberação de oxigênio para a atmosfera, além de garantir alimento para os heterótrofos.

Novas modificações sofridas pelos seres vivos originaram outra modalidade de metabolismo, chamada *respiração aeróbia*, em que, na presença de oxigênio, compostos orgânicos dão origem a substâncias mais simples, como água e gás carbônico, com liberação de energia. Os seres que utilizavam o oxigênio eram mais eficientes na liberação de energia contida nos alimentos orgânicos. Por isso, os respiradores aeróbios começaram a predominar e passaram a constituir a maioria dos organismos heterótrofos. O gás carbônico por eles liberado na respiração podia ser utilizado pelos autótrofos fotossintetizantes, que liberavam continuamente mais oxigênio para a atmosfera. A vida na Terra mudava. *O ar passou a ser modificado pela vida.*

Muito tempo depois, teriam surgido os pluricelulares. Evidências obtidas de muitos estudos sugerem que os primeiros seres pluricelulares simples surgiram na Terra há cerca de 750 milhões de anos, originados dos seres eucariontes unicelulares existentes. Desde então, a vida não parou mais de sofrer sucessivas modificações e adaptações com o passar do tempo.

Autótrofo fotossintetizante: organismo vivo que produz seu próprio alimento por meio de **fotossíntese**, processo em que gás carbônico e água, na presença de luz e do pigmento clorofila, são transformados em glicose e oxigênio.

Lembre-se!

Eucariontes são organismos cujas células possuem um núcleo diferenciado.

É SEMPRE BOM SABER MAIS!

Origem extraterrestre da vida?

Svante August Arrhenius (1859-1927), cientista sueco, foi um dos primeiros a admitir a ideia de **panspermia cósmica**.

Na década de 1970, os cientistas Fred Hoyle e Chandra Wickramasinghe divulgaram uma controvertida teoria, denominada de *panspermia cósmica*, segundo a qual meteoros que bombardeavam a Terra teriam trazido microrganismos do espaço interestelar, dando origem à vida em nosso planeta, há cerca de 4 bilhões de anos.

Essa teoria foi ressuscitada recentemente por astrônomos estadunidenses que acreditam que meteoritos originados de outros sistemas solares carregam formas simples de vida.

Adaptado de:
Revista New Scientist,
Londres, n. 2282, Mar. 2001. p. 4.

Panspermia: (do grego, *pan* = todos + *spermia* = = semente) hipótese segundo a qual microrganismos presentes no espaço cósmico poderiam ter colonizado nosso planeta.

NASA IMAGES/SHUTTERSTOCK

Teria a vida na Terra se originado a partir do espaço interestelar? A hipótese segundo a qual isso teria acontecido é conhecida como panspermia cósmica.

Nosso desafio

Para preencher os quadrinhos de 1 a 4, você deve utilizar as seguintes palavras: geração espontânea (abiogênese), biogênese, coacervatos, panspermia cósmica.

À medida que você preencher os quadrinhos, risque a palavra que escolheu para não usá-la novamente.

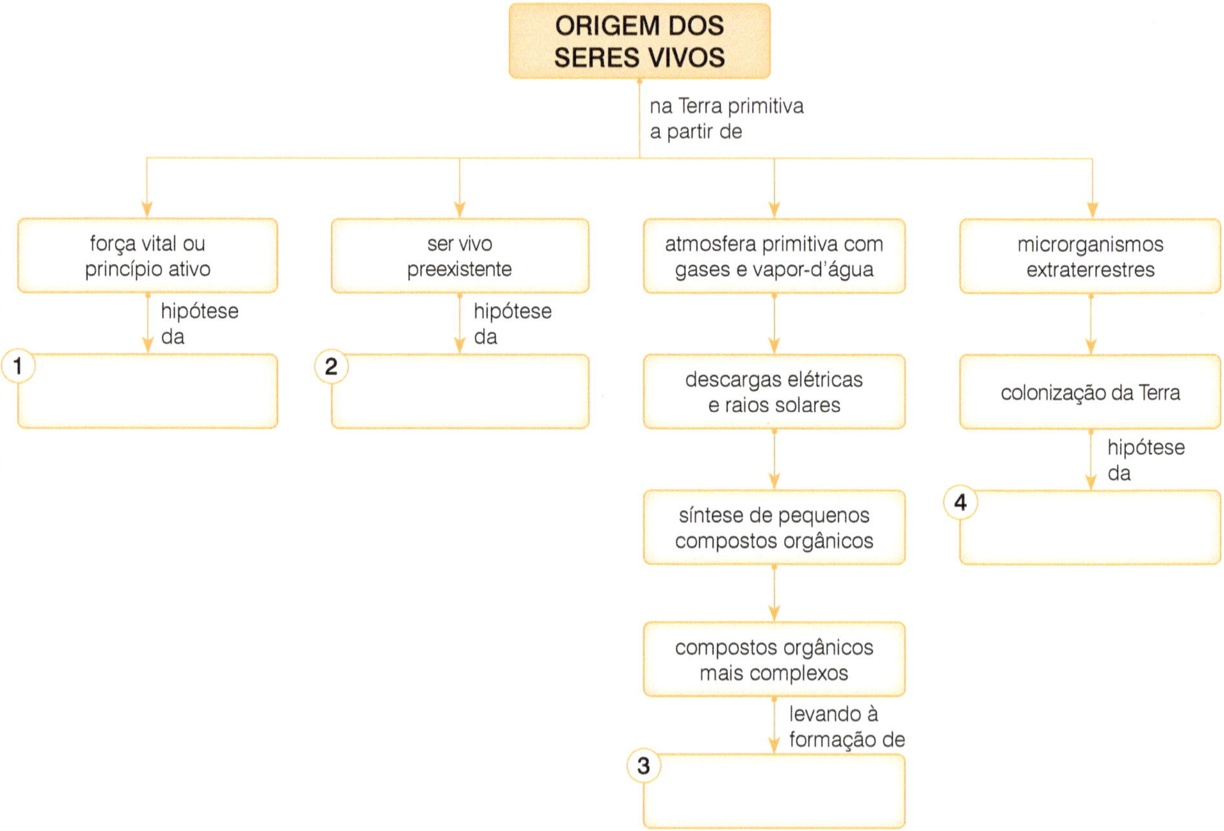

Atividades

1. **[1, 3, 6, 7]** A partir da leitura do item *A ideia de geração espontânea (abiogênese)*, indique as frases a seguir que considerar corretas.

a) A possibilidade de surgimento de vida a partir de materiais não vivos nunca foi sugerida, mesmo por cientistas, até o início do século 20.

b) Abiogênese era a crença de que a vida poderia surgir a partir de vida preexistente.

c) A ideia da existência de um princípio ativo ou força vital para justificar a origem de vida a partir de materiais não vivos predominou até metade do século 19.

d) Geração espontânea possui o mesmo significado de abiogênese, ou seja, vida pode surgir sem que haja necessidade de existir vida preexistente.

e) Ainda hoje, formas inferiores de vida, tais como insetos e vermes, podem surgir por geração espontânea.

f) Biogênese era a crença de que a vida poderia surgir a partir de materiais não vivos.

2. **[3, 6, 7]** Jean Baptiste Van Helmont (1577-1644), médico belga, chegou a propor uma famosa receita que visava à produção de animais. A respeito do trabalho desse cientista:

a) Em que consistia a proposta de Van Helmont?
b) Qual foi o argumento utilizado por Van Helmont para justificar sua proposta?
c) Como a proposta de Van Helmont poderia ser contestada nos dias atuais?

3. [3, 6, 7, 8, 9] Leia os dois textos a seguir:

Como obter escorpiões

"Escavar um buraco em um tijolo e colocar nele erva e serpente bem esmagada. Aplicar um segundo tijolo sobre o primeiro e expor ao sol. Alguns dias mais tarde, a serpente age como um fermento e nascerão pequenos escorpiões."

Van Helmont (1648)

Como obter ratos

"Comprimir uma camisa de mulher, de preferência um pouco suja, em um vaso com trigo. Ao fim de vinte e um dias, o fermento do suor feminino transforma o grão em ratos."

Van Helmont (1648)

a) Nos dois textos, fica implícita a ação de um agente responsável pela origem dos seres vivos citados. A que agente estamos nos referindo?
b) Os textos relacionam-se a uma hipótese, que predominou até meados do século 17, sobre a origem dos seres vivos de organização mais complexa (ratos, escorpiões etc.). Qual é essa hipótese?

4. [3, 6, 7] Pedaços de caule de mandioca, ao serem plantados, geram novas plantas de mandioca, capazes de se reproduzir na fase adulta e gerar novas plantas de mandioca. Em poucas palavras, responda no seu caderno se esse procedimento torna válida a teoria da abiogênese.

5. [3, 6, 7] Imagine que você esteja presente em um encontro em que o tema é a origem dos seres vivos em nosso planeta e lhe peçam para aceitar ou rejeitar as ideias de abiogênese e biogênese.

a) Escreva no seu caderno o principal argumento que você utilizaria ao aceitar a hipótese da abiogênese.
b) Escreva no seu caderno a frase que utilizaria para negar a hipótese da abiogênese e aceitar a hipótese da biogênese.

6. [3, 6, 7, 8, 9] Os desenhos abaixo ilustram esquematicamente o experimento efetuado pelo cientista italiano Francesco Redi em meados do século 17.

LUIS MOURA/acervo da editora

a) O experimento ilustrado visava a confirmar uma hipótese a respeito da origem dos seres vivos. Que hipótese é essa?
b) Que princípio é defendido por essa hipótese?

7. [3, 6, 7] O cientista italiano Francesco Redi (1626-1697) adotou uma postura radicalmente oposta à do médico Van Helmont (1577-1644) no que diz respeito à origem da vida.

a) Escreva no seu caderno qual foi a grande diferença entre o pensamento de Francesco Redi e o de Van Helmont?
b) O que você poderia concluir a respeito dessa discussão entre Francesco Redi e Van Helmont, considerando a época em que suas ideias foram propostas? Utilize as datas referentes ao nascimento e à morte dos dois personagens para essa resposta.
c) Em termos da utilização dos procedimentos típicos do método científico, há alguma possível falha ou imperfeição relativamente aos experimentos efetuados por Francesco Redi?

8. [3, 6, 7, 8, 9] John Needham e Lazzaro Spallanzani foram dois pensadores que se destacaram no século 18 na discussão sobre a origem da vida por abiogênese ou biogênese.

a) Escreva no seu caderno qual dos dois pensadores era adepto da abiogênese e qual era adepto da biogênese.

b) Releia o trecho correspondente ao procedimento de Needham e relate no seu caderno o que ocorreu com os líquidos contendo caldo nutritivo, bem como a conclusão a que ele chegou com os resultados obtidos.

c) Spallanzani contestou os resultados e conclusões de Needham e repetiu os experimentos. Qual foi a diferença entre os dois procedimentos? Qual foi a conclusão de Spallanzani tendo em vista os resultados obtidos em seus procedimentos?

d) Spallanzani também foi criticado ao executar seu procedimento. Seus críticos diziam que, ao efetuar seu procedimento, ele teria destruído algo essencial para o surgimento de vida por abiogênese. Escreva no seu caderno como denominavam esse "algo essencial para o surgimento de vida por abiogênese".

9. **[2, 3, 5, 6, 7]** Luiz tinha dois vidros de molho de tomate sem conservantes em casa e, tendo aberto ambos, deixou um deles fora da geladeira e guardou o outro dentro de um *freezer*. Uma semana depois, o molho de tomate que ficou fora da geladeira estava totalmente embolorado, cheio de fungos. Paula, sua amiga, comentou, ironicamente, que ao deixar o vidro aberto fora da geladeira, Luiz permitiu que a vida surgisse espontaneamente no molho graças à existência de uma condição fundamental para que isso ocorresse. Por outro lado, meses depois, ao retirar o outro vidro de molho de tomate que ficou no *freezer*, Luiz verificou que não estava embolorado.

a) Tendo em vista a observação de Paula, a que hipótese sobre a origem da vida ela fez referência? A que condição fundamental ela se referiu, que justificaria a presença de fungos no molho de tomate?

b) Em sua opinião, a observação de Paula é correta? Justifique brevemente.

c) Sugira uma possível razão que explique por que o molho de tomate que permaneceu no *freezer* não embolorou.

10. **[3, 6, 7, 8, 9]** Os desenhos abaixo ilustram esquematicamente o experimento efetuado pelo cientista francês Louis Pasteur em meados so século 19.

a

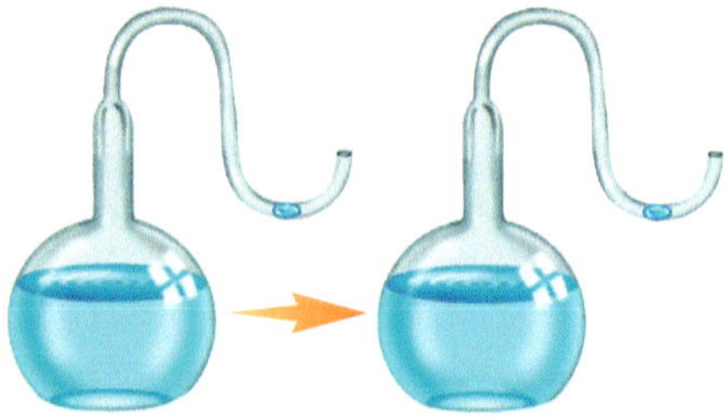

meio de cultura, depois de fervido, é colocado em um frasco e o gargalo é puxado em "pescoço de cisne"

o meio de cultura no frasco com "pescoço de cisne" permaneceu indefinidamente estéril

LUIS MOURA/acervo da editora

b

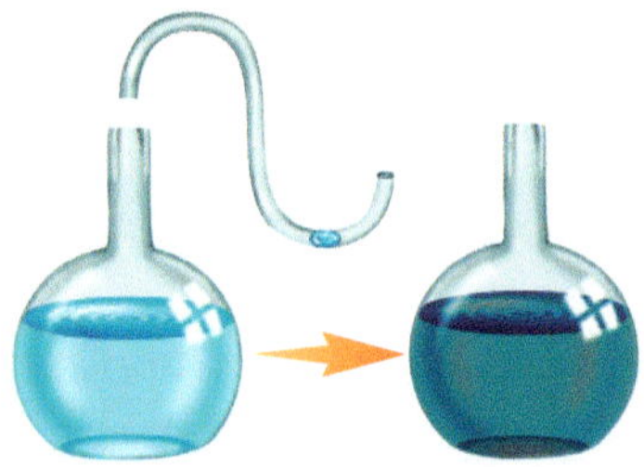

se o "pescoço" do frasco é removido, o meio de cultura é rapidamente contaminado

a) Explique em poucas palavras por que o caldo contido no recipiente com "pescoço de cisne" utilizado por Pasteur não ficou turvo, indicando contaminação.

b) Que princípio ficou firmemente estabelecido após o sucesso obtido com o experimento de Pasteur?

11. **[3, 6, 7, 8, 9]** Ano de 1860. A disputa sobre a melhor ideia a respeito da origem da vida ainda era intensa. Abiogênese ou biogênese? Eis que surge o cientista francês Louis Pasteur, o qual elaborou um famoso experimento que esclareceu dúvidas restantes a respeito do assunto. Releia rapidamente o item *O experimento de Pasteur* e responda ao que se pede.

a) Qual foi o principal mérito do experimento idealizado por Pasteur que abalou profundamente a ideia da existência de um princípio vital?

b) O que ficou definitivamente comprovado, após a realização do experimento de Pasteur, que passou a ser aceito por toda a comunidade científica da época?

12. [3, 6, 7, 8, 9] Com a aceitação da ideia de que "vida só surge a partir de vida preexistente", solucionada com o experimento de Pasteur, faltava uma hipótese convincente que pudesse confirmar a ideia de biogênese. Eis que, na década de 1920, essa hipótese surgiu a partir da proposta independente de dois cientistas, o bioquímico russo Oparin e o geneticista inglês Haldane.

a) Na hipótese desses dois cientistas, a atmosfera que banhava a Terra teria sido uma importante fonte de substâncias que possibilitariam a síntese de compostos orgânicos. Qual foi a proposta da composição da atmosfera primitiva sugerida por esses dois pesquisadores?

b) Atualmente, acredita-se que a atmosfera primitiva teria composição diferente da sugerida por Oparin e Haldane. Na visão moderna, qual seria, então, a composição da atmosfera primitiva terrestre que permitiu a ocorrência de vida na Terra?

c) Proponha uma explicação que justifique a importância da composição da atmosfera primitiva para a origem da vida na Terra.

13. [3, 6, 7, 8, 9] Toda hipótese científica deve ser seguida de um experimento que possa justificar sua proposta e, eventualmente, confirmar ou não o conteúdo da hipótese. No caso da hipótese de Oparin e Haldane, um esclarecedor experimento foi idealizado pela dupla de cientistas estadunidenses Stanley Miller e Harold Urey.

a) Que resultado foi obtido no experimento elaborado por essa dupla de cientistas? O experimento por eles realizado foi válido e coerente em termos da comprovação da hipótese de Oparin e Haldane?

b) Como o resultado do experimento idealizado por Miller e Urey contribuiu para o esclarecimento da origem da vida na Terra?

c) Oparin e Haldane propuseram a origem de uma entidade primitiva, imersa no caldo oceânico rico em substâncias orgânicas. Embora o experimento da dupla de cientistas Miller e Urey não tenha reconhecido a formação dessa entidade, o resultado por eles obtido levava a crer que ela realmente poderia ter sido originada nos mares primitivos. Qual foi a denominação dada por Oparin e Haldane a essa tal entidade? Por que sua origem é importante para o suposto desenvolvimento de vida na Terra?

14. [3, 6, 7] Após reler os itens *A hipótese de Oparin e Haldane* e *O experimento de Miller e Urey*, responda às questões a seguir.

a) Cite as substâncias que estavam presentes na atmosfera primitiva, segundo a proposta desses pesquisadores, e que supostamente favoreceram a produção de substâncias orgânicas complexas.

b) Cite as prováveis fontes de energia que permitiram a produção de substâncias orgânicas complexas na Terra primitiva.

c) Após a produção das tais substâncias orgânicas complexas, o que teria então ocorrido?

d) Qual foi a contribuição de Miller e Urey no esclarecimento da hipótese proposta por Oparin e Haldane?

15. [3, 6, 7] Obtenção de energia é uma das características básicas dos seres vivos que possibilita sua sobrevivência. A energia necessária ao metabolismo é proveniente de substâncias orgânicas que passaram a ser abundantes nos mares primitivos. No entanto, essas substâncias orgânicas precisam ser "desmontadas" e, assim, liberar a energia armazenada. Nos primitivos seres microscópicos, presentes no caldo orgânico dos oceanos também primitivos, qual foi o tipo de metabolismo que provavelmente predominou durante os estádios iniciais do desenvolvimento da vida em nosso planeta e que permitiu a liberação de energia armazenada em substâncias orgânicas simples?

16. [3, 6, 7] Ainda pensando em termos da utilização de energia pelos seres vivos, acredita-se que, devido a modificações surgidas nos seres primitivos, uma nova modalidade de metabolismo teria surgido, o que possibilitou a produção de substâncias orgânicas por esses seres.

a) Que tipo de metabolismo teria surgido que possibilitou a produção de substâncias orgânicas pelos seres primitivos? Como são denominados os seres que produzem substâncias orgânicas?

b) Que condições deveriam necessariamente ter existido para que esse tipo de metabolismo pudesse ocorrer? Que substâncias teriam sido produzidas e liberadas nesse tipo de metabolismo e que justifica a famosa afirmativa "o ar passou a ser modificado pela vida"?

17. [3, 6, 7] Como se pode perceber, o tipo de metabolismo energético foi determinante no desenvolvimento da vida em nosso planeta. Utilizando esse tema de discussão:

a) Que argumento você empregaria na defesa da hipótese de que o uso de substâncias orgânicas na liberação de energia ocorreria na ausência de oxigênio?

b) Considerando a hipótese de que seres autótrofos liberadores de oxigênio passaram a existir ao longo do desenvolvimento da vida no planeta, que tipo de metabolismo teria surgido graças a essa ocorrência?

18. [3, 6, 7, 8, 9] Parece não haver dúvidas, no meio científico, a respeito da origem da vida em nosso planeta a partir de substâncias químicas formadas por meio de fenômenos atmosféricos, raios principalmente, que atingiram gases existentes na atmosfera terrestre primitiva.

No entanto, frequentemente alguns cientistas sugerem que a vida na Terra poderia ter surgido a partir de vida preexistente em outros planetas, ideia que é denominada de origem extraterrestre da vida.

A respeito desse tema:

a) Utilizando seus conhecimentos sobre o assunto, qual é sua opinião sobre a possível origem extraterrestre da vida? Que argumento básico você utilizaria para fundamentar sua opinião?

b) Que procedimento científico deveria ser adotado para confirmar ou negar a hipótese da origem extraterrestre da vida em nosso planeta?

c) Qual é a denominação da hipótese segundo a qual microrganismos presentes no espaço cósmico poderiam ter colonizado nosso planeta?

19. [3, 6, 7, 8, 9] Ainda não sabemos se existe vida fora do nosso Sistema Solar. Os filmes de ficção científica frequentemente abordam o tema incluindo personagens que possuem características dos seres que viveram ou vivem na Terra. O desenho abaixo é uma imagem figurativa a respeito de um ser extraterrestre.

ADIKE/SHUTTERSTOCK

Que condições ambientais deveriam ocorrer, que possibilitassem a origem da vida, na forma como a conhecemos, em outros planetas?

20. [3, 6, 7, 8, 9] Os primeiros seres vivos que surgiram na Terra eram procariontes ou eucariontes, unicelulares ou pluricelulares? Justifique a sua resposta.

A "FÁBRICA" CELULAR

capítulo 3

Querer saber: uma característica humana

Uma das características que diferencia o homem de outros animais é o querer saber. Assim, uma criança em torno de 4 anos costuma querer saber porque é preciso lavar as mãos antes de comer, porque precisa tomar banho, porque precisamos comer frutas, verduras e legumes, além de muitos outros porquês.

O querer saber de um adolescente na faixa de 14 anos é bem diferente do de uma criança. Um adolescente quer saber, por exemplo, que mudanças acontecem em seu corpo durante essa fase da vida, como age a pílula anticoncepcional, o que é exatamente uma coronária e uma aterosclerose e como associá-las com um ataque cardíaco, entre muitos outros questionamentos.

Já os profissionais da área de saúde, por exemplo, estão em busca de respostas para melhorar a qualidade de vida do ser humano, dos outros seres vivos e do próprio planeta.

Neste capítulo, vamos fazer uma viagem pelo estudo das células, estruturas presentes em todos os seres vivos.

ANYAIVANOVA/SHUTTERSTOCK

As células são as menores unidades que formam o corpo de um organismo. Por isso, torna-se necessário conhecê-las a fim de que você se familiarize com elas e se sinta seguro e confiante toda vez que forem citadas em estudos.

Todos os seres vivos conhecidos são formados por uma ou mais unidades celulares, isto é, são *unicelulares* ou *pluricelulares*, respectivamente.

Introdução à Citologia: estudo das células

O número de tipos celulares existentes na natureza é muito grande. O corpo humano, por exemplo, contém cerca de um trilhão de células agrupadas em mais de cem tipos celulares distintos.

MOPIC/SHUTTERSTOCK

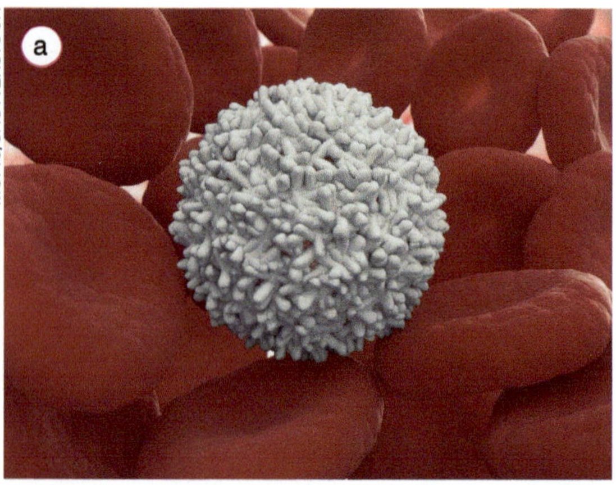

KTSDESIGN/SHUTTERSTOCK

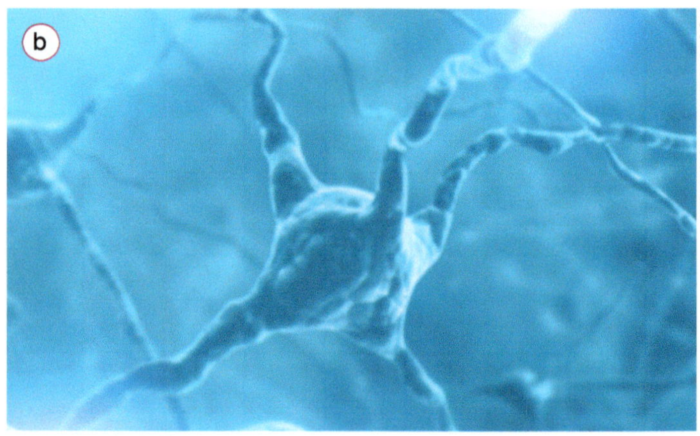

Ilustrações representativas de células (a) vermelhas e branca do sangue e (b) nervosas. (Cores-fantasia.)

Fique por dentro!

Para que você tenha uma noção um pouco mais concreta sobre medidas, observe em uma régua um milímetro. Parece difícil imaginar esse mm dividido em mil partes. Cada parte corresponde a 1 micrômetro (μm), isto é, à milésima parte do milímetro. É tão pequeno que certamente fica difícil imaginar que ainda existam medidas menores, como o nanômetro (nm), que corresponde à milésima parte de um micrômetro (μm).

Nos organismos unicelulares, bactérias, por exemplo, uma única célula realiza todas as funções vitais. Nos pluricelulares, como o ser humano, há cerca de um trilhão de células. Nesse caso, grupos de células se especializam para determinada função. Há divisão de trabalho. Por exemplo, enquanto um grupo de células reveste superfícies (células epiteliais), outro grupo, o dos neurônios ou células nervosas, conduz impulsos nervosos e ainda outro grupo, o das células musculares, é especializado em contração. Compare essa divisão de trabalho com uma sociedade, em que categorias profissionais dependem do trabalho uma das outras. Padeiros, motoristas, engenheiros, médicos, professores, especialistas em comunicação, embora trabalhem separadamente, dependem uns dos outros, assim como os diversos tipos celulares em um organismo como o humano dependem uns dos outros, o que resulta na sobrevivência do indivíduo como um todo.

O tamanho das células

A maioria das células que constituem o corpo dos seres vivos mede de 2 a 50 *micrômetros* de diâmetro. Micrômetro é uma unidade de medida que equivale a um milionésimo de 1 metro (consulte a tabela abaixo), ou seja, 1 milhão de micrômetros correspondem a 1 metro. Como são pequeníssimas, não podemos enxergar células a olho nu, mas podemos observá-las por meio de aparelhos chamados de **microscópios**.

Algumas unidades de comprimento e sua relação com o metro.

Unidade de comprimento	Equivalência métrica
1 centímetro (cm)	1/100 de 1 metro, ou seja, 100 centímetros correspondem a 1 metro
1 milímetro (mm)	1/1.000 de 1 metro, ou seja, 1.000 milímetros correspondem a 1 metro
1 micrômetro (µm)	1/1.000.000 de 1 metro, ou seja, 1 milhão de micrômetros correspondem a 1 metro
1 nanômetro (nm)	1/1.000.000.000 de 1 metro, ou seja, 1 bilhão de nanômetros correspondem a 1 metro

Microscópios: auxiliares do olho humano

O microscópio que você vê ao lado é chamado **microscópio óptico** ou **microscópio de luz**. Ele amplia um objeto até cerca de 2.000 vezes.

Com o microscópio de luz é possível a observação de células vivas, sendo esta uma das suas principais vantagens, mas não é possível a visualização da maioria de suas estruturas internas, uma vez que elas são estruturas extremamente pequenas.

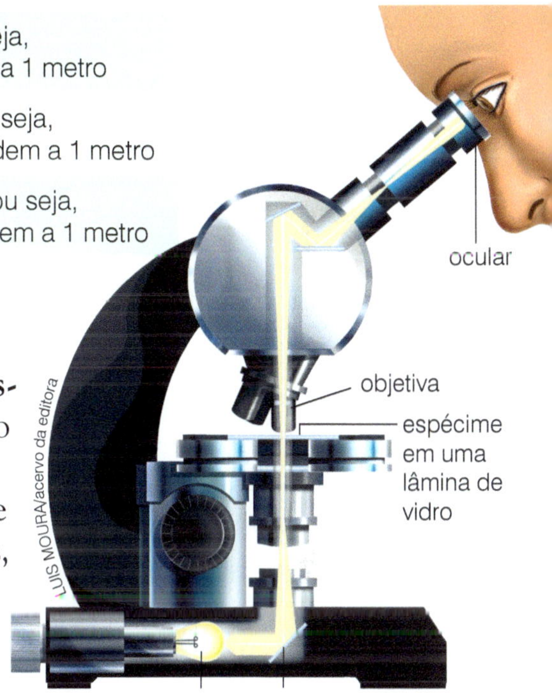

É SEMPRE BOM SABER MAIS!

Microscópio óptico ou de luz

Como a maioria das células e seus componentes é transparente, vistas ao microscópio óptico a luz as atravessa e fica difícil distinguir o que se encontra no seu interior. Por isso, empregam-se técnicas de coloração; os corantes têm afinidade por determinadas estruturas celulares. Há corantes vitais, isto é, que podem ser aplicados às células sem matá-las; outros só podem ser assimilados por células fixadas, isto é, previamente mortas, mas com a estrutura preservada. Quando determinada estrutura celular já é naturalmente colorida, é mais fácil observá-la, pois não depende de nenhum artifício ou técnica de coloração. É o que acontece, por exemplo, com os cloroplastos, orgânulos de cor verde, exclusivos de células vegetais, facilmente visíveis ao microscópio óptico.

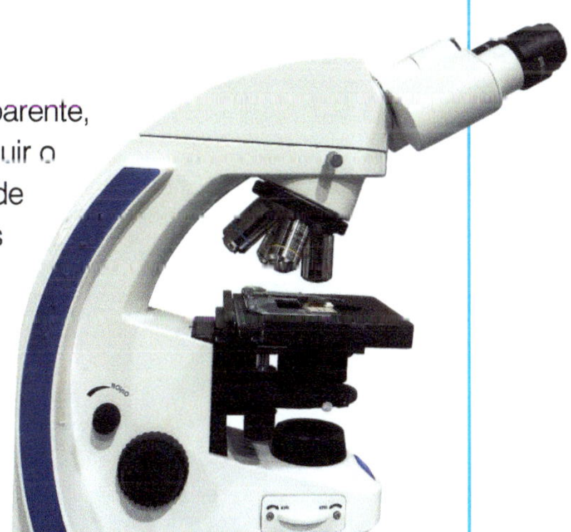
DJA65/SHUTTERSTOCK

Microscópio eletrônico: visualização das células em detalhe

A partir de 1930, passou-se a usar um novo tipo de microscópio, o **microscópio eletrônico** que permite visualizar as organelas celulares em detalhe. Esse microscópio consegue imagens de objetos com um aumento superior a 350.000 vezes. A desvantagem do microscópio eletrônico é não permitir a observação de materiais vivos.

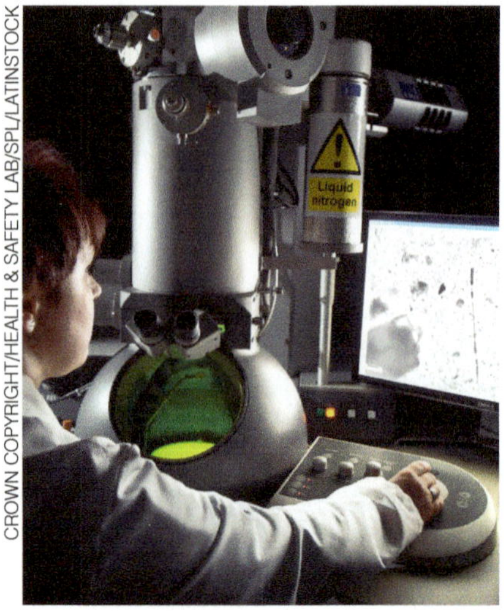

CROWN COPYRIGHT/HEALTH & SAFETY LAB/SPL/LATINSTOCK

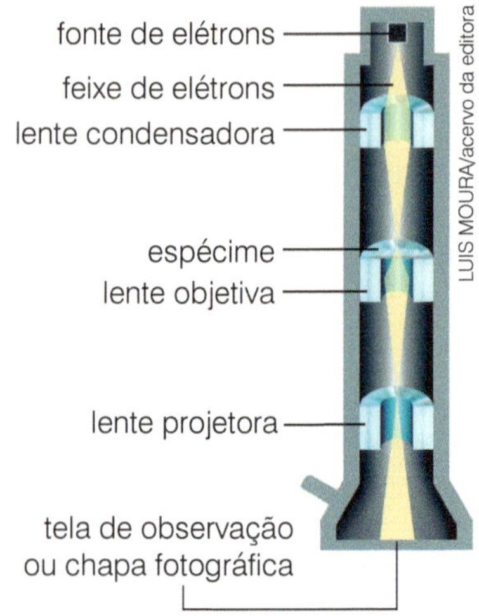

LUIS MOURA/acervo da editora

Nos microscópios eletrônicos, a luz é substituída por um feixe de elétrons, como nos tubos de TV; as imagens são projetadas sobre uma tela fluorescente e, então, fotografadas.

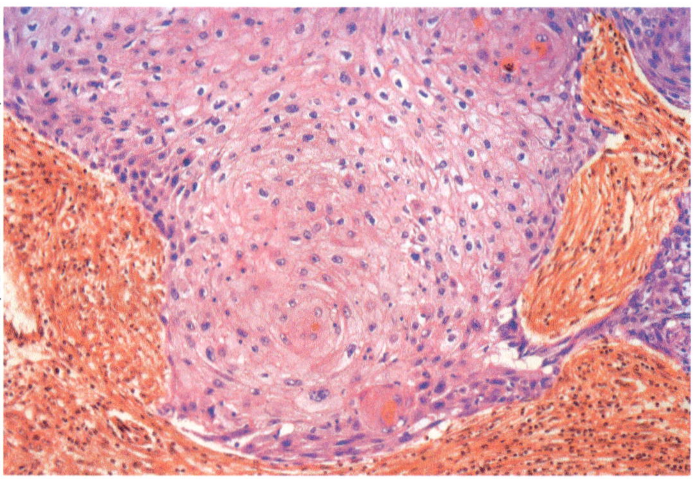

STEVE GSCHMEISSNER/SCIENCE PHOTO LIBRARY/LATINSTOCK

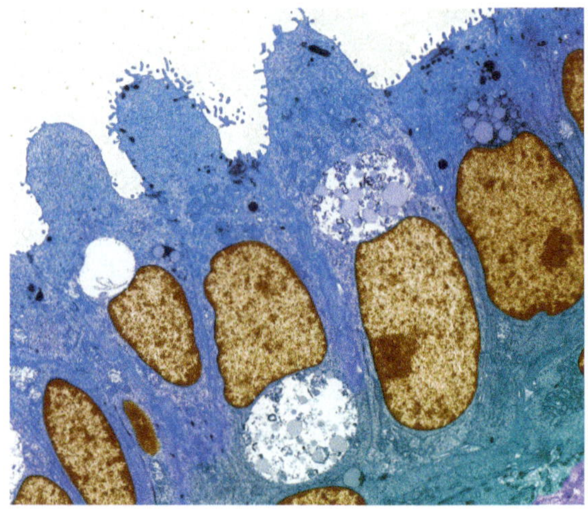

STEVE GSCHMEISSNER/SCIENCE PHOTO LIBRARY/LATINSTOCK

Células de câncer de mama: à esquerda, coradas em roxo, vistas ao microscópio óptico (aumento: 140 vezes); à direita, ao microscópio eletrônico, com seus núcleos corados artificialmente em marrom (aumento: 1.830 vezes).

A estrutura de uma célula animal: membrana plasmática, hialoplasma e núcleo

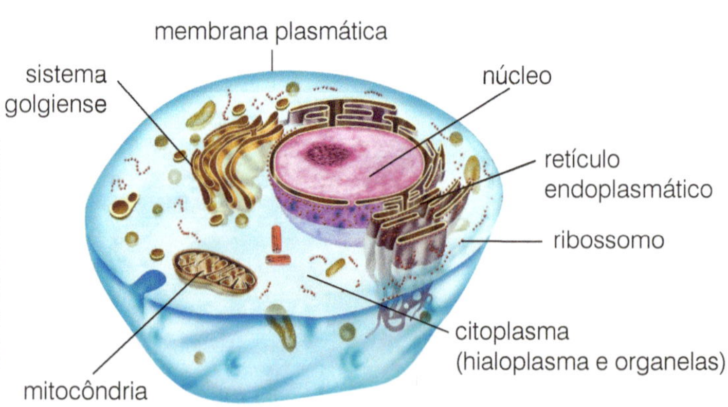

LUIS MOURA/acervo da editora

Em uma célula animal, uma célula humana, por exemplo, os seguintes componentes podem ser observados:

- **membrana plasmática**, envoltório limitante do espaço interno, capaz de regular trocas de materiais, como os gases oxigênio e carbônico, além de facilitar o ingresso de nutrientes essenciais e eliminar resíduos produzidos pela célula;

- **hialoplasma** ou **citosol**, conteúdo interno viscoso com certo grau de transparência, rico em diversas substâncias (água, sais, glicose, proteínas, entre outros). É local de ocorrência de várias reações químicas, como as que liberam energia e as que resultam na síntese de proteínas, por exemplo;
- **organelas** (também chamadas de **orgânulos**) mergulhadas no hialoplasma, tais como ribossomos, retículo endoplasmático, centríolos, mitocôndrias e lisossomos.

A seguir, vamos estudar alguns detalhes sobre as principais organelas presentes em uma célula animal.

Os **ribossomos** são minúsculas organelas não dotadas de membrana como a plasmática, constituídas de moléculas de um componente químico denominado de RNA. O termo ribossomos deriva de ***r***ibonucleic ***a***cid, em língua inglesa, referindo-se a essa importante molécula. A principal função dessas organelas é a produção de moléculas de proteína, cada qual com uma função específica.

O **retículo endoplasmático** é uma rede finíssima de membranas achatadas, amplamente distribuída pela célula, e que serve como *via de transporte* de materiais no ambiente celular. O **retículo endoplasmático rugoso** ou **granuloso** é assim denominado por ter *ribossomos* aderidos na superfície externa das membranas.

Proteínas produzidas pelos ribossomos são então transportadas pelo interior das cavidades do retículo endoplasmático, atingindo outros locais da célula. Já no **retículo endoplasmático liso** ou **não granuloso** não há ribossomos aderidos, sendo essa estrutura associada à produção, armazenamento e transporte de outras moléculas, por exemplo, lipídios e hormônios.

Complexo golgiense ou **sistema golgiense** é uma estrutura rica em membranas, que corresponderia em uma fábrica ao setor de embalagem, empacotamento e exportação do que é produzido. Lembra uma pilha de sacos membranosos paralelos, sem ribossomos aderidos e com inúmeras pequenas vesículas, que brotam de suas superfícies, carregando substâncias produzidas pela célula.

Os **lisossomos** (do grego, *lise* = quebrar + *soma* = corpo) são organelas membranosas esféricas que contêm enzimas digestivas. Essas enzimas podem atuar na chamada digestão intracelular de alimentos ou de agentes infecciosos (bactérias, por exemplo), englobados pela célula, ou mesmo de organelas fora de uso que precisam ser totalmente desfeitas.

ribossomo

retículo endoplasmático granuloso

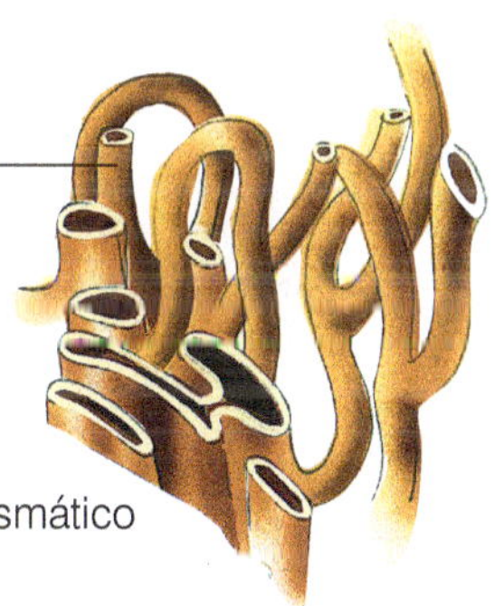

retículo endoplasmático liso

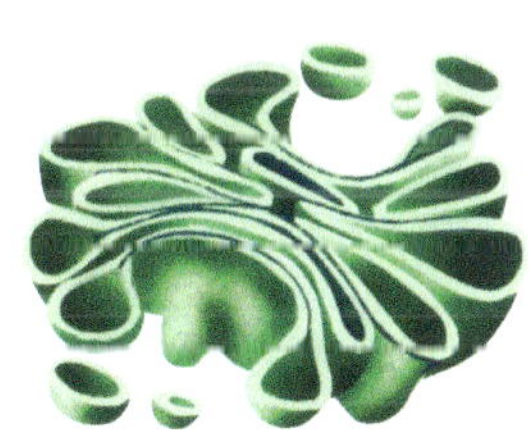

complexo golgiense

lisossomos

ilustrações LUIS MOURA/ acervo da editora

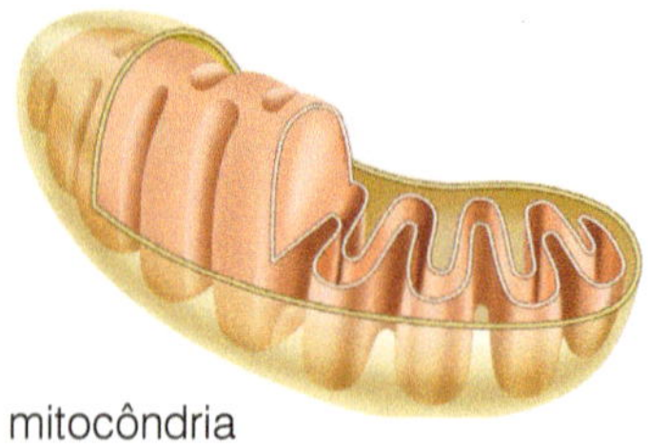

mitocôndria

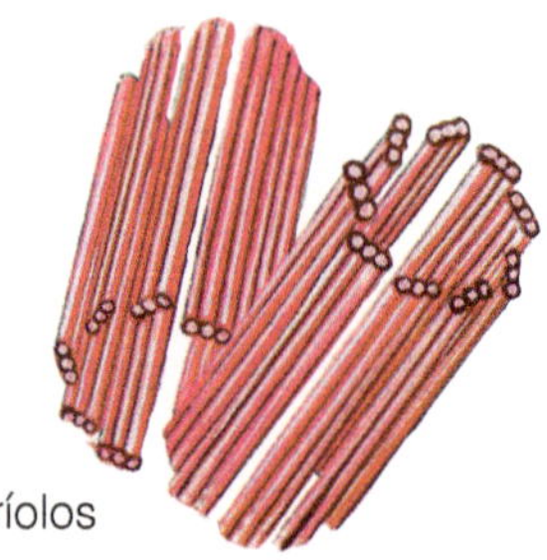

centríolos

Lembre-se!

Centríolos são encontrados em células animais. Na maioria dos vegetais eles não existem.

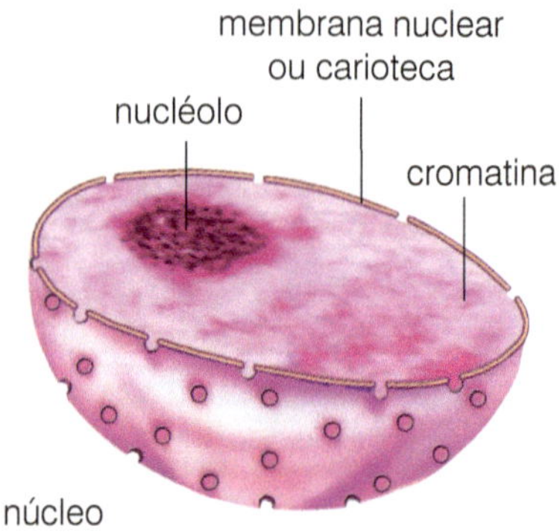

núcleo

Lembre-se!

Células animais e vegetais possuem núcleo organizado.

As organelas em que ocorre o importante processo denominado de respiração aeróbia, ao longo do qual ocorre a liberação da energia necessária à realização das atividades vitais da célula, são as chamadas **mitocôndrias**. Nesse processo, o açúcar glicose, altamente energético, é "desmontado" na presença de oxigênio, e nessa quebra da molécula de glicose ocorre liberação de energia. Com essa energia, pode haver, por exemplo, a produção de proteínas nos ribossomos, a contração de células musculares, o trabalho de condução nervosa dos neurônios (células nervosas), entre outros exemplos.

Presentes em toda célula animal, os **centríolos** são duas organelas de formato cilíndrico, constituídas por conjuntos de túbulos de proteína. Atuam na divisão celular.

O **núcleo** é o centro de comando da célula. Assim como em uma fábrica existe uma diretoria com seus dirigentes, o núcleo celular é o local em que se localiza a **cromatina**, conjunto de filamentos em que está presente o material genético da célula, representado por moléculas de ácido desoxirribonucleico, comumente conhecido por **DNA** (*DeoxyriboNucleicAcid*, em inglês). O DNA é o componente dos genes, responsáveis pelo comando da célula e pela determinação de todas as características de um indivíduo como, por exemplo, cor do cabelo, cor dos olhos, altura do indivíduo, habilidade esportiva, entre outras. Em determinadas fases da vida da célula, por exemplo, ao ocorrer a divisão celular, a cromatina se condensa e passa a ser denominada de **cromossomo** (do grego, *kroma* = cor + *soma* = corpo). No núcleo ainda existem pequenos corpúsculos compactos denominados de **nucléolos**, que correspondem a uma concentração de determinado tipo de RNA (ácido ribonucleico), destinada a formar novos ribossomos toda vez que a célula se divide.

Todo esse conjunto de estruturas nucleares fica mergulhado em um caldo chamado **suco nuclear**, que, de certo modo, é equivalente ao hialoplasma (citosol). Por fim, o núcleo é dotado de uma **membrana nuclear**, também denominada de **carioteca**, equivalente, em termos de composição, à membrana plasmática. Através da membrana nuclear ocorre trânsito de substâncias entre o núcleo e o hialoplasma.

Célula vegetal e diferenças em relação à célula animal

A imagem a seguir mostra o esquema de uma célula vegetal. Assim como ocorre na célula animal, também na vegetal existe membrana plasmática, hialoplasma (citosol) e núcleo organizado.

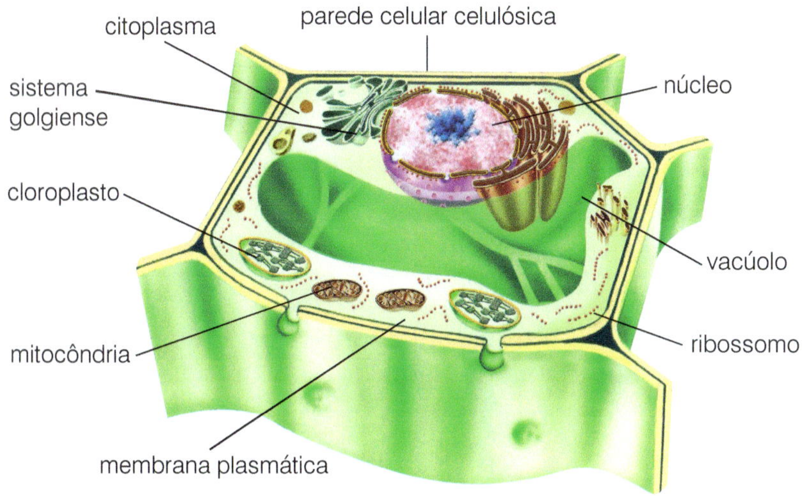

Retículo endoplasmático (rugoso e liso), ribossomos e sistema golgiense também estão presentes. No entanto, três importantes diferenças chamam a atenção: na célula vegetal existe uma **parede celular celulósica** externamente à membrana plasmática, um grande **vacúolo** central e a presença de importantes organelas, os **cloroplastos**. A parede celulósica é uma espécie de muro protetor da célula, do mesmo modo que ocorre em uma fábrica. Por meio dela, ocorre entrada de substâncias na célula. O grande vacúolo central serve de local de armazenamento de substâncias e contém, entre outras, água, sais, açúcares e pigmentos. A grande diferença, porém, entre os dois tipos celulares reside nos **cloroplastos**.

Cloroplastos são importantes organelas nas quais se dá o importante processo de fotossíntese, que abastece de oxigênio a atmosfera terrestre. Nesse processo, conforme mostrado na equação a seguir, ocorre a participação de água, gás carbônico e luz do Sol (fonte de energia), com produção de glicose e oxigênio:

Lembre-se!

A respiração celular consome oxigênio; a fotossíntese produz e libera esse gás.

$$\underset{CO_2}{\text{gás carbônico}} + \underset{H_2O}{\text{água}} \xrightarrow[\text{clorofila}]{\text{luz}} \underset{C_6H_{12}O_2}{\text{glicose}} + \underset{O_2}{\text{oxigênio}}$$

Lembre-se!

Retículo endoplasmático, sistema golgiense, mitocôndrias, lisossomos, cloroplastos e vacúolos são organelas celulares membranosas.

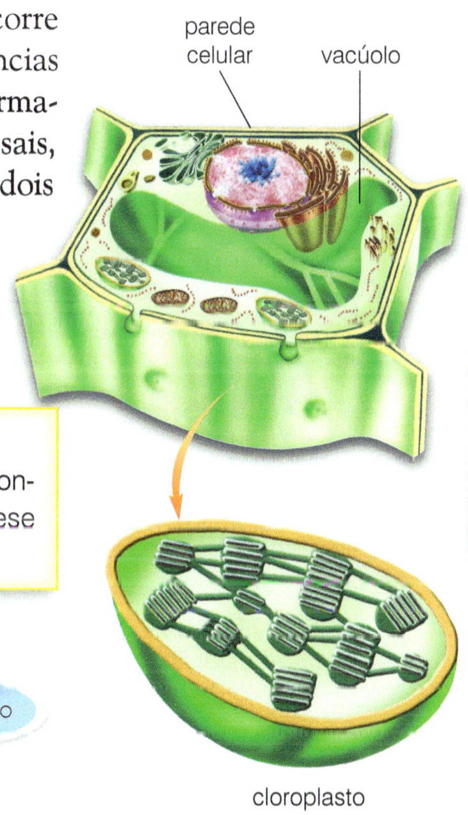

Ilustração de célula vegetal com destaque para cloroplasto, parede celular, externa à membrana plasmática, e vacúolo. (Cores-fantasia. Ilustrações fora de escala.)

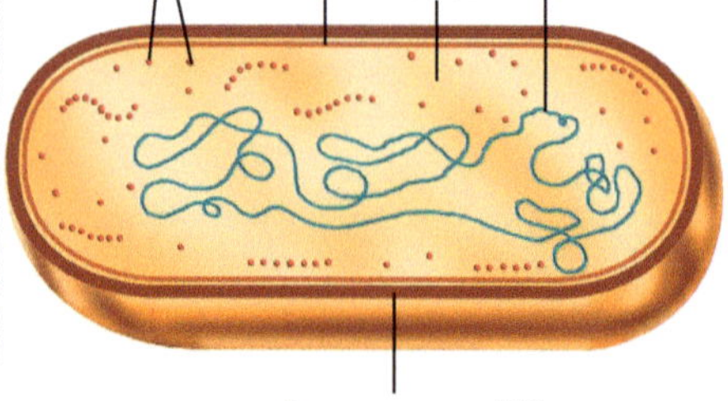

LUIS MOURA/acervo da editora

A célula bacteriana

Como se pode perceber pelo esquema ao lado, a célula de uma bactéria possui muitos dos componentes de uma célula animal ou de uma célula vegetal, ou seja: membrana plasmática, hialoplasma, ribossomos e cromatina.

Do mesmo modo que uma célula vegetal, a célula bacteriana possui parede celular, porém de composição molecular diferente daquela que existe na célula vegetal, ou seja, não é parede celulósica. A grande diferença entre a célula de uma bactéria, relativamente às células animal e vegetal, é a **ausência de núcleo organizado**. Ou seja, a cromatina, o material genético, fica disperso pelo hialoplasma e possui formato de anel filamentoso.

Lembre-se!

Na célula bacteriana não existe núcleo organizado.

ESTABELECENDO CONEXÕES

Saúde

Como diminuir as chances de contrair câncer intestinal

MONTICELLO/SHUTTERSTOCK

Todos sabemos que o que resta de nossa alimentação, o que não é consumido nem guardado por nosso organismo, é eliminado sob a forma de fezes.

A partir dos 50 anos, é frequente aparecerem, sem distinção de sexo, pequenos pólipos no intestino humano. Apesar de benignos, esses pólipos podem dar origem a um câncer, cuja incidência é maior por volta dos 60 anos. Há evidências de que esse tipo de câncer tem base genética e também em dietas com muita carne vermelha, gorduras e pouca ingestão de fibras.

Acredita-se que uma dieta rica em vegetais favorece a prevenção de câncer intestinal em virtude de a celulose, presente na parede celular vegetal, ter um papel importante na promoção dos movimentos da parede do intestino, fator que estimula a eliminação, junto com as fezes, de substâncias potencialmente cancerígenas.

➢ Considere uma refeição dotada de salada de alface, rúcula e couve, grãos de milho, carne de boi moída cozida, peixe assado, carne de frango cozida, arroz integral, tomate, feijão, gomos de laranja e mamão. Em vista das informações do texto desse item, que alimentos seriam recomendados na possível prevenção de câncer intestinal? Justifique em poucas palavras sua resposta.

Estrutura do DNA

Na década de 1950, um jovem cientista americano, James D. Watson, foi para a Inglaterra trabalhar nos Laboratórios Cavendish. Lá encontrou o cientista inglês Francis Crick, e ambos estavam interessados em determinar a estrutura do DNA, o principal constituinte dos filamentos de cromatina (material genético das células). Naquela época, a composição química das macromoléculas de DNA e a sua capacidade de autoduplicação já eram conhecidas. Porém, para compreender essa duplicação fazia-se necessário desvendar a estrutura molecular do DNA.

Watson e Crick juntaram todos os dados conhecidos e, em 1953, propuseram um modelo para explicar o comportamento dessa molécula e o seu papel biológico. O modelo proposto apresentava uma estrutura helicoidal formada por uma hélice dupla, lembrando uma escada torcida, com dois corrimãos unidos por degraus. Desses corrimãos e degraus fazem parte moléculas menores de substâncias que, em conjunto, formam as grandes moléculas de DNA.

O modelo mostrava, ainda, como as diferentes substâncias químicas se ajustavam nesse modelo, o que abriu a possibilidade de explicar dois dos maiores "segredos da vida": o processo a partir do qual o DNA comanda a produção das substâncias químicas necessárias para o surgimento das características hereditárias, e a duplicação do DNA, fato fundamental para explicar como uma célula origina, por divisão, duas células com material genético igual ao da célula-mãe.

Jogo rápido

Por que as células que têm seus núcleos retirados continuam a viver por algum tempo e terminam morrendo?

Por que as células se dividem

As células que formam a estrutura do nosso corpo derivam da primeira célula que todos fomos um dia, a **célula-ovo** ou o **zigoto**, formada pela união de um espermatozoide com um óvulo na fecundação.

Ao se dividirem, as células formam novas células que levam um indivíduo a crescer, a repor células mortas (da pele, das mucosas, do sangue), a regenerar partes perdidas ou lesadas acidentalmente, a formar novos indivíduos (reprodução assexuada de organismos uni ou pluricelulares), a produzir esporos e células sexuais (espermatozoides e óvulos).

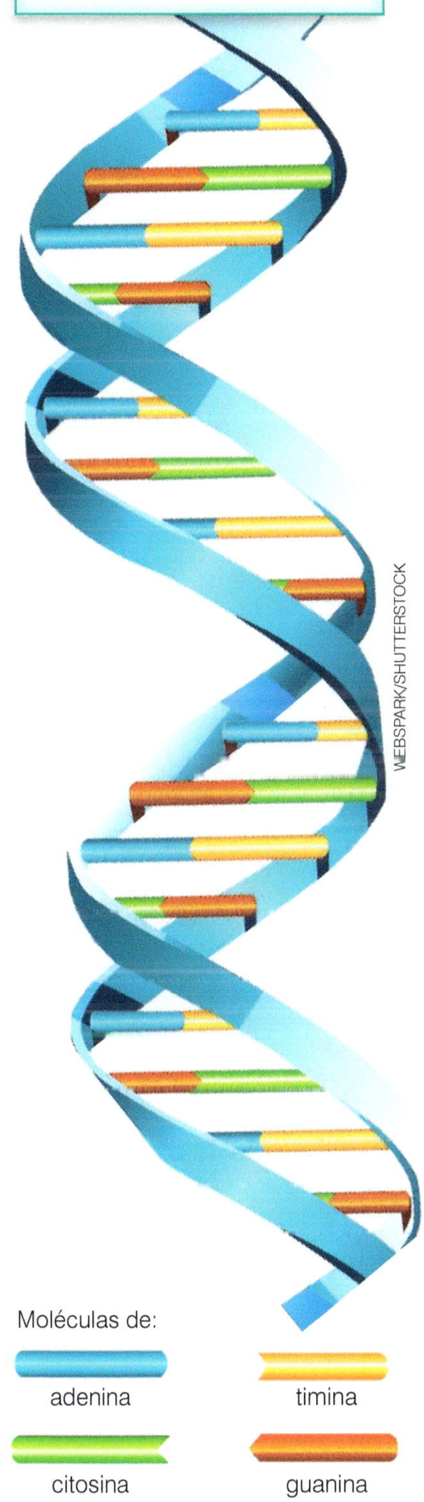

Representação ilustrativa da estrutura do DNA. (Cores-fantasia. Ilustração fora de escala.)

Nosso desafio

Para preencher os quadrinhos de 1 a 11, você deve utilizar as seguintes palavras: carioteca, cloroplastos, cromatina, DNA, lisossomos, membrana plasmática, organelas, respiração celular, retículo endoplasmático, secreção celular, síntese de proteínas.

À medida que você preencher os quadrinhos, risque a palavra que você escolheu para não usá-la novamente.

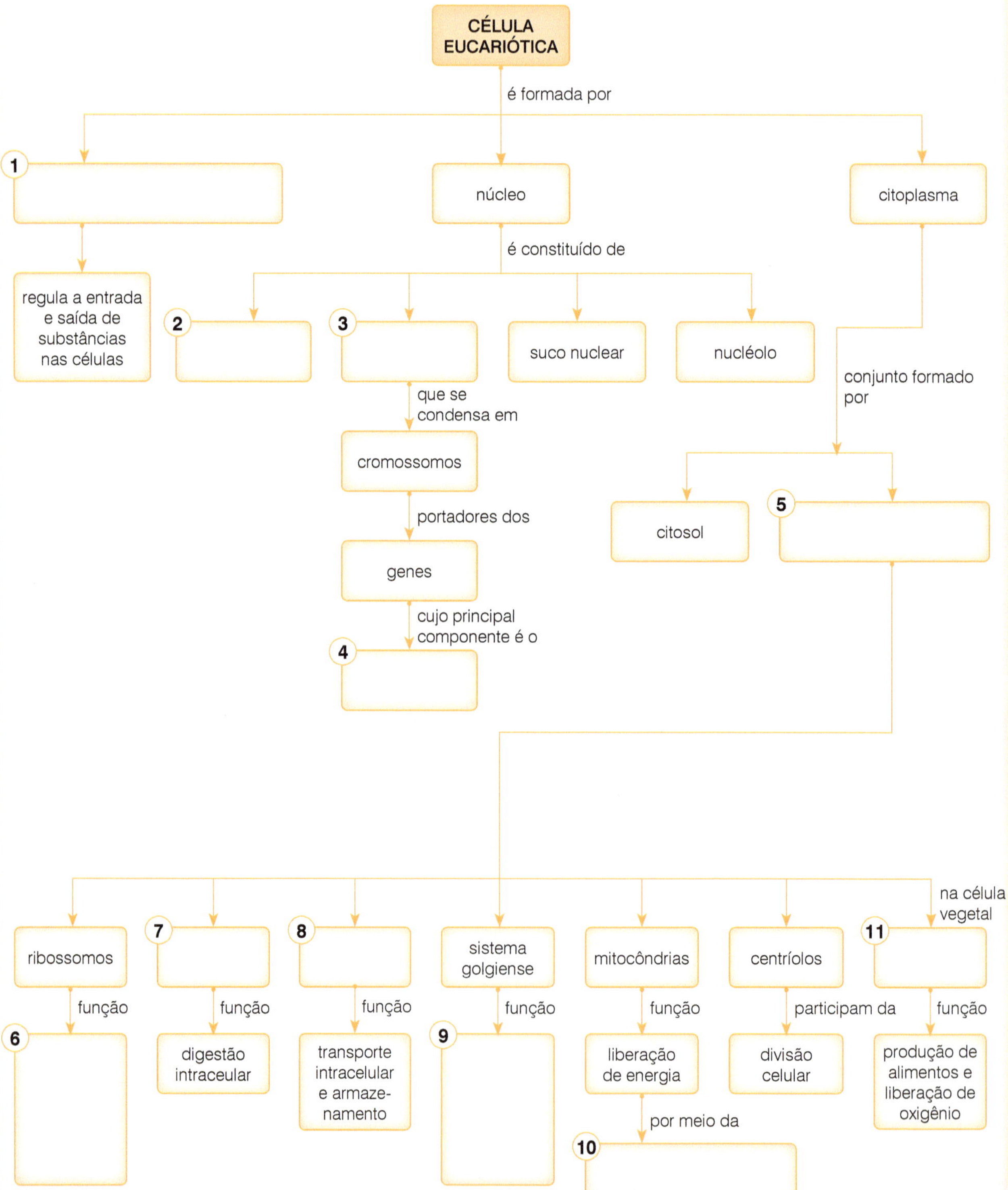

Atividades

1. [5, 10] Identifique as estruturas apontadas nos esquemas.

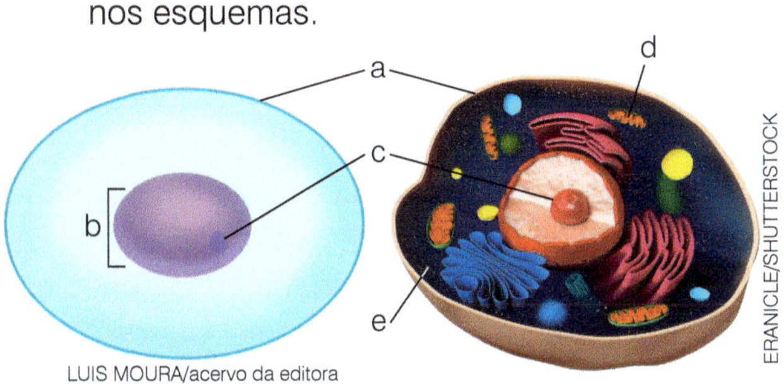

À esquerda, célula animal ao microscópio óptico e à direita, com base em microscopia eletrônica. (Cores-fantasia. Ilustrações fora de escala.)

2. [10] Qual é o nome da estrutura que, ao regular a passagem de materiais para dentro e para fora da célula, consegue manter em equilíbrio a composição química interna celular?

3. [10] Cite os organoides membranosos e os não membranosos que compõem o citoplasma de uma célula animal completa.

4. [6, 10] Queratina e insulina são proteínas produzidas, respectivamente, pelas células da nossa epiderme e por células do pâncreas.
   a) Quais são as organelas citoplasmáticas envolvidas com a produção dessas proteínas?
   b) Que material nuclear comanda esse processo?

5. [10] Qual é a função do retículo endoplasmático na célula?

6. [10] Qual é o destino das organelas celulares que envelhecem e, portanto, não mais exercem satisfatoriamente suas atividades? Que orgânulos celulares desempenham esse papel?

7. [10] Qual é o nome do organoide das células pancreáticas responsável pela secreção de enzimas digestivas que atuam na digestão de alimentos no intestino?

8. [6, 10] O cianeto de potássio é uma substância química tóxica que interrompe o processo de quebra da glicose na respiração celular. Em que organela celular esse veneno atua?

9. [6, 7, 10, 12] Em que organelas celulares ocorre a respiração celular e qual é a importância desse processo para os seres vivos?

Comparando uma célula de bactéria com uma célula humana e uma de vegetal complexo, como, por exemplo, a que existe no interior de uma folha, notam-se algumas semelhanças. Mas há também diferenças. Para responder às questões **10** e **11**, utilize as ilustrações a seguir, referentes a esses três tipos de célula.

10. [5, 6, 10]
    a) Cite três componentes comuns a esses tipos celulares.
    b) Que organela presente nos três tipos celulares participa da síntese de proteínas?

11. [5, 6, 11]
    a) Cite a diferença existente entre a célula humana e a célula vegetal, relativamente ao envoltório que circunda as células.
    b) Relativamente às organelas citoplasmáticas presentes nesses dois tipos celulares (o humano e o do vegetal), quais são as diferenças?

12. [1, 2, 3, 6, 7, 8, 10, 16] Até cerca de 300 anos atrás, acreditava-se que o solo era a fonte principal de alimentação das plantas, ou seja, as plantas "comeriam" o solo como os animais que dependem do alimento que consomem.
    O médico Jan Baptista van Helmont (1574-1644) plantou um vegetal chamado salgueiro em um pote contendo terra, e adicio-

nava *apenas água* ao pote. Ao fim de 5 anos o salgueiro pesava 82 kg a mais em relação ao peso inicial, ou seja, tinha ganho 82 kg. Helmont, no entanto, notou que a terra perdera somente 3 gramas!

a) Após o resultado do experimento do cientista, o mundo científico teve de rever o conceito de que as plantas retiram todo o seu alimento do solo, assim como os animais que dependem do alimento que tomam? Justifique a resposta.

b) Como você supõe que Helmont justificou o aumento de peso da planta?

c) Com os conhecimentos atuais é correto afirmar que os 82 kg ganhos pelo salgueiro vieram exclusivamente da água?

13. **[1, 6, 7, 9]** Nos seres vivos presentes na biosfera, o número de tipos celulares diferentes é muito grande. Em nosso corpo, por exemplo, há mais de 100 tipos celulares; assim, a célula nervosa é bem diferente da célula muscular e da célula epitelial que reveste a nossa pele, por exemplo. As plantas, por sua vez, são formadas por tipos de células bem diferentes das nossas, assim como muitas células de animais invertebrados, como os insetos.

Justifique a frase: Apesar dessa grande diversidade (variedade) de tipos celulares, existe uma notável similaridade (semelhança, igualdade) entre as células.

14. **[1, 6, 7, 8, 9, 12]** Em 1858, o notável cientista Rudolf Virchow propôs a *teoria celular*, que diz: uma célula só pode se originar de outra célula, ou seja, onde existe uma célula deve ter existido outra que a originou. Além disso, Virchow concluiu que um ser vivo só pode surgir de outro ser vivo; assim, um sapo surge a partir de outro sapo, por exemplo.

Virchow elaborou sua teoria em 1858, época em que nada se sabia sobre a existência do material genético (DNA), muito menos de sua estrutura e suas propriedades.

Estabeleça uma relação entre a teoria celular e a duplicação do DNA.

15. **[6, 7, 9, 10]** Imagine uma empresa de construção de edifícios. Nessa empresa existe um escritório central onde os arquitetos e os engenheiros são encarregados de planejar um edifício a ser construído. O resultado desse planejamento é passado para os operários que efetivamente irão levantar o prédio. Há diferentes especializações de operários, uns encarregados da fiação elétrica, outros do encanamento, outros ainda do manuseio do cimento etc. Todo o espaço em que o edifício está sendo construído está cercado por tapumes (cerca que protege uma área). Nessa obra existe um portão que permite a entrada de pessoas e matérias ligadas apenas à construção do edifício.

Fazendo uma analogia (semelhança entre coisas diferentes) com a estrutura e o funcionamento de uma célula animal, quem faria o papel do(s)

a) escritório central?

b) arquitetos e engenheiros?

c) operários?

d) tapumes?

16. **[3, 4, 7, 9]** *Acetabularia* é uma alga verde *unicelular* gigante, de meio a um centímetro de largura. Essa célula é muito diferente da maior parte das células conhecidas: ela é formada por um pedúnculo (tipo de um pé), onde na parte inferior se encontra o núcleo; na parte superior da célula existe uma estrutura com forma de guarda-chuva, conforme a figura ao lado. Todo o espaço em torno do núcleo é o citoplasma onde estão os orgânulos e o hialoplasma. O citoplasma por sua vez é envolvido pela membrana plasmática.

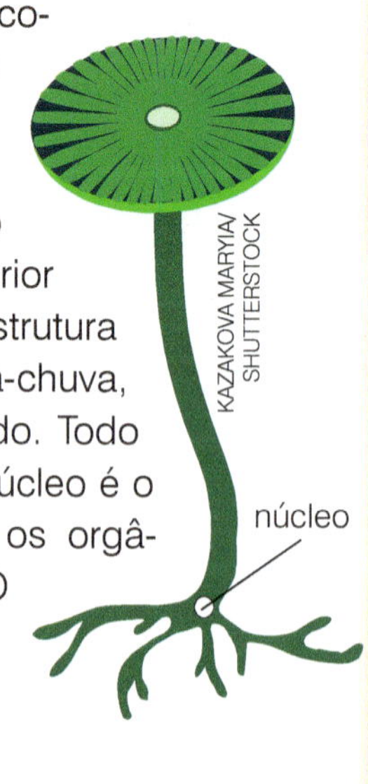

Representação de um exemplar da alga verde *Acetabularia*.

O cientista Hammerling realizou o seguinte experimento: cortou a célula da *Acetabularia* em duas partes conforme a figura abaixo.

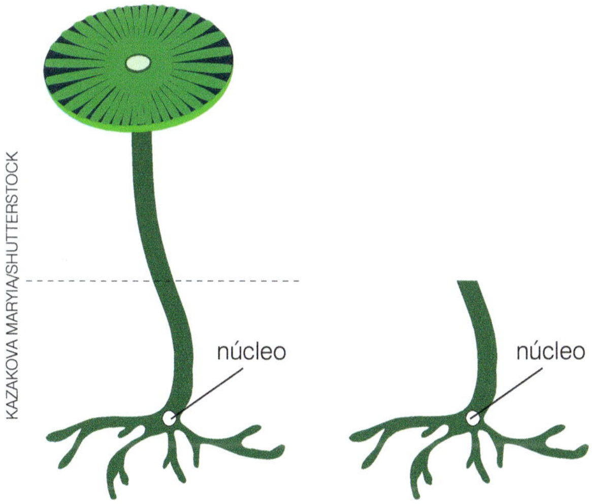

Colocadas as partes em meio nutritivo após o corte, Hammerling notou que a metade sem o núcleo sobreviveu certo tempo e depois morreu. A metade com o núcleo viveu e regenerou a parte que estava faltando, formando uma nova *Acetabularia*. A partir desse resultado, Hammerling levantou a seguinte hipótese: o núcleo da célula comanda as atividades das organelas citoplasmáticas, possibilitando a formação de uma nova *Acetabularia*.

Pelo resultado do experimento realizado, é possível afirmar que a hipótese de Hammerling está correta? Justifique sua resposta.

17. [6, 7,10, 12] A mitocôndria é uma organela em que ocorre a respiração celular, processo que libera energia para a manutenção das atividades celulares. O número de mitocôndrias pode variar nas células dos organismos; por exemplo, as células musculares da asa de uma mosca têm mais mitocôndrias do que as células do nosso osso.

a) Qual é a relação entre o número de mitocôndrias e a atividade celular?

b) É correto afirmar que o consumo de oxigênio da célula muscular da asa da mosca é maior do que o consumo da célula óssea? Justifique a resposta.

18. [6, 9, 10] Compare, em poucas palavras, uma célula vista ao microscópio óptico com uma vista ao microscópio eletrônico.

19. [6, 9, 10] Uma célula doente não realiza as funções normais que são realizadas por células sadias. Células musculares cardíacas doentes não conseguem contrair-se satisfatoriamente e, em consequência, o sangue não mais circula normalmente, podendo levar a um ataque cardíaco. Assim também, uma célula nervosa doente não transmite impulsos nervosos adequadamente, e uma área pode ficar paralisada ou insensível.

Muitas doenças celulares têm origem quando a célula não produz energia suficiente para garantir o metabolismo celular. Outras doenças se instalam quando as células não produzem as proteínas para o metabolismo celular.

É possível que a produção de proteínas pelas células seja prejudicada pela ausência de liberação de energia por parte da mitocôndria? Justifique a resposta.

20. [6, 9, 10, 15, 17, 18] O consumo de álcool, amplamente difundido, é extremamente nocivo à saúde. Entre os inúmeros problemas que o álcool pode trazer, merece atenção especial aqueles causados ao fígado, um dos órgãos vitais para a nossa saúde.

O consumo excessivo de álcool promove a retenção de gotas de gordura, que podem se tornar tão grandes que terminam ampliando enormemente o *retículo endoplasmático* das células do fígado, que assume a forma de um saco. Com o consumo cada vez maior de álcool, o acúmulo de gordura pelo retículo endoplasmático aumenta progressivamente; em resultado, as células do fígado se tornam gordurosas, o que pode levar o indivíduo à morte.

Em um indivíduo saudável, que não consome muito bebidas alcoólicas, não há acúmulo de lipídios no retículo endoplasmático. Explique como os lipídios conseguem se deslocar atingindo locais distantes de onde foram produzidos.

capítulo 4

O ESTUDO DOS TECIDOS

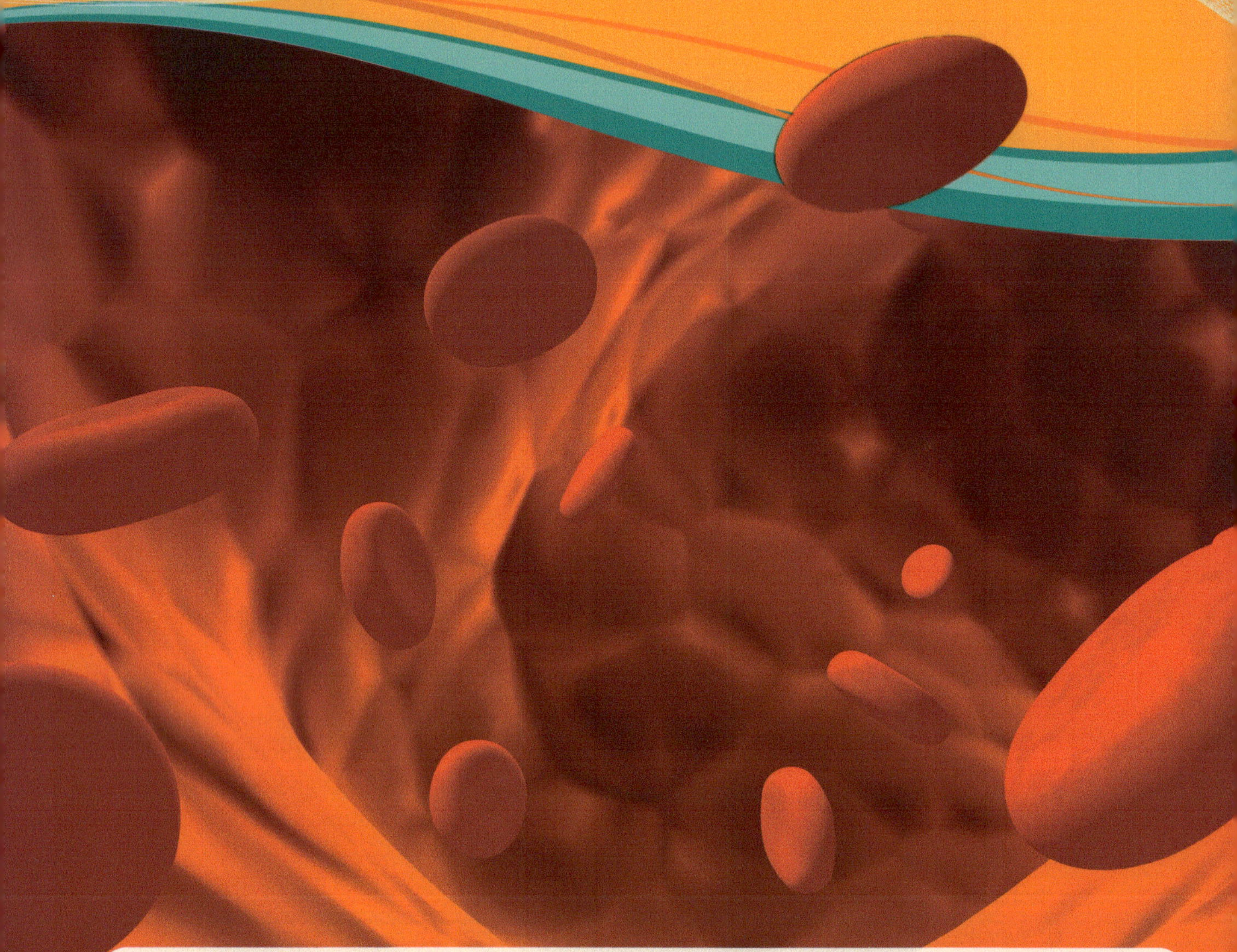

A continuidade da vida depende do processo de renovação celular

Os diversos tecidos do corpo humano são formados por diferentes tipos de células. O tecido nervoso é formado por células nervosas; o muscular, por células musculares; o ósseo, por células ósseas, e assim por diante. Em quase todos os tecidos adultos, as células morrem e são continuamente substituídas por novas. As células que revestem internamente a cavidade do intestino são totalmente substituídas em poucos dias; na pele, as camadas mais externas da epiderme são substituídas a cada dois meses; as hemácias (células sanguíneas anucleadas) são continuamente produzidas para substituir aquelas que envelhecem e morrem (duram aproximadamente 120 dias). Mas qual é a origem dessas novas células?

Elas podem originar-se por divisão de células mais novas do mesmo tecido ou a partir de uma reserva de células chamadas *células-tronco*, que são células indiferenciadas, ou seja, ainda não especializadas no desempenho de uma função. As células-tronco originam, por divisão, novas células e estas vão assumindo seus papéis no organismo. Portanto, a vida depende desse contínuo processo de renovação celular.

LUKIYANOVA NATALIA FRENTA/SHUTTERSTOCK

De células a organismo

No corpo humano existem diferentes tipos de célula com funções específicas. Células semelhantes que se reúnem para desempenhar uma mesma função formam um **tecido**. Células musculares reúnem-se formando o tecido muscular e o mesmo vale para a reunião de outros tipos de células, como as nervosas, as epiteliais, as ósseas, por exemplo, formando respectivamente os tecidos nervoso, epitelial, ósseo.

Em cada tecido as células são envolvidas por uma **substância intercelular** que varia quanto à composição química, consistência e quantidade. Por exemplo, no sangue (tecido sanguíneo) as células estão mergulhadas em um meio líquido chamado **plasma**. Na cartilagem (tecido cartilaginoso) da sua orelha, a substância intercelular é abundante, rígida e flexível, de composição diferente do plasma. No tecido ósseo, as células ósseas são envolvidas por matéria intercelular abundante, muito rígida, rica em sais minerais de cálcio e fósforo.

Os tecidos reúnem-se formando **órgãos**. O estômago, por exemplo, é um órgão em que ocorre parte da digestão dos alimentos. Ele é formado por vários tecidos que trabalham de maneira integrada.

Os órgãos, por sua vez, reúnem-se formando **aparelhos** ou **sistemas**, como o sistema circulatório, o respiratório, o digestório, o urinário, o nervoso, o reprodutor, o endócrino e o esquelético. O conjunto desses sistemas forma o **organismo**.

Em termos de tecidos, existem quatro tecidos fundamentais no homem: **epitelial**, **conjuntivo** (abrangendo os tecidos cartilaginoso, ósseo, sanguíneo, adiposo e conjuntivo propriamente dito), **muscular** e **nervoso**.

Lembre-se!

Células que formam um mesmo tecido podem ser semelhantes quanto à forma ou não.

Lembre-se!

Histologia é o estudo dos tecidos.

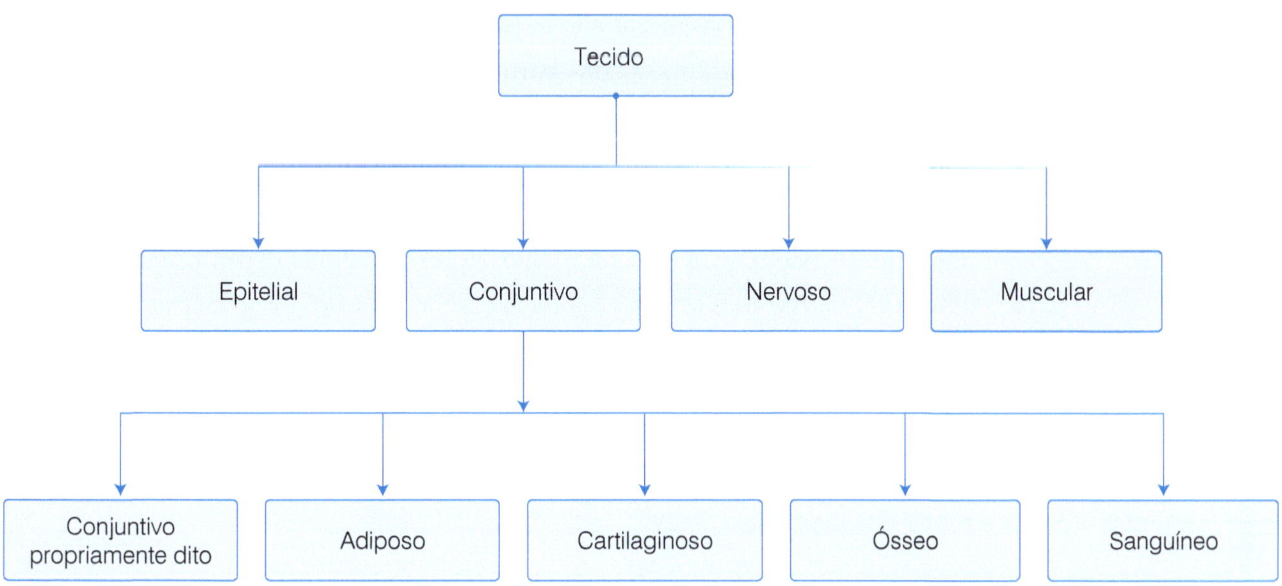

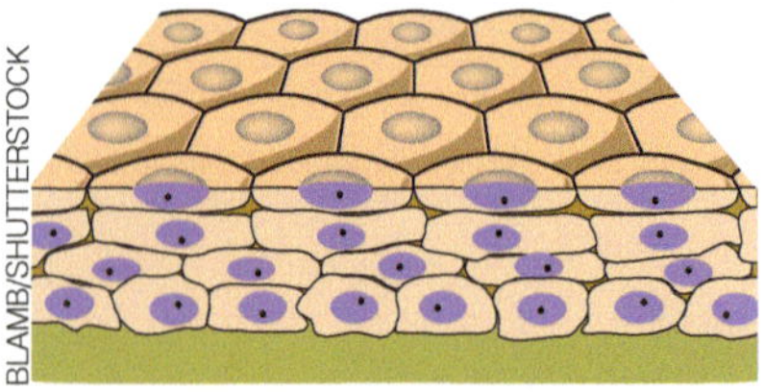

Esquema de tecido epitelial, em que se observa pouca substância intercelular. (Cores-fantasia. Ilustração fora de escala.)

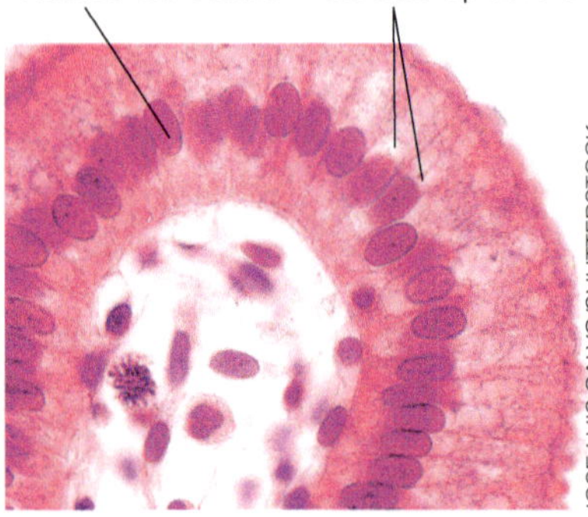

Observe a única camada de células epiteliais que reveste a parede interna da vesícula biliar. (Imagem vista ao microscópio óptico, corada artificialmente.)

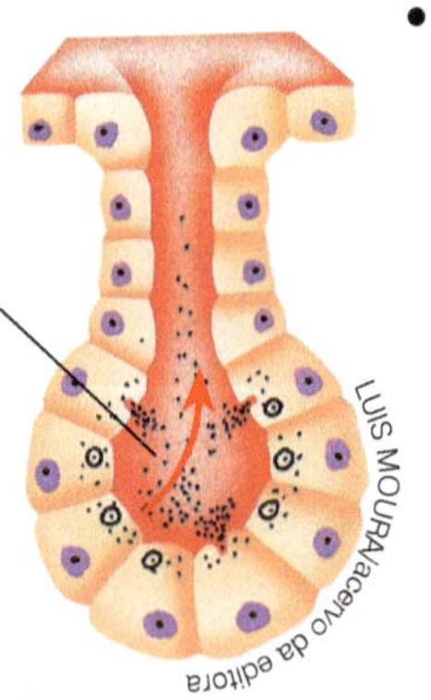

Esquema de glândula de origem epitelial. Observe que na glândula mostrada, a porção secretora elimina sua secreção para o exterior por meio de um duto. (Cores-fantasia. Ilustração fora de escala.)

Tecido epitelial

A principal característica do **tecido epitelial**, (*epi* = sobre, em cima) também chamado **epitélio**, é o fato de ele ser formado por **células justapostas**, isto é, fortemente unidas, de tal forma que praticamente não existe substância intercelular entre elas.

Essa organização combina bem com sua função, que é a de *revestimento* e *proteção*. Mas o tecido epitelial pode especializar-se para a *secreção* de produtos como o suor, a saliva e outros sucos digestivos, a secreção oleosa que lubrifica a pele, as lágrimas e os hormônios. Nesse caso, as células secretoras podem permanecer isoladas ou agrupadas em órgãos chamados *glândulas*, como as sudoríparas, as salivares, o fígado, o pâncreas, as sebáceas, as lacrimais, a tireóidea, entre outras. Por isso, podemos considerar dois tipos de epitélios:

- **de revestimento** – a função desse tecido epitelial é *revestir* e *proteger* partes externas do organismo (é o tecido que forma a **epiderme**, camada superficial da nossa pele), bem como órgãos internos. Certos órgãos são revestidos por uma única camada de células (*tecido epitelial simples*), como no revestimento interno (mucosa) do intestino. Outros são revestidos por mais de uma camada de células (*tecido epitelial estratificado*), como a epiderme dos vertebrados e a mucosa bucal;
- **glandular** – especializado na produção e secreção de substâncias químicas a partir de uma célula isolada ou de um grupo de células epiteliais, que recebe o nome de **glândula**. Na epiderme, encontram-se as glândulas **sebáceas**, cuja secreção lubrifica os pelos e a pele, e as **sudoríparas** ou **sudoríferas**, que produzem e eliminam o suor. Mas há glândulas em várias partes do nosso organismo, como as glândulas mamárias, e muitas delas secretam **hormônios**, como a glândula tireóidea.

É SEMPRE BOM SABER MAIS!

A camada superficial (epiderme) da pele humana e de outros mamíferos, assim como a dos répteis e das aves, é formada por um tecido epitelial estratificado, cujas células produzem **queratina**, proteína rígida que impermeabiliza a pele. O acúmulo de queratina especialmente nas células mais superficiais, ao mesmo tempo em que provoca a morte dessas células, impede a perda de água (desidratação), favorecendo a adaptação desses animais ao meio terrestre. Além disso, estruturas como pelos, penas, bicos, cornos, unhas, garras, cascos, placas de tartarugas, escamas de serpentes, por exemplo, são diferenciações da camada queratinizada da epiderme. As células da camada mais profunda da epiderme são vivas e estão em constante divisão repondo as camadas superficiais que se soltam naturalmente.

Estratificado: composto de várias camadas.

Tecidos conjuntivos

Enquanto a função principal do tecido epitelial é recobrir e secretar, a dos tecidos conjuntivos é *preencher*, *ligar* e *servir de suporte* para outros tecidos e para o organismo como um todo.

Belisque a pele da sua testa ou das costas de suas mãos e perceba que é bastante elástica. Esta elasticidade deve-se ao **tecido conjuntivo propriamente dito**, que forma a **derme** (popularmente conhecida como "couro"), sob a epiderme, e a parte mais frouxa que liga a derme aos músculos situados logo abaixo dela.

Apalpe os tendões do seu corpo, especialmente o tendão de Aquiles, que liga o músculo da panturrilha ao osso do calcanhar; tendões são estruturas rígidas formadas por **tecido conjuntivo**, que ligam músculos a ossos, permitindo a movimentação do esqueleto.

LUIS MOURA/acervo da editora

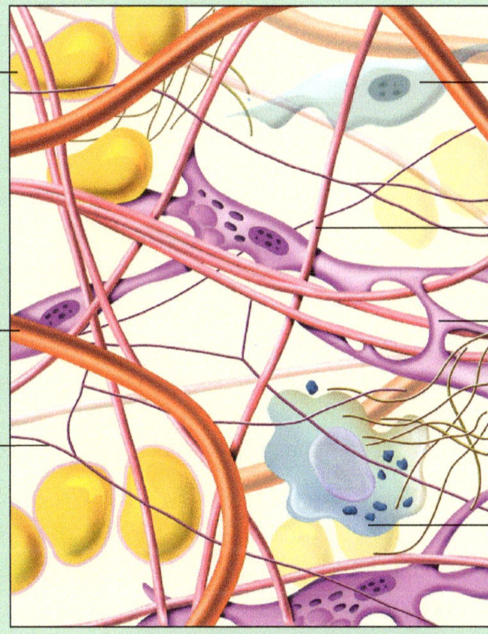

Esquema das fibras do tecido conjuntivo. (Cores-fantasia. Ilustração fora de escala.)

Os tecidos conjuntivos apresentam tipos diferentes de células, geralmente separadas por *grande quantidade de material intercelular*. Há células responsáveis pela produção da substância intercelular da qual fazem parte fibras. Há também células de defesa (fagocitose de partículas estranhas ou restos celulares) e células adiposas.

A substância intercelular, às vezes chamadas de **matriz intercelular** é característica de cada tipo de tecido conjuntivo. As fibras mergulhadas nessa substância e distribuídas por entre as células são fibras de proteínas: *fibras colágenas* e *fibras elásticas*, responsáveis, respectivamente, pela maior resistência ou maior elasticidade do tecido conjuntivo.

Jogo rápido

Existe uma importante diferença estrutural entre tecido epitelial e tecido conjuntivo. Qual é?

Os tipos de tecidos conjuntivos.

Tecido	Ocorrência
Tecido conjuntivo propriamente dito	entre as células musculares, ao redor dos vasos sanguíneos, suporte de epitélios, derme, tendões
Tecido cartilaginoso	pavilhão auditivo, nas abas e ponta do nariz, traqueia, discos intervertebrais
Tecido ósseo	ossos
Tecido adiposo	camada de gordura subcutânea
Tecido sanguíneo	sangue

Todas essas variedades de tecido conjuntivo originam-se do mesmo tecido embrionário. Ao se diferenciarem, especializam-se no desempenho de várias funções: preenchimento, ligação, suporte, resistência à tração, reserva de gordura, transporte.

É SEMPRE BOM SABER MAIS!

A pele e seus tecidos

Veja no esquema abaixo as diferentes camadas da pele humana. Trata-se de um órgão formado por duas partes: a *epiderme* e a *derme*. Sob a derme existe uma camada de tecido formando a tela subcutânea ou *hipoderme*, a qual pode apresentar depósitos mais ou menos espessos de gordura (tecido adiposo). Nos suínos, a hipoderme é o que popularmente se chama toucinho. A epiderme é um tecido epitelial. A derme e a hipoderme são formadas por tecidos conjuntivos.

Nossa *epiderme*, como já estudamos, é formada por um *tecido epitelial estratificado* e queratinizado na sua parte superior, impedindo a perda de água, uma adaptação fundamental para o desenvolvimento da vida no meio terrestre.

A *derme* é um *tecido conjuntivo* em que as fibras atuam na sustentação da pele. Além disso, na derme existem células de defesa, as primeiras a combaterem os microrganismos invasores. Glândulas sudoríparas, que secretam o suor, e glândulas sebáceas, cuja secreção lubrifica os pelos e a pele, aprofundam-se na derme, mas são formadas pelo tecido epitelial da epiderme.

A *hipoderme* ou *tela subcutânea* é formada por um tipo especial de tecido conjuntivo, o *tecido adiposo*, cujas células armazenam gorduras que, entre outras funções, constituem reserva de energia, servem como isolante térmico e favorecem a flutuação em ambiente aquático.

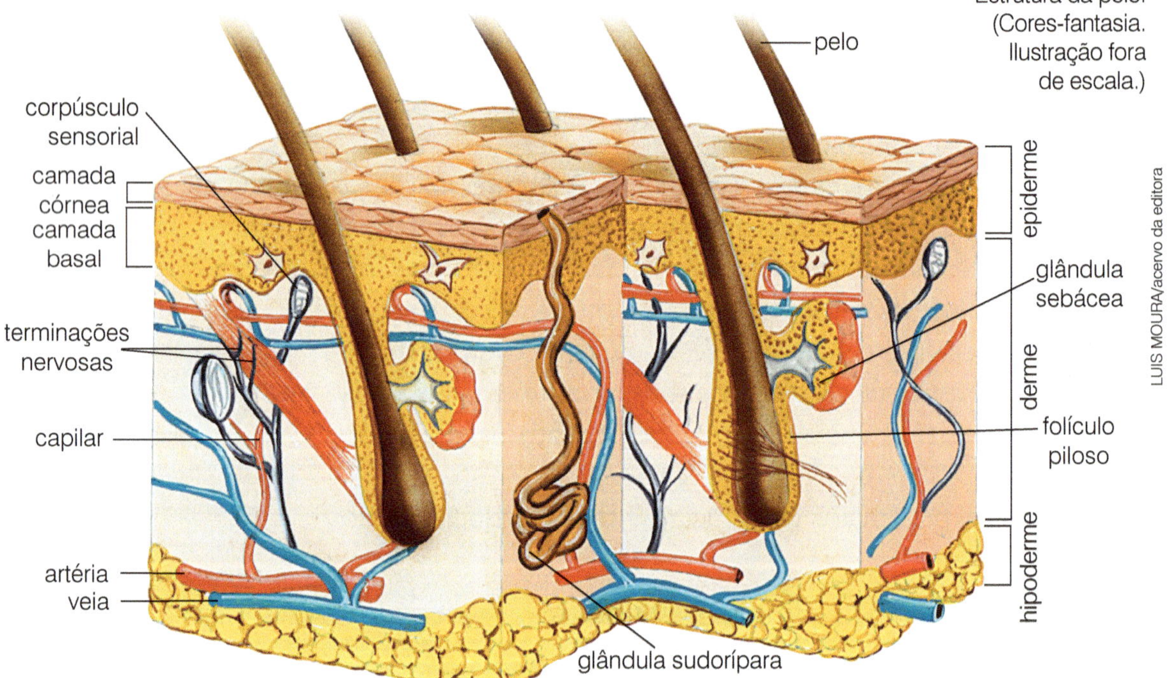

Estrutura da pele. (Cores-fantasia. Ilustração fora de escala.)

ESTABELECENDO CONEXÕES

Cotidiano

A *derme*, camada espessa da nossa pele sob a epiderme fina e transparente, é o que na linguagem do dia a dia se chama *couro*. Você poderá observá-la facilmente na parte superior de um pedaço de bacon. Essa derme, frita em óleo bem quente, é o que se come com o nome de torresmo pururuca, nada recomendável para quem tem teores elevados de colesterol no sangue.

Na indústria de artefatos de couro, a derme é tratada a fim de ser usada na produção de bolsas, sapatos, casacos, na formação de estofados, por exemplo.

Tecidos conjuntivos especializados

Tecido adiposo

É formado por células que armazenam *gordura* em um grande *vacúolo* central; por conta disso, o citoplasma e o núcleo dessas células são empurrados para a periferia. As células adiposas, também chamadas **adipócitos**, encontram-se em pequenos aglomerados dentro de outros tecidos (no conjuntivo propriamente dito, por exemplo) ou agrupadas no tecido adiposo espalhado por todo o corpo. Há pouca substância intercelular. O tecido adiposo está presente sob a derme, formando a chamada *tela subcutânea* (*hipoderme*).

Encontram-se também depósitos de gordura ao redor de órgãos internos (coração, rins, por exemplo), protegendo-os.

O tecido adiposo desempenha papel importante como reserva de energia, no isolamento térmico, sendo particularmente abundante na pele de aves e mamíferos que habitam regiões muito frias (pinguins, ursos polares) ou nos aquáticos (focas, leões e elefantes marinhos, baleias, por exemplo). Como a gordura é menos densa que a água, os depósitos adiposos também favorecem a flutuação em meio aquático. Você já deve ter notado que pedaços de bacon flutuam no caldo de feijão, não é?

O tecido adiposo contribui ainda para modelar naturalmente a forma do corpo (hoje em dia é comum ouvir falar em lipoescultura, um procedimento estético) e para amortecer alguns choques.

JOSE LUIS CALVO/SHUTTERSTOCK

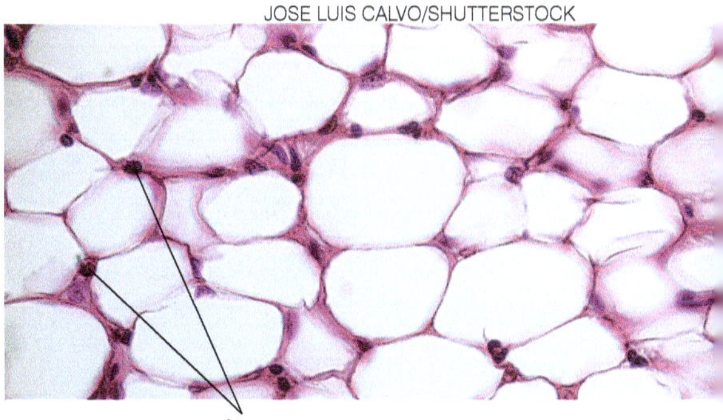

Células do tecido adiposo. Observe que o núcleo está deslocado para a periferia das células. (Imagem vista ao microscópio óptico, corada artificialmente.)

Fique por dentro!

O sebo encontrado no meio de alguns tipos de carne bovina é formado por depósitos de tecido adiposo.

Descubra você mesmo!

Pergunte à pessoa responsável pelo preparo dos alimentos em sua casa, o que acontece quando um ensopado de carne com bastante molho é guardado no refrigerador por algumas horas. Onde fica a camada de gordura? O que fica sob ela? Você saberia explicar o porquê da consistência e da aparência dessa camada inferior?

Baleia jubarte, animal que pode atingir de 12 a 15 m de comprimento. As baleias possuem uma densa camada de tecido adiposo, que as auxilia no isolamento térmico e na flutuação do animal.

GUDKOV ANDREY/SHUTTERSTOCK

Tecido cartilaginoso

Nos vertebrados, há duas variedades de tecido conjuntivo com substância intercelular **rígida** e, por isso, são ideais como suporte para o corpo desses animais. São eles o *tecido cartilaginoso* e o *tecido ósseo*.

O **tecido cartilaginoso**, também chamado **cartilagem**, é um tecido de sustentação, bastante resistente; porém, quando comparado ao tecido ósseo, é em geral mais flexível.

Quanto maior o número de fibras colágenas, mais rígida é a cartilagem, como, por exemplo, nos discos entre as vértebras (discos intervertebrais), que resistem a altas pressões. Cartilagens com grande quantidade de fibras elásticas são mais flexíveis, como, por exemplo, na orelha externa e na ponta do nariz. A traqueia, a laringe e os brônquios, por sua vez, apresentam uma quantidade intermediária de fibras colágenas.

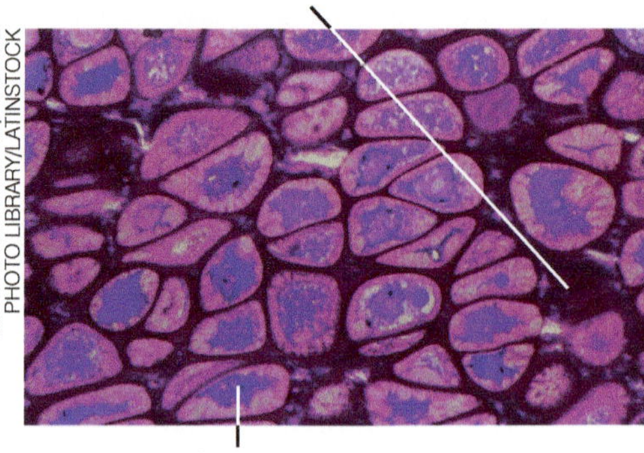

INNERSPACE IMAGING/SCIENCE PHOTO LIBRARY/LATINSTOCK

Cartilagem do joelho vista ao microscópio óptico (corada artificialmente). Observe que as células cartilaginosas, também chamadas **condrócitos**, estão mergulhadas em lacunas dentro de uma abundante substância intercelular. (Imagem ampliada 120 vezes.)

É SEMPRE BOM SABER MAIS!

Cuidado com as cartilagens

Repare na figura a seguir que na articulação entre os dois ossos do joelho existe uma cartilagem, que facilita o deslizamento, permitindo o movimento da perna sem dor. Exercícios físicos de grande impacto, com sobrecarga de esforço, podem degenerar essa cartilagem, podendo levar à sua perda. A consequência desse fato é a **artrose**. Na ausência da cartilagem, o atrito dos dois ossos provoca muita dor e prejudica os movimentos.

Praticar regularmente uma atividade física é bom para a saúde corporal e mental. Porém a orientação profissional é fundamental para evitar excessos. Imagine um adolescente começando, por exemplo, a jogar vôlei ou futebol, que são esportes de grande impacto, sem a orientação adequada. Como consequência, esse indivíduo poderá, no futuro, ter os joelhos totalmente comprometidos. E, nesse caso, pouca coisa poderá ser feita, uma vez que o tecido cartilaginoso é de difícil regeneração.

CRISTOVAO/SHUTTERSTOCK

Degenerar: perder as qualidades ou características; alterar-se ou modificar-se para pior.

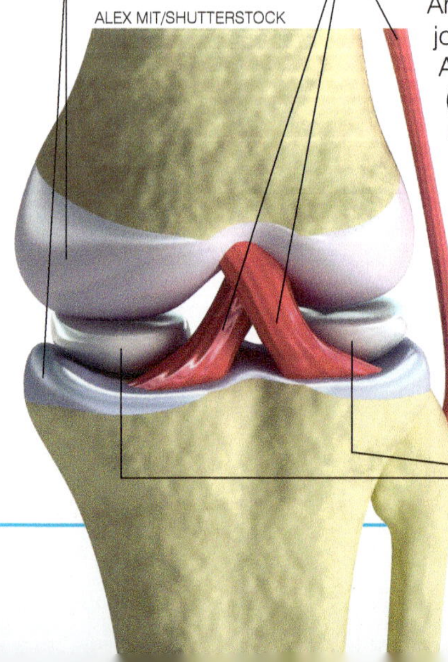

ALEX MIT/SHUTTERSTOCK

Articulação do joelho humano. A cartilagem (porção mais clara da ilustração) reveste a superfície da articulação, protegendo-a. Os meniscos também são cartilagens e atuam amortecendo os impactos.

Tecido ósseo

O tecido ósseo também é um tipo de tecido conjuntivo e é o principal constituinte do esqueleto da maioria dos vertebrados. Ele é formado por células ósseas, os **osteócitos** (*osteon* = osso), e material intercelular rico em fibras colágenas e sais minerais de cálcio e fósforo, o que resulta em um tecido muito rígido e resistente. A função principal do tecido ósseo é dar sustentação ao corpo, servindo de suporte às partes moles do organismo, além de proteger vários órgãos internos. Por exemplo, a caixa craniana protege o encéfalo; a coluna vertebral (espinha dorsal) protege a medula espinal (ou espinhal). A caixa ou gaiola torácica protege órgãos alojados no tórax (pulmões, coração, entre outros).

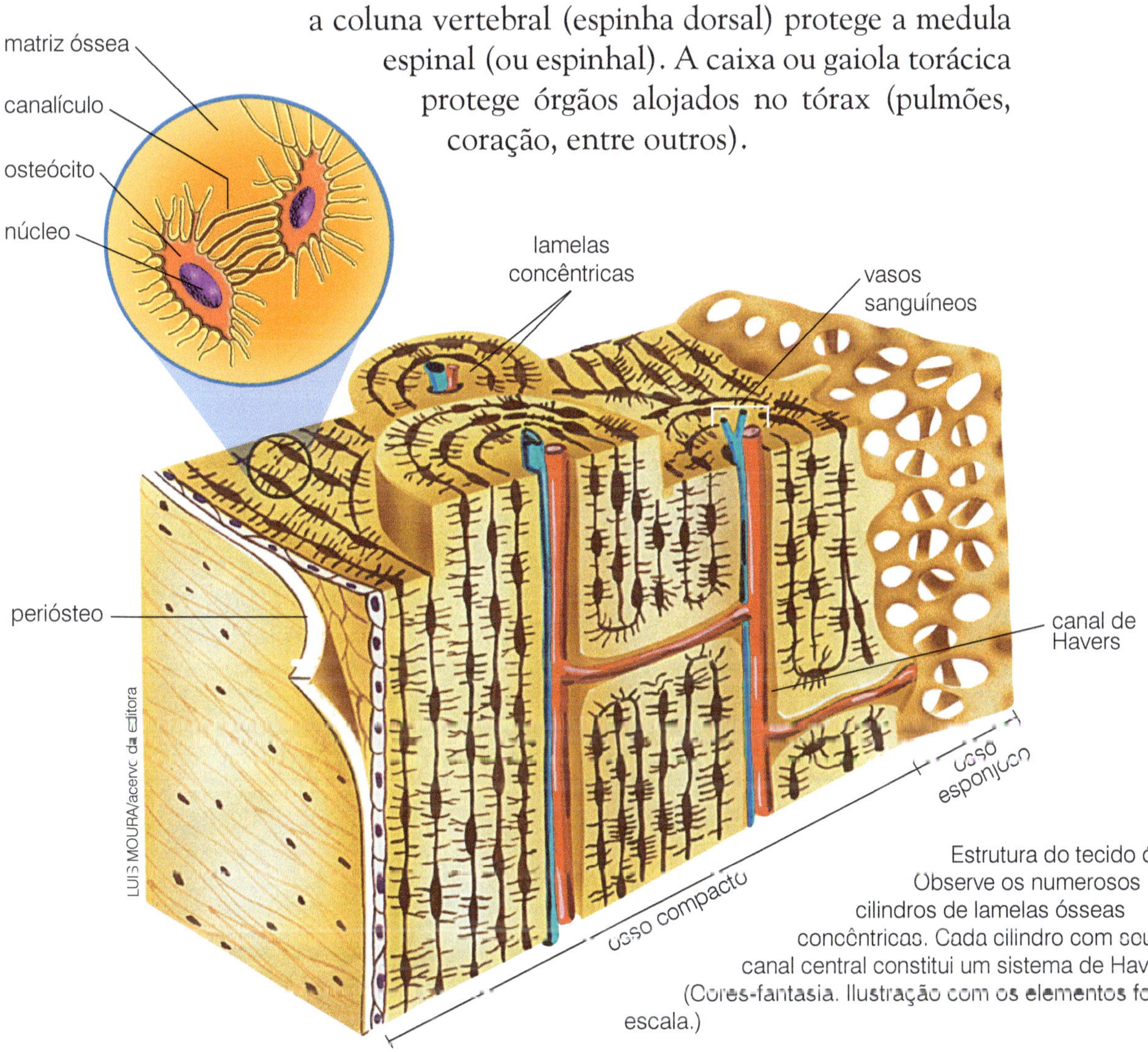

Estrutura do tecido ósseo. Observe os numerosos cilindros de lamelas ósseas concêntricas. Cada cilindro com seu canal central constitui um sistema de Havers. (Cores-fantasia. Ilustração com os elementos fora de escala.)

Ossos servem também de apoio aos músculos que, por meio de contrações, fazem o esqueleto se movimentar.

Na parede compacta de um osso encontramos canais percorridos por nervos e vasos sanguíneos. Por isso, dependendo do tipo de fratura óssea, pode haver sangramento e dor. As células ósseas ficam aprisionadas em lacunas dentro da substância intercelular compacta. Essas lacunas são interligadas por canalículos, permitindo que os nutrientes alcancem as células. Nutrientes e oxigênio passam das células mais próximas de um vasinho sanguíneo para outras mais distantes e, assim, o osso mantém-se vivo.

É SEMPRE BOM SABER MAIS!

Como os tendões prendem-se aos ossos?

Ao redor de feixes de células musculares há tecido conjuntivo, mas nas extremidades dos músculos diminui a quantidade de células (fibras) musculares e aumenta a quantidade de tecido conjuntivo (aspecto perolizado), cujas fibras colágenas se agrupam paralelamente formando o tendão. O tendão, por sua vez, liga-se à fina camada de tecido conjuntivo que envolve o osso (periósteo).

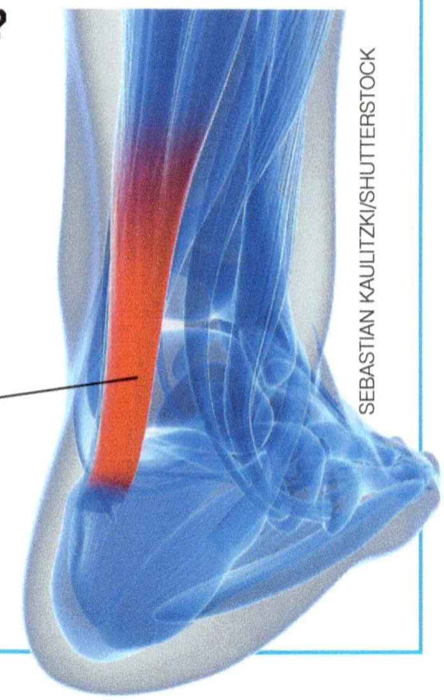

Ilustração em que se destaca o tendão calcâneo, também chamado de tendão de Aquiles, que liga o músculo da panturrilha ao osso calcâneo (calcanhar) na parte posterior da perna. (Cores-fantasia. Ilustração fora de escala.)

ESTABELECENDO CONEXÕES

Cotidiano

Caldos e molhos

Por que as chamadas carnes de segunda, preferencialmente com osso, são ideais para preparar caldos de sopas e molhos para macarronada?

As carnes de segunda e os ossos têm grande quantidade de fibras colágenas. Quando submetidas ao cozimento prolongado, essas fibras liberam colágeno, uma proteína espessa que, além de aumentar o valor nutricional dos caldos e molhos, lhes dão maior consistência, isto é, "engrossam" o caldo como se diz na linguagem popular.

O colágeno é a proteína mais abundante em nosso corpo. A palavra colágeno significa "gerador de cola", porque, submetida ao cozimento, esse tipo de proteína assume um aspecto gelatinoso e colante. Há muitas fibras colágenas no tecido conjuntivo propriamente dito, nas cartilagens e ossos. É a partir desses tecidos que se produz a gelatina, o mocotó ou a geleia de mocotó. Ao passar por uma feira livre ou por um açougue, você poderá observar pés de bovinos expostos à venda para o preparo de mocotó, alimento extremamente rico em proteína (colágeno). As patas dos animais têm grande quantidade de ossos e tendões, que, como você já sabe, são riquíssimos em fibras colágenas.

A gelatina é produzida a partir da proteína colágeno.

ENTRANDO EM AÇÃO

A forma do osso depende da substância orgânica proteica (**colágeno**) presente na matriz intercelular; a resistência depende da parte mineral da matriz (**sais de cálcio** e **fósforo**). No experimento a seguir, a parte mineral será removida e a parte orgânica, preservada.

Material

- dois ossos de frango (da coxa ou da perna)
- refrigerante à base de cola ou frasco com vinagre (600 mL)
- uma garrafa vazia de refrigerante ou de vinagre

Como proceder

- Mergulhe um osso de frango na garrafa (600 mL) de refrigerante à base de cola ou no frasco de vinagre e mantenha o recipiente bem fechado (com tampa ou rolha) durante 7 dias.
- Conserve o outro osso na geladeira, dentro da garrafa de refrigerante vazia e bem tampada.
- Decorrido o prazo, retire o osso do líquido, dobre-o e anote o resultado, comparando com o osso não submetido ao tratamento.

1. O que você observa?

2. Sugira uma explicação para o que aconteceu.

Tecido sanguíneo

O **sangue** também é um tipo de tecido conjuntivo, uma vez que é formado por células separadas por um abundante material intercelular líquido, uma solução aquosa com inúmeras substâncias, chamada **plasma**. No entanto, a função do tecido sanguíneo é diferente da dos outros tipos já estudados, pois ele faz parte de um *sistema de transporte*, devendo servir a todas as células do organismo. Além disso, o sangue participa ativamente da *defesa* do organismo contra agentes estranhos, contém fragmentos de células e proteínas que participam da *coagulação sanguínea*, e é um importante meio de *distribuição de calor* por todas as partes do corpo.

Os constituintes do tecido sanguíneo são:

- os **glóbulos vermelhos**, também chamados de **hemácias** (do grego, *haima* = sangue) ou **eritrócitos** (do grego, *erythrós* = = vermelho), são células achatadas altamente especializadas em conduzir oxigênio dos órgãos respiratórios dos vertebrados (pulmões, brânquias, pele) até as células dos outros tecidos, e parte do gás carbônico das células até os órgãos respiratórios;
- os **glóbulos brancos**, também chamados de **leucócitos** (do grego, *leukos* = branco + *kytos* = célula), atuam na defesa do organismo contra vírus, bactérias e outros invasores por meio de dois processos: *fagocitose* e *produção de anticorpos*;

Jogo rápido

Quais são os dois componentes do sangue?

- as **plaquetas** ou **trombócitos** (do grego, *thrombos* = coágulo), fragmentos citoplasmáticos de células, cuja função é a *coagulação sanguínea*, impedindo a perda de sangue (hemorragia) quando um vaso sanguíneo é lesado, desde que não seja um vaso de grosso calibre e de alta pressão sanguínea.

Células-tronco: células indiferenciadas com capacidade para formar qualquer tipo de célula.

Todas as células sanguíneas originam-se na medula óssea vermelha, a partir de células-tronco.

Jogo rápido

Em poucas palavras, cite as funções das hemácias, dos leucócitos e das plaquetas.

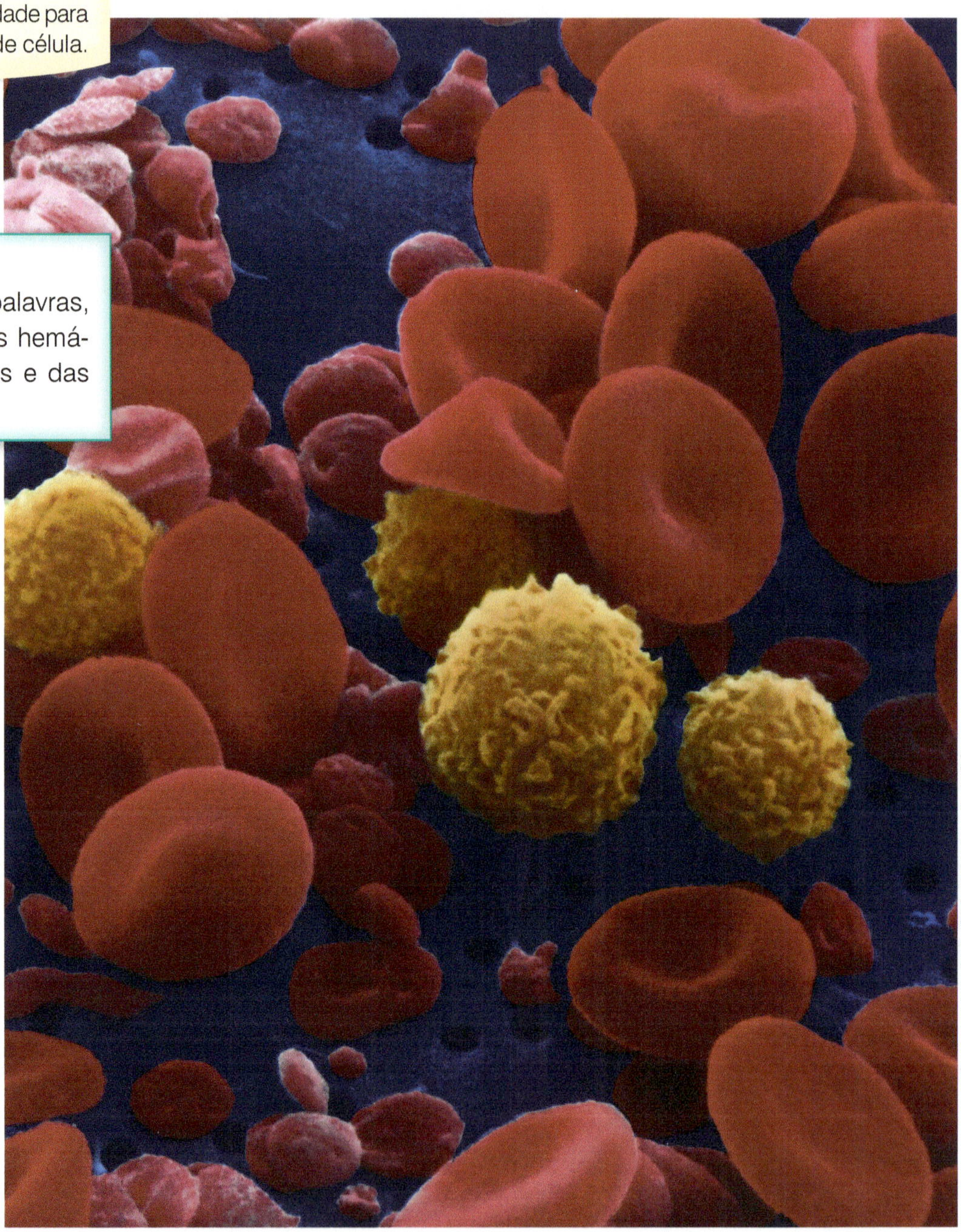

NATIONAL CANCER INSTITUTE/SCIENCE PHOTO LIBRARY/LATINSTOCK

Células do sangue, vistas ao microscópio eletrônico. Observe que os eritrócitos (glóbulos vermelhos) têm a forma de um disco bicôncavo. Essas células, que perdem o núcleo durante sua formação, carregam hemoglobina, uma proteína especializada em combinar-se e conduzir gases, como o oxigênio e o gás carbônico. São bem mais numerosas do que os glóbulos brancos (em amarelo), que atuam na defesa do organismo. As pequenas células rosadas são as plaquetas, que participam do processo de coagulação sanguínea. (Imagem colorida artificialmente; aumento desconhecido.)

EM CONJUNTO COM A TURMA!

Reúna o seu grupo de trabalho e preencham os quadrinhos em branco do esquema abaixo. Vocês devem utilizar corretamente as palavras: adiposo, cartilaginoso, coagulação sanguínea, conjuntivo propriamente dito, defesa do organismo, glóbulos, hemácias, leucócitos, ósseo, osteócitos, plaquetas, plasma, sais de cálcio, sanguíneo.

À medida que preencherem os quadrinhos, risquem a palavra escolhida para não usá-la novamente.

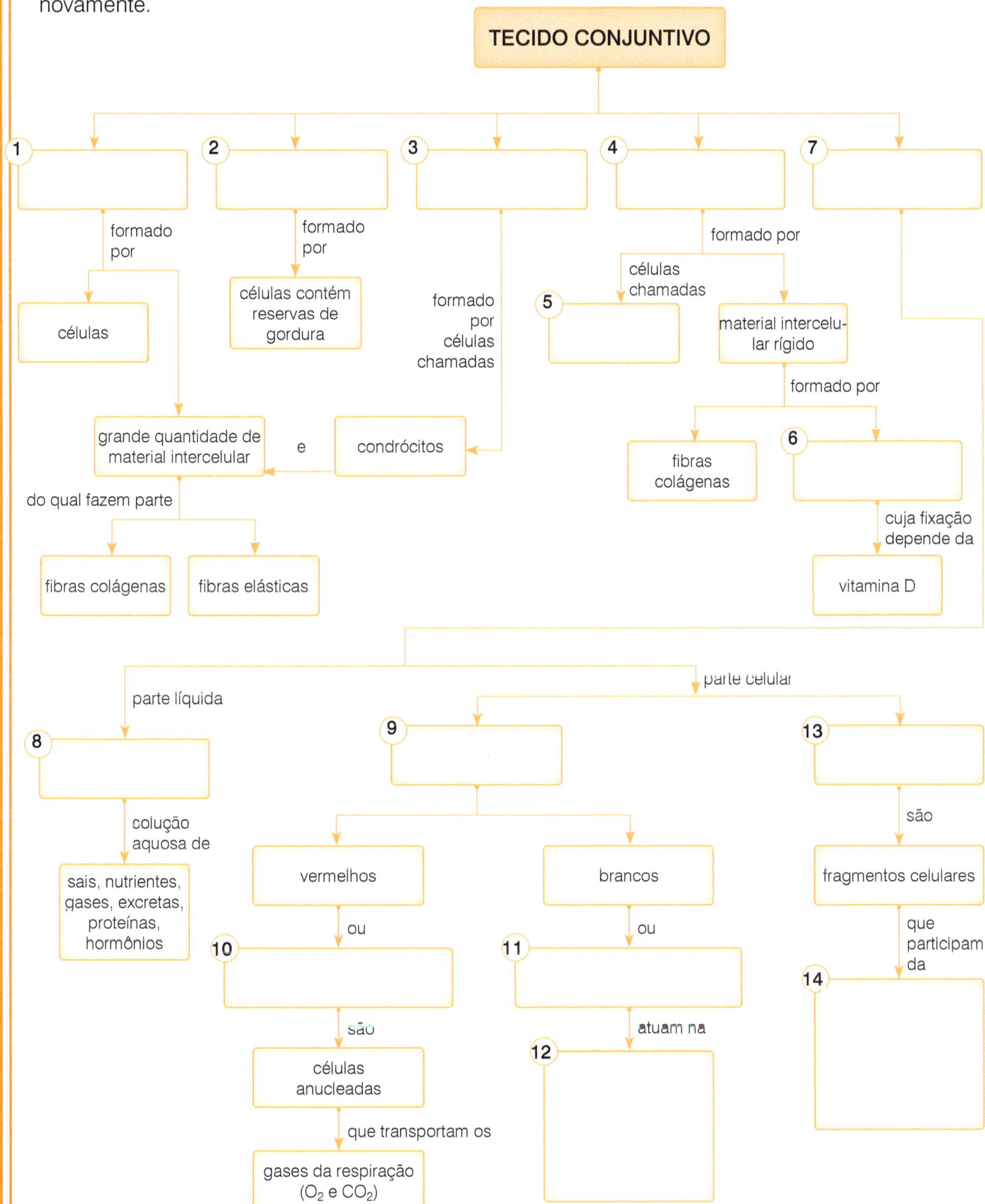

Tecido muscular

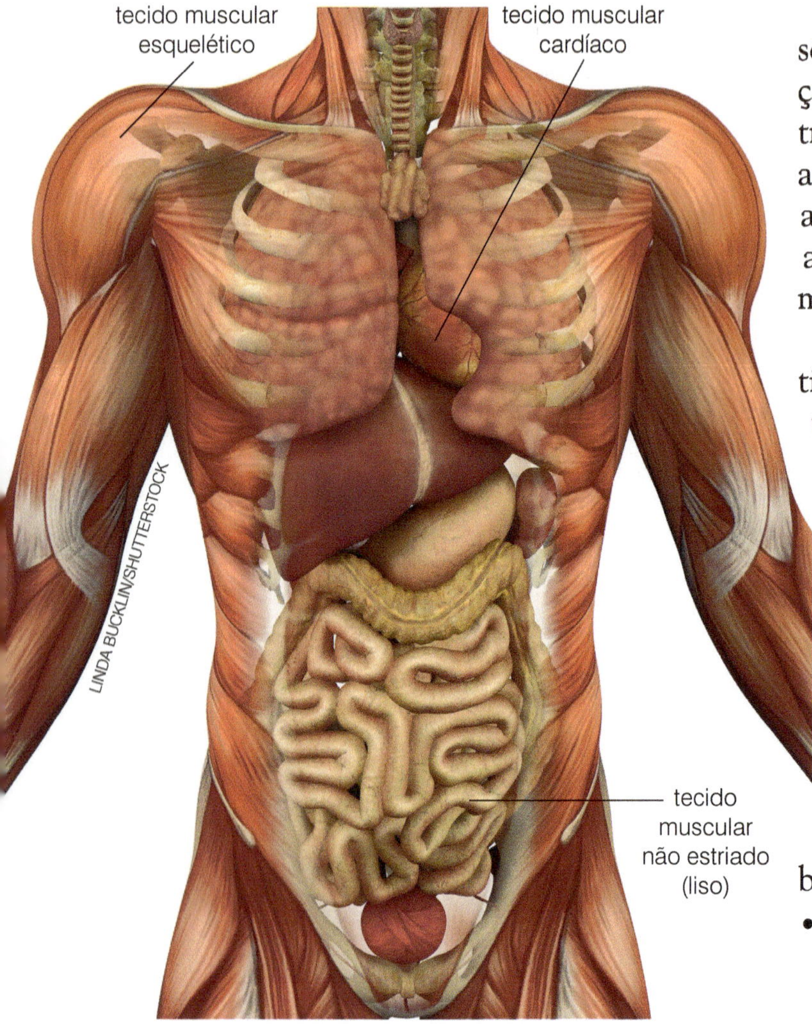

Observe na ilustração acima alguns locais em que se encontram os diferentes tipos de tecido muscular. (Cores-fantasia. Ilustração fora de escala.)

Fique por dentro!

As fibras musculares são chamadas estriadas porque as proteínas da contração (actina e miosina) se dispõem de maneira organizada ao longo do citoplasma. Observadas ao microscópio, formam uma sequência de faixas claras e escuras transversais, as estrias. As faixas mais escuras correspondem a zonas de sobreposição das moléculas dessas duas proteínas.

As carnes de bovinos, suínos, aves e peixes são músculos esqueléticos desses animais.

A movimentação do corpo, as expressões faciais, o pulsar do coração, a contração das artérias, a contração do útero (no trabalho de parto ou nas cólicas menstruais), a condução dos alimentos e das fezes ao longo do tubo digestório, dependem da atividade dos diferentes tipos de tecidos muscular.

O **tecido muscular** em geral é constituído de células alongadas (os **miócitos**), também chamadas de **fibras musculares**. São células muito finas, cilíndricas, podendo alcançar alguns centímetros de comprimento.

A contração das células (fibras) musculares é produzida pelo deslocamento ordenado de proteínas filamentosas (actina e miosina) presentes em seu citoplasma.

São três os tipos de tecido muscular encontrados no corpo dos vertebrados:

- **tecido muscular estriado esquelético** – é o principal componente dos músculos esqueléticos, que movimentam os ossos do esqueleto. Suas contrações são *rápidas* e *voluntárias* (dependem da nossa vontade). O músculo esquelético liga-se aos ossos por meio dos *tendões*, formados por um tecido conjuntivo denso em forma de cordões muito resistentes à tração;
- **tecido muscular estriado cardíaco** – esse tecido é o principal constituinte da parede do coração. É o responsável pela contração e relaxamento do coração, promovendo a circulação do sangue. A contração desse tecido é *rápida*, *contínua* e *involuntária*; isto é, não depende da nossa vontade para acontecer. O músculo cardíaco também é conhecido pelo nome de *miocárdio* (do grego, *myo* = = músculo + kardia = coração);

- **tecido muscular não estriado** ou **liso** – esse tecido está presente, por exemplo, na parede de órgãos internos que possuem uma cavidade (vísceras ocas), como os que formam o tubo digestório (esôfago, estômago, intestino), a bexiga urinária, o útero, e na parede dos vasos sanguíneos (artérias e veias) e dos bronquíolos. A contração é *lenta* e *involuntária*, a exemplo do que ocorre quando os alimentos e as fezes são conduzidos ao longo do tubo digestório. As fibras ou células desse tecido são chamadas *lisas* porque em seu citoplasma as proteínas de contração (actina e miosina) não se organizam como nas fibras estriadas; desse modo, observadas ao microscópio, não mostram estrias transversais.

Principais características dos tipos musculares.

	TECIDO MUSCULAR		
	Esquelético	**Cardíaco**	**Liso**
Localização	Junto ao esqueleto.	Parede do coração.	Parede do intestino, do útero, de artérias etc.
Controle da contração	Voluntária.	Involuntária.	Involuntária.
Forma das células	Alongadas, cilíndricas, unidas.	Alongadas, ramificadas, unidas longitudinalmente, com discos intercalares.	Isoladas, alongadas, fusiformes.
Estriações transversais	Presentes.	Presentes.	Ausentes.
Velocidade da contração	Rápida.	Rápida (rítmica).	Lenta.
Habilidade em se manter contraído	Pequena.	Pequena.	Grande.

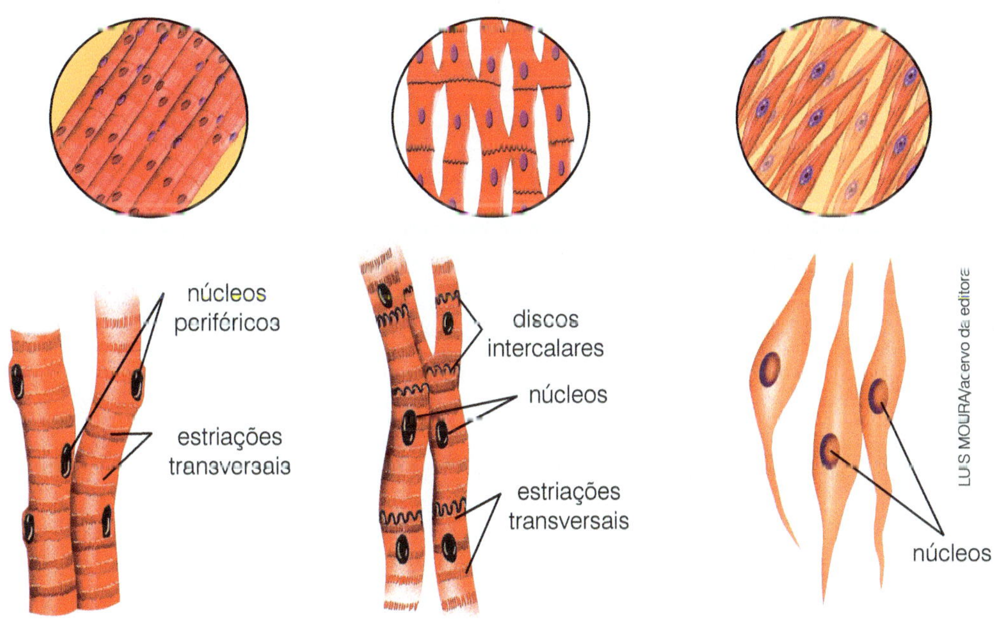

fibras musculares esqueléticas — fibras musculares cardíacas — fibras musculares lisas

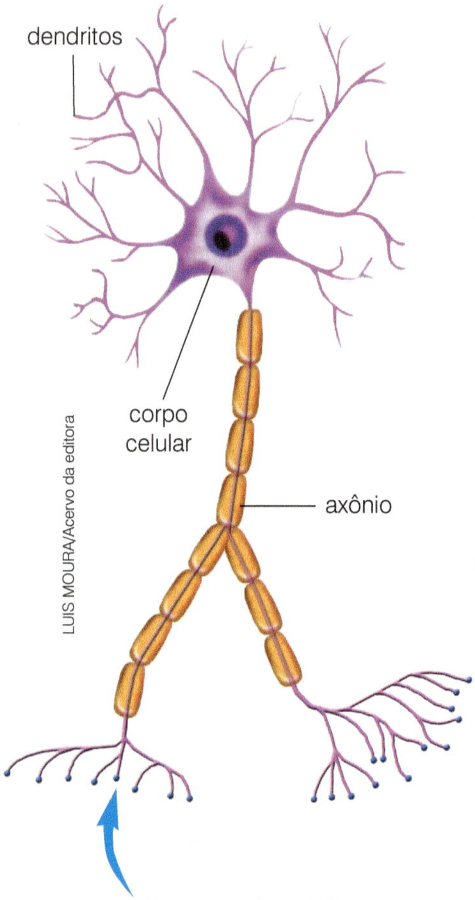

As ramificações do axônio fazem a conexão com outras células (nervosas, musculares ou glandulares).

Representação ilustrativa das partes de um neurônio. (Cores-fantasia. Ilustração fora de escala.)

Tecido nervoso

O **tecido nervoso** é formado principalmente por células nervosas, chamadas **neurônios**. Entre os neurônios há outras células encarregadas da sustentação e da nutrição do tecido nervoso. Um neurônio, como o que você vê ao lado, é uma célula bastante diferente daquelas que você já estudou. Trata-se de uma célula alongada, com muitos prolongamentos que atuam como "fios" transmissores de mensagens na forma de corrente elétrica. Portanto, a *condutibilidade* é uma das mais importantes propriedades dos neurônios, permitindo comunicar e integrar os diversos tecidos e órgãos do corpo humano.

Um neurônio típico, como o esquematizado, é constituído por três partes:

- **corpo celular** – local onde está alojado o núcleo, a maior parte do citoplasma e a maioria das organelas citoplasmáticas (mitocôndrias, retículo endoplasmático, ribossomos, sistema golgiense etc.);
- **dendritos** – normalmente são bastante ramificados (do grego, *dendron* = árvore), funcionam como "antenas", pois captam sinais que serão transformados em impulsos que são conduzidos até o corpo celular;
- **axônio** (do grego, *akson* = eixo) – é o prolongamento em geral mais longo do que os dendritos e sua função é conduzir o impulso nervoso para outros neurônios ou aos músculos e glândulas, que são os *órgãos efetuadores* de respostas do nosso organismo.

O impulso nervoso caminha sempre no mesmo sentido ao longo de um neurônio: dos dendritos para o corpo celular, e deste para o axônio.

dendrito → corpo celular → axônio

Jogo rápido

Identifique uma característica exclusiva das células do tecido nervoso.

É SEMPRE BOM SABER MAIS!

Órgãos efetuadores são aqueles que respondem aos impulsos nervosos no nosso organismo. Há dois tipos bem conhecidos de efetuadores. São eles os músculos e as glândulas. Quando um músculo recebe um impulso nervoso, responde por meio da contração muscular; glândulas respondem por meio da secreção de seu produto. As glândulas salivares, por exemplo, dependendo da intensidade dos estímulos, secretam quantidades variáveis de saliva.

ESTABELECENDO CONEXÕES

Saúde

Câncer: quando o processo de divisão celular apresenta problemas

Câncer é o nome dado a um conjunto de mais de 100 doenças que têm em comum o crescimento desordenado (maligno) de células que invadem tecidos e órgãos, podendo espalhar-se para outras regiões do corpo.

Dividindo-se rapidamente, essas células tendem a ser muito agressivas e incontroláveis, determinando a formação de tumores (aglomerados de células) ou neoplasias ("formações novas") malignas. Por outro lado, um tumor benigno significa simplesmente uma massa localizada de células que se multiplicam vagarosamente e se assemelham ao seu tecido original, raramente constituindo um risco de vida. É o caso de alguns tipos de pintas ou verrugas.

As causas de câncer são variadas, podendo ser externas ou internas ao organismo, estando ambas inter-relacionadas. As causas externas relacionam-se ao meio ambiente (exposição ao Sol e poluição, por exemplo) e aos hábitos ou costumes próprios de um ambiente social e cultural (alimentação, tabagismo). As causas internas são, na maioria das vezes, geneticamente pré-determinadas, estão ligadas à capacidade do organismo de se defender das agressões externas. Esses fatores causais podem interagir de várias formas, aumentando a probabilidade de transformações malignas nas células normais.

De todos os casos, 80% a 90% dos cânceres estão associados a fatores ambientais. Alguns deles são bem conhecidos: o cigarro pode causar câncer de pulmão, a exposição excessiva ao Sol pode causar câncer de pele, e alguns vírus podem causar leucemia. Outros estão em estudo, como alguns componentes dos alimentos que ingerimos, e muitos são ainda completamente desconhecidos.

O envelhecimento traz mudanças nas células, que aumentam a sua tendência à transformação maligna. Isso, somado ao fato de as células das pessoas idosas terem sido expostas por mais tempo aos diferentes fatores de risco para câncer, explica em parte o porquê de o câncer ser mais frequente nesses indivíduos. Os fatores causadores de câncer são denominados cancerígenos ou carcinógenos. Esses fatores atuam alterando a estrutura genética (DNA) das células.

O surgimento do câncer depende da intensidade e duração da exposição das células a esses agentes. Por exemplo, o risco de uma pessoa desenvolver câncer de pulmão é diretamente proporcional ao número de cigarros fumados por dia e ao número de anos nos quais isso vem ocorrendo.

Adaptado de: O que é câncer? *Disponível em:* <https://www.gov.br/inca/pt-br/assuntos/cancer/como-surge-o-cancer>. *Acesso em:* 26 out. 2023.

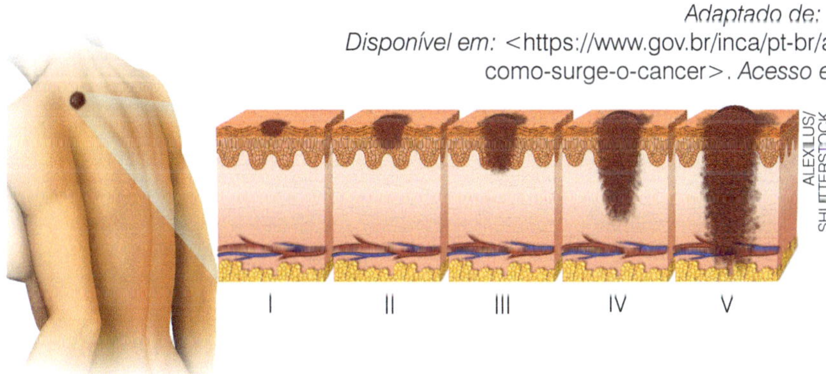

Um tipo de câncer de pele, que no início se parece com uma pinta, é o melanoma, que se origina das células da pele que contêm melanina (pigmento que dá cor à nossa pele). Diagnosticado no início da formação (I, apenas na epiderme), não causa maiores transtornos. Porém, seu crescimento invade a derme e os tecidos subcutâneos (II a IV), podendo atingir os vasos sanguíneos (V); nesse caso, células cancerígenas podem se desprender do tumor principal, cair na corrente sanguínea, se alojar e se multiplicar em outros órgãos, fenômeno conhecido como **metástase**.

Nosso desafio

Para preencher os quadrinhos de 1 a 11, você deve utilizar as seguintes palavras: axônio, cardíaco, corpo celular, dendritos, esquelético, estriado, lenta e involuntária, liso, neurônios, rápida e involuntária, rápida e voluntária.

À medida que você preencher os quadrinhos, risque a palavra que escolheu para não usá-la novamente.

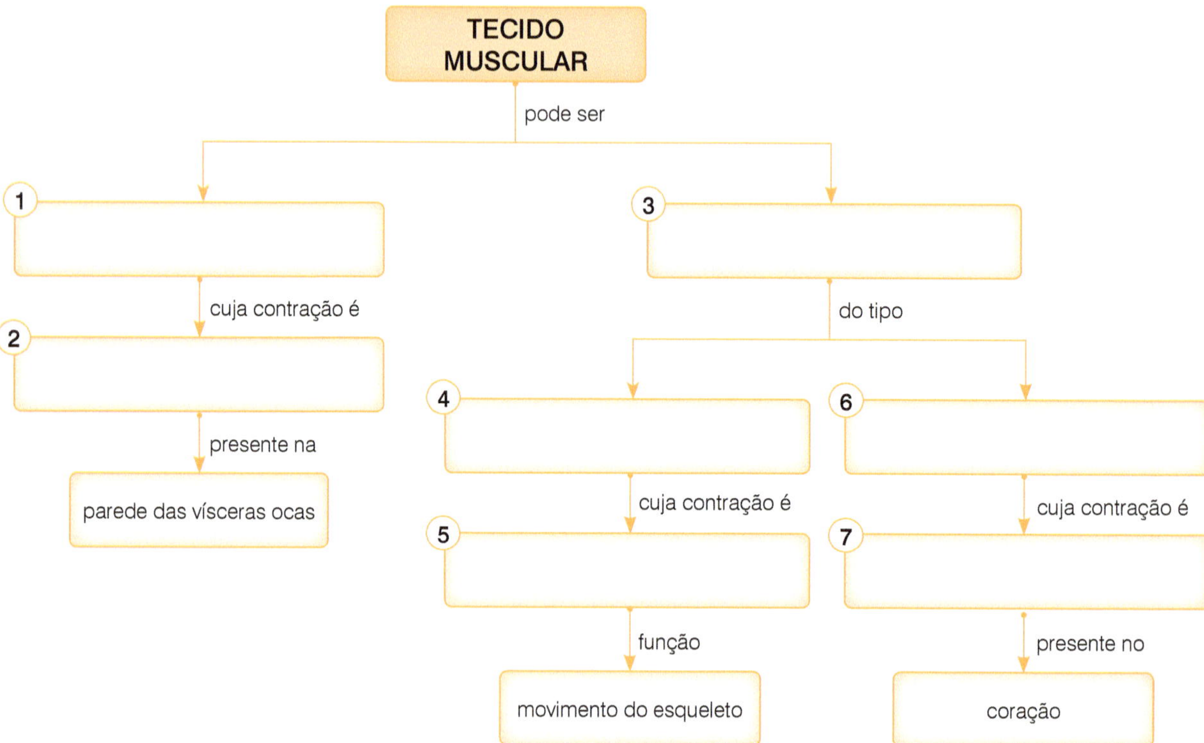

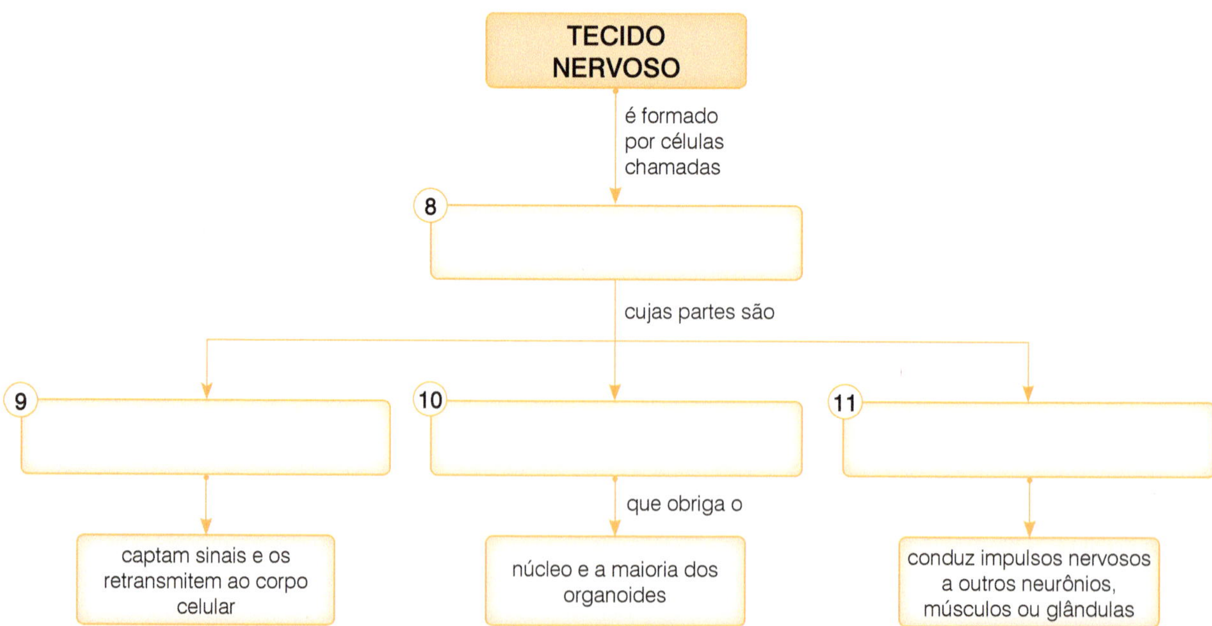

Atividades

1. **[2, 3, 6, 7, 10]** No corpo humano, diferentes tipos de células exercem funções específicas. Células de modo geral de aspecto e morfologia semelhantes se reúnem e passam a desempenhar uma função comum, por exemplo, condução de estímulos nervosos, contração muscular, proteção de superfícies. Esse conjunto de células recebe uma denominação típica em organismos complexos, como o de uma ave, um peixe e o ser humano.
   a) Indique a denominação utilizada para o conjunto de células descrito no texto, característica típica de seres pluricelulares complexos.
   b) De maneira geral, as células de cada um desses conjuntos são envolvidas por um material de suporte, variável quanto à composição, consistência e quantidade. Como é denominado esse material de suporte que banha as células desses conjuntos?
   c) No sangue, que é um exemplo de conjunto de células, a substância que banha as células é líquida. Como é denominada essa substância?

2. **[2, 6, 7]** Em Biologia, costuma-se definir tecido como "um conjunto de células semelhantes que desempenham uma mesma função".

   Embora essa definição seja aplicada à maioria dos tecidos, você já sabe que em alguns deles as células diferem não só na forma mas também na função.

   Observe os esquemas ao lado. Identifique os tecidos representados, cite pelo menos uma função de cada um e assinale aqueles cujas células têm formas e funções diferentes.

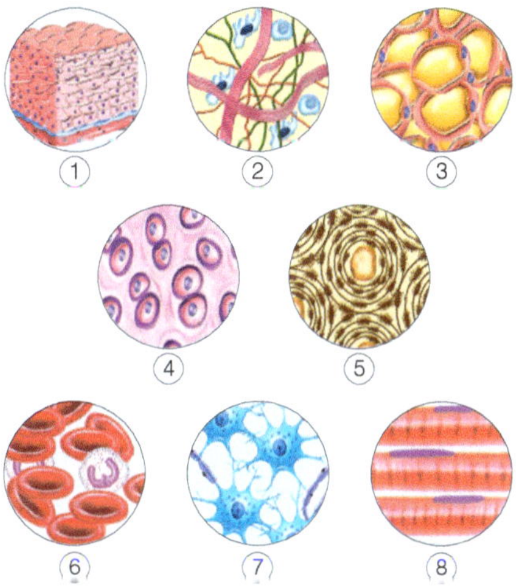

LUIS MOURA/acervo da editora

3. **[2,6,7]** Epitélio ou tecido epitelial é o conjunto de células responsável pela proteção, produção de substâncias e sua eliminação, ou ainda absorção, dependendo do órgão em que se situe. Considerando essas informações:
   a) Indique os dois tipos básicos de tecido epitelial presentes no organismo humano, quanto à função que exercem.
   b) Quanto ao número de camadas de células, como pode ser caracterizado o tecido epitelial?

4. **[2, 3, 6, 7, 12]** É correto afirmar que o tecido epitelial é formado por células mergulhadas em uma grande quantidade de material intercelular? Justifique a resposta.

5. **[2, 3, 6, 7]** O tecido conjuntivo possui características que o diferenciam de outros tecidos, notadamente no que se refere à sua composição celular e ao material que rodeia as células. É um tecido que desempenha importantes funções e que está presente na grande maioria dos órgaos do corpo humano.
   a) Qual é a característica do tecido conjuntivo, relativamente às suas células e ao material que as rodeia?
   b) Qual é a denominação dada à substância que rodeia e banha as células do tecido conjuntivo e que componentes intercelulares estão normalmente presentes nela?
   c) Indique os diferentes tipos de tecido conjuntivo.

6. [2, 3, 6, 7, 12] A pele humana é um eficiente revestimento dotado de inúmeras células dispostas em duas camadas. A primeira camada, em contato com o ambiente, assenta-se sobre a segunda, que, por sua vez, faz contato com uma camada subcutânea, de espessura variável e rica em tecido adiposo. A importância da pele como revestimento protetor, isolante térmico e auxiliar da regulação da temperatura é reconhecida universalmente.

a) Cite as 3 camadas a que se refere o texto.

b) A primeira camada, externa, é dotada de importantes glândulas, responsáveis, respectivamente, pela produção do suor e pela produção de substância oleaginosa que lubrifica pelos e a pele. Indique essas duas glândulas.

c) A camada mais externa da pele possui uma cobertura rica em proteínas em contato com a atmosfera, protegendo a pele da perda excessiva de água. Qual é essa proteína?

d) Que estruturas da pele são responsáveis pela produção de pelos e cabelos e a qual camada pertencem essas estruturas?

e) A segunda camada da pele possui características próprias que diferem bastante das características presentes na primeira camada. Em poucas palavras, diferencie as características dessas duas camadas.

7. [1, 2, 3, 6, 7, 10, 12, 17] É frequente a veiculação de notícias, pelos diferentes órgãos de imprensa, a respeito da preocupação das autoridades de saúde pública sobre as inúmeras ocorrências causadas pela ingestão excessiva de gordura.

SYDA PRODUCTIONS/SHUTTERSTOCK

Com base em seus conhecimentos sobre o assunto, que danos ao organismo humano o excesso de gordura pode causar?

8. [2, 3, 6, 7] Além de proteger o corpo contra alguns impactos, que outras funções tem o tecido adiposo da camada subcutânea (hipoderme) dos mamíferos?

9. [2, 3, 6, 7] Sabendo que a orelha externa e os discos entre as vértebras (discos intervertebrais) possuem o mesmo tipo de fibras, por que a cartilagem da orelha é mais flexível, enquanto a dos discos intervertebrais é mais rígida?

10. [1, 2, 3, 6, 7, 12] O tecido ósseo é o único que, além de possuir várias células e fibras colágenas, também apresenta um considerável depósito de substâncias minerais, que são responsáveis pela rigidez típica desse tecido.

Graças a essa rigidez, as estruturas que contêm tecido ósseo podem servir como ancoradouros de músculos e tendões e, assim, atuar na movimentação do organismo.

a) Indique a substância mineral que confere rigidez ao tecido ósseo.

b) Como essa substância mineral é fornecida ao tecido ósseo?

11. [2, 3, 6, 7] Pele e ossos são tecidos ou órgãos? Justifique sua resposta.

12. [1, 2, 3, 6, 7, 12, 15, 16] Por que indivíduos que ingerem alimentos ricos em cálcio (ovos, leite e derivados) e que frequentemente tomam sol são menos propensos a fraturas ósseas?

AFRICA STUDIO/SHUTTERSTOCK

13. **[1, 2, 3, 6, 7, 12, 15,16]** Em algumas indústrias, pedaços de ossos, articulações, orelhas, tendões, patas e outros órgãos de animais (gado bovino, por exemplo) são jogados em tanques e submetidos a um tratamento químico especial e a fervura prolongada. Forma-se um grosso caldo, que é matéria-prima na produção de colas, gelatinas e geleia de mocotó. Qual é a substância orgânica predominante nesse caldo e que importância alimentar tem?

14. **[2, 3, 6, 7]** Cite o nome do(s) componente(s) sanguíneo(s) que:

a) impedem a hemorragia (perda de sangue);

b) transportam oxigênio;

c) protegem o organismo;

d) conduzem nutrientes às células.

15. **[1, 2, 3, 6, 7, 10, 11, 12, 15]** Dudu esfolou o joelho jogando futebol. Houve sangramento, mas depois de alguns minutos o sangue estancou graças ao processo de coagulação. Nos dias seguintes formou-se a "casca" da ferida e sob ela um pouco de pus. O pus contém tecidos mortos, bactérias mortas, assim como as células sanguíneas que as fagocitaram. Neste cenário de morte e escombros, os tecidos lesados aos poucos regeneram-se.

SERGEY RYZHOV/SHUTTERSTOCK

Que tecido e quais elementos desse tecido são responsáveis

a) pela coagulação do sangue?

b) pela fagocitose dos microrganismos (bactérias) invasores?

16. **[2, 3, 6, 7]** Cite os três tipos de tecido muscular encontrados no corpo humano e onde ocorrem.

17. **[2, 3, 6, 7, 16]** Qual é a diferença entre contrações musculares voluntárias e involuntárias? Dê um exemplo de cada tipo.

18. **[1, 2, 3, 6, 7, 10, 12, 14, 15]** Quais os tecidos que constituem o sebo, os tendões e o toucinho?

19. **[2, 3, 6, 7]** Uma célula nervosa típica possui três partes: dendritos, corpo celular e axônio. Faça um esquema de um neurônio indicando cada uma dessas partes.

20. **[2, 3, 6, 7, 8, 9, 10, 18]** Os tecidos nervoso, muscular e ósseo constituem um exemplo de integração de funções em que a atividade estimuladora das células do tecido nervoso contribui para a atividade de contração das células do tecido muscular, que conduz à movimentação do esqueleto. Na realização de suas funções, esses três tecidos dependem basicamente do papel exercido por outro tecido, o sanguíneo, que lhes fornece nutrientes diversos e oxigênio, ao mesmo tempo em que retira resíduos decorrentes do metabolismo, como o gás carbônico e a ureia. Ao mesmo tempo, as células sanguíneas dão o suporte necessário às funções desempenhadas não apenas por esses três tecidos, mas a todos os outros componentes do organismo humano.

a) Em sua opinião, qual desses tecidos influencia diretamente a função dos outros tecidos citados? Justifique sua resposta.

b) No texto deste capítulo sobre tecido sanguíneo, há referência a um tipo particular de células, as chamadas células-tronco, existentes na medula óssea, das quais originam-se todas as células do sangue. Atualmente acredita-se que células-tronco também existam em outros tecidos, provavelmente no tecido nervoso. Qual é a importância desse tipo de células em organismos complexos, como o ser humano e outros animais?

capítulo 5

MOVIMENTO E COORDENAÇÃO

Pura emoção!

Você e seu amigo estão prontos para um tempo de diversão e emoção. Vai começar uma nova partida de tênis de mesa no *videogame*. O controle do *videogame* é sensível aos movimentos que o jogador faz ao movê-lo (funciona como uma espécie de *mouse* aéreo). O pequeno alto-falante já começa a emitir o ruído que revela a batida da bolinha. A regra é simples: vence o jogo quem levar a melhor em 3 tempos. Cada tempo é vencido por quem chegar primeiro a 21 pontos. No caso de empate em 20 pontos, o vencedor será aquele que fizer 2 pontos consecutivos. Dois dos tempos já foram jogados e aconteceu um empate em 1 × 1!

O jogo recomeça no terceiro tempo, que é decisivo. O placar avança até 20 × 16 e você está na frente! Seu amigo empata o jogo em 20 × 20 e você precisa se concentrar, "voltar" ao jogo! Finalmente, por 26 × 24, você vence!

Todos os estímulos que você recebeu durante o jogo foram processados pelo seu sistema nervoso. Na verdade, todas as suas ações e reações, os olhos fixos e arregalados no movimento da bolinha, a coordenação dos movimentos das mãos e pernas, a expectativa da vitória ou derrota, o coração acelerado e a transpiração, por exemplo, estão sendo controlados por esse sistema de comando.

Este capítulo é dedicado ao estudo inicial do sistema nervoso e sua integração com outros sistemas para a coordenação dos movimentos. Você entenderá como a participação desse sistema faz o organismo enfrentar de modo adequado os problemas e os desafios que você tem pela frente.

BETTO RODRIGUES/SHUTTERSTOCK

A vida depende de organização e equilíbrio

O corpo humano é constituído por milhões de células que formam tecidos, órgãos e sistemas que devem trabalhar harmoniosamente e garantir uma vida saudável.

Você "sabe" como dirigir uma ação que depende de sua vontade, como, por exemplo, pegar uma caneta; "sabe" quando necessita de algumas horas de sono; assim como o seu organismo "sabe" qual é o momento de aumentar os batimentos cardíacos e os movimentos respiratórios ou secretar o suco gástrico para a digestão. Mas como organizar todas essas atividades humanas com tanta harmonia? Esse papel é desempenhado pelo **sistema nervoso** e pelo **sistema endócrino** (hormonal), que integram, coordenam e regulam as atividades dos outros sistemas, mantendo o estado de equilíbrio (homeostase) do organismo.

O *sistema nervoso* executa sua função por meio de impulsos nervosos (sinais elétricos) que percorrem os **neurônios**, células especializadas na condução desses impulsos.

O *sistema endócrino* ou *hormonal*, por sua vez, controla as funções do organismo por meio de substâncias químicas, os **hormônios**. Essas substâncias são produzidas pelas **glândulas endócrinas** e transportadas pelo sangue aos órgãos sobre os quais atuam, os chamados *órgãos-alvo*.

Impulsos nervosos propagam-se mais rapidamente ao longo dos neurônios do que os hormônios pelo sangue. Por isso as respostas que dependem do sistema nervoso são mais rápidas do que aquelas que dependem do sistema endócrino. Em relação ao sistema nervoso em geral, cessado um estímulo, cessa a resposta. No caso do sistema endócrino, a resposta tarda um pouco mais a desaparecer, porque depende da retirada do hormônio da corrente sanguínea e de sua decomposição pelo fígado.

Jogo rápido

Qual é a diferença entre neurônios e hormônios?

Ação conjunta de vários sistemas e a coordenação dos movimentos

A liberação de energia dos alimentos pelas células de um animal está associada a atividades úteis para a sua sobrevivência. Uma das atividades úteis presente na grande maioria dos animais é a capacidade de se locomover, o "ir e vir". Para que esse deslocamento se processe de forma adequada é necessário que o organismo seja dotado de um complexo sistema de coordenação, que atingiu seu desenvolvimento máximo no corpo dos vertebrados. Assim, basta ver a movimentação do guará, bela ave com plumagem vermelha, cujo voo em bandos pode ser visto na Mata Atlântica. Imagine também a destreza dos movimentos de um macaco, o mico-leão, ao se deslocar de um galho para outro ou então o deslocamento coordenado do guepardo, animal predador que caça suas presas por meio de perseguições à altíssima velocidade de 115 km/h! Trata-se do mais rápido de todos os animais terrestres!

MARTIN MECNAROWSK/SHUTTERSTOCK

O guará (*Eudocimus rube*) mede aproximadamente 60 cm de altura e o colorido de sua plumagem deve-se a sua alimentação à base de um caranguejo, cujo pigmento tinge as plumas dessa ave, que nasce de cor escura e apenas o peito branco.

CONRADO/SHUTTERSTOCK

KHAKIMULLIN/SHUTTERSTOCK

O ser humano também é dotado de uma imensa capacidade de realizar diferentes tipos de movimentos – somos capazes de andar ou correr sem tropeçar, realizar diferentes e harmoniosos movimentos do balé clássico, das danças modernas, das diferentes coreografias observadas em uma balada, ou os variados exercícios praticados na academia de ginástica. Você já observou em uma partida de futebol o movimento do goleiro – totalmente esticado na horizontal rente ao gramado – espalmando uma bola chutada pelo atacante adversário ou ainda um atacante em pleno ar como se fosse um bailarino cabeceando a bola em direção ao gol?

AYAKOVLEV/SHUTTERSTOCK

A impressionante capacidade de movimentar partes do nosso corpo com tanta harmonia e destreza, que permite realizar tarefas complicadas, como falar, escrever, jogar e outras, deve-se à integração de diferentes sistemas, cada um contribuindo com sua parte.

Alguns sistemas agem indiretamente para a realização dos movimentos; outros, diretamente. Entre os que agem indiretamente podemos citar o sistema digestório, que digere o alimento em pequenas moléculas; o sistema respiratório, que extrai oxigênio do ar; o sistema circulatório, que transporta as moléculas e o oxigênio para as células musculares, responsáveis pelo movimento. Esses sistemas garantem a produção de energia pelas células musculares e, consequentemente, as condições para que haja movimentos. Os sistemas que agem diretamente na promoção dos movimentos são o sistema nervoso e o sistema esquelético acoplado ao tecido muscular (tecido muscular estriado esquelético).

Seguramente, o grande comandante que dirige nossos movimentos é o *sistema nervoso*, especialmente o nosso cérebro, que nos possibilita realizar atividades musculares voluntárias (que dependem de nossa vontade como, por exemplo, chutar uma bola) extremamente complexas.

A unidade do sistema nervoso é a célula nervosa ou neurônio.

Neurônio: corpo celular e prolongamentos

A unidade funcional do sistema nervoso é o **neurônio**, célula especializada em receber estímulos, gerar e conduzir impulsos nervosos. A porção mais "dilatada" do neurônio, aquela em que se localiza o núcleo e a maior parte do citoplasma, recebe o nome de **corpo celular**. Embora existam neurônios de várias formas, todos apresentam **ramificações** ou **prolongamentos**. Esses prolongamentos estão associados às principais características dos neurônios: a *condução do impulso nervoso* e a *conexão com outras células nervosas, musculares* e *glândulas*.

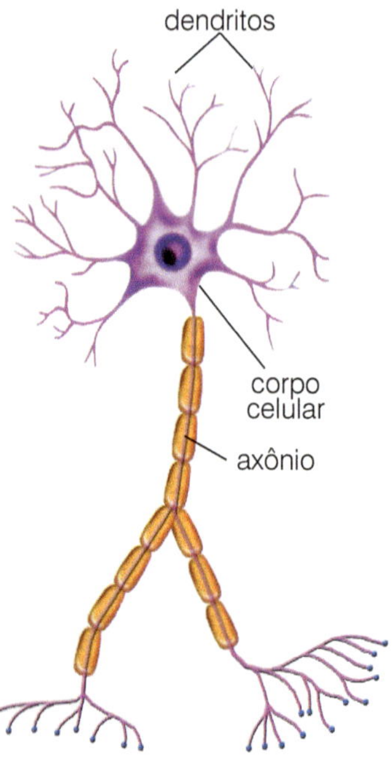

LUIS MOURA/acervo da editora

Um tipo de neurônio. (Cores-fantasia. Ilustração fora de escala.)

Veja na representação ao lado um tipo comum de neurônio, no qual se veem dois tipos de prolongamentos. Os mais curtos e numerosos são os **dendritos**, que lembram os galhos de uma árvore (*dendron*, em grego, significa *árvore*). O segundo tipo de prolongamento, mais longo, é o **axônio** (*axon*, em grego, significa *eixo*), em cuja extremidade existem várias ramificações menores, que estabelecem contatos com outras células. Axônios e dendritos são também chamados **fibras nervosas** ou **neurofibras**.

O que caracteriza um dendrito ou um axônio não é propriamente o seu comprimento, mas o sentido da propagação do impulso nessas fibras. Os dendritos sempre conduzem impulsos para o corpo celular enquanto o axônio conduz impulsos do corpo celular para outra célula nervosa, muscular ou glandular:

dendritos → corpo celular → axônio

Nervos: feixes de "fios" condutores

Os **nervos** são filamentos brancos, visíveis, formados por feixes de axônios, de dendritos ou de ambos, envolvidos por uma capa de tecido conjuntivo. Os corpos celulares dos neurônios não fazem parte dos nervos, situando-se geralmente nas partes centrais do sistema nervoso. Os nervos são percorridos por vasos sanguíneos, que liberam nutrientes e oxigênio para os nervos e retiram resíduos metabólicos.

Fique por dentro!

Existem nervos formados por centenas e até milhares de axônios ou dendritos, cada qual transmitindo impulsos separadamente.

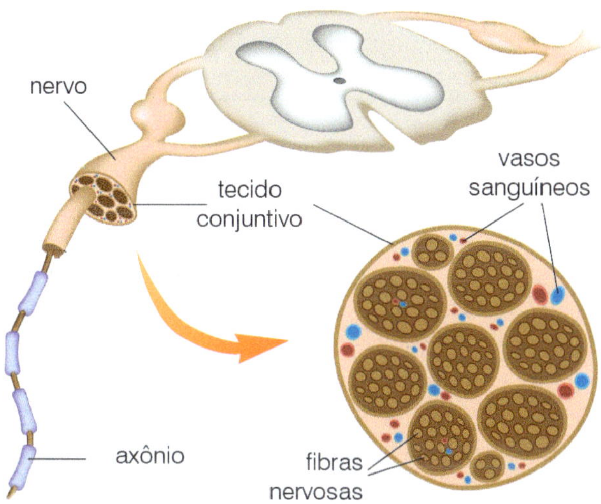

Estrutura de um nervo. (Cores-fantasia. Ilustrações fora de escala.)

Jogo rápido

Nervo é sinônimo de neurônio? Justifique sua resposta.

Bainha de mielina

Repare na figura a seguir que o axônio é envolvido por uma bainha, como se fosse um "rocambole", cujo "recheio" é uma substância gordurosa chamada **mielina**. Por isso, esse envoltório recebe o nome de **bainha de mielina**.

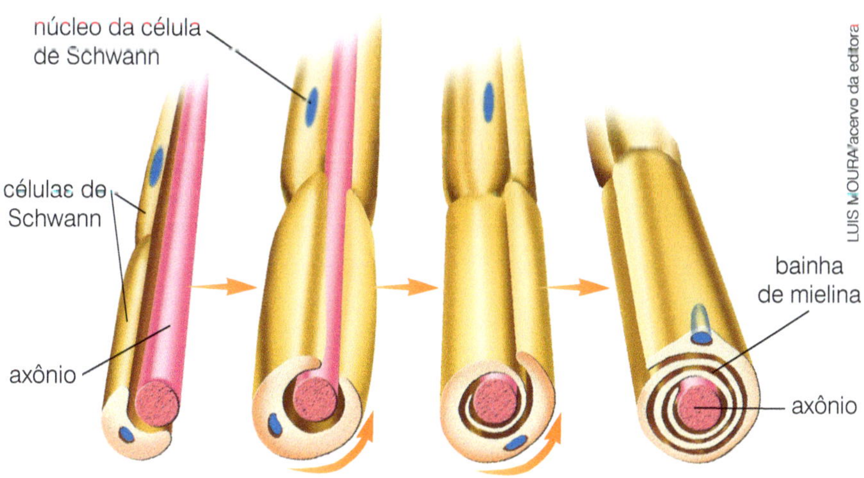

Fique por dentro!

A bainha de mielina, rica em lipídios, é resultado do enrolamento de uma célula, a célula de Schwann, ao redor do axônio.

Neurônios mielinizados conduzem impulsos mais rapidamente do que os que não têm a bainha de mielina. Controlam, por exemplo, a atividade muscular rápida que move o corpo (membros, cabeça etc.)

Neurônios amielínicos atuam na condução menos rápida de impulsos, relacionados a estruturas que podem responder com maior lentidão, como, por exemplo, a contração da camada muscular na parede dos vasos sanguíneos (artérias e veias).

Amielínicos: sem bainha de mielina.

É SEMPRE BOM SABER MAIS!

Quando os bebês nascem, um dos motivos que impedem que se mantenham em pé e consigam caminhar é a ausência da bainha de mielina em torno dos prolongamentos dos seus neurônios. Não é o que acontece, por exemplo, com os recém-nascidos de equinos, bovinos e caprinos. Mal acabam de nascer, são capazes de erguer-se e caminhar, ainda que com alguma dificuldade. Ao nascerem, seus neurônios já são mielinizados.

ESTABELECENDO CONEXÕES

Saúde

Esclerose múltipla: a bainha de mielina é desfeita

A esclerose múltipla é uma doença autoimune, isto é, o sistema imunitário ataca as próprias células do organismo, porque as "confunde" com microrganismos invasores estranhos. No caso, a bainha de mielina é destruída "por engano". Com isso, a comunicação entre os centros nervosos e os músculos periféricos, que movem o esqueleto, fica progressivamente prejudicada.

Os sintomas e consequências variam desde dificuldades de movimentação dos membros inferiores até paralisia, perda da visão, dificuldades para falar, tremores e coma.

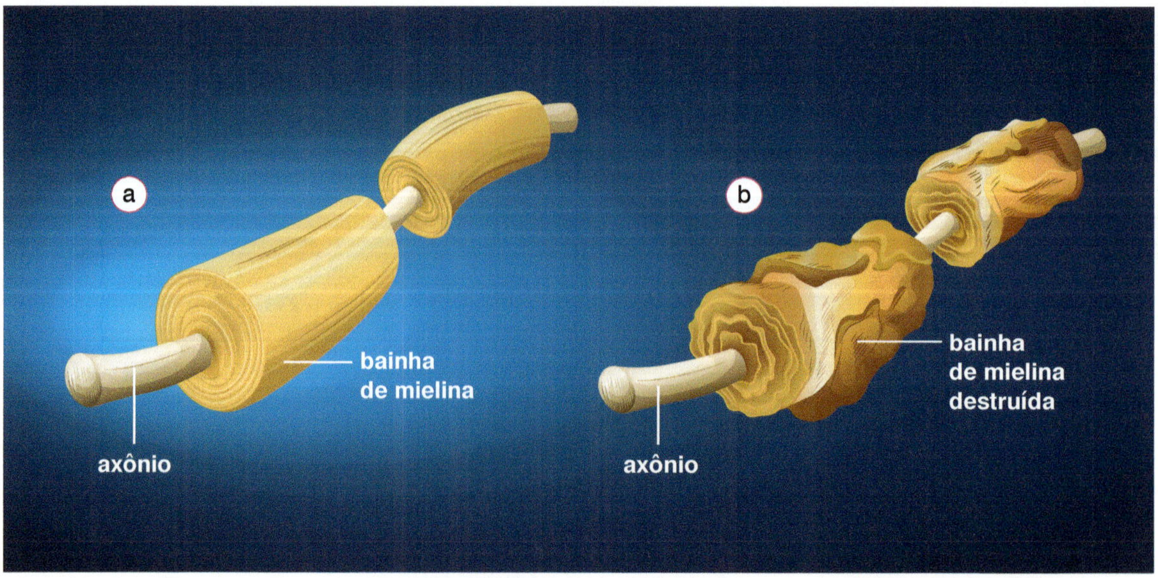

Neurônio com bainha de mielina (a) intacta e (b) danificada em consequência de esclerose múltipla.

As sinapses e a propagação dos impulsos nervosos

Os neurônios não estão fisicamente unidos entre si. Entre eles existe um minúsculo espaço, chamado **fenda sináptica**, através do qual os impulsos nervosos passam de um neurônio a outro por meio de substâncias químicas que atuam como *transmissoras* desses impulsos. Essas substâncias são liberadas apenas nas terminações dos axônios, estabelecendo, portanto, o sentido da propagação do impulso nervoso.

Somente nas extremidades do axônio há pequenas bolsas (vesículas) contendo essas substâncias químicas que, por causa da função que exercem, são chamadas de **transmissores** ou **mediadores químicos**, **neurotransmissores** ou **neurormônios**.

Quando um impulso nervoso atinge as extremidades de um axônio, provoca a liberação dos mediadores químicos na região da sinapse. Os mediadores químicos cruzam esse espaço, ligam-se a receptores existentes na membrana do neurônio seguinte, estimulando-o a gerar e conduzir um novo impulso.

A região da sinapse não existe apenas entre dois neurônios; também pode ser encontrada entre um neurônio e as células dos órgãos efetuadores de respostas, isto é, células de um músculo ou de uma glândula.

Descubra você mesmo!

Durante uma atividade física praticada com prazer é comum a liberação de um neurotransmissor. Pesquise nos livros da biblioteca de sua escola ou na internet qual o nome desse neurotransmissor e que efeito ele provoca no organismo.

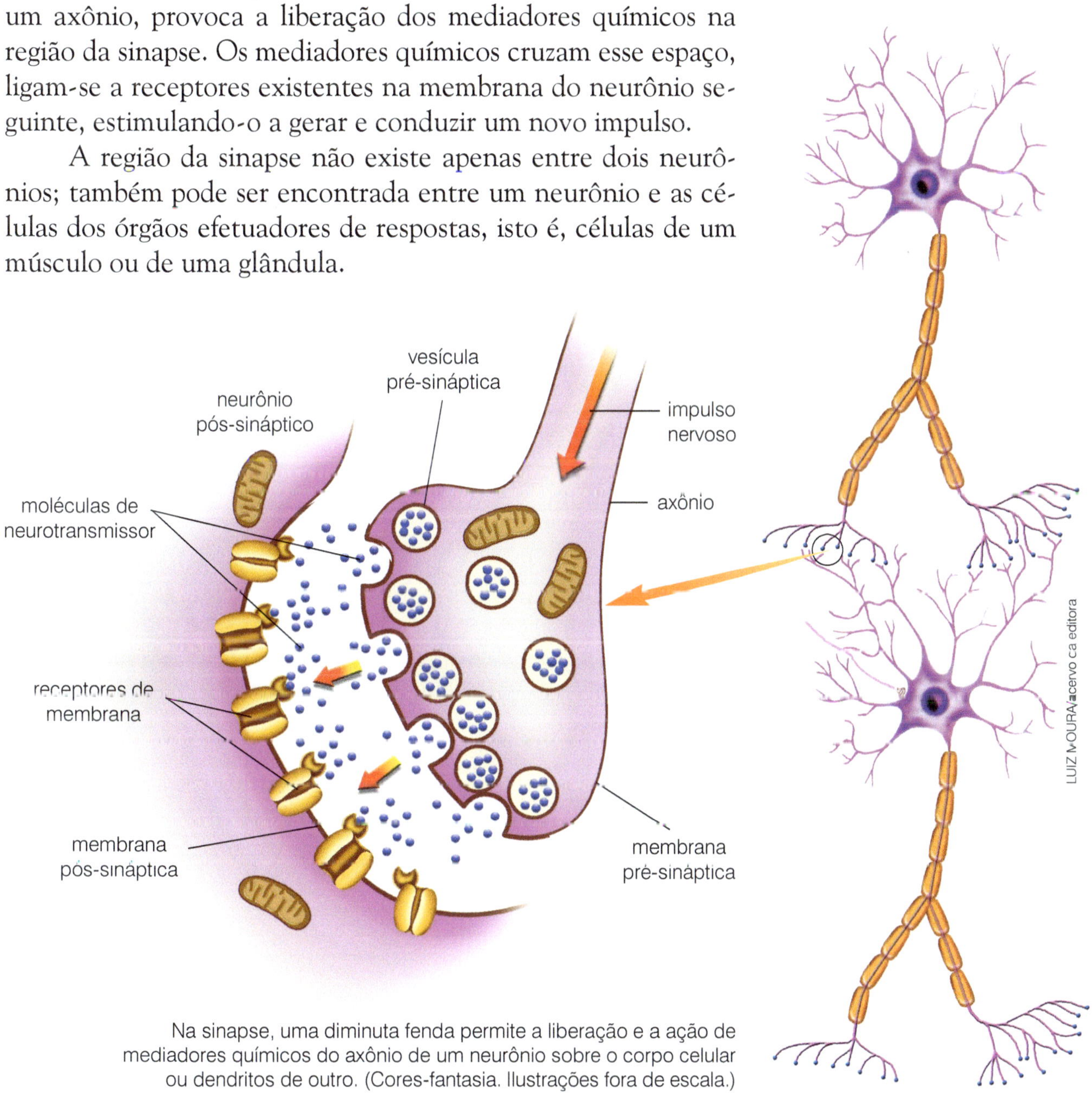

Na sinapse, uma diminuta fenda permite a liberação e a ação de mediadores químicos do axônio de um neurônio sobre o corpo celular ou dendritos de outro. (Cores-fantasia. Ilustrações fora de escala.)

Tipos de neurônio

Três tipos de neurônio podem ser reconhecidos com relação à atividade que desempenham:

- **neurônios sensoriais** – transmitem impulsos dos receptores sensoriais (por exemplo, nos órgãos dos sentidos) aos outros neurônios do percurso;
- **neurônios de associação (interneurônios)** – recebem a mensagem dos neurônios sensoriais, processam-na e transferem um comando para as células nervosas seguintes do circuito. Alguns circuitos nervosos podem não ter esse tipo de neurônio;
- **neurônios efetores** (ou **motores**) – são os que transmitem a mensagem para as células efetuadoras de resposta, isto é, células musculares ou glandulares que respondem por meio de contração ou de secreção, respectivamente.

Fique por dentro!

A dopamina, a serotonina, a noradrenalina e a acetilcolina são exemplos de neurotransmissores.

Lembre-se!

Músculos e glândulas são órgãos efetuadores de respostas (contração e secreção).

Observe a figura a seguir que representa, de modo simplificado, o percurso de impulsos nervosos nos três tipos de neurônios que conectam a ponta de um dedo da mão com a medula (parte do sistema nervoso central) e com um músculo do braço.

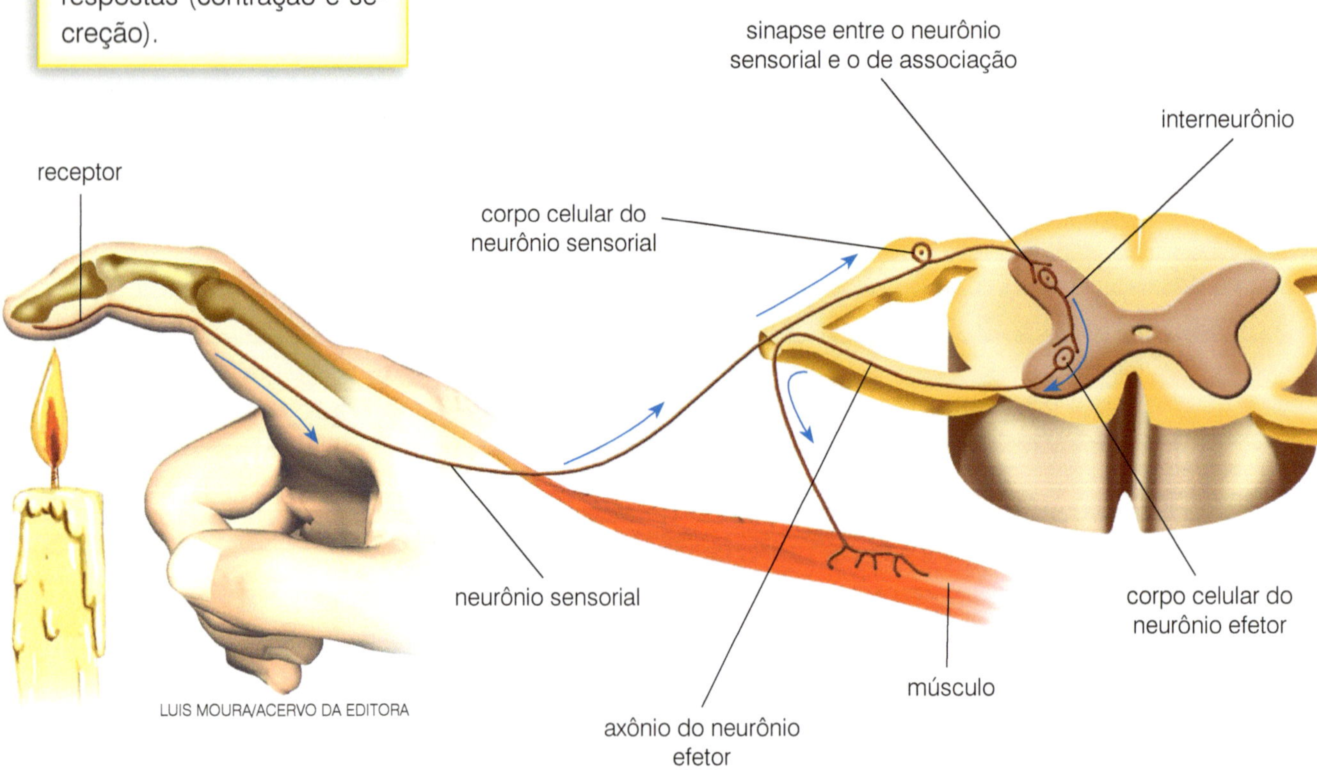

LUIS MOURA/ACERVO DA EDITORA

Integração dos neurônios sensorial, de associação e motor. A mensagem de calor enviada pelos neurônios ao sistema nervoso central faz com que uma resposta seja enviada, neste caso a determinado músculo, para que o dedo seja retirado da chama.

A organização do sistema nervoso

Levando-se em conta a *localização* dos órgãos que fazem parte do sistema nervoso no corpo humano, esse sistema pode ser dividido em duas partes: o **sistema nervoso central** e o **sistema nervoso periférico**.

Sistema nervoso	
Central	**Periférico**
• encéfalo • medula espinhal	• nervos • gânglios nervosos

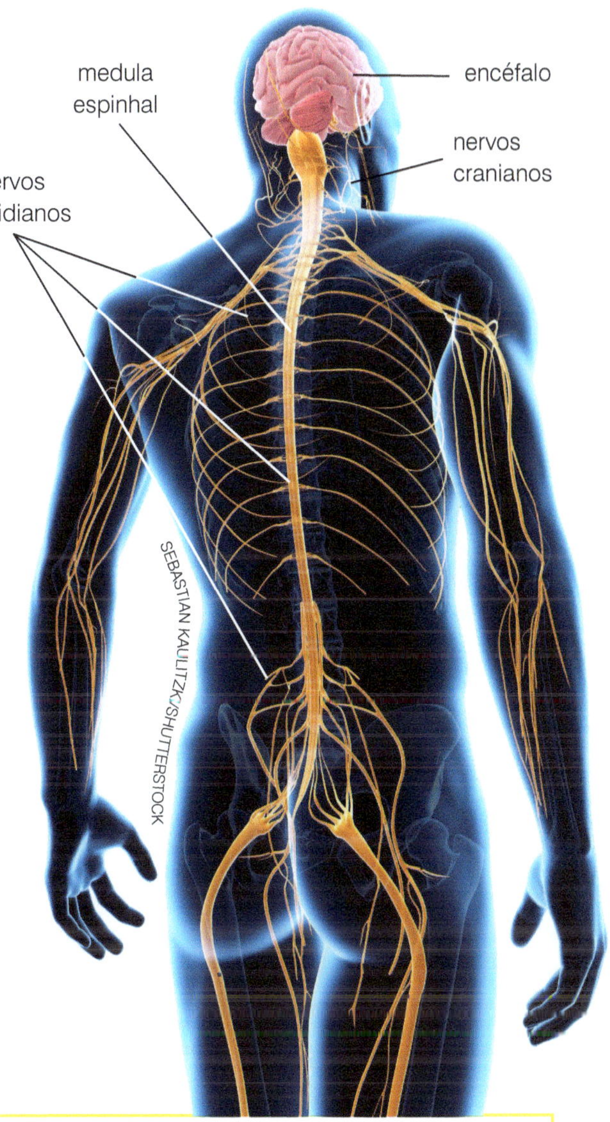

O *sistema nervoso central* é formado pelo *encéfalo* (que inclui, entre outras partes, o cérebro) e pela *medula espinhal*, situados ao longo do eixo dorsal mediano do corpo, protegidos, respectivamente, pelos ossos do crânio e da coluna vertebral.

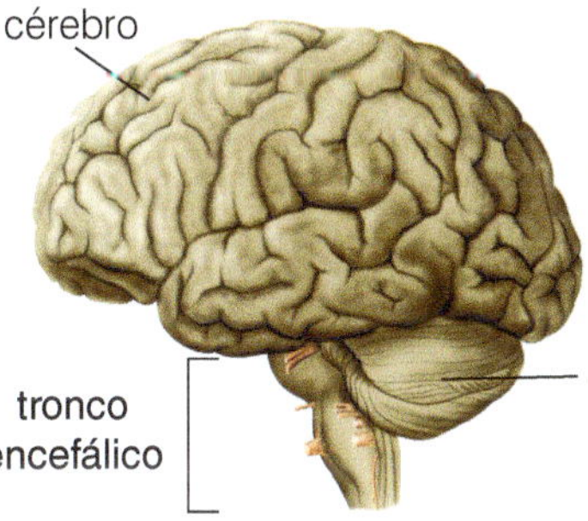

Principais estruturas do encéfalo. O tronco encefálico é uma região que comunica a medula espinhal ao cérebro.

ESTABELECENDO CONEXÕES

Saúde

Como agem os anestésicos

Os anestésicos bloqueiam a passagem de impulsos nervosos nas fibras nervosas que, desse modo, não atingem as áreas sensoriais do cérebro. É o que ocorre nas anestesias locais ou regionais empregadas em procedimentos odontológicos ou médicos, que envolvam apenas uma região do corpo. Já a anestesia geral age diretamente no cérebro, de modo a impedir qualquer registro de sensações.

➢ Houve épocas em que cirurgias eram feitas sem o emprego de anestesia. Por exemplo, a extração de amígdalas de crianças que constantemente apresentavam sinais de infecção nessa região da garganta ocorria sem o uso de anestésicos, inexistentes até então. Atualmente, graças ao progresso da Ciência e da Medicina, praticamente todos os procedimentos cirúrgicos são feitos com anestesia. Em termos do bem-estar das pessoas, qual é a principal vantagem da anestesia, geral ou local, utilizada nesses casos?

Drogas psicoativas

A palavra "droga" é empregada normalmente para designar uma substância que, ao entrar no organismo, provoca modificações físicas ou mesmo psíquicas. As drogas *psicoativas* são aquelas que modificam o estado mental de uma pessoa, afetando como trabalha o cérebro, e até mesmo o sistema nervoso. Não necessariamente as drogas psicoativas são ilícitas – as indicadas no tratamento da depressão e dos transtornos de atenção são psicoativas, lícitas, e podem ser consumidas mediante o devido acompanhamento médico.

Independente do correto uso do termo, mais frequentemente hoje em dia utiliza-se a denominação "drogas psicoativas", ou simplesmente "drogas", referindo-se àquelas que alteram o comportamento do indivíduo, causando distúrbios físicos, comportamentais, de distorção da realidade, da consciência, de humor, e que causam dependência química.

Dependência química: condição causada pelo consumo frequente de drogas psicoativas, em que o indivíduo não consegue manter-se em equilíbrio sem a droga. Nesse quadro de abstinência, o dependente químico pode vivenciar alucinações, confusão mental, convulsões, desespero pelo desejo incontrolável de consumir a droga.

Você já ouviu dezenas de vezes que consumir drogas faz mal à saúde. Inclusive, você já deve ter visto pela mídia, indivíduos drogados em situações gravíssimas, com carreira profissional destruída, família a caminho da desestruturação, isso sem citar os casos de morte.

As drogas atuam no cérebro, órgão do sistema nervoso central, mais especificamente nas sinapses, que é a região de conexão entre os neurônios.

A ponta do axônio libera neurotransmissores na região da sinapse desencadeando um impulso nervoso no dendrito do neurônio seguinte. As drogas são capazes de ocupar encaixes dos neurotransmissores, "estimulando" ou "inibindo" o neurônio seguinte. Dessa forma, dependendo da droga consumida, o neurônio seguinte fica muito mais "excitado" ou bem mais "inibido", ou ainda uma terceira categoria, "perturbado". A consequência imediata é uma alteração no nosso comportamento.

Tipos de drogas psicoativas

Podemos classificar as drogas psicoativas em:

- **estimulantes** – como o próprio nome diz, estimulam o sistema nervoso central, portanto entram na categoria de "excitadoras". Exemplos: cocaína, anfetaminas e *crack*;
- **depressoras** – inibem o sistema nervoso central, portanto entram na categoria de "inibidoras". Exemplos: álcool e morfina;
- **perturbadoras** – provocam distorções das atividades cerebrais, podendo provocar no usuário uma visão distorcida de "tempo" e "espaço"; consequentemente, causam uma visão alterada dos acontecimentos que cercam o indivíduo. Entram na categoria dos alucinógenos. Exemplos: maconha, haxixe, LSD, *ecstasy* (em parte também é estimulante).

Nosso desafio

Para preencher os quadrinhos de 1 a 10, você deve utilizar as seguintes palavras: axônio, dependência química, mielina, músculos, neurônio, neurotransmissores, sinapses, sistema nervoso, sistema nervoso central, sistema nervoso periférico.

À medida que você preencher os quadrinhos, risque a palavra que escolheu para não usá-la novamente.

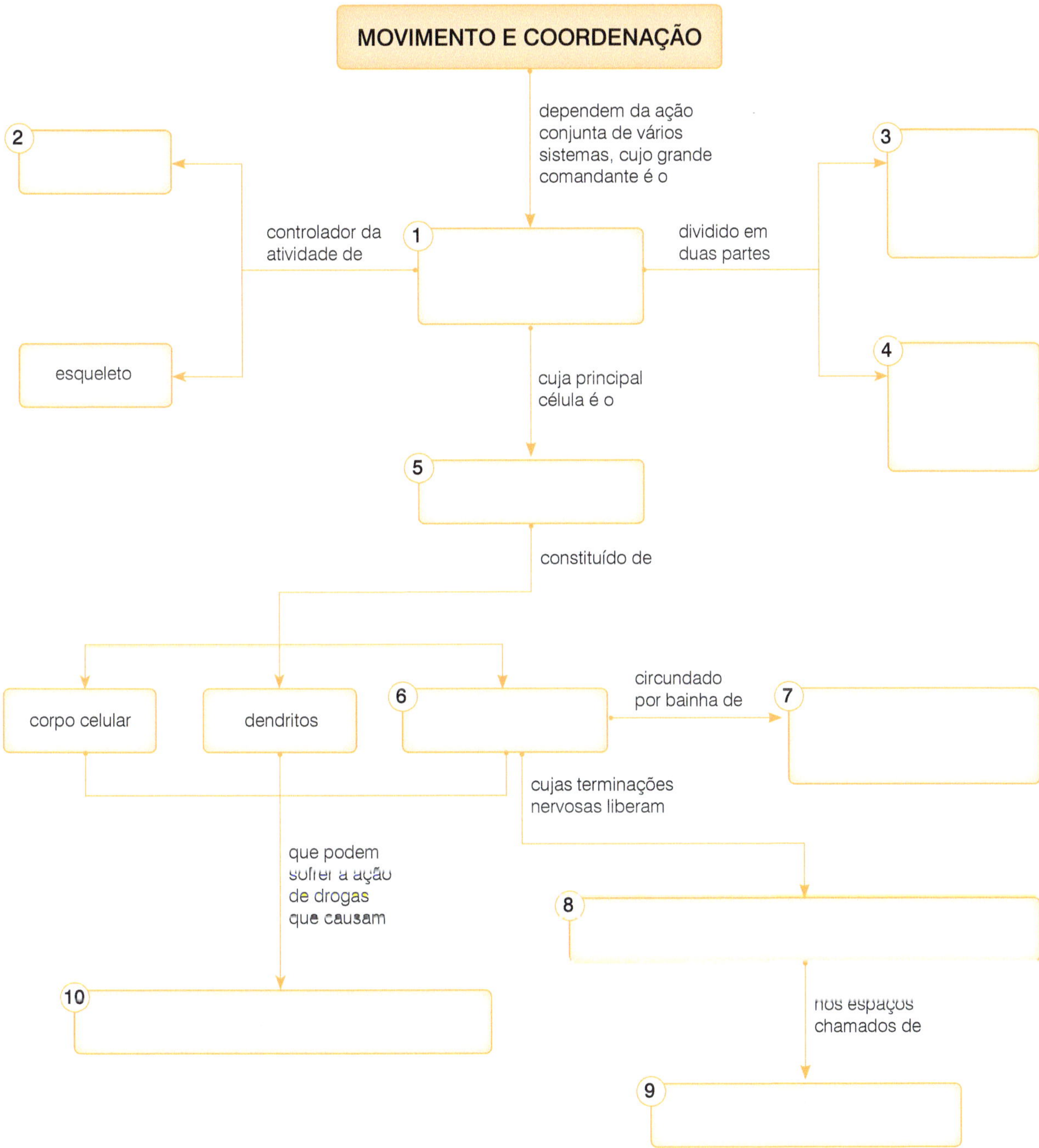

Atividades

1. **[1, 6, 7, 10]** Qual é o papel dos sistemas nervoso e hormonal no corpo humano?

2. **[5, 6, 10]** O esquema ao lado representa um neurônio. Reconheça as estruturas indicadas por setas.

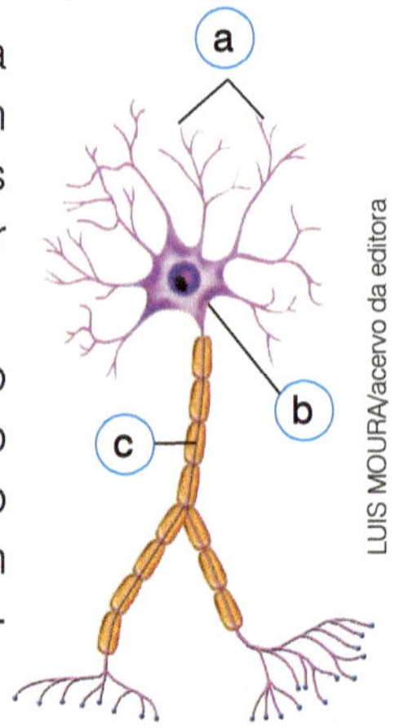

3. **[6, 7, 10]** No nosso organismo, é correto afirmar que o impulso nervoso se propaga em um único sentido? Justifique sua resposta.

4. **[6, 7, 10]** Com relação à sinapse, responda:
   a) O que é sinapse?
   b) Qual é a sua importância?

Leia com atenção o texto a seguir e responda às questões **5** e **6**.

Uma das principais diferenças entre um organismo unicelular, a ameba, por exemplo, e um organismo pluricelular complexo, o ser humano, por exemplo, é o problema da coordenação de atividades de todas as células, tecidos e órgãos para que o organismo trabalhe harmoniosamente e possa garantir, assim, uma vida saudável. Os principais sistemas reguladores do nosso organismo são o sistema nervoso e o endócrino. São eles que regulam o funcionamento do sistema circulatório, digestório, excretor, entre outros.

5. **[1, 6, 7, 10]** Qual é o processo que o sistema nervoso e o sistema endócrino utilizam para integrar e regular as atividades dos demais sistemas, fazendo com que o organismo esteja em estado de equilíbrio (homeostase)?

6. **[1, 6, 7, 10]** É correto afirmar que no processo de integração dos sistemas do nosso organismo, os hormônios produzidos e secretados pelas glândulas endócrinas entram em ação instantaneamente, enquanto os impulsos nervosos chegam ao alvo com uma velocidade menor, portanto propagam-se mais lentamente do que os hormônios se propagam pelo sangue? Justifique a resposta.

7. **[1, 6, 7, 10, 15]** A retirada de determinada glândula endócrina do corpo humano tem algum papel no funcionamento normal desse organismo. Suponha uma paralisia no funcionamento de glândula endócrina, que interfere no crescimento normal do indivíduo. O que deverá ocorrer se o hormônio dessa glândula endócrina fosse injetado na concentração adequada no sangue desse indivíduo? Justifique a resposta.

Leia com atenção o texto a seguir e responda às questões **8** a **12**.

Estímulos ambientais podem ser captados pelos nossos órgãos dos sentidos. O olho, por exemplo, é um receptor especializado em detectar a luz (energia radiante); a orelha é um sistema receptor de ruídos (energia sonora). Tanto a luz quanto o som captados pelos órgãos dos sentidos são transformados em impulsos nervosos que são conduzidos até o sistema nervoso central. No sistema nervoso central os impulsos nervosos, por sua vez, uma vez processados, podem gerar uma resposta ativa, envolvendo contração muscular, como uma expressão facial, tipo sorriso, por exemplo.

Ondas de televisão e de rádio estão à nossa volta o tempo todo. No entanto, não conseguimos percebê-las, a não ser com instrumentos especializados, receptores de televisão e de rádio.

8. **[1, 6, 7, 10, 15]** É correto afirmar que os neurônios motores conduzem os impulsos nervosos dos órgãos de sentidos para o sistema nervoso central? Justifique a resposta.

9. **[1, 6, 7, 10, 15]** A contração muscular facial, tipo sorriso, é o resultado da ação direta de neurônios sensitivos? Justifique a resposta.

10. **[1, 6, 7, 10, 15]** Por que não conseguimos perceber as ondas de rádio e de televisão que estão a nossa volta?

11. **[1, 6, 7, 10, 15]** Compare os receptores de ondas de rádio com os nossos receptores sensoriais biológicos da audição.

12. [1, 6, 7, 10, 15, 16] Ao citar que para a ameba não tem nenhum sentido a existência de ruído, e para os cães e gatos a visão de cores é limitada, pois lhes falta determinado pigmento visual, é correto dizer que nenhum organismo consegue perceber integralmente tudo o que se passa no seu ambiente? Justifique a resposta.

13. [1, 6, 7, 10] Os neurônios sensoriais transmitem impulsos nervosos dos órgãos dos sentidos, como o olho, por exemplo, para o sistema nervoso central. Os neurônios motores fazem o caminho inverso: transmitem mensagens do sistema nervoso central para células efetuadoras, tipo células musculares. Então, é correto afirmar que no neurônio sensorial a propagação do impulso nervoso é do corpo celular para o axônio e no neurônio motor é o inverso, do axônio para o corpo celular? Justifique a resposta.

Leia com atenção o texto a seguir e responda às questões **14** a **17**.

O músculo livre, isto é, não acoplado a uma estrutura, não gera deslocamento ou movimento; para fazê-lo, ele deve produzir força sobre um "objeto". Em nosso organismo o "objeto" são os ossos do sistema esquelético, que se ligam aos músculos por meio de tendões.

O *lobo frontal* do cérebro é responsável pelo comando da ação e do movimento do corpo. Também é a sede dos neurônios de *associação*. Para o lobo frontal comandar nossos movimentos é preciso que haja integração de diversas estruturas do nosso organismo.

Imagine-se assistindo uma partida de futebol de seu time de "coração". A partida é de final de campeonato e está na prorrogação do segundo tempo. Placar: 0 x 0. Escanteio a favor de seu time. Bola subindo, centroavante atento, cabeçada certeira, bola bate na trave e se encaminha em direção à linha do gol. O goleiro desesperado se estica, tentando espalmar a bola para longe da linha de gol. Nada feito! A bola cruzou a linha! Goool! Mas existe dúvida se houve impedimento do atacante. Juiz consulta bandeirinha, espectadores com os dentes cerrados para suportar a dor da angústia da espera da decisão do juiz: não houve impedimento!

Imediatamente você vibra com seus punhos cerrados e braços levantados, pulos no ar, abraços e mais abraços, você é CAMPEÃO!

14. [1, 6, 7, 10, 15] Nos segundos em que houve o chute de escanteio, a bola subindo, o cabeceio, a bola se encaminhando ao gol, o maior silêncio, qual foi o papel dos receptores sensoriais da visão?

15. [1, 6, 7, 10, 15] No momento em que a bola ultrapassou a linha de gol, qual foi o papel dos neurônios associativos do lobo frontal do cérebro?

16. [1, 6, 7, 10, 15] É correto dizer que os neurônios sensoriais fizeram você cerrar os dentes? Justifique a resposta.

17. [6, 10] Cite as estruturas anatômicas diretas, a partir do lobo frontal do cérebro, que permitiram a você pular de alegria, uma vez confirmado o gol pelo juiz.

Leia com atenção o texto a seguir e responda às questões **18** e **19**.

A entrada das drogas psicoativas no corpo humano pode ocorrer por 4 vias: intravenosa (injetada com seringa); intranasal (aspiradas); respiratória (fumadas); digestiva (bebidas).

18. [1, 6, 7, 10, 15, 17, 18] É correto dizer que o destino final das drogas psicoativas é o cérebro, e que a única via possível para chegar a ele é a circulação sanguínea? Justifique a resposta.

19. [1, 6, 7, 10, 15, 17, 18] Sabendo que a cocaína é uma droga estimulante e que o álcool é depressora, explique a diferença de atuação dessas duas substâncias na região da sinapse dos neurônios cerebrais.

20. [5, 6, 10] É correto dizer que assim que uma droga psicoativa é tragada, ela se concentra inicialmente no cérebro, em seguida no sangue e, finalmente, nos tecidos gordurosos? Justifique a resposta.

capítulo 6

SISTEMAS ESQUELÉTICO E MUSCULAR

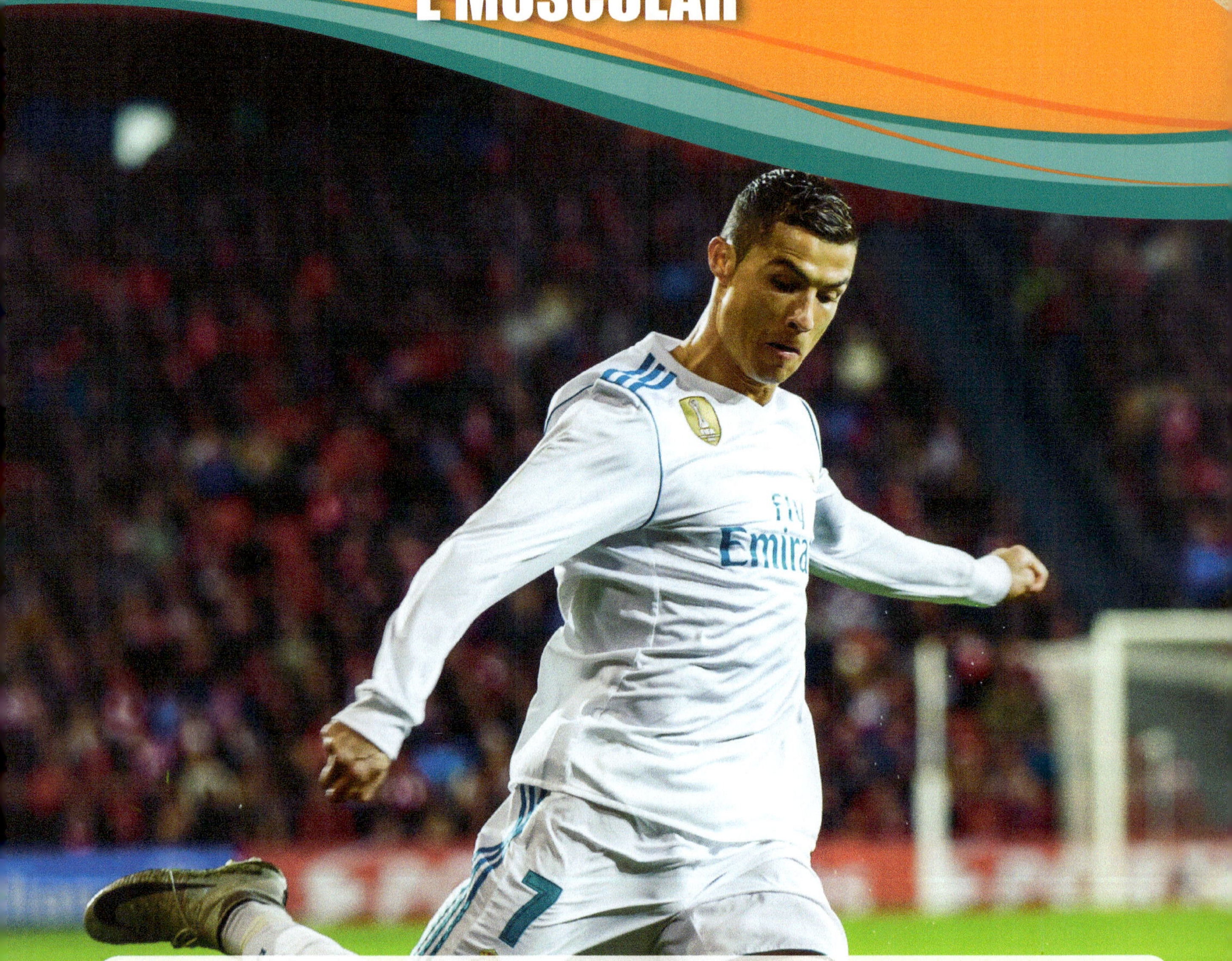

Um chute certeiro ao gol

Um chute certeiro ao gol depende de treinamento constante e agilidade na execução do movimento. No momento do arremate, os órgãos dos sentidos, especialmente a visão, e a coordenação nervosa entram em ação; afinal, é preciso enxergar o gol e saber em que direção chutar. E, evidentemente, ser bem-sucedido depende da ação do sistema muscular, que aciona os ossos do esqueleto envolvidos no ato de chutar. Do sistema esquelético fazem parte os ossos, as cartilagens e as articulações relacionados aos movimentos da cabeça, dos braços e das pernas no momento do chute. Do sistema muscular fazem parte os músculos que acionam ossos e musculatura respiratória e cardíaca, que garantem o suprimento constante de oxigênio e nutrientes, necessários à execução de toda essa atividade.

Neste capítulo, você entenderá como o esqueleto e a musculatura, sob a coordenação eficiente do sistema nervoso, poderão, se bem utilizados, manter a postura e o andar corretos, evitando problemas locomotores futuros.

IMAGESTOCKDESIGN/SHUTTERSTOCK

O sistema esquelético humano e suas funções

O esqueleto humano é interno (**endoesqueleto**), constituído de elementos rígidos, os ossos e as cartilagens.

Ossos são órgãos vivos, ricos em colágeno (uma proteína fibrosa) e fosfato de cálcio. Observe na figura ao lado, um exemplo de osso longo humano. Note a camada de **osso compacto**, circundada por uma *fina capa de tecido conjuntivo* (periósteo). O interior do osso é esponjoso e ocupado pela **medula óssea**, popularmente chamada de *tutano*, que pode ter coloração amarelada ou avermelhada. A medula óssea amarela é rica em gordura. A medula óssea vermelha possui as células-tronco das quais se originam as células do sangue.

Todo osso é percorrido por nervos e vasos sanguíneos, o que justifica a dor e a ocorrência de hemorragias quando há fraturas ósseas. Nas extremidades do osso nota-se a existência de cartilagens articulares, essenciais na proteção de ossos cujas extremidades se articulam.

O crescimento do esqueleto é contínuo e acompanha o desenvolvimento do organismo até certo limite.

Dentre suas várias funções, podemos destacar:

- atua como uma armação, que suporta órgãos formados por tecidos moles, e ergue o corpo contra a ação gravitacional;
- protege órgãos internos, tais como o encéfalo, a medula espinhal, os pulmões, o coração, entre outros;
- serve para a fixação dos músculos que acionam os ossos durante os movimentos corporais;
- armazena e libera minerais, como o cálcio e o fósforo;
- aloja a medula óssea vermelha, onde são produzidas células do sangue.

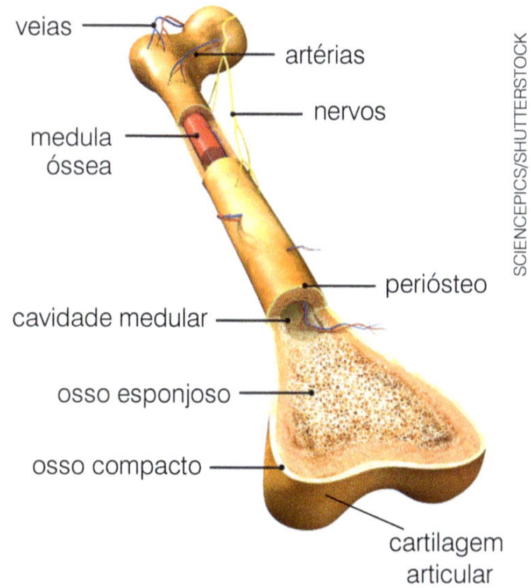

Representação ilustrativa dos componentes de um osso longo. (Cores-fantasia. Ilustração fora de escala.)

Principais ossos do esqueleto humano

O sistema esquelético humano adulto é constituído de 206 ossos que, para efeitos didáticos, po-

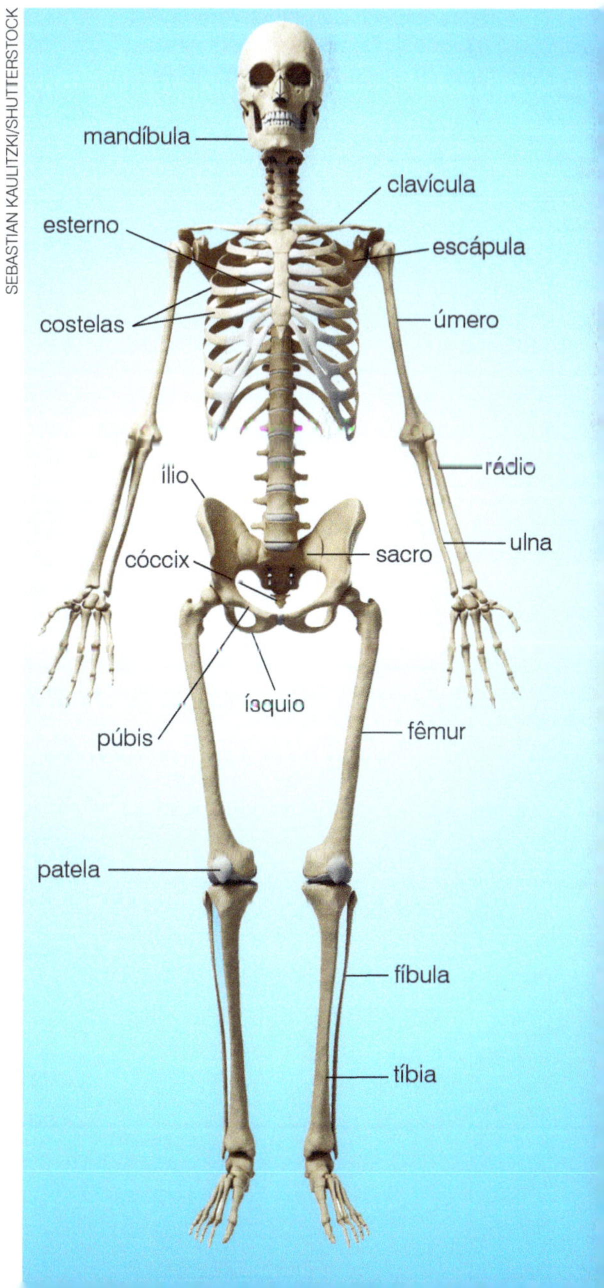

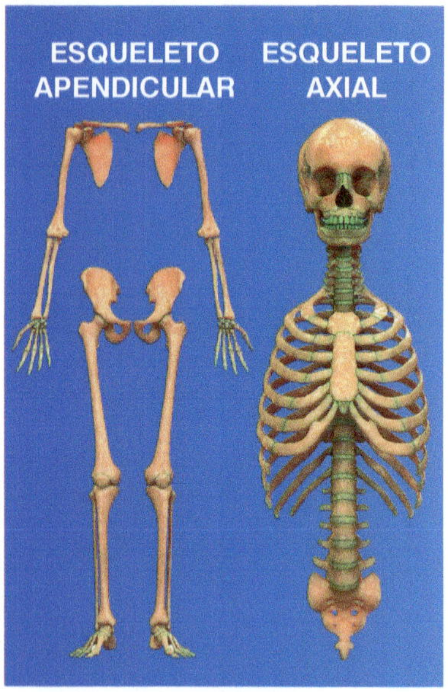

Fazem parte do esqueleto apendicular os ossos dos membros superiores, membros inferiores e suas respectivas cinturas (escapular e pélvica). Compõem o esqueleto axial os ossos do esqueleto cefálico, da coluna vertebral, do esterno e das costelas. Ainda faz parte do esqueleto axial o osso hioide.

dem ser agrupados em duas divisões principais: o esqueleto **axial** (80 ossos) e o esqueleto **apendicular** (126 ossos). De diferentes formatos, alguns deles são *ossos longos* (por exemplo, o fêmur), outros são *chatos* (por exemplo, os do crânio), há os *curtos* (por exemplo, a patela) e ainda os *irregulares* (por exemplo, as vértebras).

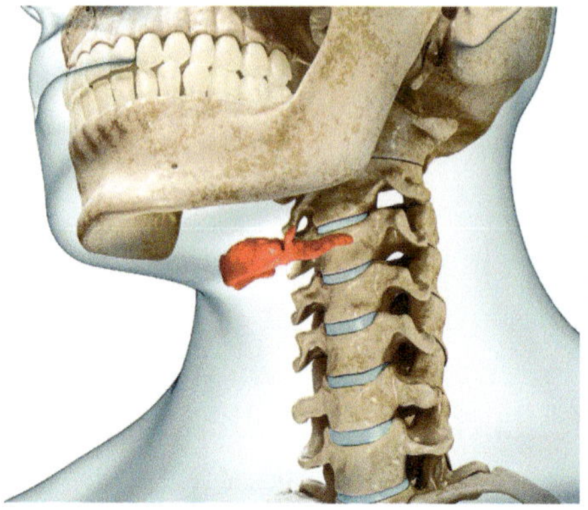

O hioide (destacado em vermelho na imagem) é um pequeno osso situado na base do pescoço. Observe que ele não está ligado a outro osso, mas é mantido em sua posição por meio de músculos.

Ossos da cabeça

O esqueleto da cabeça compreende os ossos do crânio e da face. O crânio protege o encéfalo, parte superior do sistema nervoso central e as orelhas média e interna. Os ossos do crânio e da face são *imóveis*, com exceção da mandíbula, onde se inserem os dentes da arcada dentária inferior.

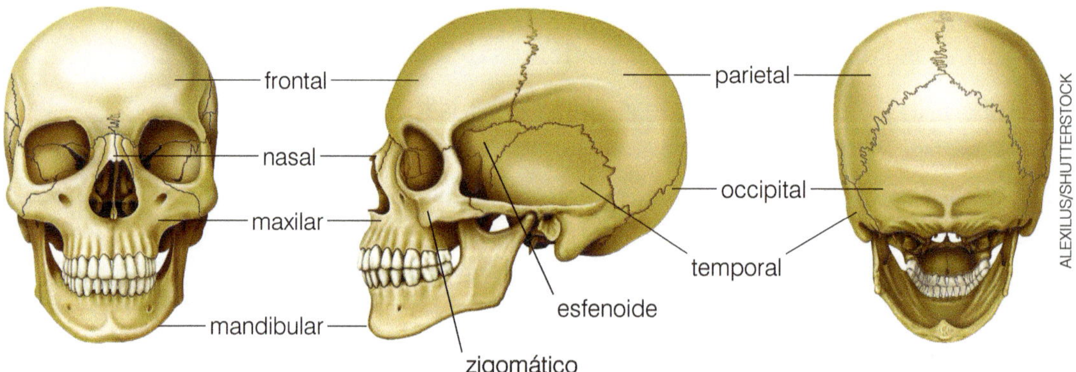

Principais ossos do crânio e da face.

Ossos do tronco

Lembre-se!

A medula espinhal é a parte do sistema nervoso central que se prolonga a partir do encéfalo por toda a região dorsal.

Coluna vertebral, formada por **vértebras**, osso **esterno** e **costelas** formam o chamado **tronco**.

Cada vértebra contém um **corpo vertebral** e um **orifício**; o conjunto dos orifícios vertebrais forma o *canal medular* ou *vertebral*, por onde passa a medula espinhal. Entre as vértebras existem pequenas aberturas bilaterais que permitem a passagem de nervos que ligam a medula espinhal às várias partes do corpo. Entre uma vértebra e outra (exceto a primeira e a segunda cervicais) existem *discos intervertebrais*, cartilaginosos, que atuam como amortecedores, possibilitando vários movimentos da coluna vertebral e absorvendo choques verticais.

Dos 12 pares de costelas humanas, os 7 primeiros (costelas verdadeiras) ligam-se diretamente ao esterno por meio de cartilagens; os pares seguintes são denominados de **falsas costelas**, pois não estão diretamente ligadas ao osso esterno, mas sim à cartilagem da última costela verdadeira. Os últimos dois pares são chamados **flutuantes**, pois não se prendem ao esterno.

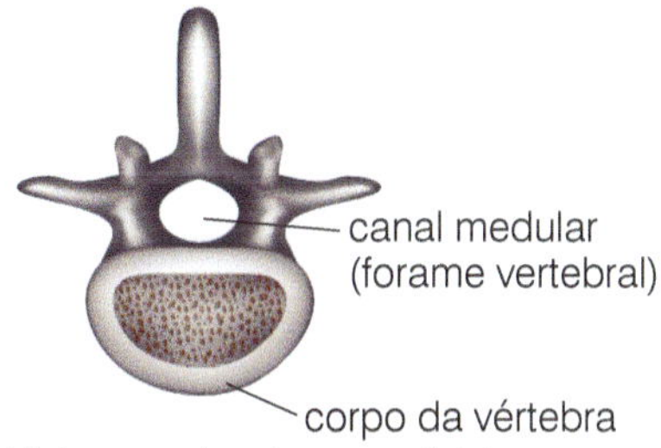

Vista superior de uma vértebra torácica. (Cores-fantasia.)

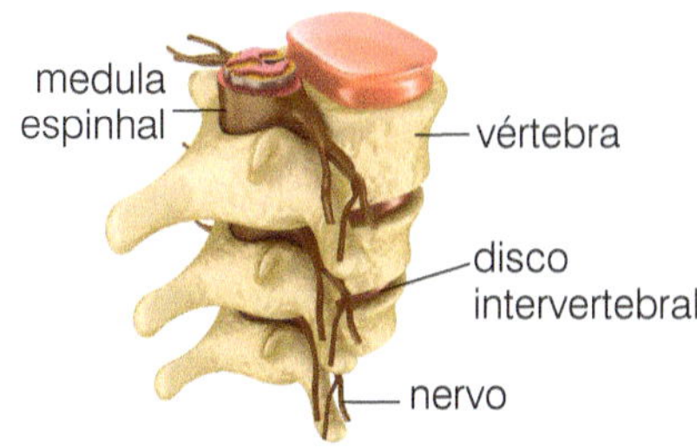

Detalhe da coluna vertebral. (Cores-fantasia. Ilustração fora de escala.)

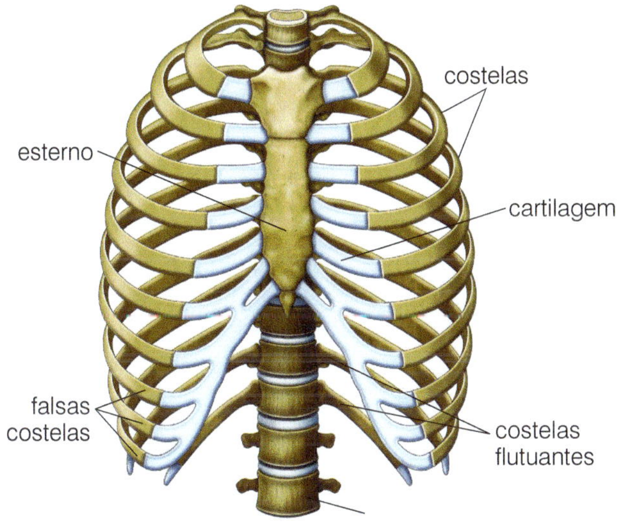

As vértebras torácicas, as costelas e o osso esterno formam a **caixa torácica**, que protege os órgãos localizados no tórax (esôfago, traqueia, pulmões e coração).

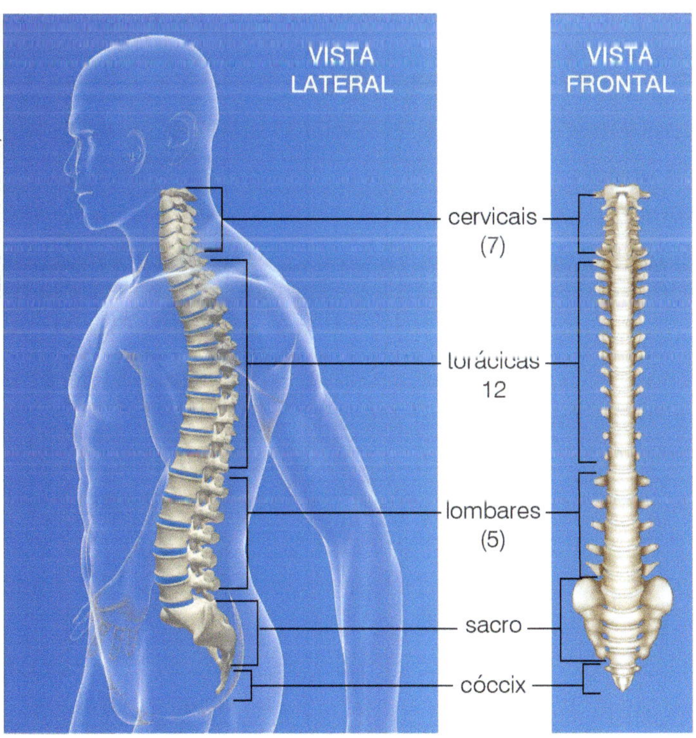

Tipos de vértebras da coluna.

Fique por dentro!

Nas hérnias de disco, ocorre uma ruptura do disco intervertebral, que pode comprimir a medula espinhal ou nervos que dela emergem. Pode ocorrer dor no local ou irradiar-se para coxas e pernas, sintoma típico, por exemplo, da conhecida dor ciática (quando há compressão do nervo *ciático*, que parte da medula e inerva a panturrilha).

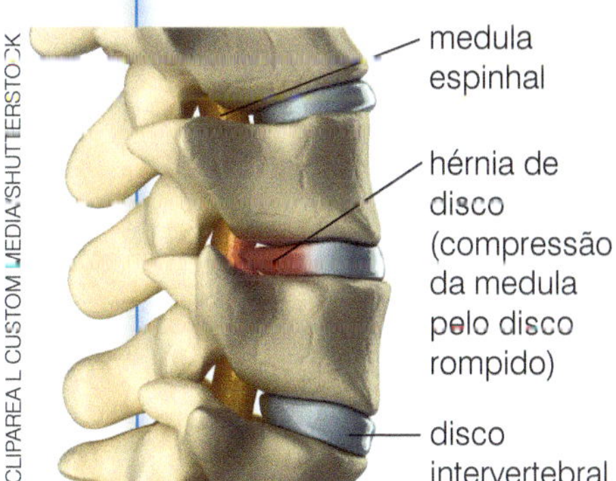

Representação ilustrativa de uma hérnia de disco. (Cores-fantasia. Ilustração fora de escala.)

ESTABELECENDO CONEXÕES

Saúde

Desvios da coluna vertebral

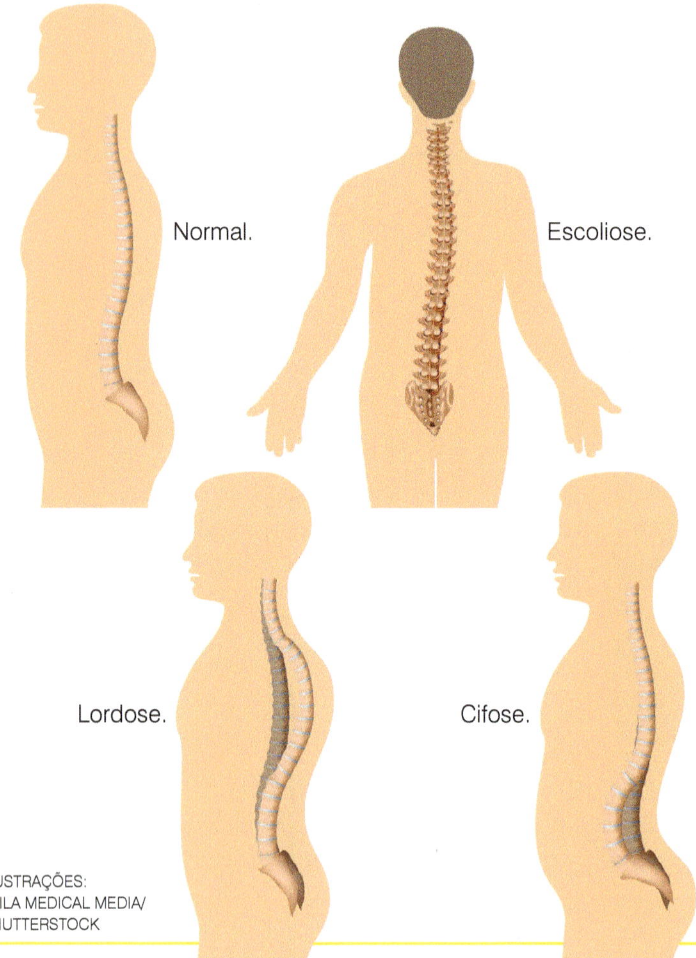

ILUSTRAÇÕES: ALILA MEDICAL MEDIA/ SHUTTERSTOCK

Escoliose: curvatura lateral da coluna vertebral. Pode ser consequência de paralisia acentuada ou de fibrose da musculatura dorsal. A causa mais frequente é a ocorrência de alguma interferência durante o crescimento, que produz uma permanente curvatura anormal da coluna vertebral.

Lordose: curvatura exagerada (geralmente na região lombar da coluna vertebral) para a frente. Mulheres na fase final da gravidez costumam apresentar lordose. O excesso de peso abdominal também pode levar a essa condição.

Cifose: exagero da curvatura da região torácica da coluna vertebral, situação popularmente caracterizada como *corcunda*. Pode ser devida a raquitismo e deficiências posturais.

O esqueleto dos membros

Os **membros superiores** são formados pelo *braço*, *antebraço* e *mão*; os **membros inferiores**, pela *coxa*, *perna* e *pé*.

Nos membros superiores, cada *braço* contém um único osso, o *úmero*.

O *antebraço* possui dois ossos, o *rádio* e a *ulna*. A *mão* é formada por três conjuntos de ossos: *carpo* (os ossos do punho), *metacarpo* (ossos da palma da mão) e *falanges* (ossos dos dedos).

Jogo rápido

Volte à página 97 e localize na ilustração do esqueleto os ossos dos membros superiores e inferiores.

O esqueleto dos membros inferiores tem uma estrutura semelhante à dos membros superiores.

Nos *membros inferiores*, cada *coxa* possui, assim como o braço, um único osso, o *fêmur*, o maior osso do corpo humano.

A perna, assim como o antebraço, contém dois ossos, a *tíbia* (osso da "canela") e a *fíbula*. Acima da tíbia, na região do joelho, está a *patela*, um osso em forma de disco.

Os ossos do pé, assim como os ossos da mão, distribuem-se em três regiões: *tarso* (ossos do calcanhar), metatarso (ossos da planta) e *falanges* (ossos dos artelhos, como são chamados os dedos dos pés).

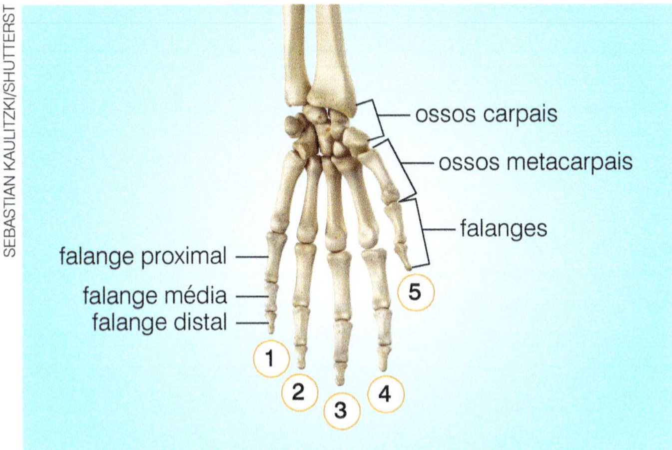

Ossos da mão. Dedos (1) mínimo, (2) anular, (3) médio, (4) indicador e (5) polegar.

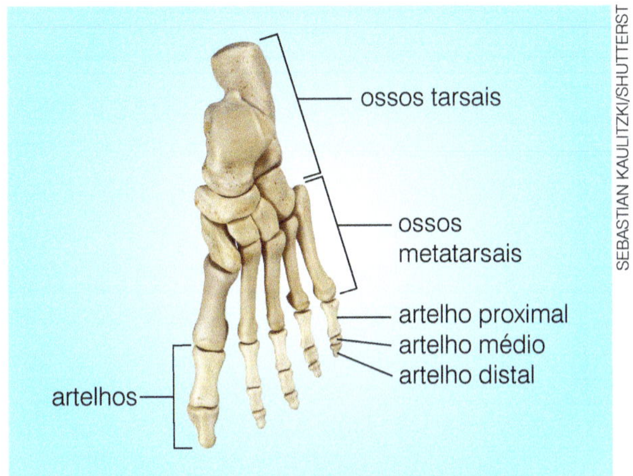

Ossos do pé. Hálux é o nome do popular "dedão".

É SEMPRE BOM SABER MAIS!

Cinturas escapular e pélvica

Seria impossível fazer exercícios de flexão no solo com os membros superiores se não estivessem firmemente conectados ao esqueleto. A ligação do úmero ao esqueleto faz-se por meio dos ossos do ombro: a *clavícula* na região anterior, ligada ao esterno, e a *escápula* na região dorsal. As duas clavículas e as duas escápulas formam, em conjunto, uma espécie de cintura ao redor do esqueleto, a chamada **cintura escapular** – o esqueleto dos ombros –, que liga os membros superiores à coluna vertebral.

A ligação do *fêmur* ao esqueleto axial faz-se por meio de um conjunto de ossos fortemente soldados, que formam a **cintura pélvica** ou ossos do quadril (*ílio*, *ísquio* e *púbis*). Como os seres humanos são bípedes (apoiam-se em duas pernas) os quadris e a parte inferior da coluna vertebral suportam a maior parte do peso do corpo. Assim, essa região da coluna e a cintura pélvica são mais rígidas e menos flexíveis do que a cintura escapular (ombros) e a parte superior da coluna.

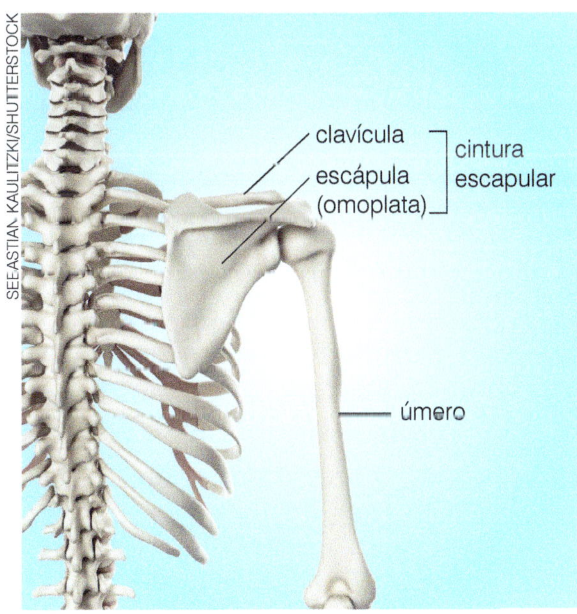

Ossos da cintura escapular.

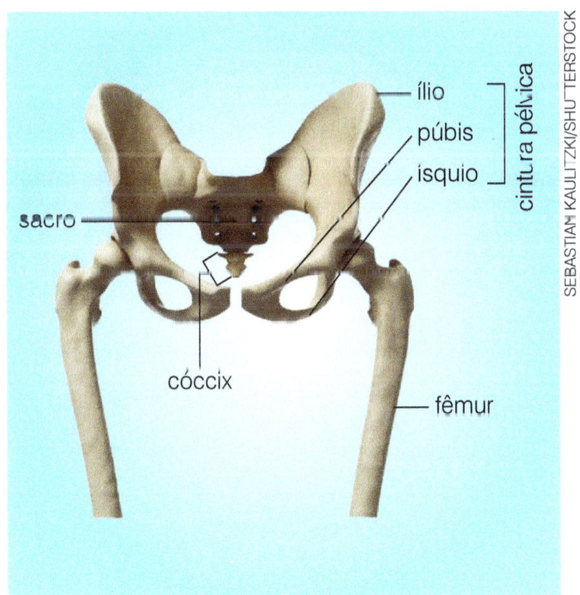

Ossos da cintura pélvica.

Os ossos dos quadris, em conjunto com as vértebras fundidas da extremidade inferior da coluna, que formam os ossos sacro e cóccix, constituem a *pelve*, *bacia pélvica* ou *cintura pélvica*, mais arredondada e larga na mulher, característica que permite a acomodação dos bebês e sua passagem durante o parto.

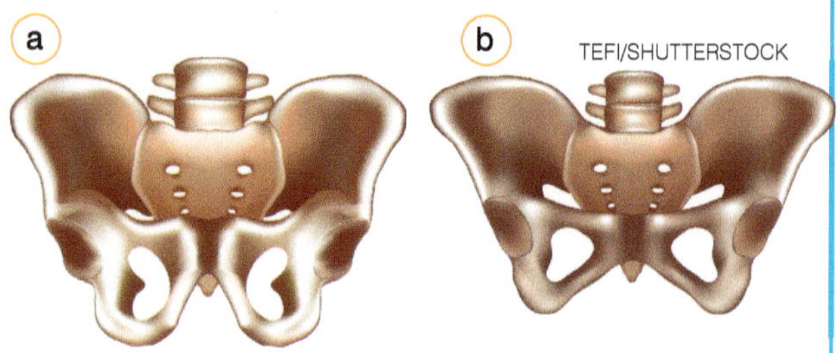

Compare as pelves (a) masculina e (b) feminina, e perceba que a feminina é mais larga do que a masculina.

Articulações

Os ossos estão ligados por meio de **articulações** (ou **juntas**), que podem ser **imóveis**, **semimóveis** e **móveis**.

No esqueleto humano, muitos ossos se unem por meio de articulações *imóveis*, fixas (as articulações imóveis também são chamadas de *suturas*). É o caso do crânio, por exemplo. Nos recém-nascidos, os ossos do crânio estão separados, constituindo as moleiras ou fontanelas. Essa disposição é útil durante o trabalho de parto, em que o volume craniano se ajusta e permite a passagem do bebê ao longo do canal do parto. Após o nascimento, progressivamente os ossos se unem por meio de suturas, como se estivessem costurados. Outro exemplo de articulação fixa é o da união das costelas com o osso esterno.

Articulações **semimóveis** existem entre as vértebras e permitem alguma flexibilidade ao tronco, enquanto as **móveis** são aquelas que permitem a realização de movimentos mais amplos, como as existentes entre as diversas partes dos membros anteriores e posteriores e deles com as respectivas cinturas.

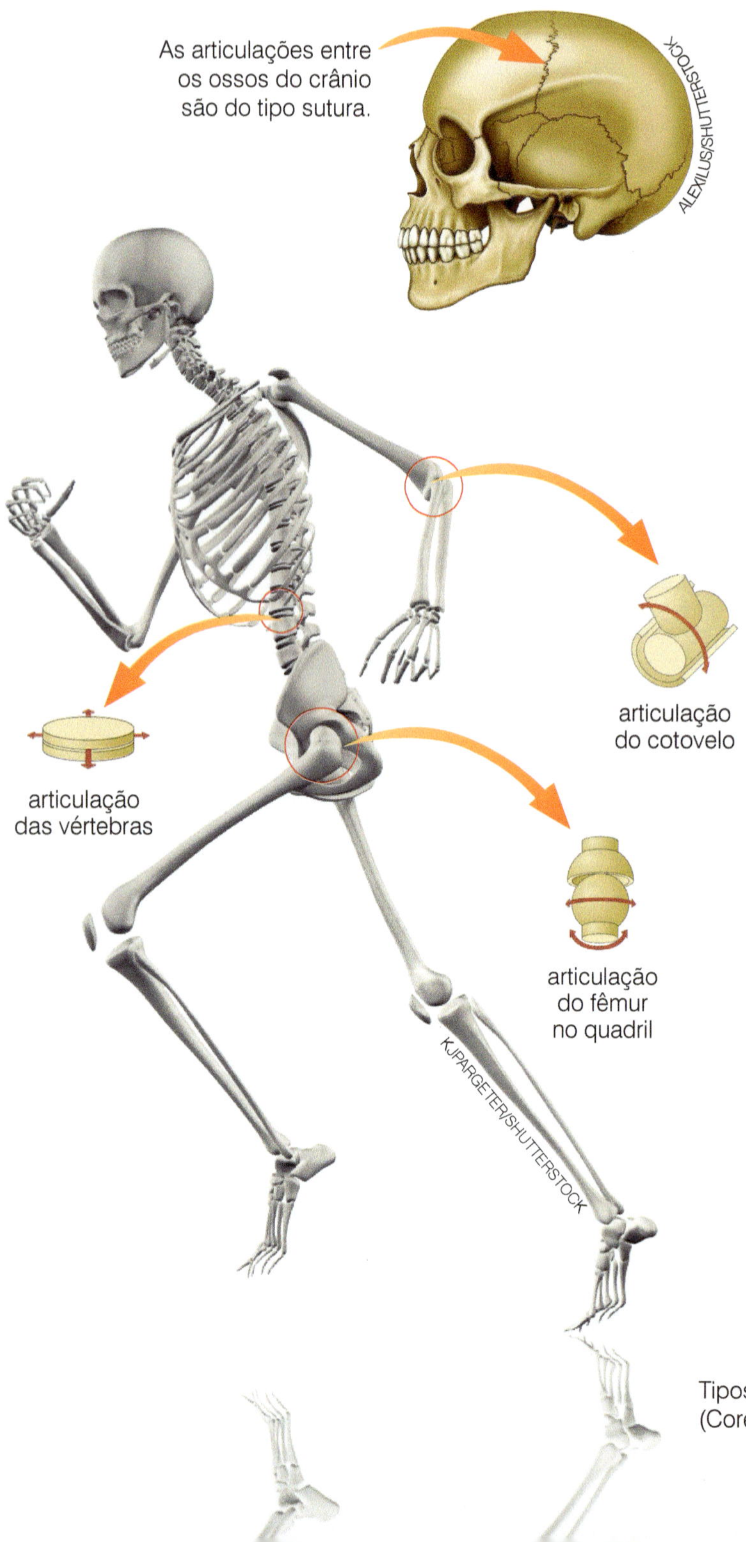

Tipos de articulação do esqueleto humano. (Cores-fantasia. Ilustração fora de escala.)

É SEMPRE BOM SABER MAIS!

Joelho: um exemplo de articulação

A articulação do joelho é uma das mais exigidas em atividades esportivas. Ela deve manter estável o arranjo formado pelas extremidades do fêmur e da tíbia. É uma articulação do tipo "dobradiça", que permite a livre movimentação da perna durante um chute, por exemplo.

A manutenção da estabilidade da articulação do joelho (e de outras articulações) é obtida graças à existência de **ligamentos**, que são estruturas que auxiliam na estabilidade das articulações, como se pode notar no esquema ao lado. Observe que as extremidades dos dois ossos não se tocam diretamente. Entre elas existem as cartilagens articulares e os *meniscos*, pequenas extensões cartilaginosas bilaterais. A existência de um líquido sinovial, secretado por células especiais localizadas na parede da cápsula articular, garante a lubrificação das superfícies, evitando a ocorrência de atritos nos ossos que entram em contato.

A ruptura dos ligamentos em consequência de um movimento mais brusco, chamado de **entorse**, e o deslocamento dos meniscos das articulações dos joelhos são ocorrências comuns nos praticantes de esportes de alto risco.

O tecido cartilaginoso é pouco irrigado por sangue; por isso os meniscos, quando lesados, dificilmente se recuperam espontaneamente.

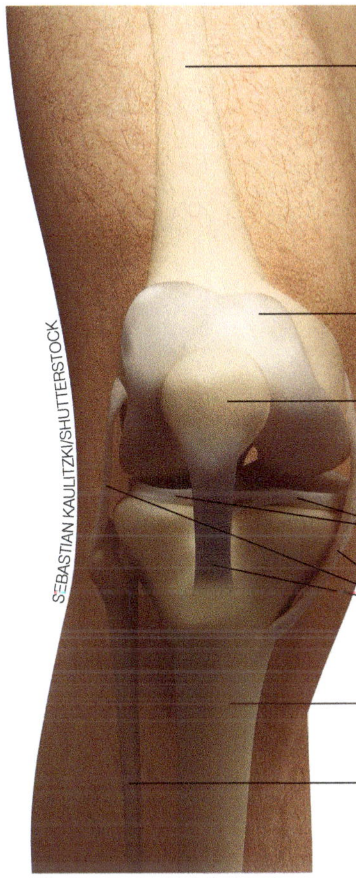

Estrutura da articulação do joelho.

EM CONJUNTO COM A TURMA!

A coluna vertebral possui muitos músculos a ela associados e que a mantêm em posição correta. Posturas inadequadas e levantamentos de objetos de maneira incorreta podem ocasionar estiramentos e lesões musculares.

Com seu grupo de trabalho discutam quais as nossas atitudes e posturas que podem prejudicar nossa coluna, não se esquecendo de procurar saber qual seria a correta posição para que nossa coluna vertebral não venha a ser prejudicada. Abaixo seguem alguns exemplos que podem ser analisados pelo grupo – sugiram sua correção.

O sistema muscular humano e suas funções

As funções do sistema muscular estão associadas às características dos três tipos de músculos existentes no corpo humano: os **músculos estriados**, os **músculos lisos** e o **músculo cardíaco**.

- A *musculatura estriada esquelética* ou *periférica*, situada sob a pele, geralmente presa aos ossos por meio de tendões, é responsável pelos *movimentos voluntários* do corpo ao andar, mastigar, falar, tocar um instrumento, por exemplo. As fibras (células) que formam o tecido muscular esquelético contraem-se *rapidamente* e são controladas por nervos que partem do sistema nervoso central, sob o comando da nossa vontade, isto é, têm *contração voluntária*.
- A *musculatura lisa*, formada por fibras (células) de *contração lenta* e *involuntária*, encontra-se, por exemplo, na parede das artérias, dos órgãos do sistema digestório, da bexiga urinária, do útero, na base dos pelos etc.
- A *musculatura cardíaca* (miocárdio), presente exclusivamente nas paredes do coração, também é formada por fibras estriadas. De *contração rítmica* e *involuntária*, essa musculatura é responsável pelo contínuo bombeamento do sangue.

Lembre-se!

Quando se diz que um músculo é de contração involuntária, significa que seu controle é realizado por regiões do sistema nervoso cuja ação independe de nossa vontade.

Dentre as muitas funções do sistema muscular, podemos citar:

- mover o esqueleto, produzindo todos os movimentos voluntários do nosso corpo;
- produzir os movimentos respiratórios; a inspiração e a expiração dependem das contrações e relaxamentos do diafragma e dos músculos que unem as costelas (músculos intercostais). O diafragma situa-se na base dos pulmões, separando as cavidades torácica e abdominal;
- produzir a circulação do sangue por meio dos batimentos cardíacos;
- alterar o calibre dos vasos sanguíneos (artérias e veias), regulando o volume e a pressão do sangue conduzido por esses vasos em situações de estresse, frio e calor, por exemplo;
- conduzir alimentos e fezes ao longo do tubo digestório por meio dos movimentos peristálticos;
- provocar o trabalho de parto, isto é, a contração da parede uterina e a saída dos bebês;
- liberar calor por meio da contração da musculatura estriada esquelética.

Alguns músculos do corpo humano

O movimento é uma função essencial do corpo, resultante de contrações e relaxamentos musculares. O tecido muscular representa de 40% a 50% do peso corporal total e é composto de células altamente especializadas.

Observe na ilustração abaixo, alguns músculos esqueléticos do corpo humano.

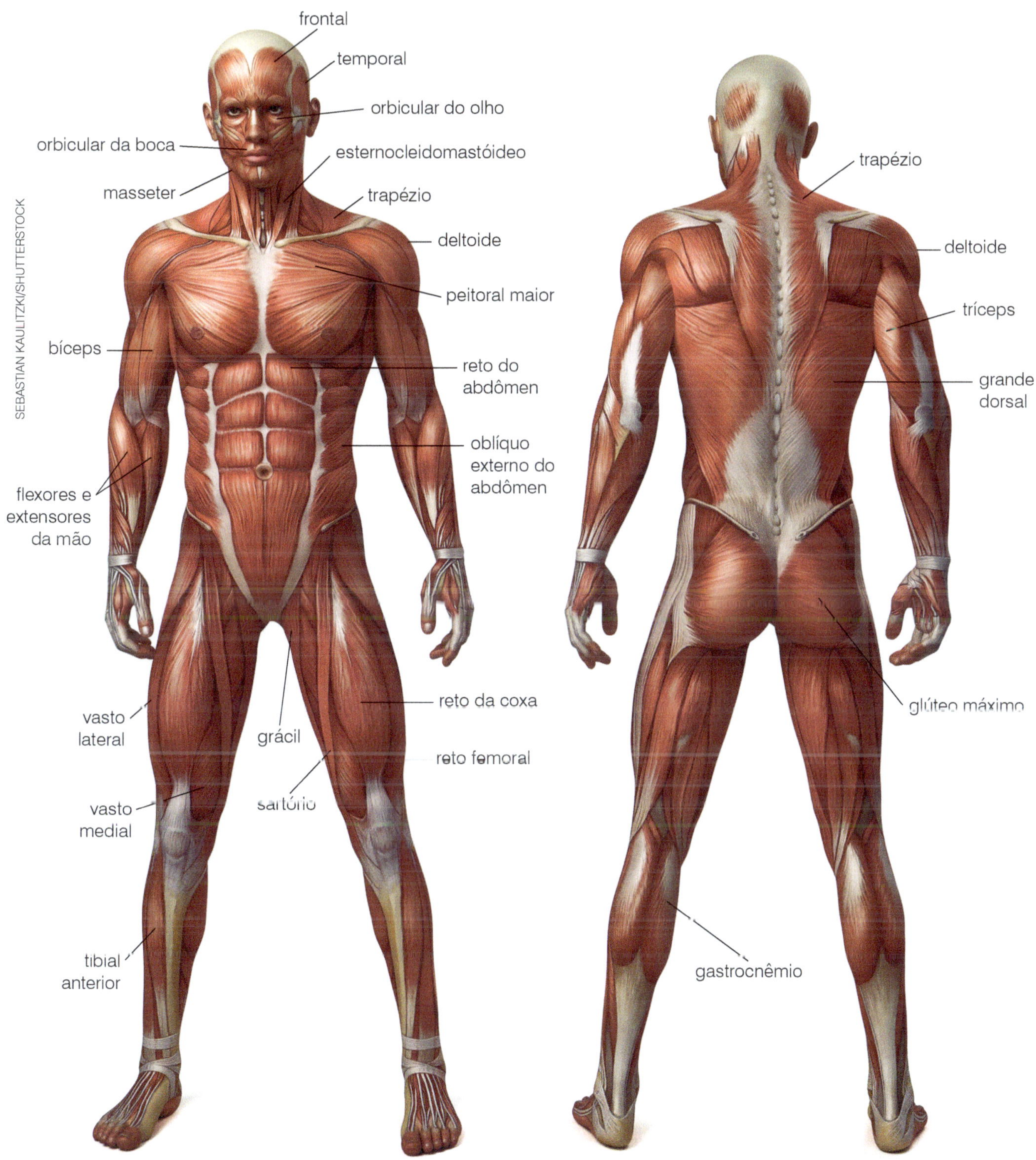

SEBASTIAN KAULITZKI/SHUTTERSTOCK

O tecido muscular estriado esquelético

O *tecido muscular estriado esquelético* é aquele presente nos músculos ligados aos ossos e que movimentam o esqueleto. Ele é denominado estriado porque, quando visto ao microscópio, apresenta estriações – bandas ou faixas transversais – em sua estrutura. É uma musculatura voluntária, já que pode ser comandada conscientemente pelo sistema nervoso.

Toda célula muscular, chamada **miócito** ou **fibra muscular**, contém filamentos proteicos contráteis, conhecidos como **miofilamentos** (ou miofibrilas). Esses miofilamentos deslizam um em relação ao outro, fazendo com que o músculo se contraia ou relaxe.

Descubra você mesmo!

Exercícios de reforço muscular, obtidos com o exercício muscular intenso por meio da utilização de aparelhos de musculação, conduzem ao aumento do tamanho dos músculos, fenômeno conhecido como **hipertrofia muscular**. Ao contrário, a imobilização dos músculos, que ocorre, por exemplo, ao engessar um membro fraturado, leva à **atrofia muscular**.

Consulte em um dicionário o significado das palavras hipertrofia e atrofia. No caso da hipertrofia muscular, faça uma consulta na internet ou em livros da biblioteca da sua escola e descubra se ocorre aumento do número de células musculares em tal situação. Proceda da mesma maneira em relação à atrofia muscular, para saber se, neste caso, ocorre diminuição do número de células musculares.

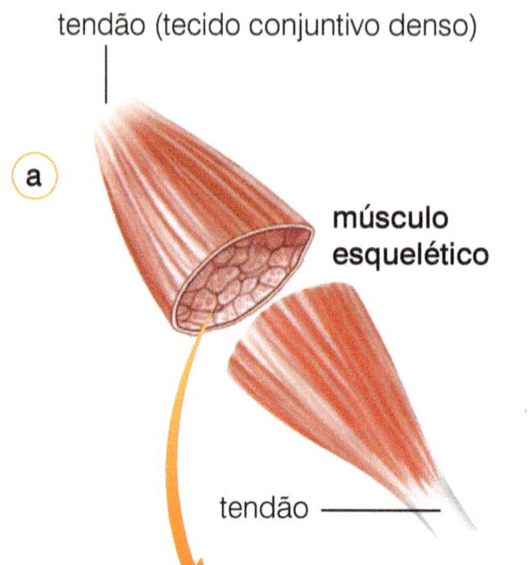

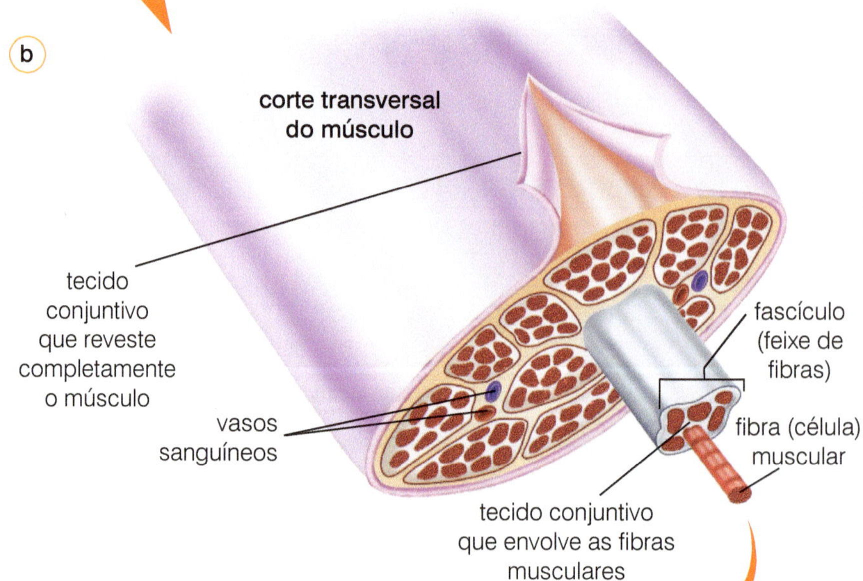

LUIS MOURA/acervo da editora

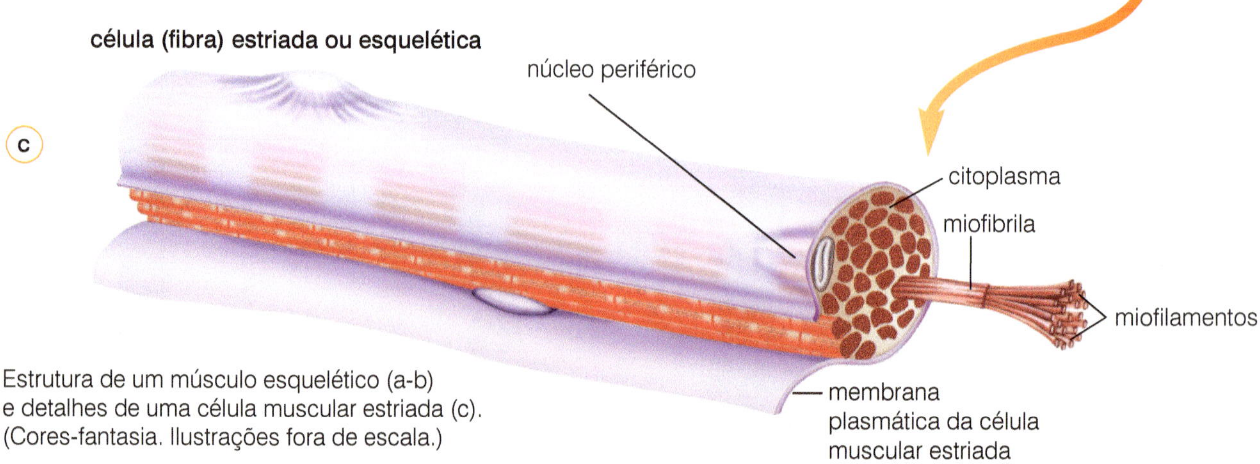

Estrutura de um músculo esquelético (a-b) e detalhes de uma célula muscular estriada (c). (Cores-fantasia. Ilustrações fora de escala.)

ESTABELECENDO CONEXÕES

Esportes

Fadiga muscular

Após a realização de uma atividade física intensa como, por exemplo, um jogo de futebol muito disputado ou uma partida de vôlei de praia, é comum ocorrer **fadiga muscular**, de modo geral acompanhada de dor. Lembre-se que a atividade dos músculos estriados esqueléticos depende do fornecimento contínuo de nutrientes (glicose) e oxigênio para a execução de *respiração celular aeróbia*.

Ocorre que, dependendo da intensidade do exercício, o fornecimento de oxigênio não é suficiente para a liberação de toda a energia necessária à contração muscular. Nessas condições, as células musculares realizam, simultaneamente, a *fermentação láctica*, que fornece energia adicional à atividade muscular. Esse tipo de metabolismo anaeróbio (que ocorre *na ausência de oxigênio*) produz ácido láctico, substância que é responsável pela dor que você sente ao final de uma atividade muscular muito intensa. Após certo tempo, o ácido láctico é removido da circulação e, lentamente, tudo volta ao normal.

SYDA PRODUCTIONS/SHUTTERSTOCK

Os músculos estriados esqueléticos são responsáveis por inúmeros movimentos voluntários, como andar, manter-se ereto, chutar, dançar, nadar, entre tantos outros.

LINDA BUCKLIN/SHUTTERSTOCK

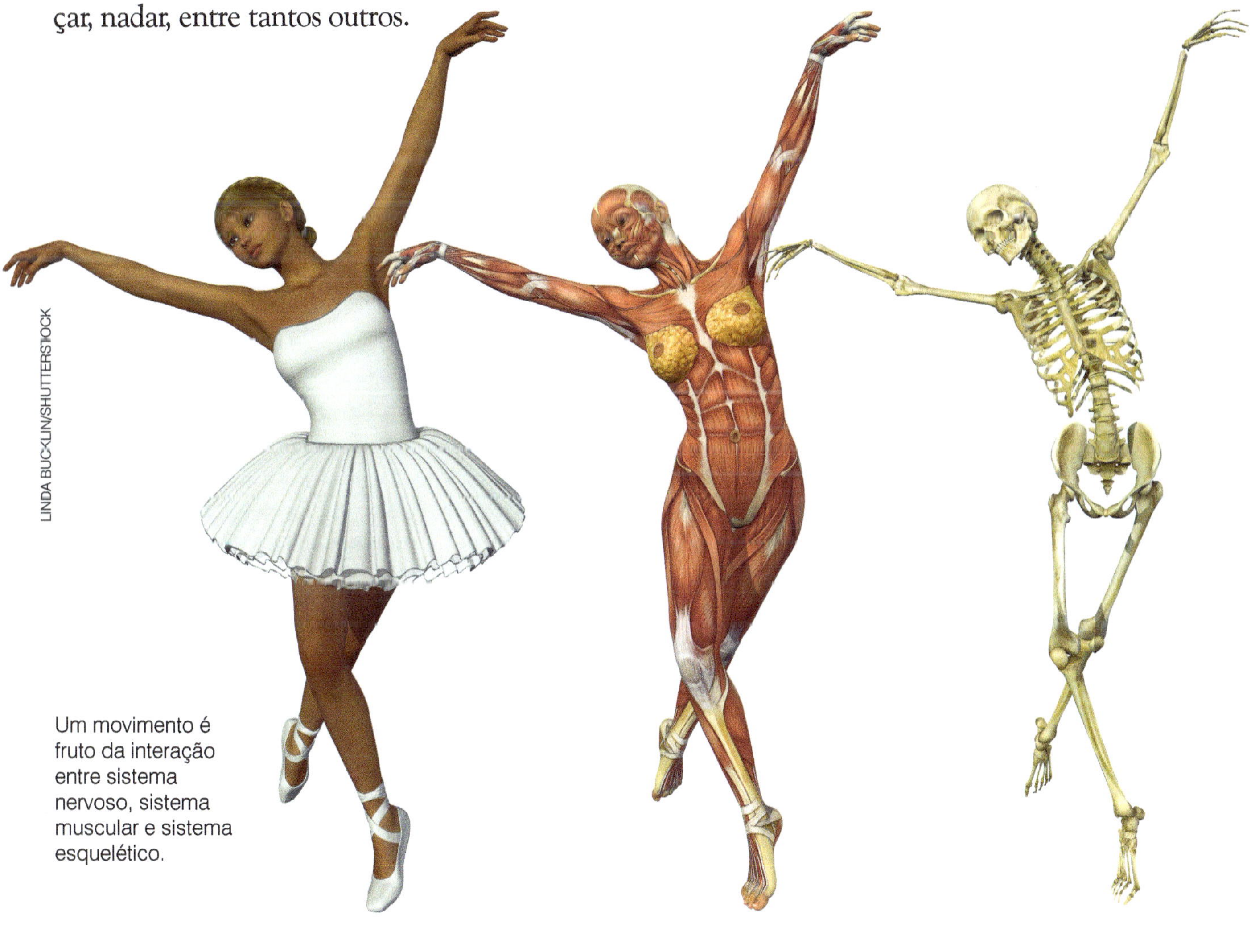

Um movimento é fruto da interação entre sistema nervoso, sistema muscular e sistema esquelético.

Descubra você mesmo!

Você pode sentir o estado de contração e de relaxamento de músculos antagônicos fazendo o seguinte: estique fortemente uma perna e apalpe o músculo da parte anterior e o da parte posterior da coxa. Qual deles apresenta maior rigidez? Em seguida, flexione a perna sobre a coxa e repita a palpação. Qual dos músculos se contrai? Qual deles relaxa?

A maioria dos movimentos é coordenada por vários músculos esqueléticos atuando em grupos e de maneira oposta. Assim, em uma articulação, por exemplo, os músculos que flexionam (os flexores) estão do lado oposto ao dos músculos que estendem (os extensores): quando um grupo contrai, o outro grupo relaxa. A esse tipo de ação chamamos de **antagonismo**.

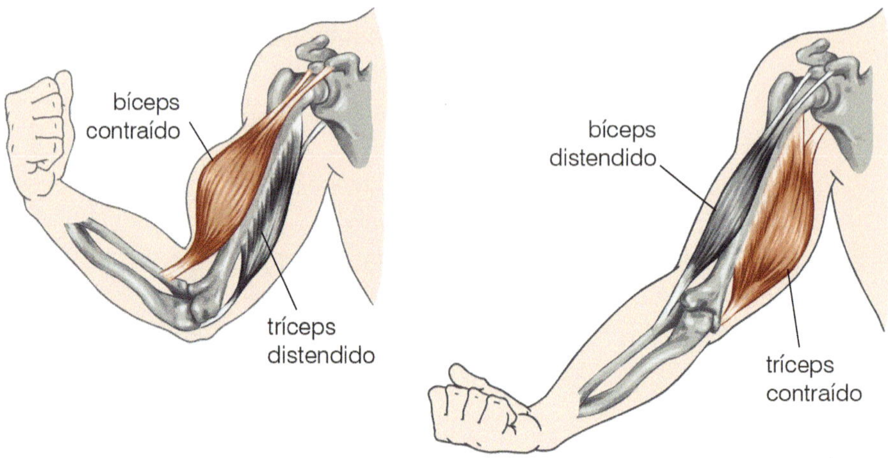

Ao flexionarmos o antebraço, o músculo bíceps contrai ao mesmo tempo em que o músculo tríceps relaxa. O contrário ocorre quando relaxamos o braço: o tríceps contrai e o músculo bíceps relaxa.

DE OLHO NO PLANETA

Ética & Cidadania

Anabolizantes

A procura de um corpo "sarado", musculoso e atlético, tem levado muitas pessoas a utilizar, abusivamente e sem critérios, as substâncias denominadas de **anabolizantes**. O nome deriva de anabolismo, que possui o significado de "construção" do corpo. São substâncias sintéticas relacionadas ao hormônio sexual masculino, a testosterona.

Realmente, os anabolizantes promovem o crescimento dos músculos esqueléticos e atuam também no desenvolvimento das características sexuais masculinas – o conhecido efeito androgênico (do grego, *andros* = masculino). Na verdade, essas substâncias somente deveriam ser utilizadas com indicação médica, por pessoas em que comprovadamente a produção de testosterona natural seja deficiente.

A ilusão de obter um corpo "sarado" tem provocado lamentáveis efeitos secundários, entre os quais: nervosismo, irritação, agressividade, ginecomastia (aumento do tamanho das mamas nos homens), problemas cardiovasculares (aumento do LDL, o mau colesterol), efeitos masculinizantes em mulheres (crescimento de pelos na face, engrossamento da voz), diminuição da produção de espermatozoides e problemas hepáticos (tumores). O emprego de anabolizantes de uso veterinário por seres humanos tem acarretado, lamentavelmente, a morte de muitos usuários.

➢ Considerando todos os efeitos colaterais que o uso de anabolizantes sem a correta prescrição médica pode causar, o que poderia levar uma pessoa esclarecida a continuar utilizando essas drogas?

Integração sistemas locomotor, nervoso e muscular

No nosso dia a dia, qualquer atividade envolve a ocorrência de estímulos, recepção, comando, resposta. No trânsito, por exemplo, antes de um cruzamento, o farol vermelho é um estímulo que faz o ciclista parar a bicicleta e, depois, quando o farol muda para a cor verde, o estímulo indica que o ciclista pode prosseguir. Nessas situações houve recepção de estímulos, transmissão da mensagem, emissão de respostas e, claro, um comando que determinou as atitudes adotadas.

FOOTTOO/SHUTTERSTOCK

Em nosso organismo, quando um estímulo é recebido, ele é transmitido à medula espinhal e daí à nossa "central de comando", que é o córtex cerebral, por meio dos neurônios, que são nossas células nervosas.

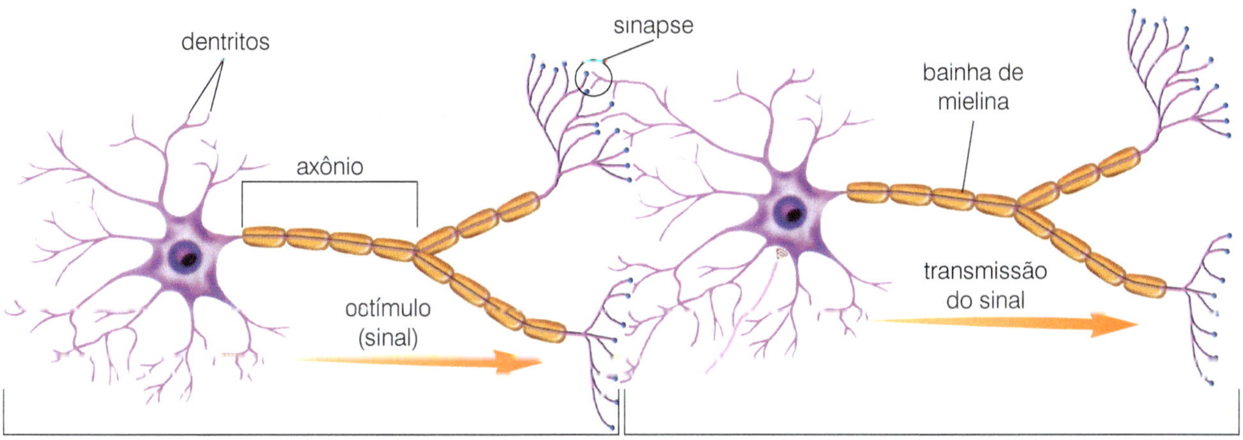

LUIZ MOURA/acervo da editora

Em cada neurônio sensorial o estímulo é captado pelos dendritos, encaminhado ao corpo celular, daí percorre o axônio e assim sucessivamente até a medula espinhal e, em seguida, até a região motora do córtex cerebral.

Na região cortical do cérebro, a mensagem é processada e é gerada uma resposta, que inicia o caminho inverso, ou seja, por meio de neurônios atinge a medula espinhal até as células musculares ligadas aos ossos do esqueleto envolvidos com a locomoção do organismo.

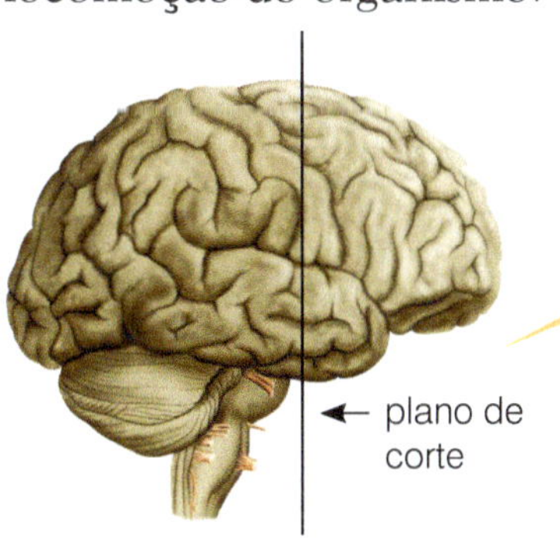

LUIS MOURA/acervo da editora

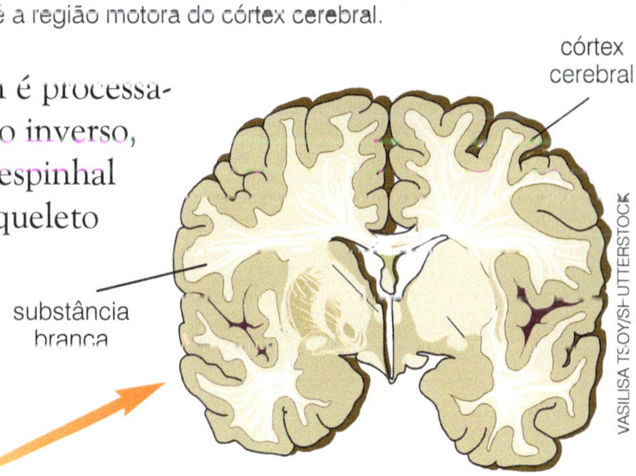

VASILISA TSOY/SHUTTERSTOCK

Esquema ilustrativo de corte do cérebro em que está indicado o córtex cerebral. Essa é a região mais externa do cérebro humano e conhecida como massa cinzenta. Nele estão os corpos celulares dos neurônios cerebrais.

IMAGEBROKER.COM/SHUTTERSTOCK

Onça-pintada (*Panthera onca*) correndo em rio do Pantanal. Considerada espécie ameaçada de extinção, é um dos grandes felinos existentes. Ágil, é capaz de nadar, subir em árvores, correr.

No caso dos **estímulos visuais** que atingem a retina do olho humano, eles são transmitidos diretamente do nervo óptico ao córtex cerebral responsável pela visão, não percorrendo a medula espinhal. O mesmo ocorre com os **estímulos auditivos** que são encaminhados por meio do nervo auditivo ao centro de comando da audição no córtex cerebral.

Toda essa atividade integradora dos sistemas nervoso, muscular e locomotor é reveladora de uma aquisição evolutiva de inúmeros organismos do reino animal, que lhes permite se movimentar e atingir objetivos desejados, como, por exemplo, conseguir alimentos e refugiar-se.

É SEMPRE BOM SABER MAIS!

Da recepção de estímulo à resposta: um trabalho em equipe!

Vamos conhecer a sequência de eventos desde a recepção de um estímulo até a emissão de resposta e que mostra a integração dos sistemas de nosso organismo. Em uma caminhada, por exemplo,

(1) **um estímulo** é captado pelos nossos receptores sensoriais da pele
(2) e é conduzido por meio de **neurônios sensoriais** até a
(3) **região dorsal da medula espinhal**, chegando ao
(4) **córtex cerebral**, onde se distribui por suas diversas regiões. É no córtex cerebral que a mensagem é captada, reconhecida, processada e, em seguida, é gerada uma resposta.
(5) Por meio de **neurônios motores**, essa resposta atinge a **região ventral da medula espinhal** chegando até a
(6) **musculatura**, que contrai, **aciona os ossos** dos nossos membros locomotores, pernas e braços, e o resultado é a **ocorrência de uma resposta**, que pode ser caminhe, corra, fique atento aos insetos do caminho para não se machucar, por exemplo.

A informação de um neurônio para outro é transmitida por meio de **neurotransmissores**, que são substâncias químicas liberadas por um neurônio nas fendas sinápticas e que aderem aos receptores presentes nos dendritos do neurônio seguinte. No sistema nervoso humano há vários tipos de neurotransmissores, como, por exemplo, a dopamina (quando liberada influencia a sensação de prazer, a motivação) e a serotonina (quando liberada promove sensação de felicidade e tolerância à dor).

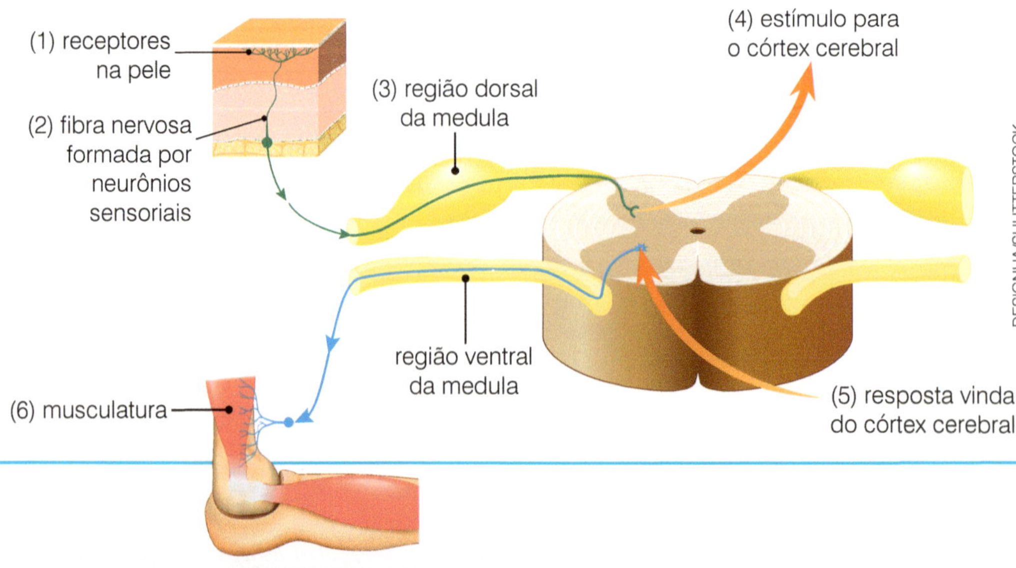

DESIGNUA/SHUTTERSTOCK

Nosso desafio

Para preencher os quadrinhos de 1 a 8, você deve utilizar as seguintes palavras: articulações, caixa torácica, cinturas, coluna vertebral, crânio, medula óssea vermelha, pélvica, sustentação do corpo.

À medida que você preencher os quadrinhos, risque a palavra que você escolheu para não usá-la novamente.

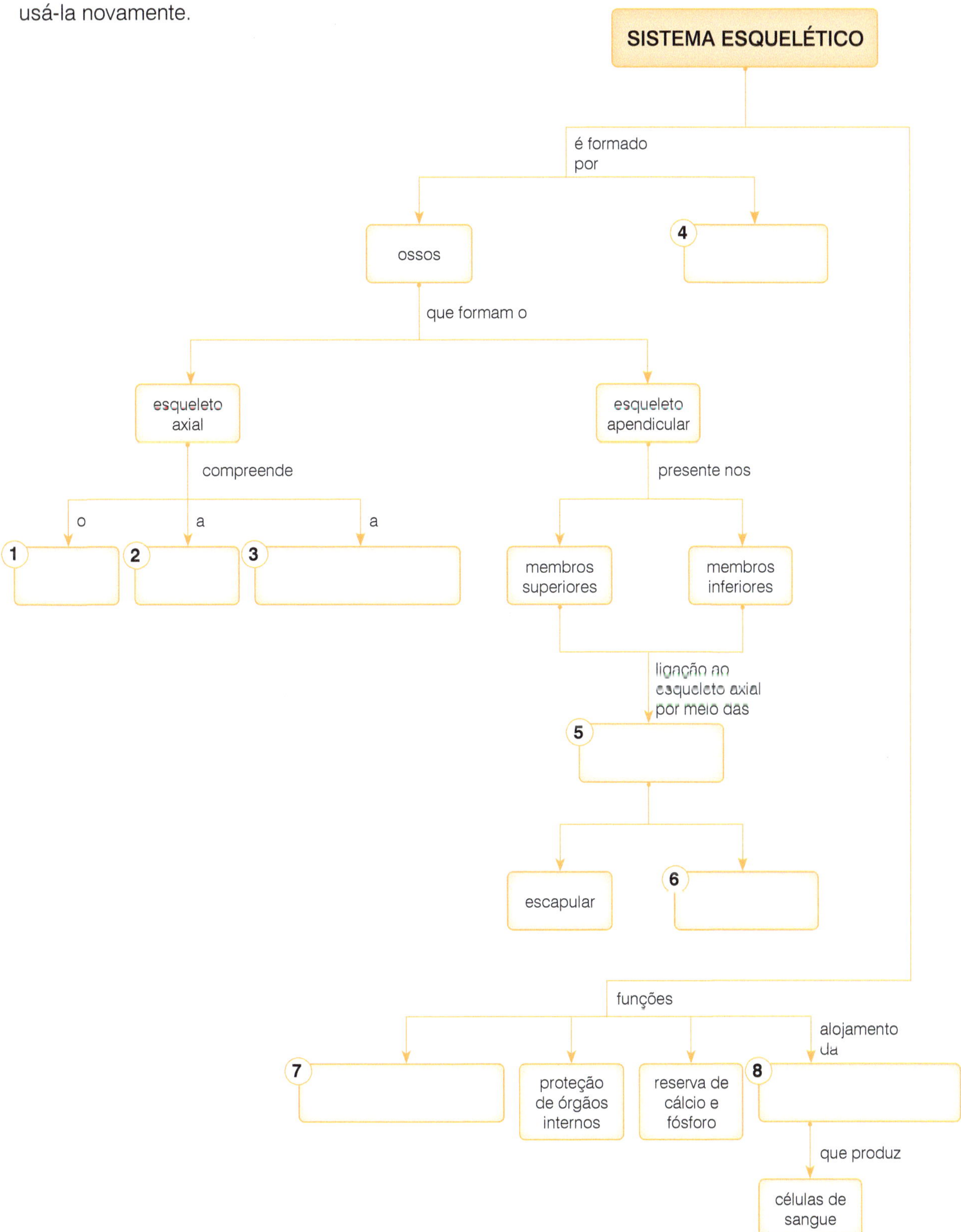

Atividades

1. **[5, 6, 18]** O esqueleto humano é constituído por 206 ossos de diferentes formatos e comprimentos. Imagine uma competição esportiva na qual determinado atleta se choca com outro, cai e é atendido por equipe de socorro. O profissional da área médica que o atende constata lesão na perna direita, em um pequeno osso do joelho direito, e também no braço direito e na região torácica, à direita. Ao ser entrevistado, o profissional da área médica relata ter havido fratura em um dos ossos da perna e do pequeno osso do joelho, além de forte pancada em um osso do braço direito e em um dos ossos da caixa torácica.

   Consulte o esquema do início deste capítulo que ilustra os principais ossos do esqueleto humano e as categorias a que pertencem, ou seja, longos, curtos, chatos e irregulares e responda ao que se pede.

   a) Indique quais são os dois ossos da perna. A que categoria(s) pertence(m) esses dois ossos?

   b) A que pequeno osso do joelho direito o profissional médico se referiu, no qual teria havido lesão? Em que categoria esse osso se enquadra?

   c) Qual dos ossos do braço direito pode ter sofrido pancada decorrente do choque entre os atletas? A que categoria esse osso pertence?

   d) Com relação à pancada ocorrida na caixa torácica, a que ossos o profissional da área médica se referiu? Em que categoria esses ossos são enquadrados?

2. **[5,7,10,12]** A ilustração abaixo é o esquema de um osso longo do esqueleto humano.

   a) Reconheça as regiões indicadas pelas setas.

   b) Cite a importante função desempenhada pela região indicada pela estrutura **3**.

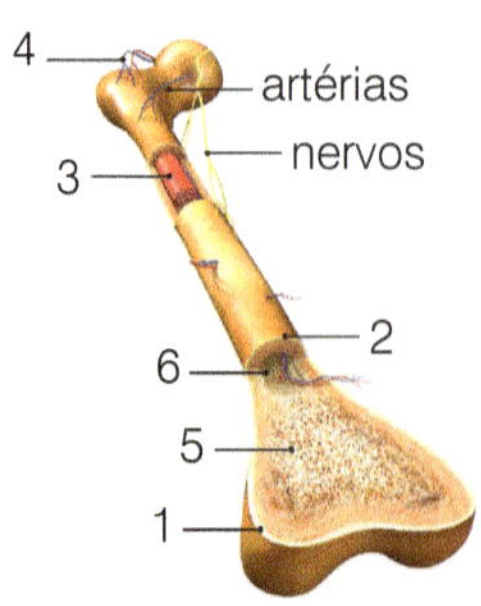

3. **[5, 6, 18]** Em jogos de futebol, é comum os jogadores cabecearem a bola, dirigindo-a a diversos locais, inclusive ao gol, de modo geral do adversário. Essa atitude só é possível e não provoca lesões no cérebro graças a uma caixa óssea rígida, o crânio, dotada de alguns ossos protetores da região cefálica. Observe o esquema do item *Ossos da cabeça*, existente neste capítulo:

   a) Indique quais são, respectivamente, os ossos que se situam nas regiões anterior, posterior e lateral do crânio.

   b) Em termos de categoria óssea, como designar os ossos do crânio mostrados no esquema?

   c) Indique a principal diferença existente entre os ossos do crânio ao serem comparados, por exemplo, aos ossos componentes dos membros superiores ou inferiores do corpo, pernas e braços.

4. **[5, 6, 18]** Coluna vertebral é uma das estruturas ósseas mais solicitadas atualmente em nossas atividades diárias, seja na escola, no trabalho ou na realização de exercícios físicos. Uma postura inadequada ao teclar no *laptop*, celular ou *tablet* pode propiciar a ocorrência de diversas alterações que comprometem a estabilidade da coluna vertebral. Nesse sentido, a estrutura das vértebras e seu posicionamento umas em relação às outras são de fundamental importância. Observe o esquema de um trecho de coluna vertebral que consta do item *Ossos do tronco*, deste capítulo:

   a) Indique a estrutura isolante que impede que as vértebras mantenham contato direto umas com as outras.

   b) Indique a importância atribuída aos chamados canais vertebrais presentes em cada vértebra.

   c) A qual categoria óssea pertencem as vértebras?

5. **[2,3,6,11,18]** Senhor Francisco tinha dor na região lombar da coluna vertebral e seu mé-

dico ortopedista diagnosticou a ocorrência de uma hérnia de disco. Como justificar a dor que ele sentia nessa região da coluna vertebral?

6. [2,3,6,11,18] Esportistas em geral estão sujeitos a fraturas e luxações ósseas. Qual é a diferença entre elas?

7. [5, 6, 18] É frequente a ocorrência de fraturas em determinados ossos dos pés, principalmente em modalidades esportivas como futebol, em que os choques entre os atletas e as quedas bruscas são muito frequentes. Um exemplo é o do denominado quinto metatarso, localizado na região lateral de cada pé. Observe o esquema dos ossos do pé e da mão, que constam do item *O esqueleto dos membros*, deste capítulo.

a) Indique a correspondência entre os ossos das mãos e dos pés. Por exemplo, na mão existem os ossos carpais, e no pé, esses ossos correspondem a quais?

b) Indique uma provável conduta da equipe médica que atenda à ocorrência da fratura do quinto metatarso em um atleta.

8. [5, 6, 18] É frequente a realização de cirurgias corretivas de alterações em ossos que se conectam à cintura pélvica, como, por exemplo, o fêmur, o conhecido osso da coxa. Comumente, ocorre desgaste ou alteração da chamada cabeça do fêmur, que é a região desse osso que se conecta à cintura pélvica por meio de uma articulação. No caso, a cirurgia, de modo geral, consiste na substituição da cabeça femoral por uma prótese metálica, que recupera praticamente a mobilidade dessa articulação. Observe o esquema do item *É sempre bom saber mais!, Cinturas escapular e pélvica*, que consta deste capítulo.

a) Indique os três ossos que compõem a cintura pélvica e os dois ossos da cintura escapular. Em linguagem popular, como são denominadas, respectivamente, essas duas cinturas?

b) Indique o osso que se conecta por meio de uma articulação com a cintura escapular.

9. [2, 5, 7, 10, 12] A ilustração a seguir mostra o esquema de um tipo de articulação móvel, em dobradiça, encontrada no esqueleto humano.

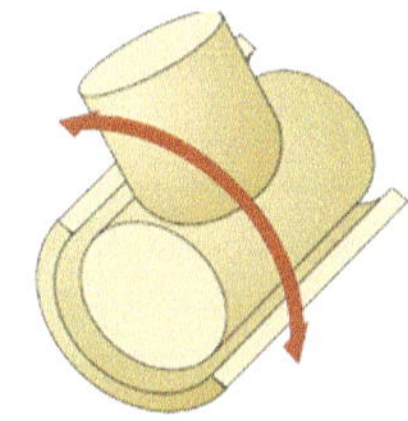

Cite pelo menos um local em que são encontradas articulações como a representada no esquema.

10. [5, 6, 18] Quedas constituem uma ocorrência frequente no dia a dia das pessoas, na medida em que muitas delas se deslocam rapidamente por ruas e calçadas acidentadas ou mesmo em residências, ao subirem ou descerem escadas. Joelhos são muito afetados nessas ocasiões, por constituírem regiões de apoio, assim como as mãos. No entanto, várias lesões podem ocorrer, considerando-se a constituição óssea e de sustentação existente nessas regiões, muito sujeitas a entorses que acarretam muita dor. Observe a ilustração que mostra a constituição do joelho humano, no item *É bom saber mais!, Joelho: um exemplo de articulação*.

a) Indique os dois ossos longos que fazem parte da organização do joelho.

b) Na articulação do joelho, qual é a estrutura que evita o contato direto desses dois ossos longos?

c) Estruturas com função de amortecedores também são úteis para amenizar o impacto do encontro desses dois ossos longos, que como já citado não entram em contato. Quais são essas estruturas, que em ocasiões de quedas podem ser deslocadas e, assim, favorecer o encontro dos ossos e causar dor intensa?

d) A articulação do joelho é dotada de uma cápsula protetora, cujas células localizadas em sua parede produzem e liberam um líquido lubrificante das superfícies ósseas. Que denominação recebe esse líquido?

11. [2, 5, 7, 10, 12] Na osteoporose, há redução da quantidade de massa óssea e, de modo geral, acomete as pessoas idosas. Considerando as informações que você obteve ao ler os itens deste capítulo, qual é a substância mineral, existente nos ossos, mais diretamente relacionada à redução da massa óssea que acomete pessoas com osteoporose?

12 **[5, 6, 18]** As pessoas caminham e correm, o coração contrai e impulsiona sangue que percorre artérias e veias, as paredes intestinais são dotadas de contrações peristálticas que impulsionam ritmicamente alimento e fezes. Todas essas ocorrências dependem da existência de células contráteis de três tipos de músculos (consulte o item *O sistema muscular humano e suas funções*):

a) Indique os três tipos de músculos que existem no organismo humano.

b) Indique o tipo de contração – voluntária ou involuntária – associada a cada tipo muscular.

13. **[5, 6, 18]** Inúmeras funções estão relacionadas à existência de eficiente sistema muscular humano. Graças às contrações e relaxamentos dos músculos componentes desse sistema, inúmeras atividades são possíveis, em vários outros sistemas, entre os quais o esquelético, o cardiovascular, o reprodutor e o respiratório. Releia as informações que constam do item *O sistema muscular humano e suas funções*, deste capítulo.

a) Indique o papel do sistema muscular em relação ao sistema cardiovascular.

b) Indique o papel do sistema muscular no sistema respiratório. Cite o importante músculo estriado que separa a região torácica da abdominal e que exerce importante papel no funcionamento dos pulmões.

c) E no trabalho de parto, qual é a contribuição da musculatura existente no útero?

d) Em termos físicos, qual é a contribuição decorrente da contração da musculatura estriada esquelética para o organismo?

14. **[5, 6, 18]** Caminhar, correr, pedalar, exercitar-se em aparelhos de academia são exercícios físicos que podem condicionar a hipertrofia de músculos envolvidos nessas atividades, sobretudo os dos membros inferiores, ou seja, coxa e pernas. Por outro lado, ao ocorrer uma fratura óssea que atinge pernas e coxa, com a consequente imobilização dos membros afetados por certo período de tempo, pode se manifestar a chamada atrofia muscular. Após o período de imobilização, no entanto, tudo volta ao normal. Observe as ilustrações do item *Alguns músculos do corpo humano*, que consta deste capítulo.

a) Indique o volumoso músculo localizado na região anterior da coxa que é muito exercitado pelas pessoas que realizam intensos exercícios físicos.

b) Indique o músculo localizado na face posterior da perna que é motivo de queixas dolorosas por parte das pessoas que realizam intensos exercícios físicos.

c) Qual é o significado de hipertrofia muscular e atrofia muscular?

15. **[2, 5, 6, 7]** A ilustração abaixo é um esquema que mostra os eventos envolvidos em um levantamento de peso por uma atleta. Perceba a participação de dois músculos na execução dos movimentos: o bíceps, na parte anterior do braço e o tríceps, na parte posterior.

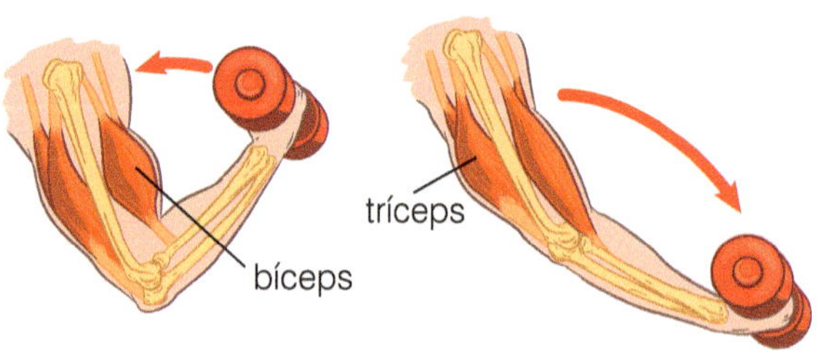

A respeito do esquema e dos seus conhecimentos sobre a atividade muscular, responda: o trabalho executado por esses dois músculos é antagônico? Explique o significado do termo antagônico, relacionado à atividade muscular.

16. **[2, 5, 6, 7]** A ilustração a seguir corresponde a um esquema da estrutura de um músculo estriado esquelético e revela que o músculo é formado por feixes de células (fibras) musculares; cada célula (fibra), por sua vez, é formada por feixes de miofibrilas. De que são formadas essas miofibrilas? Qual é a sua função?

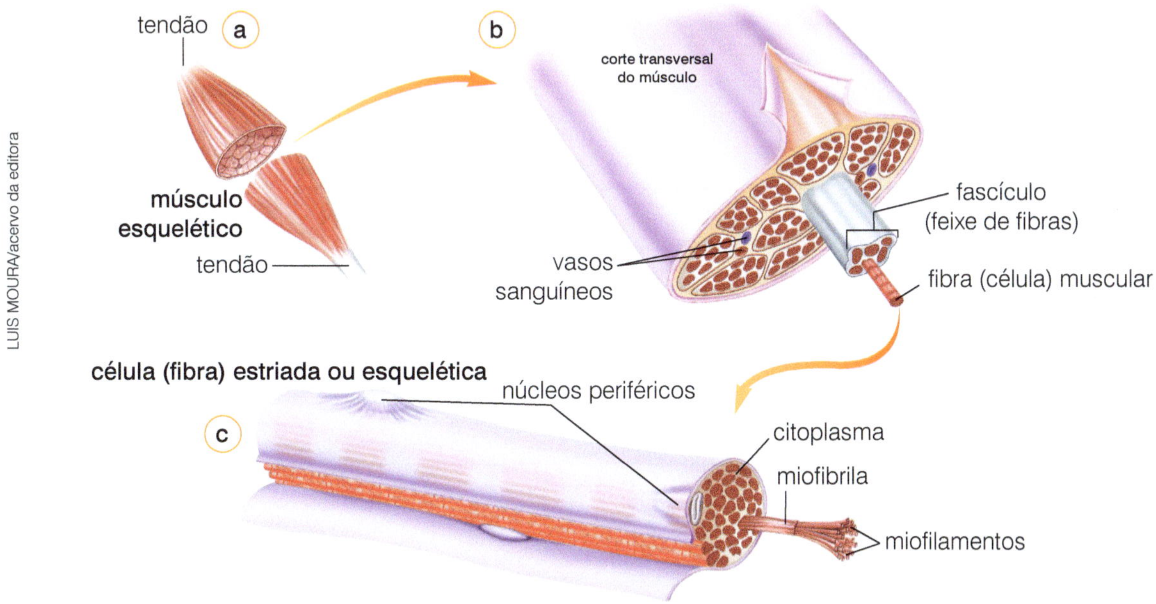

17. **[5, 6, 18]** Nos dias atuais, com a utilização cada vez mais intensa e prolongada de aparelhos celulares, *tablets* e *laptops*, aumentou a preocupação dos profissionais de saúde com o esforço muscular excessivo a que certos músculos são submetidos. É preciso adotar medidas preventivas para evitar o chamado cansaço muscular decorrente da postura necessária à utilização de tais aparelhos. Assim:

a) De modo bem superficial, aponte que grupos musculares seriam mais afetados e sofreriam com o chamado cansaço muscular devido à utilização intensiva e prolongada dos aparelhos citados.

b) Indique pelo menos uma medida que poderia ser adotada no sentido de evitar os transtornos musculares decorrentes da utilização intensiva e prolongada dos aparelhos citados.

18. **[5, 6, 18]** Exercer qualquer atividade esportiva exige um preparo físico adequado no que diz respeito ao sistema muscular e ao esquelético. Por exemplo, jogadores de futebol e corredores de maratona devem estar conscientes do desgaste muscular a que são submetidos caso excedam a capacidade de sua musculatura. Nesse sentido: Indique uma recomendação válida para todo e qualquer atleta não comprometer a estrutura e o funcionamento dos diferentes grupos musculares e que permita exercer a atividade física correspondente no período de competição.

19. **[5, 6, 18]** É ocorrência comum em diversas modalidades esportivas de grande intensidade, tais como jogos de futebol, de basquete, vôlei, natação e vôlei de praia, que os atletas fiquem muito extenuados e caiam em campo ou na beira da piscina, em decorrência de importante fenômeno, que exige a remoção do atleta do local da atividade.

a) Qual é o fenômeno a que se refere o texto da questão? Que sintoma é comum ocorrer com esse fenômeno?

b) A atividade dos músculos esqueléticos depende do fornecimento constante, pela circulação sanguínea, de importante nutriente e de um gás, necessários à atividade metabólica liberadora da energia necessária ao trabalho muscular. Indique qual é o nutriente, o gás e qual é a atividade metabólica que libera energia essencial para a ocorrência de trabalho muscular.

20. **[5, 6, 18]** É correto afirmar que o aumento da massa muscular com exercícios físicos diminui o risco de obesidade? Justifique a resposta.

capítulo 7

ÓRGÃOS DOS SENTIDOS

Ver o que é visível, ouvir o que é audível

A afirmação acima parece óbvia, mas o exemplo seguinte revela que a maneira de perceber o mundo ao redor pode variar. Muitos morcegos dependem, em grande parte, dos ecos dos sons muito agudos (ultrassons) que eles produzem para, assim, se orientar no ambiente, evitando colidir com objetos, por exemplo. Um cientista provou que morcegos, com sua visão noturna prejudicada, podiam voar em um quarto com arames esticados sem se chocar com eles. Não podiam fazê-lo, contudo, com suas orelhas tampadas ou suas bocas fechadas. Esse exemplo mostra que os morcegos conseguem se orientar por meio dos sons que emitem durante o período noturno. Portanto, o que ouvimos é muito diferente do que os morcegos ouvem. O planeta é o mesmo, porém o contato com ele pode ser bem diferente, dependendo da espécie de organismo considerada.

Nosso relacionamento com o meio externo ocorre graças aos "receptores sensoriais", que possuímos em nosso corpo. Eles representam um conjunto de equipamentos semelhantes a radares, por meio dos quais fazemos contato com o mundo exterior.

Reconhecer o papel desempenhado por esse conjunto de equipamentos, representado pelos órgãos dos sentidos, é o assunto deste capítulo.

A. S. FLORO/SHUTTERSTOCK

Receptores sensoriais

Entramos em contato com o mundo exterior por meio dos sentidos da visão, da audição, da olfação, da gustação e do tato.

Os órgãos dos sentidos possuem receptores específicos, chamados de **receptores sensoriais**. Esses receptores são formados por células especializadas em captar estímulos provenientes do meio ambiente. Os diferentes tipos de receptores sensoriais captam estímulos *luminosos*, *sonoros*, *térmicos*, *químicos* (gostos e odores) e de *pressão* ou *toque suave* na pele, além dos estímulos que causam as sensações de *equilíbrio* e de *movimento do corpo*.

Os receptores sensoriais, presentes nos órgãos dos sentidos são estruturas especializadas (neurônios modificados ou células conectadas a neurônios) em receber estímulos do meio que nos rodeia. Os receptores estão intimamente associados a neurônios sensoriais, cuja função é conduzir as informações, sob a forma de impulsos nervosos, até a parte central do sistema nervoso, onde serão reconhecidas e processadas.

Lembre-se!

A gustação e a olfação são chamados de sentidos químicos, porque ambas são estimuladas por substâncias químicas dissolvidas em um meio líquido (saliva, umidade das fossas nasais).

O tato, a visão e a audição são sentidos físicos, porque seus receptores sensoriais são estimulados por agentes físicos, como, por exemplo, o calor, a luz e o som.

A pele e o tato

Você já reparou que qualquer tipo de contato com a pele provoca alguma sensação? Na pele existem vários tipos de receptores sensoriais, que captam estímulos responsáveis pela sensação de toque suave, pressão, dor, frio e calor.

A figura a seguir mostra esquema de alguns desses receptores na forma de corpúsculos ou de terminações nervosas livres, situados em diferentes profundidades na pele.

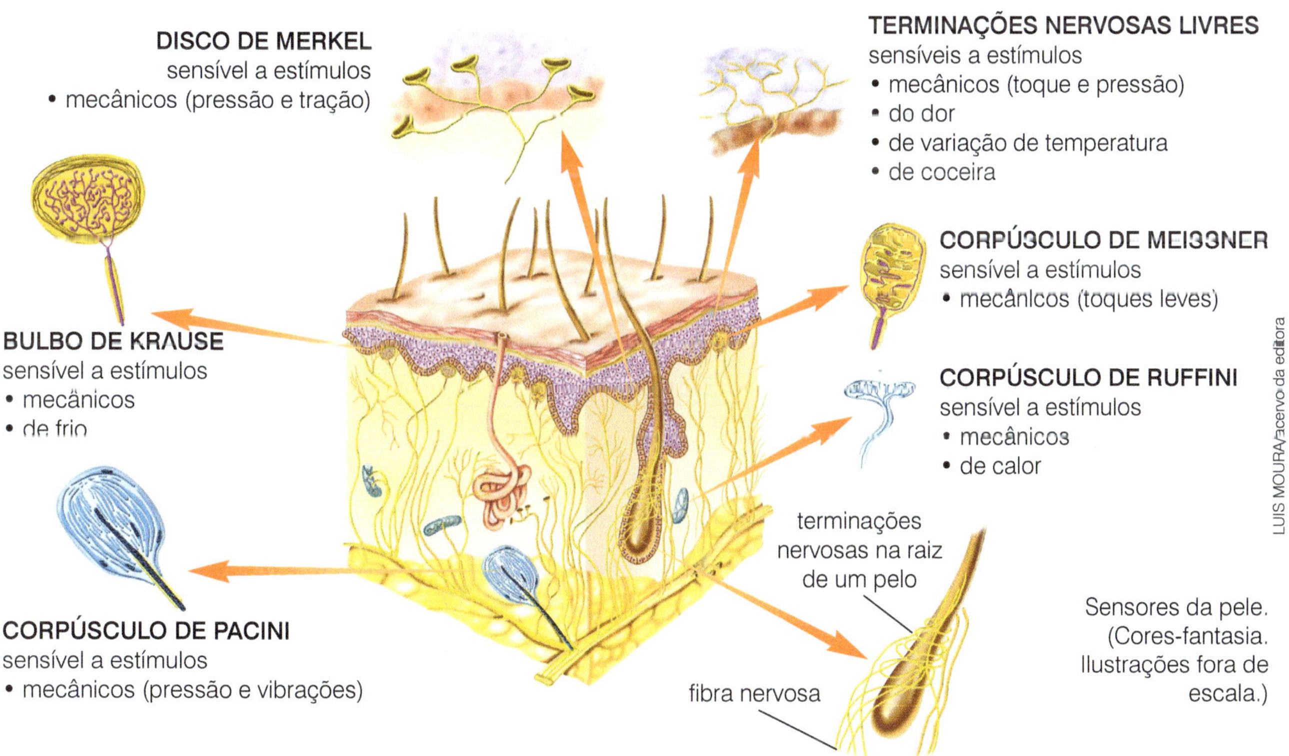

Sensores da pele. (Cores-fantasia. Ilustrações fora de escala.)

Jogo rápido

Quais são, respectivamente, os receptores térmicos (frio, calor) e de dor, localizados na pele?

Na pele, a distribuição dos corpúsculos que recebem os estímulos que causam as sensações do tato não é regular; sua concentração varia em diferentes regiões do corpo: as mãos, por exemplo, concentram uma grande quantidade de receptores do tato.

É SEMPRE BOM SABER MAIS!

O código Braille

Louis Braille (1809-1852) nasceu em 1809 e perdeu a visão aos três anos. Hoje ele é mais conhecido como o criador do sistema de leitura para deficientes visuais, que leva seu nome. Na verdade, tudo começou com um fato curioso: naquela época, as mensagens recebidas pelos oficiais das forças armadas francesas não podiam ser lidas à noite, pois acender a luz seria perigoso. Um oficial francês, sabendo disso, inventou um sistema de pontos e buracos que permitia que a mensagem fosse decifrada, no escuro, por meio do tato.

Louis Braille tomou conhecimento desse método e fez algumas adaptações, simplificando-o. Em 1829, Braille publicou o seu "código", que foi adotado no mundo inteiro a partir de 1852. A ideia do método é muito simples: o conjunto de estruturas sensoriais para o tato permite captar até seis sensações táteis. Então, o alfabeto Braille é composto por 6 pontos. A letra A corresponde a um ponto saliente em cima à esquerda, a letra C dois pontos salientes lado a lado. Esse "código" é tão eficiente que um deficiente visual experiente pode "ler" até duzentas palavras por minuto!

Da próxima vez em que você entrar em um elevador, repare que abaixo ou ao lado do número que indica o andar, está representado o mesmo "número" em Braille. Esse é apenas um exemplo de como o código Braille pode ajudar o deficiente visual em seu dia a dia.

ALSU/SHUTTERSTOCK

Criança lendo livro escrito em alfabeto Braille.

Fique por dentro!

Muitas vezes emprega-se a palavra *paladar* como sinônimo de *gustação*. Na realidade, o paladar depende da associação do sabor ao odor dos alimentos, isto é, dos receptores gustativos e olfativos agindo simultaneamente.

A língua e o gosto dos alimentos

Seguramente, a gustação é um dos principais sentidos que podem proporcionar momentos de prazer. Na **língua** existem vários tipos de pequenas elevações, as **papilas gustativas** (ou **gustatórias**). Nas papilas encontramos **botões gustativos** nos quais há conjuntos de células receptoras de estímulos químicos. Todas essas células estão conectadas a um nervo craniano que conduz impulsos nervosos a uma região cerebral, onde são identificadas.

Os receptores gustativos são sensíveis a cinco gostos básicos: doce, salgado, azedo, amargo e umami. A língua é sensível ao doce, principalmente na ponta, ao azedo nas bordas, ao amargo na base, ao salgado na ponta e nas bordas e ao umami no centro.

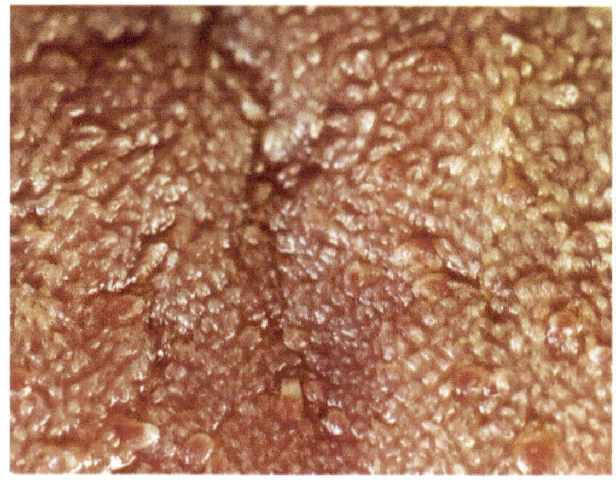

Vista superior da íngua, em que podem ser vistas as papilas gustativas.

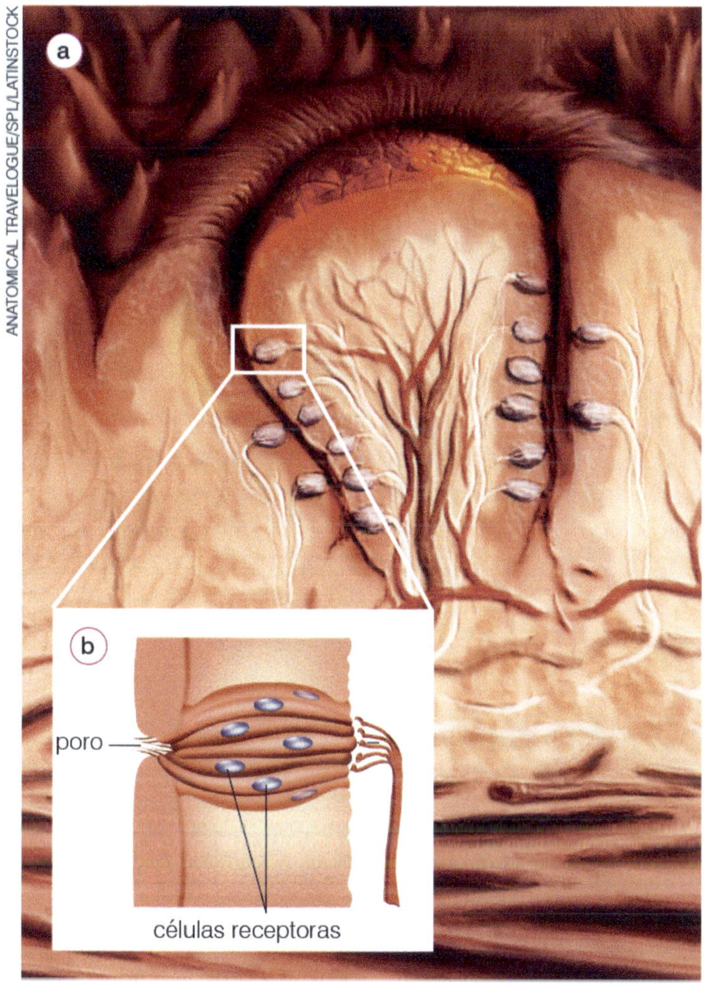

(a) A parte superior da língua é recoberta por minúsculas papilas gustativas nas quais há células que atuam como receptores sensoriais para os gostos. (b) Detalhe ampliado de um tipo de papila lingual.

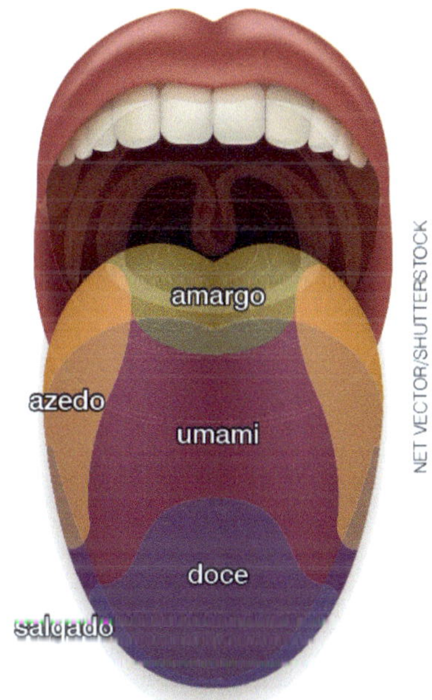

Mapeamento da língua para os gostos fundamentais: doce, salgado, amargo, azedo (ácido) e umami.

ENTRANDO EM AÇÃO

A língua, além de receptores para os gostos, tem, como a pele, receptores para o calor, frio, dor e pressão. Assim podemos avaliar a temperatura e a consistência dos alimentos e evitar algum tipo de ferimento.

Você poderá, com cuidado, fazer uma verificação que comprova que a língua e a cavidade bucal são menos sensíveis a altas temperaturas do que as mãos.

Prepare uma xícara de chá. Ao ingeri-lo, ainda quente, perceberá que enquanto a boca suporta o líquido em uma temperatura elevada, ao tentar mergulhar um dedo no recipiente, dificilmente conseguirá suportar a sensação térmica.

Atenção: não continue a tomar o chá depois de ter colocado o dedo dentro dele...

ESTABELECENDO CONEXÕES

Cotidiano

O quinto gosto

Essa história de existirem apenas quatro gostos básicos sempre foi contra a intuição de que sentimos mais do que isso. De fato, os japoneses bem que sabiam, há quase cem anos, que existe um quinto gosto, além dos tradicionais doce, salgado, azedo e amargo. Um gosto tão especial que o nome em japonês, de difícil tradução, acabou vingando também nas outras línguas: é o gosto "umami", que pode significar tanto "delicioso" como "pungente", "saboroso", "essencial" ou "de carne".

Mas existe uma tradução mais simples. Trata-se do gosto do glutamato, um sal encontrado nas prateleiras dos supermercados e nas mesas dos restaurantes orientais, adicionado ao tempero de macarrão instantâneo e a salgadinhos em geral. Está presente também no molho de soja e em vários alimentos, como queijo parmesão, tomate, leite, atum, frutos do mar e... no cérebro.

Sim, o cérebro não só é comestível (as versões bovina e ovina são encontradas no seu açougue favorito sob o nome pouco convidativo de "miolos", iguaria, aliás, muito apreciada pelos franceses), como também é um dos alimentos que mais contém glutamato. Por uma razão muito simples: o glutamato é o principal neurotransmissor do cérebro, a "moeda" mais usada na troca de sinais entre neurônios.

Foi o japonês Kikunae Ikeda, da Universidade Imperial de Tóquio, quem, no início do século XX, caracterizou o gosto umami como inimitável por qualquer combinação dos quatro gostos básicos. (...)

Adaptado de:
<http://www.sbneurociencia.com.br/html/a15.htm>.
Acesso em: 27 out. 2023.

O nariz e a captação dos odores

Os receptores sensoriais do olfato têm algo em comum com os receptores gustativos, pois também respondem a estímulos produzidos por substâncias dissolvidas em um meio líquido; neste caso, na umidade que recobre a superfície das fossas nasais. Os receptores do olfato estão localizados no teto das cavidades nasais. Esses receptores são formados por células especiais, as **células olfativas**, que ao serem estimuladas geram impulsos que são conduzidos por meio de um nervo craniano ao cérebro, onde ocorre a identificação do odor da substância.

Fique por dentro!

Na cavidade nasal há cerca de 600.000 células receptoras, que ocupam uma área correspondente à de um selo de correio de tamanho pequeno. O sentido do olfato é muito mais sensível do que o da gustação. Enquanto esta reconhece apenas quatro sabores fundamentais, o olfato permite reconhecer, pelo cheiro, milhares de produtos químicos.

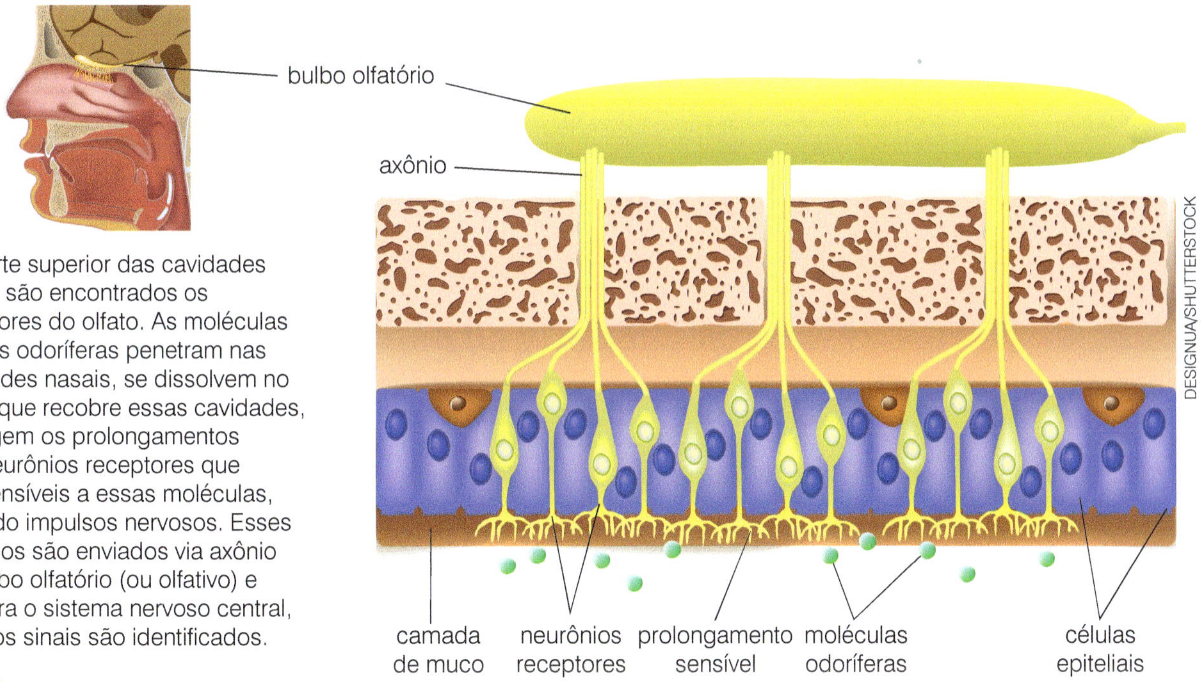

Na parte superior das cavidades nasais são encontrados os receptores do olfato. As moléculas voláteis odoríferas penetram nas cavidades nasais, se dissolvem no muco que recobre essas cavidades, e atingem os prolongamentos dos neurônios receptores que são sensíveis a essas moléculas, gerando impulsos nervosos. Esses impulsos são enviados via axônio ao bulbo olfatório (ou olfativo) e daí para o sistema nervoso central, onde os sinais são identificados.

ESTABELECENDO CONEXÕES

Saúde

Estou gripado! Não sinto o cheiro nem o gosto dos alimentos

Você já deve ter reparado que, quando está resfriado ou gripado, o excesso de muco produzido nas fossas nasais prejudica o contato das substâncias químicas gasosas com os receptores sensoriais olfativos, dificultando a percepção do cheiro de um perfume ou de um prato apetitoso. Também fica difícil sentir o gosto de alguns alimentos, porque o verdadeiro sentido do paladar depende, como você já sabe, da associação entre a gustação e o olfato.

> Quais são os cinco gostos reconhecidos pelos receptores gustativos da língua humana?

Orelhas e audição: captação das ondas sonoras

Nossas **orelhas** são os órgãos responsáveis pela percepção de estímulos sonoros gerados no meio em que vivemos. Além de captar os sons, veremos que as orelhas também têm a capacidade de perceber a posição que nosso corpo ocupa no espaço, contribuindo para o equilíbrio postural. A orelha humana é formada por três partes – **orelha externa**, **orelha média** e **orelha interna**.

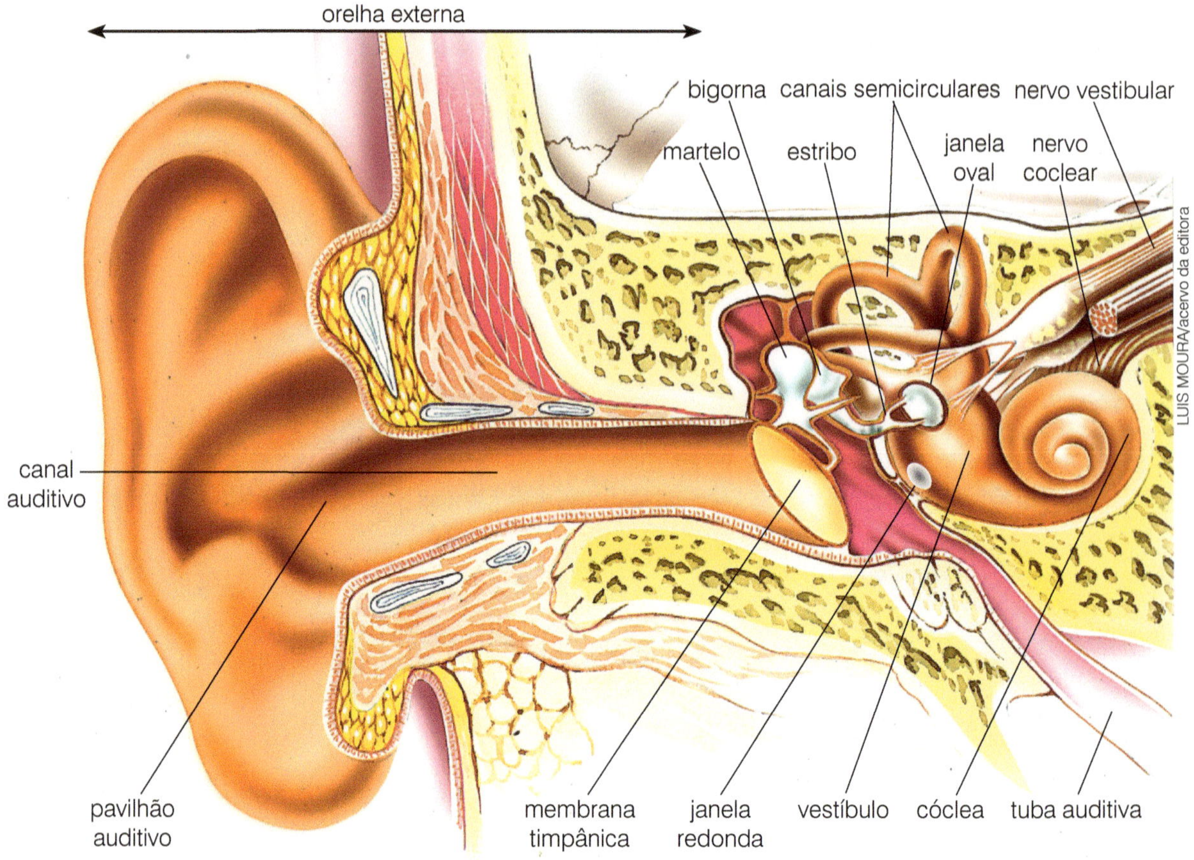

A *orelha externa* recebe as ondas sonoras. É formada pelo **pavilhão auditivo** e **canal** ou **conduto auditivo**. As ondas sonoras captadas por eles fazem vibrar a **membrana timpânica** ou **tímpano**, onde começa a orelha média.

ESTABELECENDO CONEXÕES

Cotidiano

Cuidado com a higiene da orelha externa

O canal auditivo contém inúmeras glândulas que secretam uma substância de cor amarelada, chamada **cera** ou **cerume**, que o protege e lubrifica. O uso de hastes com pontas de algodão para tirar a cera, achando que é sujeira, não é recomendado. O exagero no uso dessas hastes, quando inseridas muito profundamente e com força excessiva, pode causar ruptura do tímpano, que, além de causar muita dor, poderá provocar surdez.

Se a produção de cera for excessiva, ela acaba se acumulando e endurecendo. Há prejuízo na transmissão normal do som pelo canal auditivo, reduzindo a capacidade auditiva. Nesses casos, a remoção do excesso de cera deve ser feita por um médico otorrinolaringologista.

A *orelha média* é uma pequena área que se estende do tímpano à orelha interna. Nela estão localizados três delicados ossículos, o **martelo**, a **bigorna** e o **estribo**, assim chamados devido à forma que possuem. Os três ossículos estão articulados, formando praticamente uma peça única.

As vibrações produzidas pelo tímpano são transmitidas para os três ossículos, sendo que o último ossículo, o estribo, está aderido a outra membrana, chamada **janela oval**. O estribo funciona como um pistão em movimento de vai-e-vem, fazendo vibrar a membrana da janela oval, que se comunica com a orelha interna.

Note, ainda, que a orelha média se comunica com a faringe por meio de um canal, a **tuba auditiva**. Esse conduto permite igualar a pressão sobre os dois lados do tímpano (um lado voltado para a orelha externa e o outro, para a orelha média), favorecendo a vibração da membrana timpânica, que está em contato com o martelo.

Jogo rápido

Quais são os três ossículos da orelha média? Dos três, qual está sempre em contato com a membrana timpânica?

ESTABELECENDO CONEXÕES

Física

Variação de pressão com a altitude

Você já deve ter sentido uma sensação de diminuição da capacidade auditiva acompanhada de variação de pressão sobre o tímpano ao subir ou descer uma montanha, por exemplo.

Lembre-se de que uma das faces da membrana do tímpano está em contato com o canal auditivo (orelha externa) e, portanto, em contato com a pressão atmosférica. A outra face está em contato com a orelha média, ligada à faringe por meio da tuba auditiva. A função da tuba é igualar a pressão sobre a face interna da membrana timpânica. Quando as pressões dos dois lados da membrana timpânica não se igualarem, ela tende a se deformar (encurvar), provocando a sensação de surdez.

Sempre que houver variação da pressão atmosférica, pela mudança de altitude, a solução é deixar o ar da faringe entrar na tuba auditiva para que as pressões voltem a ser as mesmas dos dois lados do tímpano. Isso é conseguido quando você executa o ato de engolir ou simula um bocejo.

A *orelha interna* é formada pelo **vestíbulo**, pela **cóclea** e pelos **canais semicirculares**, componentes membranosos preenchidos por líquido, e que se encaixam perfeitamente em uma cavidade óssea que acompanha a forma dessas três estruturas.

A cóclea atua na audição, enquanto os canais semicirculares e o vestíbulo estão relacionados ao equilíbrio do organismo.

A cóclea é um tubo enrolado em espiral (como a concha de um caracol), preenchido por um líquido que banha as células receptoras sensoriais. As vibrações da janela oval fazem vibrar o líquido que banha as células receptoras sensitivas da cóclea, fazendo com que desencadeiem impulsos nervosos que chegam ao nervo auditivo. Esse nervo, por sua vez, conduz esses impulsos até a região cerebral responsável pela audição, onde efetivamente reconhecemos os sons.

Descubra você mesmo!

Pesquise na internet ou em livros da sua escola o que é a língua Libras.

DE OLHO NO PLANETA

Ética & Cidadania

Poluição sonora

Poluente é qualquer substância, efeito sonoro ou visual, presente no ambiente, que, pela sua quantidade ou intensidade, pode torná-lo impróprio ou causar danos à saúde humana. Assim, fala-se em poluição do solo, da água, do ar, poluição visual e sonora.

Em grandes cidades, o barulho excessivo pode ser considerado um tipo de poluente. Mas como medir o barulho, ou melhor, a intensidade do som?

A unidade de medição de intensidade do som é o bel (B). Por conveniência, utiliza-se a décima parte do bel, ou seja, o decibel (dB) para avaliação dos níveis de ruído. A orelha humana suporta até 80 dB. Acima disso, e dependendo do número de horas de exposição ao ruído, as células sensitivas da cóclea podem ser danificadas, muitas vezes de modo irreversível. Veja na tabela abaixo os níveis de barulho de algumas situações.

Situações	Decibéis
Automóvel a 10 m de distância	60
Caminhão a 5 m	90
Buzina de carro a 5 m	100
Avião a jato ao decolar	150
Carro com escapamento aberto	110
Show de *rock* pesado	120

A lesão das células da orelha interna depende do número de horas a que o indivíduo fica exposto diariamente. Assim, para um ruído de 90 dB, o tempo máximo de exposição diária deveria ser de apenas 4 horas. Em um *show* de *rock* (120 dB), o tempo máximo só poderia ser de 15 minutos!

A poluição sonora não provoca somente problemas auditivos; provoca também irritação, mau humor e estresse. Por isso, lembre-se que o controle da poluição sonora também é sua responsabilidade!

O barulho excessivo – quer por instrumentos sonoros, equipamentos de trabalho ou até mesmo por animais de estimação – perturba o trabalho, estudo ou descanso das pessoas. De tal forma é danosa a poluição sonora que pode ser passível de multa ou até mesmo prisão de 15 dias a 3 meses, conforme o artigo 42 da Lei de Contravenções Penais.

➢ Suponha que você e sua família estivessem submetidos a intensidade sonora elevada. O que poderiam fazer para minimizar os danos causados por esse tipo de poluição?

EM CONJUNTO COM A TURMA!

Os profissionais das agências de propaganda são hábeis criadores de frases de efeito, que passam a mensagem de forma a atingir seus objetivos. Por exemplo: em um momento em que a sociedade enfrenta um cenário de dificuldades econômicas, uma dessas frases foi "tire o S da CRISE, CRIE". O objetivo era motivar as pessoas a procurarem soluções alternativas, outras atividades além das que normalmente desempenham, como o artesanato, por exemplo, para melhorarem a renda familiar.

Com seu grupo de trabalho, suponham que tenham sido contratados por uma emissora de televisão para criar uma campanha a fim de reduzir a poluição sonora. Como seria essa campanha?

Os canais semicirculares e o equilíbrio do corpo

Os canais semicirculares estão localizados na orelha interna, ligados ao vestíbulo. Repare na figura que existem três canais, recurvados em semicírculos, dispostos perpendicularmente um ao outro. Cada canal é dotado de terminações nervosas (fibras sensitivas) ligadas a pequenas células ciliadas. As fibras sensitivas fazem parte do nervo auditivo, que por sua vez se comunica com o cérebro.

A função dos canais semicirculares é registrar a mudança da posição de **equilíbrio do corpo** por meio da movimentação do líquido interno. Caso isso aconteça, por exemplo, quando você tropeça em uma pedra, imediatamente os canais semicirculares e o nervo auditivo informam ao cérebro, de onde partem ordens para a musculatura recolocar o corpo em posição de equilíbrio.

Fique por dentro!

Canais semicirculares e vestíbulo formam o chamado **labirinto**.

Inflamações das células sensoriais do labirinto causam *labirintite* (ou *labirintopatia*) e alteram a percepção de equilíbrio corporal, provocando tonturas e náuseas. A labirintite pode ser causada por infecções, problemas circulatórios, diabetes, certos tipos de medicamento e estresse, por exemplo.

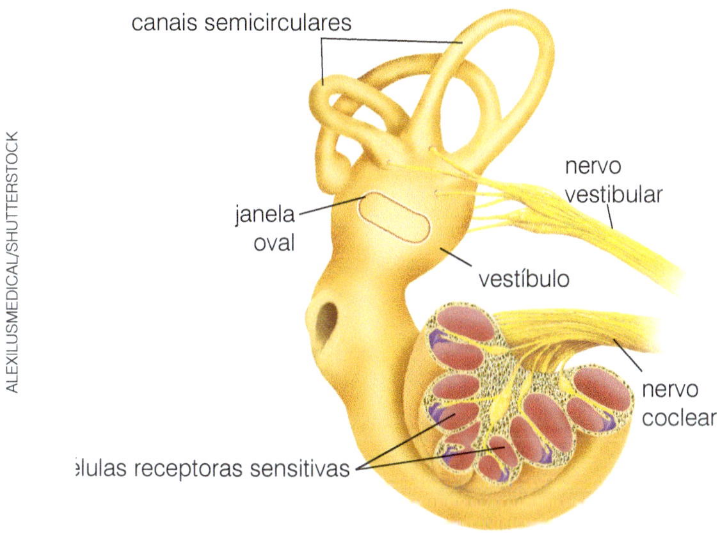

Ilustração da cóclea. (Cores-fantasia. Ilustração fora de escala.)

Olhos e visão

O olho é um órgão aproximadamente esférico, situado e protegido no interior de uma cavidade óssea da face, a *órbita ocular*. A capacidade de movimento do globo ocular deve-se à presença de vários músculos presos à sua parte externa e à órbita.

O globo ocular está associado a diversas estruturas. As **pálpebras** com cílios correspondem a duas "cortinas" móveis que protegem o globo ocular contra poeira, luz intensa ou impactos de pequena intensidade. Uma membrana chamada **conjuntiva** forra internamente as pálpebras na parte anterior do globo ocular, exceto na região da **córnea**, que é transparente.

Os músculos que ligam o globo ocular à órbita atuam nos movimentos dos olhos para cima, para baixo e para os lados.

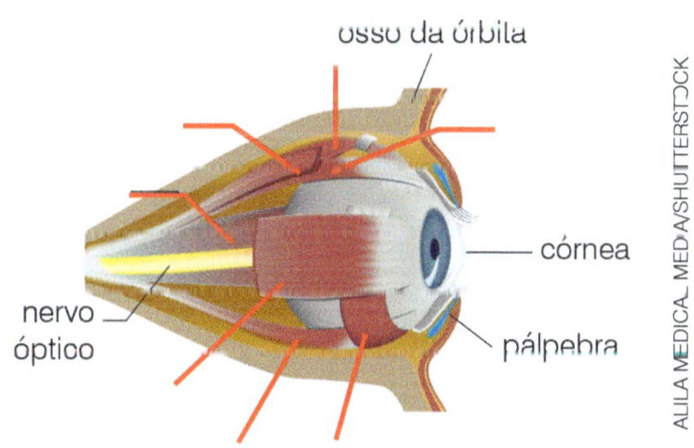

Esquema de olho humano (vista lateral). Os fios em vermelho apontam para os vários músculos que movimentam o globo ocular. (Cores-fantasia. Ilustração fora de escala.)

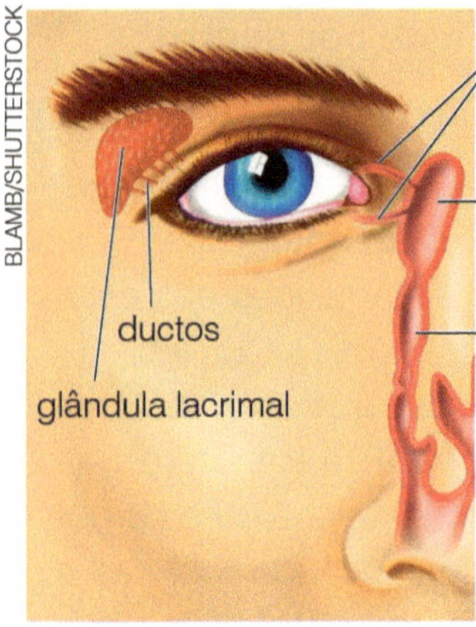

Representação do sistema lacrimal. (Cores-fantasia. Ilustração fora de escala.)

Os olhos ainda contam com duas **glândulas lacrimais**, cuja função é a produção de lágrimas que evitam o ressecamento da córnea e da conjuntiva. Além disso, as lágrimas contêm uma enzima que protege os olhos da ação de alguns tipos de microrganismos invasores. Cada glândula aloja-se na órbita, no canto superior externo do globo ocular, sobre o qual lançam a secreção lacrimal por meio de ductos ou canais. A secreção lacrimal é drenada para as fossas nasais por meio de um canal existente no canto interno e inferior de cada olho. Quando essa secreção aumenta, precisamos assoar o nariz.

ESTABELECENDO CONEXÕES

Cotidiano

De vez em quando, pisque!

Quando piscamos, as lágrimas lubrificam nossos olhos, o que é um fator de proteção. Dados estatísticos indicam que um adulto normal pisca, quando descansado, uma média de 24 vezes por minuto, o que dá uma piscadela a cada 3 segundos, aproximadamente. Se estiver cansado, a frequência de piscadas de um adulto será maior: em média, 40 vezes por minuto.

No entanto, a frequência de piscadas diminui quando estamos trabalhando frente a um computador – ou até mesmo assistindo à televisão fixamente – o que pode acarretar sensação de ardor, secura, coceira nos olhos, cansaço visual. Mas isso pode ser corrigido facilmente se nos lembrarmos de piscar mais vezes durante essas tarefas. O ideal é que a cada hora ininterrupta frente a um computador mudemos de atividade por 10 minutos.

Evite coçar os olhos: não se esqueça que os dedos podem ser uma fonte de microrganismos que poderão contaminar esses órgãos. Embora a lágrima possua substâncias protetoras, não custa evitar as consequências desagradáveis de uma conjuntivite (inflamação da conjuntiva), por exemplo. Por isso, toda vez que os seus olhos coçarem muito, cuidado! É melhor procurar um médico oftalmologista. Não use qualquer tipo de colírio sem indicação médica.

A camada externa do globo ocular é composta pela esclera e pela **córnea**. A esclera, mais conhecida como o "branco dos olhos", cobre a maior parte do globo ocular. Na parte anterior do olho, a esclera se torna transparente, recebendo o nome de **córnea**. É através da córnea que a luz penetra no globo ocular.

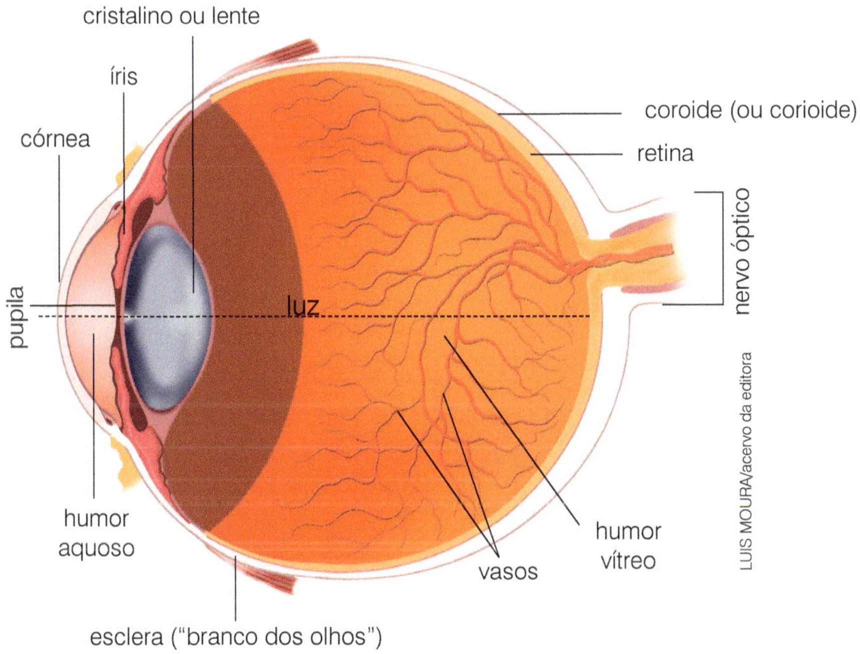

Olho humano visto em corte. (Cores-fantasia. Ilustração fora de escala.)

As lentes de contato, utilizadas em lugar de óculos para corrigir defeitos de visão, são colocadas sobre a córnea.

A camada média do globo ocular sob a esclera é formada pela **coroide** (ou **corioide**). Trata-se de um tecido rico em vasos sanguíneos, cuja função é alimentar as células do olho. A coroide não envolve totalmente o globo ocular.

Na parte anterior do globo ocular, temos a **íris**, em cujo centro há uma abertura circular, a **pupila**, através da qual a luz penetra no interior do globo ocular, depois de atravessar a córnea.

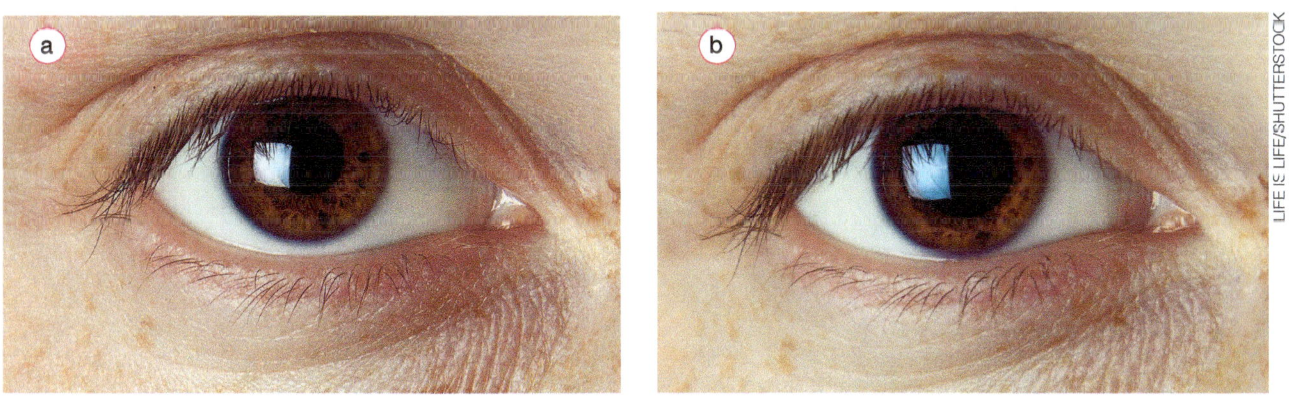

A íris controla a intensidade da luz que entra no globo ocular. Assim, quando a luz é muito intensa, (a) os músculos presentes na íris se contraem reduzindo o diâmetro da pupila, deixando entrar menos luz. Quando a luz não é intensa, (b) a musculatura relaxa e o diâmetro da pupila aumenta, deixando entrar mais luz.

Atrás da íris existe uma estrutura gelatinosa, transparente flexível, a **lente** ou **cristalino**. A curvatura dessa lente flexível pode ser alterada pela contração ou relaxamento de músculos involuntários a fim de permitir a *acomodação visual*, isto é, a focalização da imagem de objetos distantes ou próximos sobre o ponto mais sensível da retina, chamado **fóvea central**.

Atrás do **cristalino**, preenchendo a câmara posterior do globo ocular, está o **humor vítreo**, uma mistura gelatinosa e transparente de algumas substâncias, cuja pressão mantém a turgidez do olho e a retina no lugar. O espaço entre a córnea e o cristalino é preenchido por um líquido, o **humor aquoso**.

Turgidez: inchaço. Em Biologia, indica o aumento ou manutenção do tamanho de um órgão pelo acúmulo de fluidos nos tecidos.

Formação da imagem

A parede da camada interna (posterior) do globo ocular é composta pela **retina**, que é formada por células fotorreceptoras. A função dessas células é transformar a energia luminosa em impulsos nervosos. São dois os tipos de células fotorreceptoras: **cones** e **bastonetes,** assim chamados por causa de suas formas.

Fotorreceptoras: sensíveis à luz.

Os cones são sensíveis à luz mais intensa e são responsáveis pela percepção de cores em ambientes com boa iluminação. Os bastonetes, por sua vez, são bastante sensíveis à luz de baixa intensidade e não são especializados na percepção de cores.

Os bastonetes predominam na periferia da retina enquanto os cones concentram-se no ponto central e mais sensível da retina, a fóvea central, do tamanho da cabeça de um alfinete.

Jogo rápido

Como são denominadas as duas células fotorreceptoras presentes na retina do olho humano?

Lembre-se!

Os cones são sensíveis a apenas três cores (vermelho, verde e azul) e as imagens de diferentes cores que vemos são o resultado da combinação dos impulsos elétricos enviados ao cérebro pelas células fotorreceptoras.

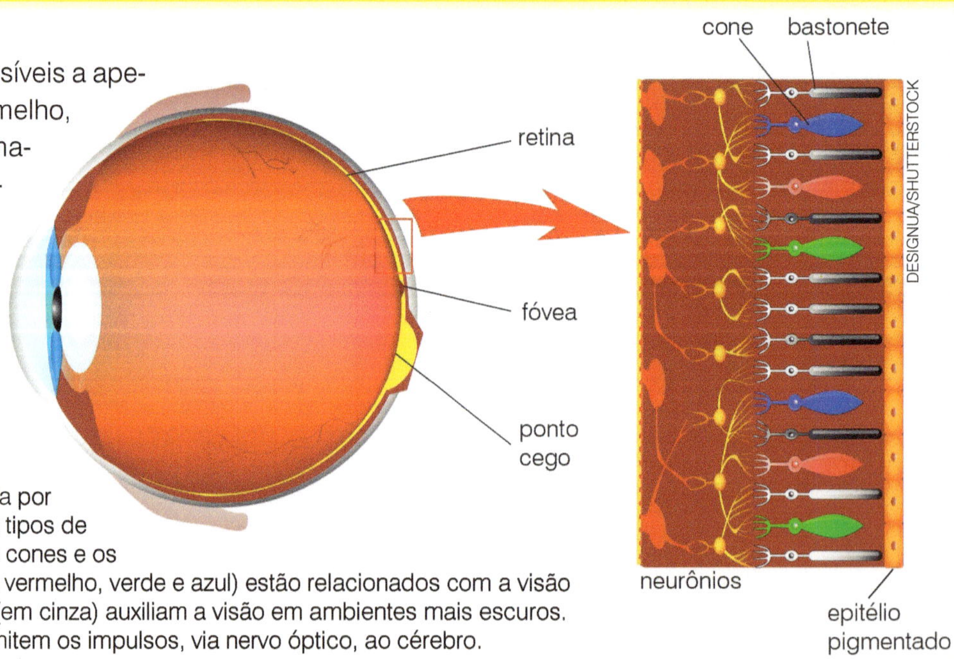

Esquema ilustrativo da estrutura da retina, formada por epitélio pigmentado e dois tipos de células fotorreceptoras: os cones e os bastonetes. Os cones (em vermelho, verde e azul) estão relacionados com a visão de cores e os bastonetes (em cinza) auxiliam a visão em ambientes mais escuros. As células nervosas transmitem os impulsos, via nervo óptico, ao cérebro.

A luz captada pelos cones e bastonetes produz estímulos que são transmitidos como impulsos nervosos ao **nervo óptico**. O nervo óptico, um dos nervos cranianos, conduz esses impulsos até o centro da visão, a área visual localizada no cérebro, onde a imagem será interpretada.

Fique por dentro!

Curiosamente, o ponto da retina onde emerge o nervo óptico não possui receptores sensoriais para a luz. Esse local é chamado **ponto cego**; imagens projetadas sobre ele não são percebidas.

É SEMPRE BOM SABER MAIS!

Daltonismo

Alguns indivíduos apresentam um defeito de visão chamado **daltonismo**. Essa anomalia foi descrita pela primeira vez pelo químico John Dalton (1766-1844), uma vez que ele próprio apresentava essa característica.

Os daltônicos não conseguem distinguir algumas cores, principalmente o verde e o vermelho, pois os cones que as identificam apresentam-se deficientes. O daltonismo é uma condição hereditária, que passa dos pais para os filhos.

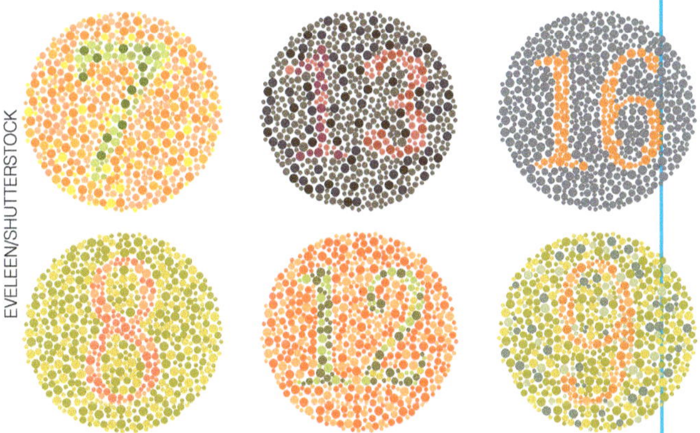

EVELEEN/SHUTTERSTOCK

Você consegue enxergar os números dentro dos círculos?

Problemas de visão mais frequentes

Miopia, hipermetropia, presbiopia e astigmatismo são os distúrbios de visão mais frequentes.

Miopia

Os míopes têm dificuldade para enxergar "de longe", isto é, enxergar com nitidez objetos distantes, mas enxergam bem "de perto" (objetos próximos).

O globo ocular, nesse caso, é mais longo do que o normal e o cristalino focaliza a imagem antes da retina. O problema é resolvido por meio do uso de lentes corretivas ou de cirurgia da córnea, que alteram a trajetória dos raios luminosos, fazendo com que a imagem seja projetada *mais para trás*, sobre a retina.

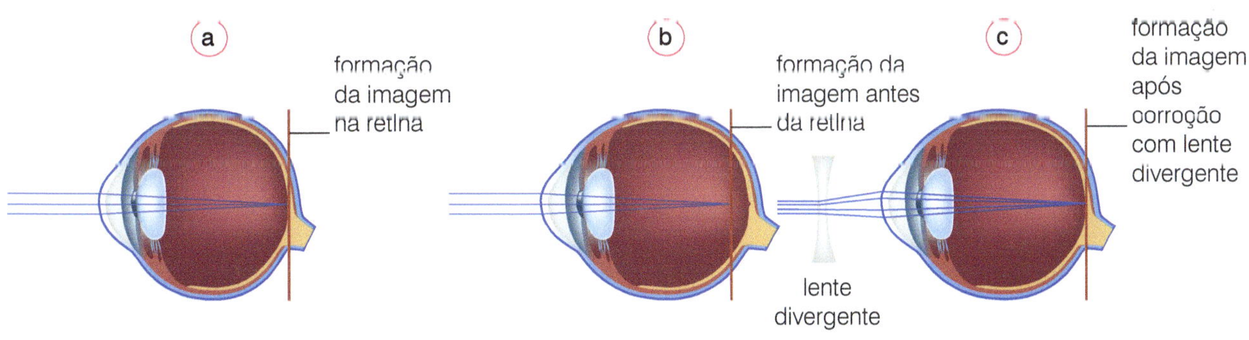

ALILA MEDICAL MEDIA/SHUTTERSTOCK

(a) Olho com visão normal em que a formação da imagem se dá na retina. (b) Olho míope em que a formação da imagem se dá antes da retina. (c) Com a correta lente divergente, a formação da imagem no olho míope é projetada sobre a retina.

Hipermetropia

Os hipermetropes apresentam um problema de visão oposto ao dos míopes. Eles enxergam bem objetos distantes, e sem nitidez os objetos próximos. O olho é mais curto do que o normal e a imagem é projetada *atrás* da retina. As lentes corretivas devem fazer com que a imagem seja projetada *mais para frente*, sobre a retina.

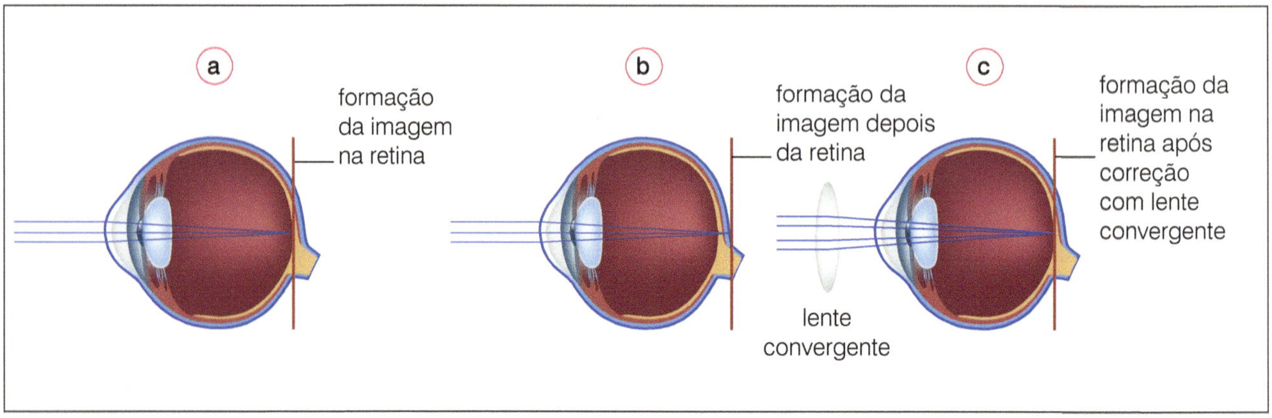

(a) Olho com visão normal em que a formação da imagem se dá na retina. (b) Olho hipermetrope em que a formação da imagem se dá depois da retina. (c) Com a correta lente convergente, a formação da imagem no olho hipermetrope é projetada sobre a retina.

Presbiopia

Também chamada de "vista cansada", assemelha-se à hipermetropia, pois em ambas há dificuldade na visualização de objetos próximos. Mas, veja bem: enquanto na hipermetropia o globo ocular é mais curto, na presbiopia a causa do problema é a *perda da elasticidade do cristalino*. As lentes corretivas também são semelhantes às usadas no caso de hipermetropia.

Como a presbiopia costuma aparecer por volta dos 40-50 anos, você não deve se surpreender caso seus pais ou avós estiquem os braços para lerem um livro ou jornal.

Astigmatismo

No astigmatismo, partes da imagem formam-se na retina, outras à frente, outras atrás. Portanto, a imagem não se forma com nitidez. O distúrbio é causado por alterações da curvatura da córnea ou da lente do olho (cristalino). Para as pessoas com astigmatismo, objetos próximos ou distantes ficam distorcidos. As imagens ficam embaçadas, visto que nem todos os raios de luz são focalizados. A visão em profundidade fica prejudicada, causando, por exemplo, dificuldade ao descer os degraus de uma escada.

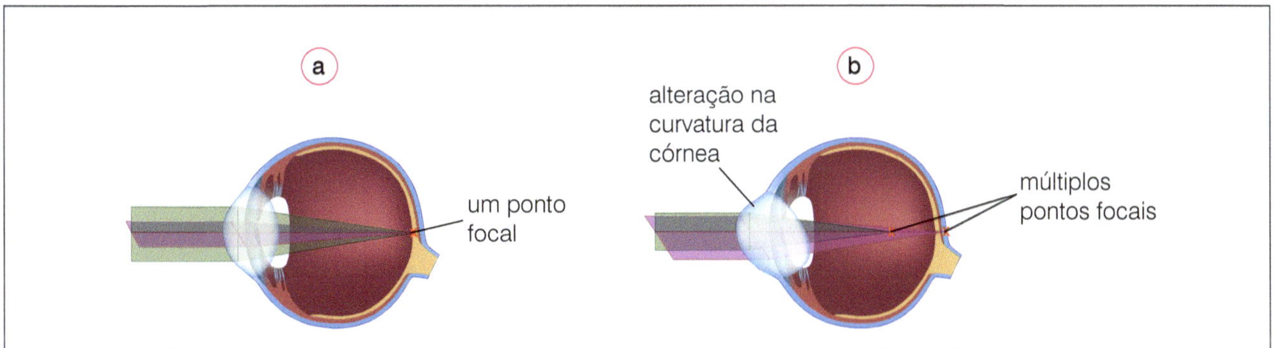

ALILA MEDICAL MEDIA/SHUTTERSTOCK

(a) Olho com visão normal e (b) olho cuja alteração na curvatura da córnea (ou mesmo do cristalino) acarreta múltiplos pontos de visão. A correção do astigmatismo é feita com o uso de uma lente que faz com que os raios de luz se concentrem em um plano único. Cirurgia a laser também resolve o problema.

É SEMPRE BOM SABER MAIS!

Catarata, glaucoma e conjuntivite

Assim como se deve consultar regularmente um médico clínico geral, a visita a um oftalmologista também é de extrema importância. Além dos distúrbios de visão, o médico especializado saberá trabalhar na prevenção de determinadas doenças, como as associadas com diabetes e pressão alta, por exemplo, assim como no correto tratamento de distúrbios que já tenham se instalado.

Em algumas situações, o cristalino pode tornar-se opaco e o indivíduo começa a se queixar que a visão não é mais nítida, como se estivesse olhando através de um vidro embaçado. Essa condição é conhecida como **catarata**. A progressão da catarata varia muito, podendo ser mais rápida ou mais lenta, dependendo do indivíduo. A catarata mais comum manifesta-se geralmente após os 50 anos de idade. O tratamento é cirúrgico; todo o cristalino é retirado e substituído por uma lente artificial.

O **glaucoma** é uma doença caracterizada pelo aumento da pressão no interior do olho, provocando uma deformação. O glaucoma provoca distúrbios de visão que vão de dor constante e intensa, passando por deficiências visuais transitórias a até perda da visão. Essa excessiva pressão no globo ocular é causada pelo aumento do volume de humor aquoso, líquido localizado na câmara anterior do olho, entre a córnea e o cristalino. Esse líquido é produzido em estruturas especiais e, no caso do glaucoma, a produção supera a absorção. O tratamento, em linhas gerais, consiste na utilização de medicamentos e, em alguns casos, intervenções cirúrgicas.

Na **conjuntivite**, os olhos ficam inchados e avermelhados devido à inflamação da membrana chamada **conjuntiva**. As causas são muitas, incluindo a presença de bactérias e vírus, penetração de corpos estranhos, poeira etc. Essa inflamação provoca, entre outros sintomas, a presença de mais vasos sanguíneos dilatados, fazendo com que os olhos fiquem bem avermelhados. Normalmente, a inflamação dura poucos dias.

Nosso desafio

Para preencher os quadrinhos de 1 a 9, você deve utilizar as seguintes palavras: estímulos, gustativos, língua, olfato, orelhas, paladar, químicos, tato, visão.

À medida que você preencher os quadrinhos, risque a palavra que escolheu para não usá-la novamente.

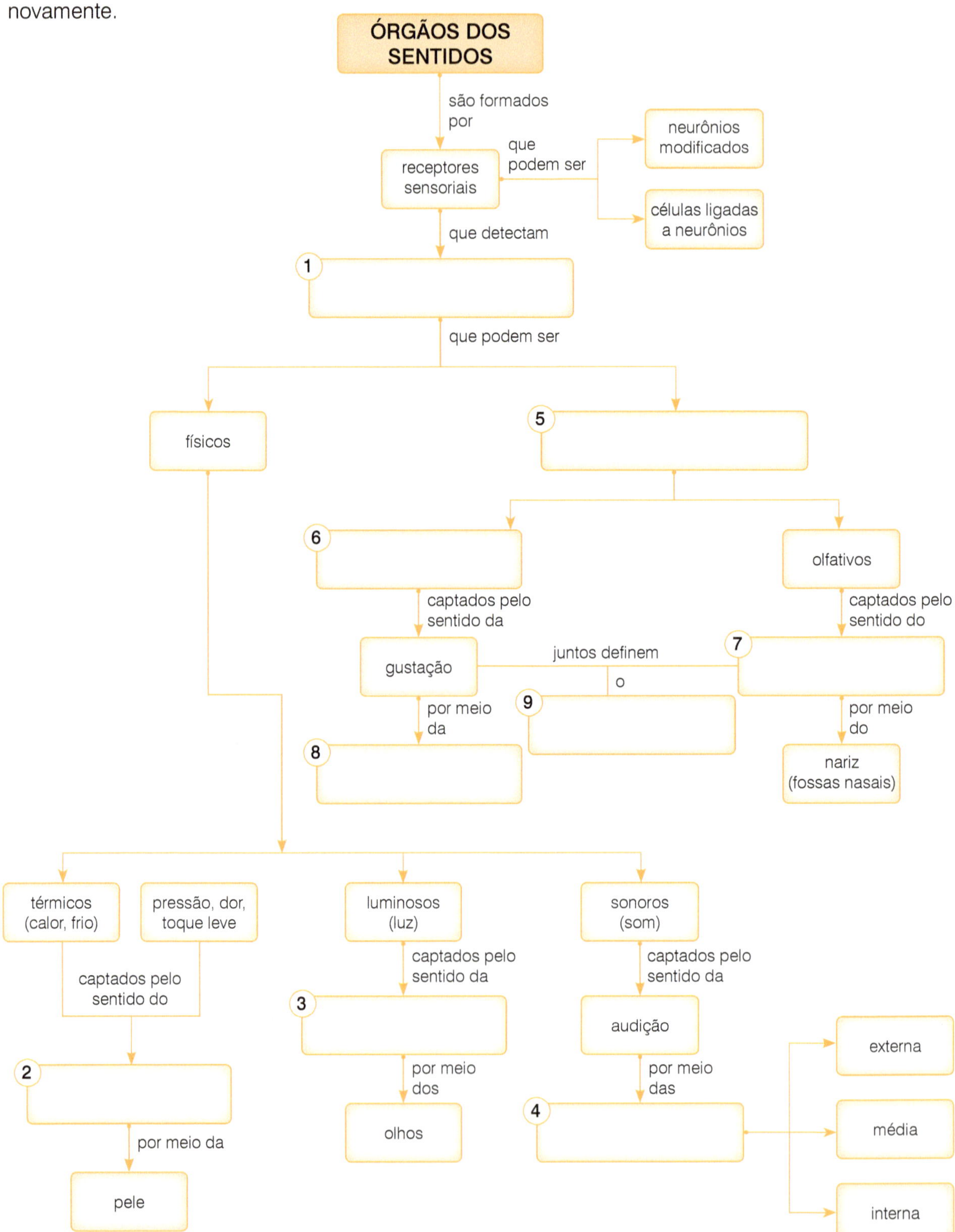

Atividades

1. [7, 10] O que é receptor sensorial e qual é a sua função?

2. [7, 10] Cite os estímulos externos ao nosso corpo que podem ser captados pelos principais receptores sensoriais.

3. [7, 10] A respeito da gustação, responda às perguntas abaixo:
   a) Onde se encontram e qual é a função dos botões gustativos?
   b) Em que local do nosso corpo está localizado o centro da gustação, que nos permite identificar o gosto dos alimentos?

4. [7, 10] Em relação à captação de odores, responda:
   a) Onde estão localizados os receptores sensoriais do olfato?
   b) Qual é o papel do nervo olfativo? Ele é sensorial ou motor? Justifique sua resposta.

5. Em relação à captação de ondas sonoras (audição), responda:
   a) [10] Em que local da orelha localizam-se os receptores sensoriais para a audição?
   b) [7, 10] Qual é o nome da membrana situada entre a orelha externa e a orelha média? Qual é a sua função?
   c) [7, 10] Quais são os três ossículos localizados na orelha média e qual é sua função?

6. [1, 7, 10, 11, 15, 17, 18] Por que o excesso de barulho, de modo contínuo, pode prejudicar a audição de um indivíduo, podendo até provocar surdez?

7. Em relação à captação das ondas luminosas (olhos e visão), responda:
   a) [7, 10] Em que região do globo ocular está localizada a córnea e qual é a sua função?
   b) [7, 10] Como a íris controla a intensidade da luz que entra no globo ocular?
   c) [10] Em que local do globo ocular estão localizados os receptores sensitivos para a visão?

8. [4, 5, 10, 12] Ordene as palavras seguintes de modo a estabelecer o trajeto percorrido pelos raios de luz que atingem nossos olhos até chegarem ao nervo óptico:
   retina – córnea – pupila (orifício da íris) – humor vítreo – humor aquoso – cristalino (lente).

9. [6, 7, 10, 12] Embora as imagens dos objetos que observamos seja projetada na retina, onde ocorre a interpretação dessas imagens? Qual é o nervo percorrido pelos impulsos nervosos gerados pelos cones e bastonetes na retina?

10. [1, 6, 10, 15, 17] Uma pessoa sofreu um acidente que lhe causou uma lesão irreversível da área do cérebro encarregada da percepção olfativa. Os receptores sensoriais nasais, assim como o nervo olfativo, permaneceram intactos. Qual é a consequência desse tipo de acidente?

11. [4, 5, 10, 12] Ordene os fatos a seguir em uma sequência com sentido correto.
    ( ) Resposta muscular; agachar-se para cheirar a flor.
    ( ) Formação de uma imagem na retina.
    ( ) Captação de um estímulo: a visão de uma flor.
    ( ) Transmissão de impulsos por um nervo motor.
    ( ) Transmissão de impulsos por um nervo sensorial.
    ( ) Formação de uma sensação visual no córtex cerebral.
    ( ) Elaboração de uma resposta.

12. [1, 7, 10] Os órgãos dos sentidos recebem estímulos sensoriais do meio exterior ao corpo e transformam esses estímulos (luz, som, gosto, odor, pressão, calor) em impulsos nervosos, que são conduzidos pelos neurônios até o cérebro. Uma vez no cérebro, qual é o resultado desses estímulos?

13. [1, 6, 7, 10] Como se explica que para a ameba, organismo unicelular, um som muito alto, que tanto incomoda o homem, não provoca nela nenhuma reação?

14. **[1, 6, 7, 10]** O ser humano possui três tipos de cones na retina dos olhos. Um que distingue o verde, o outro distingue o vermelho e o terceiro, o azul. A mistura desses tons permite ao homem enxergar todas as cores.

Sabendo que (1) a quantidade de cones no ser humano é maior do que a quantidade nos cães, (2) que estes animais possuem apenas dois tipos de cones e ainda (3) são hipermetropes, como deve ser a visão dos cães comparada com a dos seres humanos?

15. **[1, 6, 7, 10]** Os cães possuem um super olfato, tão desenvolvido que são auxiliares importantes na busca por pessoas desaparecidas, explosivos, drogas ou outras substâncias. A presença de um olfato tão apurado compensa a hipermetropia nos cães para a sua sobrevivência? Justifique a resposta.

16. **[1, 6, 7, 10]** Os gatos estão entre os poucos mamíferos que não preferem alimentos doces, e essa indiferença é uma das razões da dificuldade para treiná-los, quando comparados com os cães. Em termos de receptores sensoriais, sugira um motivo de os gatos serem indiferentes a alimentos doces.

17. **[1, 6, 7, 10]** Os impulsos que atingem o cérebro por meio dos neurônios sensoriais são todos iguais, quer partam dos olhos ou dos ouvido. Como se explica, então, que se você pudesse tocar um neurônio do olho teria uma sensação visual e se pudesse tocar um neurônio do ouvido teria uma sensação auditiva, e não o contrário?

18. **[1, 6, 7, 8, 9, 10, 15, 17, 18]** É extremamente comum ouvir entre as pessoas em geral, e até nos meios de comunicação, que determinado indivíduo é surdo-mudo. Mas muitas vezes essa expressão é utilizada de forma incorreta, pois mudez e surdez são duas alterações anatômicas independentes, isto é, não estão conectadas. Para ser surdo-mudo ele precisaria ter mudanças no órgão auditivo e também na estrutura que permite a expressão oral. Uma pessoa surda tem todas as condições de se expressar oralmente.

Já que a surdez independe da mudez, por que, com raras exceções, a pessoa que não ouve não se expressa com palavras?

19. **[1, 6, 10, 11]** A comunicação entre as pessoas, uma característica da nossa espécie, se utiliza de sons articulados. O surdo está impossibilitado de usar essa linguagem pelo fato de não ouvir, não tendo assim condições de repetir as palavras. A falta de comunicação entre os surdos e a população em geral poderia trazer problemas graves de origem emocional para esses indivíduos, mas esse desafio tem sido vencido pelo uso da língua Libras (Língua Brasileira de Sinais), que se utiliza de sinais, expressões faciais e corporais para comunicação. Libras, por ser uma língua, um idioma oficial do nosso país, tem estrutura e regras próprias.

Qual é o principal órgão sensitivo que permite a comunicação na língua de sinais? Justifique a resposta.

20. **[1, 6, 7, 10]** Tente capturar uma mosca com a mão. É difícil, não é mesmo? As moscas têm um sistema formado por tipos de pelo espalhados por todo o seu corpo. Esses pelos são extremamente sensíveis ao deslocamento do ar. Então, qualquer movimento da mão perto do inseto o coloca em estado de alerta e ele, imediatamente, reage a esse estímulo ambiental e escapa voando.

Esse sistema que percebe o deslocamento do ar pode fazer parte dos órgãos dos sentidos da mosca? Justifique a resposta.

Navegando na net

Viaje pelo fantástico mundo dos nossos órgãos dos sentidos assistindo ao vídeo no endereço eletrônico <https://www.youtube.com/watch?v=c5ODGzBUMNc>. *Acesso em:* 26 out. 2023.

VÍRUS E BACTÉRIAS

capítulo 8

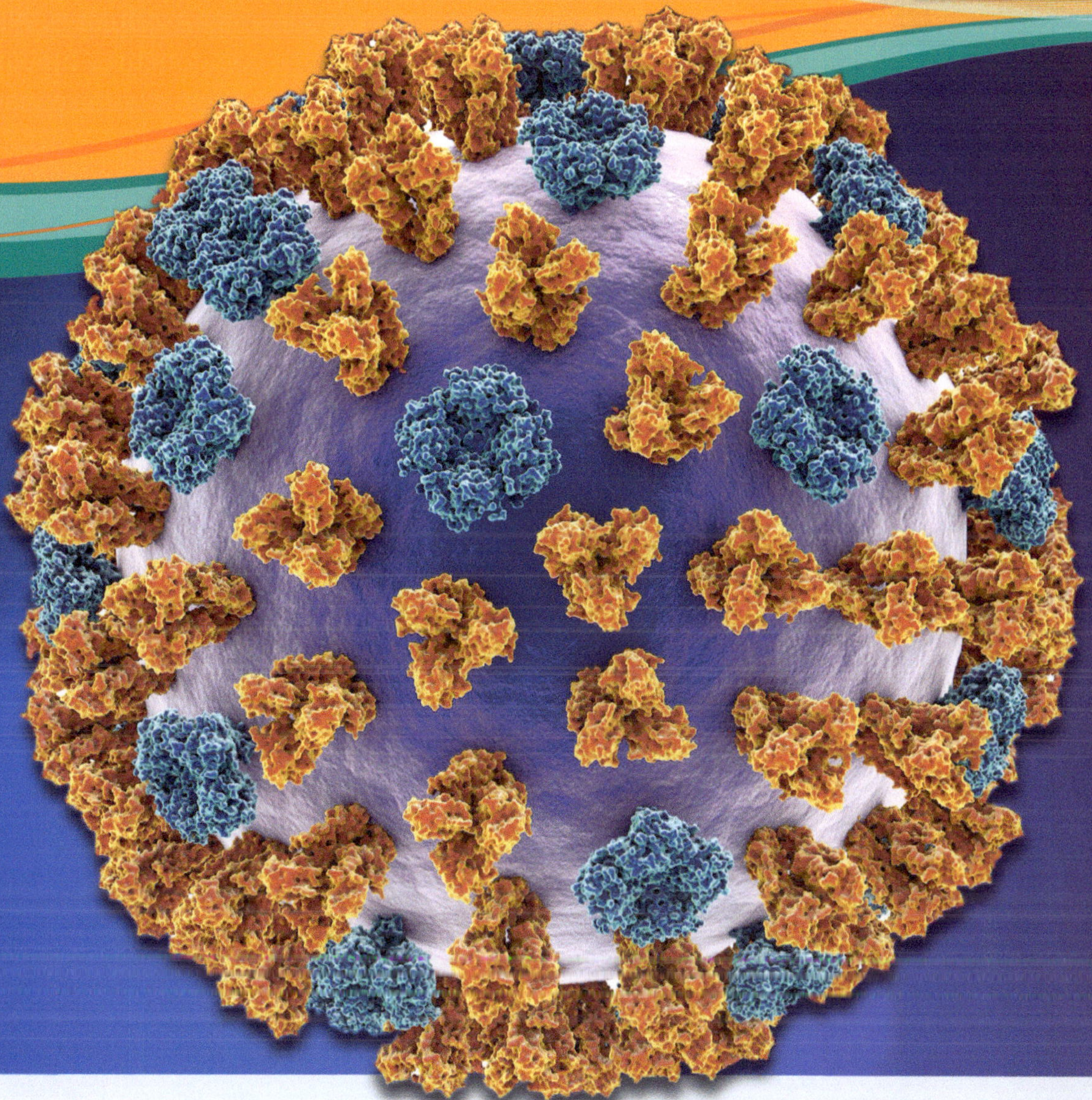

Diferentes de todos os outros organismos

Você está gripado de novo! Mas, não acabou de tomar a vacina contra a gripe? Pois é, a gripe é uma doença causada por vírus. E os vírus são seres extremamente simples, comparados aos outros seres vivos. Para começar, são acelulares, o que quer dizer que sua organização não tem como base uma célula. Para se reproduzirem, precisam entrar em uma célula e utilizar todo o equipamento que ela possui. É claro que isso acaba provocando a morte da célula hospedeira. Para piorar, o material genético do vírus é altamente sujeito a mutações. Isso quer dizer que, a qualquer momento, são gerados novos vírus, dotados de novas mensagens genéticas. E, por isso, novas vacinas contra os vírus da gripe têm de ser produzidas, no sentido de prevenir a ocorrência da doença nas pessoas. Vai ver, uma possibilidade é que sua gripe tenha sido causada por um vírus mutante, contra o qual a vacina que você tomou não funcionou. Pode ser. Além disso, alguns vírus ainda possuem a capacidade de infectar bactérias, um dos grupos do reino Monera.

Ao ler as páginas deste capítulo você terá várias informações sobre vírus e bactérias, suas características e as doenças que causam. E, o mais importante, saberá como atuar para preveni-las.

KATERYNA KON/SHUTTERSTOCK

Vírus: seres vivos ou não?

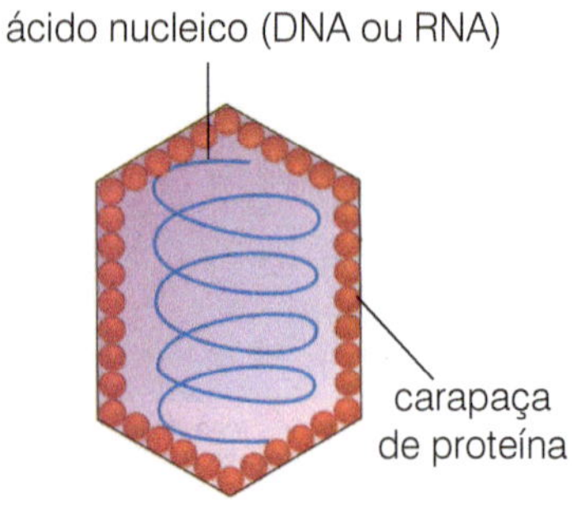

LUIS MOURA/acervo da editora

Estrutura de um vírus.

O que é preciso saber para responder a essa pergunta? Primeiro, comparar os vírus com os seres vivos celulares. Nestes, lembre-se que a célula possui alguns componentes fundamentais e obrigatórios: membrana plasmática, citoplasma e material genético de comando. Desses três componentes, os vírus possuem apenas um: moléculas de material genético, representado por um dos tipos de ácidos nucleicos (DNA ou RNA), protegido por um envoltório de proteína. Quer dizer, os vírus são conjuntos organizados de moléculas, sem, no entanto, apresentar organização celular. Dizendo de outro modo, são **acelulares**.

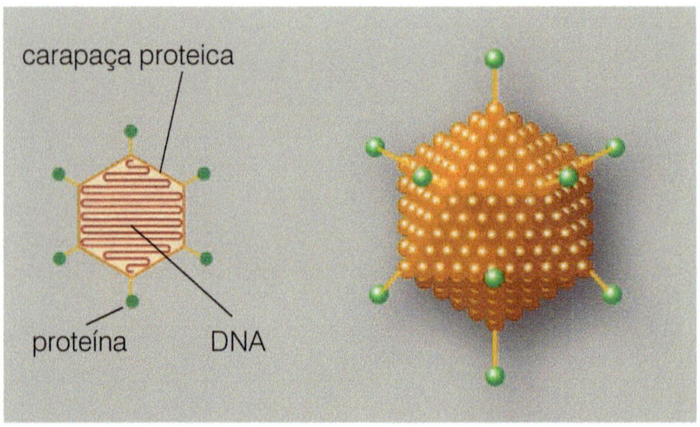

adenovírus

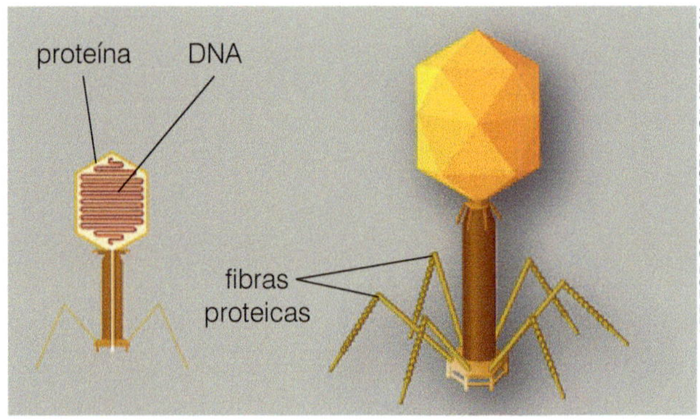

ART FOR SCIENCE/SPL DC/LATINSTOCK

bacteriófago T4

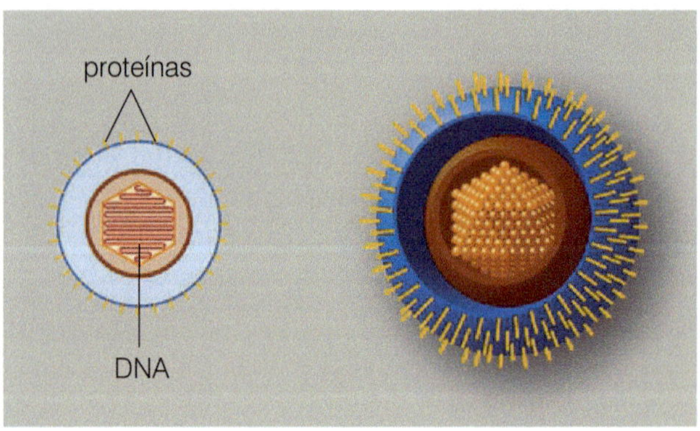

vírus da herpes (à direita, em corte)

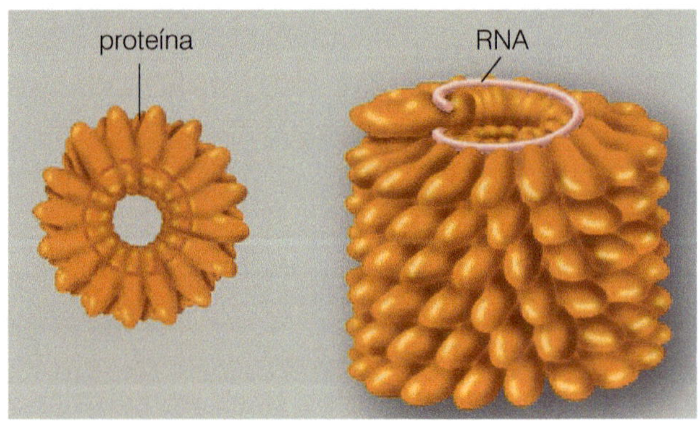

vírus do mosaico do tabaco

Ilustração mostrando alguns tipos de vírus, sendo vistas sua estrutura interna e sua forma exterior. Vírus não afetam apenas seres humanos – podem afetar plantas, como o caso do vírus do mosaico do tabaco; bactérias, como o bacteriófago T4, e animais, como o adenovírus (que causa, principalmente, doenças no trato respiratório) e o vírus da herpes.

Lembre-se!

Nos seres vivos celulares, o DNA é o material genético de comando. Nos vírus, o material genético pode ser o DNA ou o RNA.

O segundo conhecimento necessário refere-se à existência ou não de metabolismo próprio e à capacidade de reprodução. Os vírus não possuem metabolismo próprio e nem conseguem se reproduzir de forma autônoma, características que são próprias dos seres vivos celulares. O metabolismo e a reprodução dos vírus ocorrem somente quando estão no interior de uma célula.

Autônoma: por si só.

Neste caso, tomam-na “de assalto”, utilizam o seu equipamento para se multiplicar e a destroem ao final do processo, em um quadro arrasador. Por isso, dizemos que os vírus são **parasitas intracelulares obrigatórios**.

É SEMPRE BOM SABER MAIS!

Ácidos nucleicos

O DNA ou ADN (ácido desoxirribonucleico) e o RNA ou ARN (ácido ribonucleico) são as moléculas que constituem o material genético, isto é, o conjunto de genes que armazenam as informações hereditárias.

Fique por dentro!

Antigamente, quando não se conhecia a origem de várias doenças humanas, acreditava-se que eram transmitidas por venenos existentes no ar e na água. A palavra *vírus*, utilizada por médicos do passado para explicar a possível causa de enfermidades humanas, deriva do latim e significa *veneno*.

Reprodução dos vírus

Os vírus são incapazes de produzir suas próprias proteínas porque não têm ribossomos. Para esse fim utilizam os ribossomos das células que parasitam. Esses “operários” celulares passam a obedecer as ordens de comando do material genético do vírus invasor, de modo que, a partir daí, as proteínas produzidas destinam-se à construção de novas cápsulas virais.

O esquema abaixo explica como os vírus se reproduzem. O modelo é um vírus bacteriófago que, ao invadir e utilizar as substâncias da célula bacteriana, completa seu ciclo reprodutivo em curtíssimo espaço de tempo.

Bacteriófago: vírus que parasita exclusivamente células de bactérias.

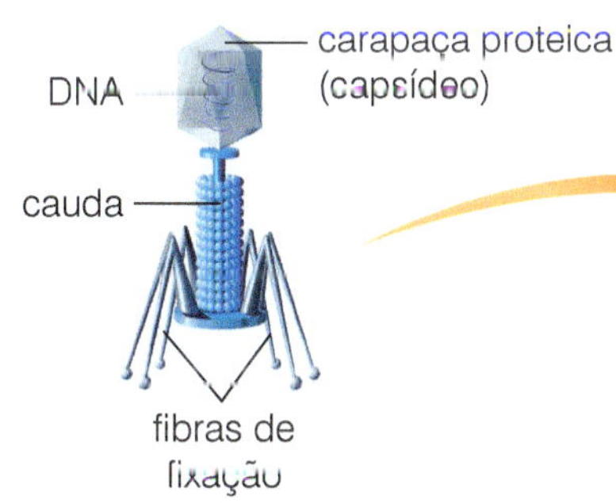

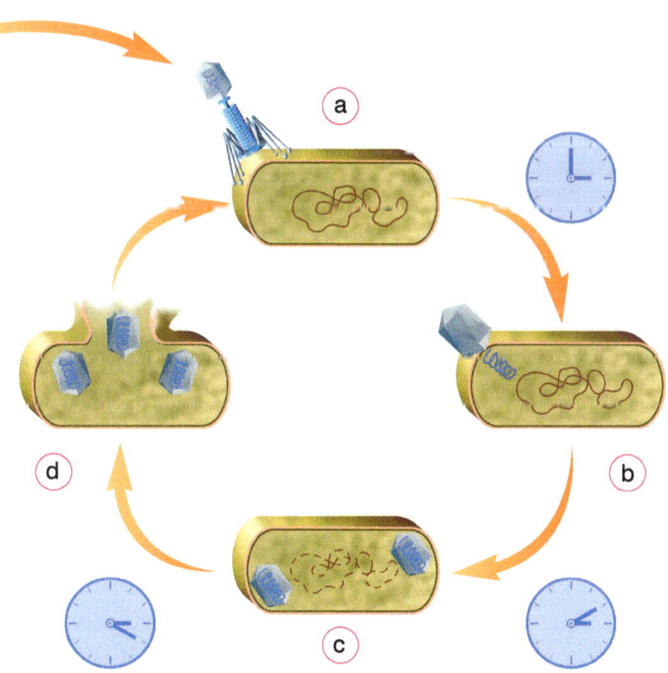

a) As fibras de fixação prendem o vírus à parede da bactéria (célula hospedeira).

b) Apenas o DNA viral penetra no citoplasma da bactéria; a carapaça do vírus permanece do lado de fora.

c) O DNA viral assume o comando da célula parasitada e duplica-se sucessivamente à custa do metabolismo da bactéria, utilizando o material genético dela (as bases do DNA bacteriano) para a produção de DNA dos novos vírus.
Os ribossomos das bactérias efetuam a síntese de proteínas para as cápsulas virais; novos vírus são montados.

d) A célula bacteriana é rompida, dezenas de vírus são liberados e novas células podem ser invadidas.

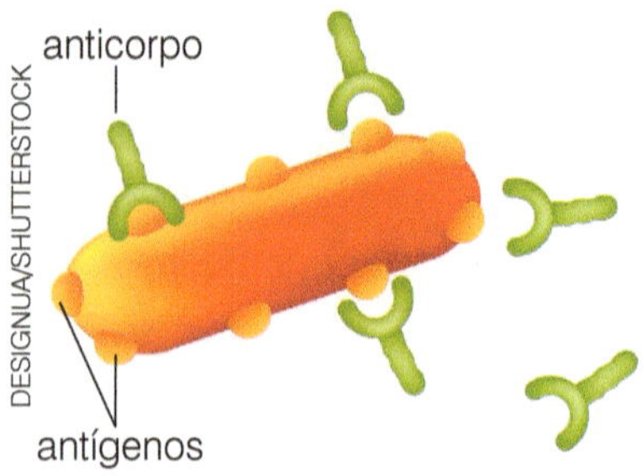

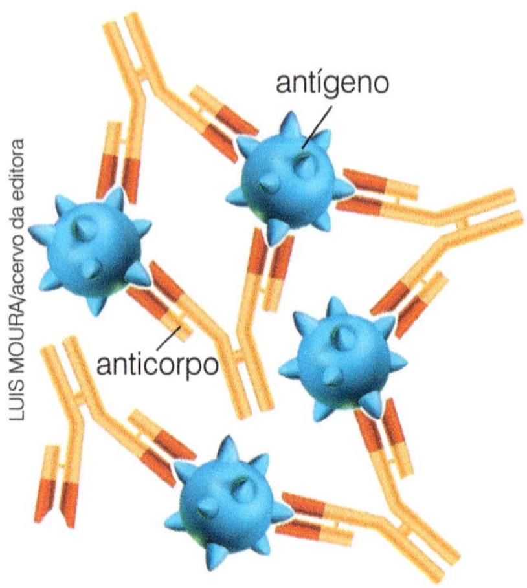

Como nosso organismo combate os vírus

Quando um computador é atacado por um vírus, prontamente acionamos um programa antivírus que, de modo geral, o reconhece e o elimina. Do mesmo modo, nosso corpo tem mecanismos de defesa para detectar e combater os vírus que o contaminam.

No envoltório dos vírus existem substâncias (em geral, moléculas de proteínas) que são prontamente reconhecidas como *estranhas* ao nosso organismo. Essas substâncias são **antígenos** (do grego, *anti* = contra + *genos* = gerar, produzir), assim chamados por estimularem o organismo infectado a produzir uma reação de defesa contrária a eles. A reação contrária é feita por meio da produção de substâncias específicas de combate, denominadas **anticorpos**. Anticorpos são moléculas de proteínas produzidas por células de defesa (glóbulos brancos) que fazem parte do sistema de defesa do nosso organismo.

Os antígenos presentes nas superfícies dos vírus são reconhecidos como substâncias estranhas ao organismo e são combatidos pelos anticorpos. Observe nas figuras como há um perfeito "encaixe" entre anticorpos e antígenos, pois os anticorpos são específicos para cada tipo de antígeno. (Cores-fantasia. Ilustrações fora de escala.)

ESTABELECENDO CONEXÕES

Cotidiano

Aleitamento materno

Com certeza você já ouviu falar da importância do aleitamento materno durante os primeiros meses de vida do bebê. Mas por que o leite materno é tão importante nessa fase da vida?

No leite materno existem inúmeros anticorpos que são passados para o bebê e, com isso, lhe dão uma maior proteção contra possíveis doenças. Desta forma, a amamentação é um tipo de imunização natural.

Vacinação: um modo de imunização artificial

Os computadores possuem programas antivírus em permanente funcionamento. É uma tática utilizada pelos programadores para a prevenção de ataques de programas estranhos que poderiam comprometer o funcionamento das máquinas. Do mesmo modo, os cientistas desenvolveram a estratégia da vacinação, que protege as pessoas do ataque de vírus e de outros microrganismos. Nesse procedimento, a meta é "ensinar" nossas células de defesa a prontamente reconhecerem as substâncias estranhas (antígenos) componentes dos invasores.

A técnica de produção de vacinas consiste, inicialmente, em criar os vírus em células apropriadas, encontradas em embriões que se desenvolvem, por exemplo, em ovos de galinha. Obtidos os vírus, pode-se "enfraquecê-los", para que não sejam capazes de causar doença ou, então, extrair as substâncias correspondentes aos antígenos virais. Adicionados em líquidos apropriados, esses vírus "enfraquecidos" são administrados às pessoas sob a forma de vacinas. Ao entrarem em contato com esses antígenos, nossas células de defesa "aprendem" a reconhecê-los e desencadeiam a produção de anticorpos protetores. Após essa reação inicial, permanecem em nosso sangue as chamadas "células de memória", que persistem em nossa circulação por longo tempo. Toda vez que o agente causador da doença penetra no organismo vacinado, as células de memória são acionadas e, rapidamente, desencadeiam a reação de defesa, com a produção de anticorpos que combaterão os invasores. Para certos vírus, é necessário efetuar periodicamente novas administrações da vacina (dose de reforço), no sentido de ativar novas células de memória, tornando, assim, a proteção mais efetiva.

É SEMPRE BOM SABER MAIS!

O soro possui finalidade curativa. A vacina é preventiva

Para a produção de anticorpos contra a toxina do tétano, por exemplo, utilizam-se animais.

Inoculam-se doses pequenas da toxina tetânica no cavalo que, em resposta, produz os anticorpos. Esses anticorpos do sangue do cavalo são extraídos e com eles prepara-se o **soro** que poderá ser injetado nas pessoas, quando necessário (veja a figura abaixo). Note que os anticorpos não foram produzidos pela pessoa ferida.

A duração dos anticorpos (presentes no soro) no organismo da pessoa que os recebe é pequena, limitando-se ao tempo necessário para inativar as toxinas produzidas pelas bactérias.

O soro, portanto, possui finalidade curativa e não preventiva.

Esse mecanismo também é usado contra venenos de cobras, escorpiões e aranhas.

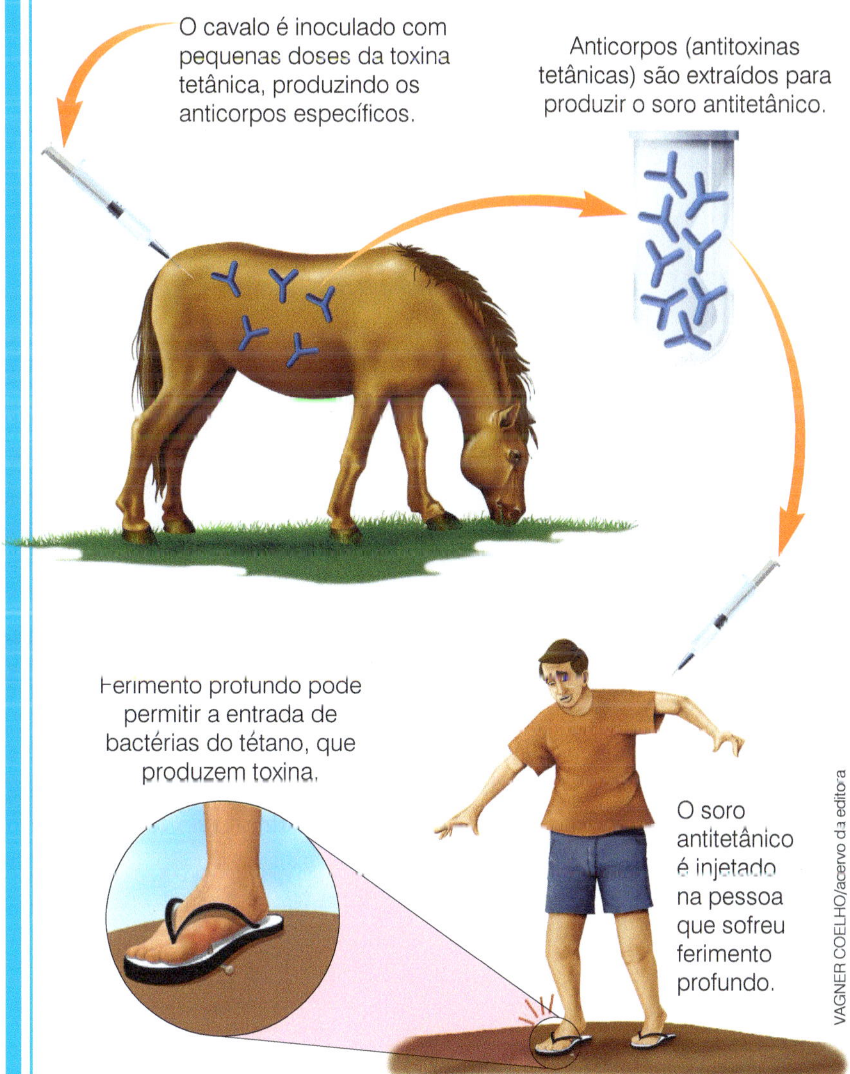

Produção de soro antitetânico.

Doenças causadas por vírus

Inúmeros vírus atacam células humanas, de animais e de plantas, destruindo-as e, muitas vezes, causando a morte de seus hospedeiros. Até mesmo bactérias podem ser atacadas por vírus.

Conhecidas popularmente como *viroses*, são muitas as doenças causadas nos seres humanos por vírus, entre elas a gripe, o sarampo, a dengue e a AIDS, por exemplo.

Gripe e resfriado comum

Também chamada de *influenza*, os principais sintomas da gripe são fraqueza, dor de cabeça, espirros, febre e coriza. A transmissão é direta, ou seja, de pessoa a pessoa, por meio da tosse, espirro ou saliva. O vírus é de RNA e contra ele existe vacina.

Coriza: corrimento nasal.

Jogo rápido

Pelo menos uma importante medida preventiva, relativa a hábitos higiênicos pessoais, pode servir para evitar que as pessoas se contaminem com os vírus da gripe e os do resfriado comum. Qual seria essa medida preventiva higiênica?

A gripe também é importante por abrir caminho para as doenças oportunistas bacterianas, como, por exemplo, a pneumonia. Nesses casos, os antibióticos são usados no combate às bactérias, pois, como se sabe, antibióticos não se aplicam a vírus.

O vírus do resfriado comum afeta as partes altas do aparelho respiratório, sendo comum a presença de coriza, mas raramente de febre. É vírus de DNA e sua transmissão também é direta, assim como na gripe. Para o resfriado não há vacina.

ESTABELECENDO CONEXÕES

Saúde

O material genético dos vírus sofre mutação

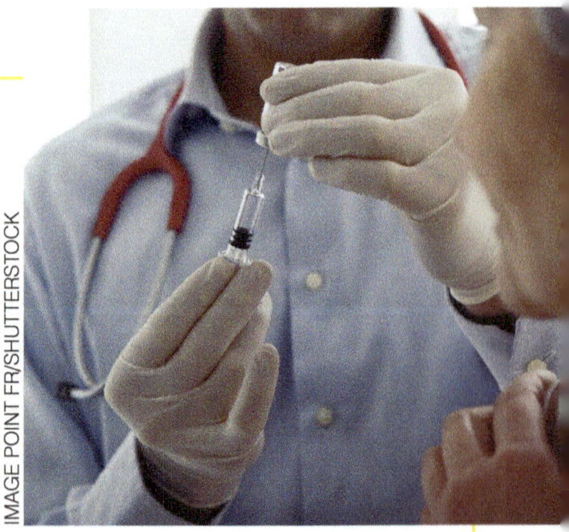

IMAGE POINT FR/SHUTTERSTOCK

Todos os anos o Ministério da Saúde promove campanhas de vacinação contra várias viroses. Entre elas, destaca-se a da prevenção da gripe em pessoas idosas. As defesas do organismo naturalmente enfraquecidas, sobretudo em pessoas dessa faixa etária, ficam sobrecarregadas ao combaterem os vírus da gripe e, por isso, prevenir-se contra ela é fundamental, evitando, assim, a invasão por microrganismos oportunistas, notadamente bactérias que causam pneumonias.

A pergunta que você deve estar pensando em fazer é: "— Por que é preciso ser imunizado anualmente contra os vírus que provocam gripe?". A resposta é simples. Como o material genético dos vírus se multiplica rapidamente e produz muitas cópias para a produção de novos vírus, ocorrem muitas alterações ("erros" de cópias), que são chamadas de *mutações*. É como se digitássemos rapidamente um texto no computador e cometêssemos erros. Claro que percebemos a maioria desses erros e os corrigimos. Mas alguns acabam passando. Com os vírus ocorre o mesmo. Muitas mutações permanecem e passam a fazer parte dos novos vírus mutantes. Algumas delas correspondem a novas informações e, portanto, a novos antígenos. Por isso, cada vez que você fica gripado, provavelmente os vírus que ingressaram em você eram diferentes dos anteriores. Isso implica nova produção de anticorpos, que culmina em nova imunização. Daí porque há necessidade de vacina contra a gripe a cada ano.

➢ Como seu organismo reage ao vírus da gripe?

Sarampo e catapora

Tanto no sarampo como na catapora surgem manchas ou vesículas avermelhadas na pele, além de febre e dor de cabeça.

No sarampo, além desses sintomas ainda ocorre uma secreção ocular com pus. Sua transmissão é direta, de pessoa a pessoa, por meio de gotículas de saliva e espirros que eliminam secreções das vias respiratórias. Segundo dados do Ministério da Saúde, em 2016 o Brasil recebeu da Organização Pan-Americana da Saúde (OPAS) o certificado de eliminação da circulação do vírus do sarampo. No entanto, em 2018 o país enfrentou surtos de sarampo em Roraima e no Amazonas. Além disso, alguns casos foram identificados em São Paulo, Rio Grande do Sul, Rondônia e Rio de Janeiro. A vacina contra o sarampo é a única forma de se prevenir contra a doença.

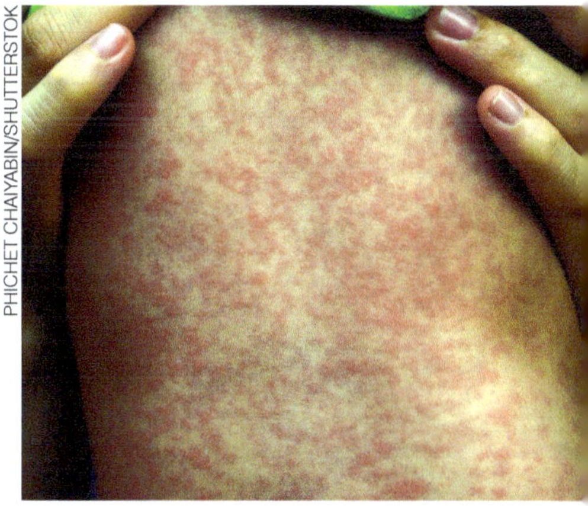
PHICHET CHAIYABIN/SHUTTERSTOCK

A transmissão do sarampo ultrapassa o período de incubação, que é de 6 a 10 dias, e só cessa até, aproximadamente, 4 dias depois de surgirem as manchas avermelhadas na pele. Estas se distribuem pelo corpo todo e desaparecem depois de uma semana.

A catapora, também chamada de varicela, causa também vômitos e muita coceira. Sua transmissão ocorre por meio de gotículas de saliva e utensílios contaminados. Assim como o sarampo, é altamente contagiosa.

Existem vacinas tanto para o sarampo como para a catapora e elas fazem parte do Calendário Nacional de Vacinação.

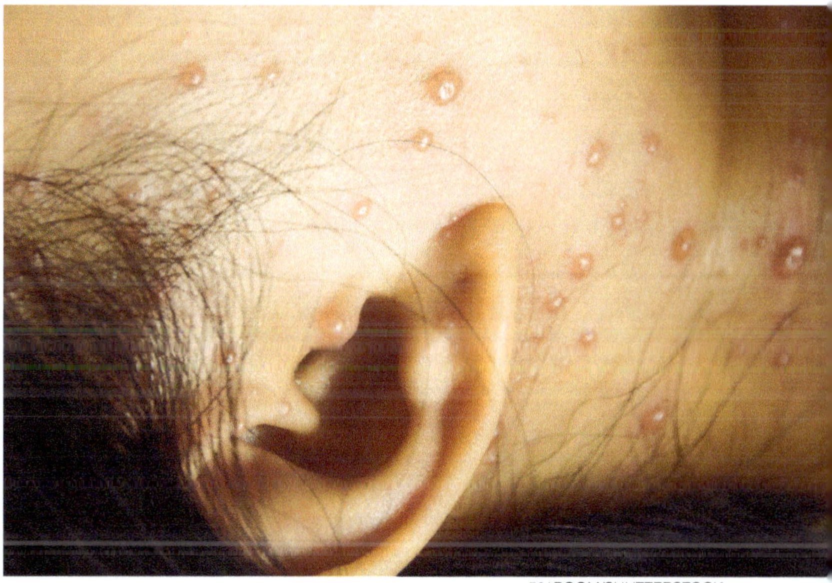
501ROOM/SHUTTERSTOCK

O período de incubação da catapora é de 10 a 20 dias. As vesículas que se formam na pele não devem ser estouradas, a fim de evitar a contaminação por bactérias. As bolhas secam, transformando-se em crostas, e o paciente é contagioso desde o período de incubação até que se formem as crostas.

Dengue

A transmissão da dengue se dá pela picada do mosquito *Aedes aegypti* e os principais sintomas são febre (que pode passar dos quarenta graus Celsius), fraqueza, falta de apetite, dores de cabeça, nos músculos, nas juntas e nos olhos, além de manchas avermelhadas por todo o corpo.

Podem ocorrer hemorragias na gengiva e no nariz em caso de uma segunda infecção por outra variedade do vírus.

A dengue hemorrágica é doença séria, que pode levar à morte. Como não há vacina até o momento para a dengue, o mais importante é a prevenção, que deve contar com a colaboração, não só das entidades governamentais, mas principalmente da população.

Descubra você mesmo!

Procure no site do Ministério da Saúde o Calendário Nacional de Vacinação e verifique se há recomendação de alguma vacina para sua faixa etária.

DE OLHO NO PLANETA

Ética & Cidadania

Prevenção da dengue

A ação mais simples para prevenção da dengue é evitar o nascimento do mosquito, já que não existem vacinas ou medicamentos que combatam a contaminação. Para isso, é preciso eliminar os lugares que eles escolhem para a reprodução.

A regra básica é não deixar a água, principalmente limpa, parada em qualquer tipo de recipiente.

Como a proliferação do mosquito da dengue é rápida, além das iniciativas governamentais é importantíssimo que a população também colabore para interromper o ciclo de transmissão e contaminação. Para se ter uma ideia, em 45 dias de vida, um único mosquito pode contaminar até 300 pessoas. (...)

É bom lembrar que o ovo do mosquito da dengue pode sobreviver até 450 dias, mesmo se o local onde foi depositado estiver seco. Caso a área receba água novamente, o ovo ficará ativo e poderá atingir a fase adulta em um espaço de tempo entre 2 e 3 dias. Por isso é importante eliminar água parada e lavar os recipientes com água e sabão.

Disponível em: <http://www.peruibe.sp.gov.br/dengue-zika-e-chikungunya-saiba-como-prevenir/>. *Acesso em:* 30 out. 2023.

➢ Sabendo que a erradicação da dengue depende de ações diretas da população, o que você sugere para diminuir a possibilidade de desenvolvimento do mosquito *Aedes aegypti*, transmissor da doença?

Febre amarela

A febre amarela é assim chamada porque a pele e os olhos ficam amarelados, sinais conhecidos como *icterícia*, devido a lesões que o vírus causa no fígado, com liberação de um pigmento, a bilirrubina, que se deposita nas regiões afetadas e ocasiona o tom amarelado da pele e dos olhos. Podem também ser afetados o coração e os rins. Outros sintomas podem estar presentes: febre alta, dores musculares e de cabeça, náuseas.

Há tempos a febre amarela era considerada uma doença do meio rural, em que os transmissores são os mosquitos *Haemagogus* sp. e *Sabethes* sp., e os macacos das regiões silvestres podem atuar como reservatórios do vírus, não transmissores. Como a virose atingiu o meio urbano a partir de 2017, o *Aedes aegypti* passou a ser o transmissor do vírus. Muitas mortes ocorreram nos estados de Minas Gerais, São Paulo e Rio de Janeiro. Há evidências de que o conhecido acidente de Mariana, que ocorreu no estado de Minas Gerais e atingiu o rio Doce, possa estar relacionado com o espalhamento dos vírus. Nesse caso, a eliminação dos predadores naturais do *Haemagogus* sp. e do *Sabethes* sp., como peixes, lagartixas, lagartos, cobras e sapos, propiciou a reprodução e multiplicação dos mosquitos, o que favoreceu a propagação do vírus em macacos e, posteriormente, para as pessoas das regiões afetadas. A prevenção, do ponto de vista médico, ocorre por meio de vacina que, há tempos, existe em nosso país.

Como o número de casos aumentou bruscamente, ao longo dos anos de 2017 e 2018 foi proposta a utilização da chamada vacina fracionada, também protetora, embora contenha menor quantidade de vírus inativados que estimulam a produção de anticorpos nas pessoas vacinadas. Autoridades de Saúde acreditam que essa vacina propicia proteção adequada, se bem que de menor duração relativamente à vacina integral. Do ponto de vista da Ecologia, a prevenção deve ser adotada com os mesmos recursos utilizados na prevenção contra a dengue, ou seja, com o controle das populações dos mosquitos transmissores.

AIDS

A AIDS é doença causada pelo vírus da imunodeficiência humana, conhecido por HIV. O vírus ataca o sistema de defesa do organismo. Com isso, há baixa produção de anticorpos, o que favorece o desenvolvimento de doenças oportunistas, que se instalam com facilidade no organismo debilitado.

É doença sexualmente transmissível (DST) para a qual existem medicamentos que podem melhorar a qualidade de vida dos portadores, mas ainda não há cura. Assim, novamente, o mais importante é a prevenção, já que não há vacina, nem se conhecem até o momento mecanismos para sua cura.

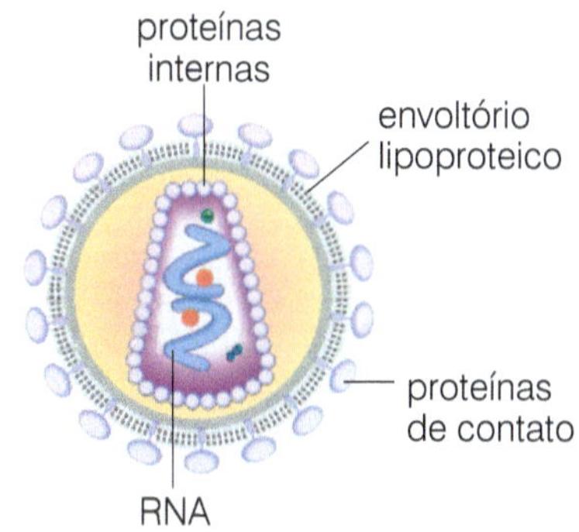

Esquema do vírus HIV. Pelas proteínas de contato o vírus liga-se à célula que será infectada.

LUIS MOURA/acervo da editora

É SEMPRE BOM SABER MAIS!

Formas de contágio pelo HIV

Como o HIV, vírus causador da AIDS, está presente no sangue, sêmen, secreção vaginal e leite materno, a doença pode ser transmitida de várias formas:

- sexo sem camisinha – pode ser vaginal, anal ou oral;
- de mãe infectada para o filho durante a gestação, o parto ou a amamentação – também chamada de transmissão vertical;
- uso por mais de uma pessoa da mesma seringa ou agulha contaminadas;
- transfusão de sangue contaminado com o HIV;
- instrumentos contaminados que furam ou cortam não esterilizados.

Evitar a doença não é difícil. Basta usar camisinha em todas as relações sexuais e não compartilhar seringa, agulha e outro objeto cortante com outras pessoas. O preservativo está disponível na rede pública de saúde. Caso não saiba onde retirar a camisinha, ligue para o Disque Saúde (136).

Adaptado de: <https://bvsms.saude.gov.br/hiv-e-aids/>. *Acesso em:* 30 out. 2023.

Covid

Covid, também conhecida por Síndrome Respiratória Aguda Grave, é virose causada pelo vírus SARS-CoV-2, um coronavírus, cujo material genético é representado por uma única molécula de RNA, que afetou milhões de pessoas pelo mundo a partir do final do ano de 2019 e causou milhares de mortes. O vírus penetra nas pessoas pelas vias respiratórias e também por meio de mãos contaminadas. Diversas células corporais de órgãos vitais são afetadas pelo ingresso do vírus no organismo humano, entre elas células alveolares pulmonares, olfativas e gustativas (paladar), intestinais, nervosas (neurônios) de vários órgãos do sistema nervoso humano. Os principais sintomas estão relacionados aos tipos celulares afetados: perda do olfato, perda do paladar, tosse, cansaço (fadiga), diarreia, febre, falta de ar, dor de cabeça, entre outros.

Devido à intensidade dos sintomas, milhares de pessoas faleceram pela contaminação de órgãos vitais afetados. Com a progressão da doença, várias vacinas foram produzidas com inúmeros efeitos benéficos e preventivos. Além da vacinação, as principais medidas preventivas adotadas foram: uso de máscaras e luvas, evitar aglomerações, permanecer nas residências (inclusive para trabalhar). Em pessoas hospitalizadas, a intubação foi utilizada para a ventilação dos alvéolos pulmonares e oxigenação dos tecidos do organismo.

Doenças causadas por vírus.

Doença viral	Características
Caxumba	Inchaço de glândulas salivares situadas sob a pele do rosto abaixo da orelha. Transmissão direta, de pessoa a pessoa, por gotículas de saliva e utensílios contaminados (talheres, copos). Existe vacina.
Chikungunya	Dor de cabeça, febre alta, dor na parte de trás dos olhos, mal-estar, dores musculares. Transmissão pela picada de fêmeas do mosquito *Aedes aegypti*. Não há vacina. Prevenção: controle dos insetos transmissores.
Crista de galo (vírus HPV)	Verrugas em órgãos genitais; DST; câncer de órgãos genitais e do colo uterino. Há vacina.
Febre amarela	Pele amarelada (icterícia), febre alta, dores de cabeça e musculares, náuseas. Afeta fígado, rins, coração e outros órgãos. Transmissão pela picada do mosquito *Aedes aegypti*. Existe vacina.
Hepatites	São inflamações do fígado causadas por vários tipos de vírus. As principais são as hepatites A, B e C. A pele e a conjuntiva ocular (o "branco" dos olhos) ficam amareladas (icterícia), fezes claras. A – contágio por água e alimentos contaminados pelas fezes humanas. Repouso e alimentação adequada; regride normalmente; B – contágio por transfusões de sangue contaminado e relações sexuais. Pode provocar cirrose ou câncer de fígado; C – transmissão como na hepatite B. Pode não apresentar sintomas, e provocar cirrose e câncer de fígado. Vacinas para a hepatite A e B apenas.
Herpes	Há mais de um tipo; afeta a boca (herpes labial), órgãos genitais (herpes genital), nervos da face e do tronco e globo ocular. Transmissão direta de pessoa a pessoa. Não há vacina, mas há medicamentos que atenuam os sintomas.
Poliomielite (paralisia infantil)	Os vírus atacam os nervos que inervam a musculatura, incapacitando-a de executar movimentos. Existe vacina (Sabin) administrada por via oral. Transmissão direta por meio da saliva, secreções respiratórias, alimentos e objetos contaminados.
Raiva (hidrofobia)	Em geral, a transmissão se faz pela saliva de cães e morcegos hematófagos contaminados. Afeta o sistema nervoso e, se não tratada, é fatal, pois provoca paralisia dos músculos respiratórios e morte por asfixia.
Rubéola	Febre, mal-estar, manchas vermelhas na pele, durante 3 a 5 dias. Transmissão direta, de pessoa a pessoa, por meio da saliva. Na gravidez, o vírus pode passar para o feto e causar lesões e morte fetal. Existe vacina. Não se recomenda vacinar mulheres grávidas, pois há risco, embora pequeno, de ocorrência de anomalias no feto. A orientação é que a mulher não engravide até 3 meses após a vacinação.
Zika	Dor de cabeça, dores nas articulações, diarreia. Microcefalia (diminuição do volume cerebral) e sintomas típicos da Síndrome de Guillain-Barré: visão prejudicada, surdez, aceleração dos batimentos cardíacos (taquicardia), disfunção pulmonar, fraqueza muscular, queimação e dormência. Transmissão pela picada de fêmeas do mosquito *Aedes aegypti*. Não há vacina. Prevenção: controle dos insetos transmissores.

EM CONJUNTO COM A TURMA!

Reúna seu grupo de trabalho e realizem a atividade a seguir.

Para preencher os quadrinhos de 1 a 8, vocês devem utilizar as seguintes palavras: acelulares, *Aedes aegypti*, dengue, doenças, hepatites, intracelulares, proteínas, RNA.

À medida que preencherem os quadrinhos, risquem a palavra que escolheram para não usá-la novamente.

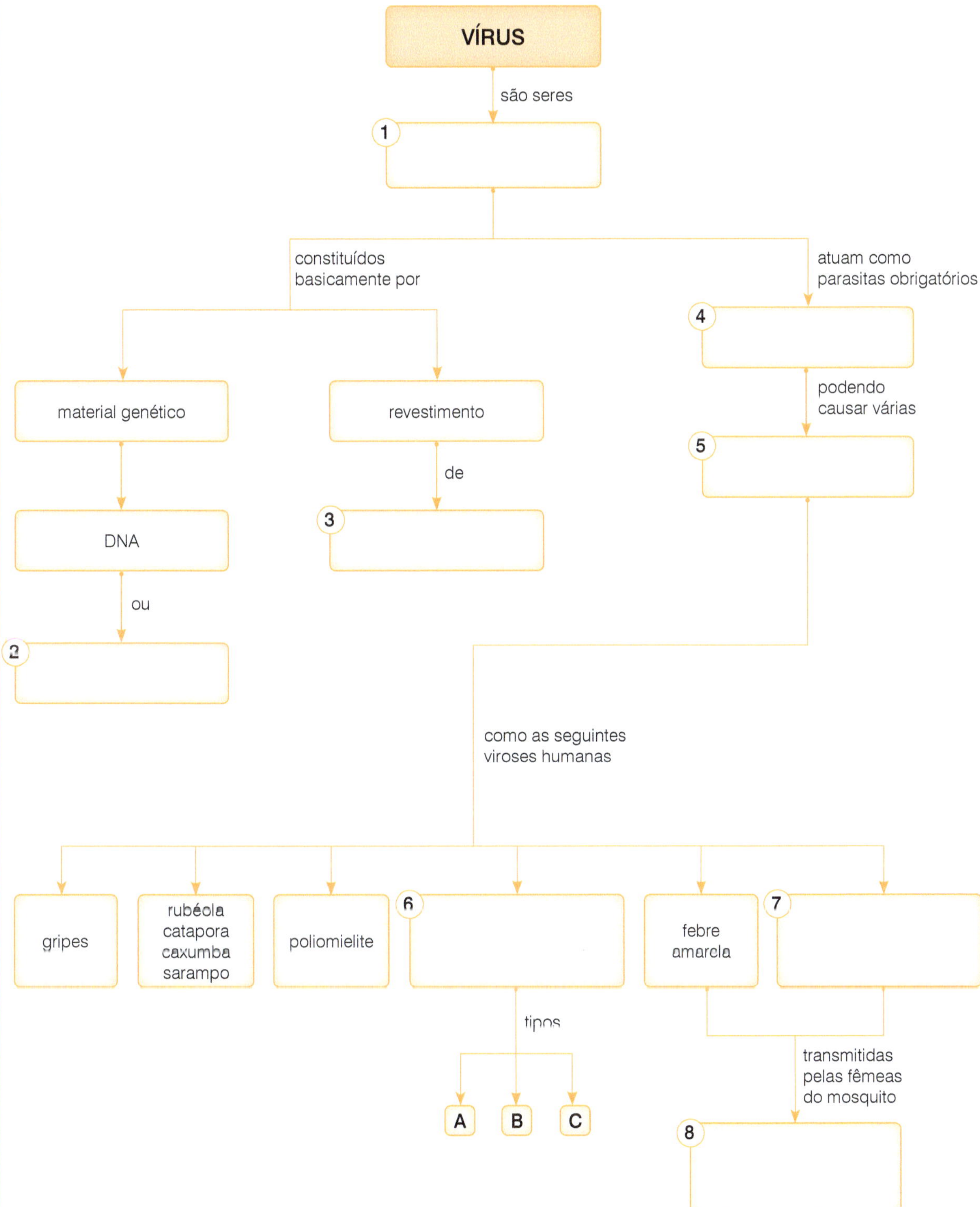

Reino Monera

O reino Monera é formado por **bactérias** e **cianobactérias**, seres muito simples cuja característica mais marcante é o fato de não apresentarem um núcleo diferenciado.

O estudo das bactérias e das cianobactérias revela sua grande importância para a saúde e a economia. Além disso, sem elas, muitas espécies animais e vegetais não sobreviveriam.

Se as bactérias deixassem de existir, talvez não houvesse muitas doenças, mas as atividades vitais da Terra "parariam", cadáveres se amontoariam, lixo seria acumulado... Será que as bactérias poderiam deixar de existir?

A célula bacteriana

Perceba como é a célula de uma bactéria com formato de bastão, cujo esquema abaixo baseia-se em foto obtida com o uso de um microscópio eletrônico, instrumento que permite visualizar estruturas microscópicas com muitos detalhes.

Lembre-se que a célula bacteriana é *procariótica*, isto é, *não possui núcleo organizado*. Seu *material genético* – representado por uma molécula de DNA em forma de anel – fica disperso no *citoplasma*. Além desse material genético principal, existem pequenas moléculas de DNA soltas, que constituem os *plasmídios*. *Ribossomos* são as únicas organelas encontradas e atuam na síntese das proteínas bacterianas. O envoltório fundamental da célula é a *membrana plasmática*, circundada por uma *parede celular*, mais espessa, de reforço e proteção.

Fique por dentro!

Membrana plasmática, *citoplasma*, *ribossomos* e *material genético* (DNA) são os componentes comuns a qualquer célula, procariótica ou eucariótica. A diferença entre células procarióticas e eucarióticas é a presença, nestas últimas, de um núcleo organizado, rodeado por membrana.

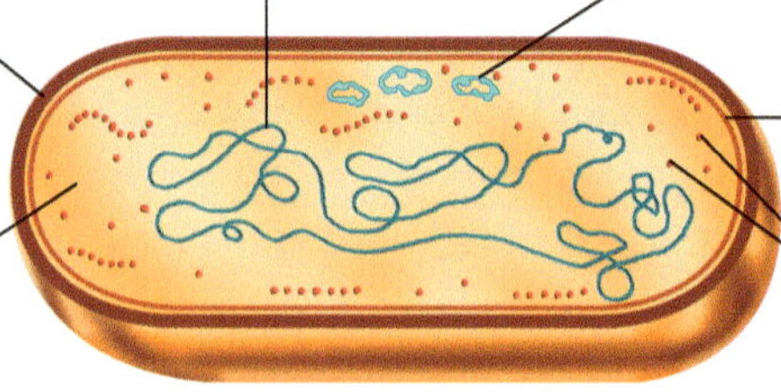

Estrutura celular bacteriana. (Cores-fantasia. Ilustração fora de escala.)

A forma das bactérias

Bactérias são seres invisíveis a olho nu. Para observá-las, é necessário o uso de microscópios. Com os comuns, do tipo que utilizamos em laboratórios de Ciências, é possível ter uma noção pouco precisa desses seres, visualizando-se, de maneira geral, apenas a forma externa da célula. Empregando-se aparelhos mais complexos, como o microscópio eletrônico, certos detalhes internos e externos ficam mais visíveis, como, por exemplo, a existência de ribossomos mergulhados no citoplasma.

O esquema abaixo mostra as formas comuns de células bacterianas: cocos, bacilos, espirilos, vibriões.

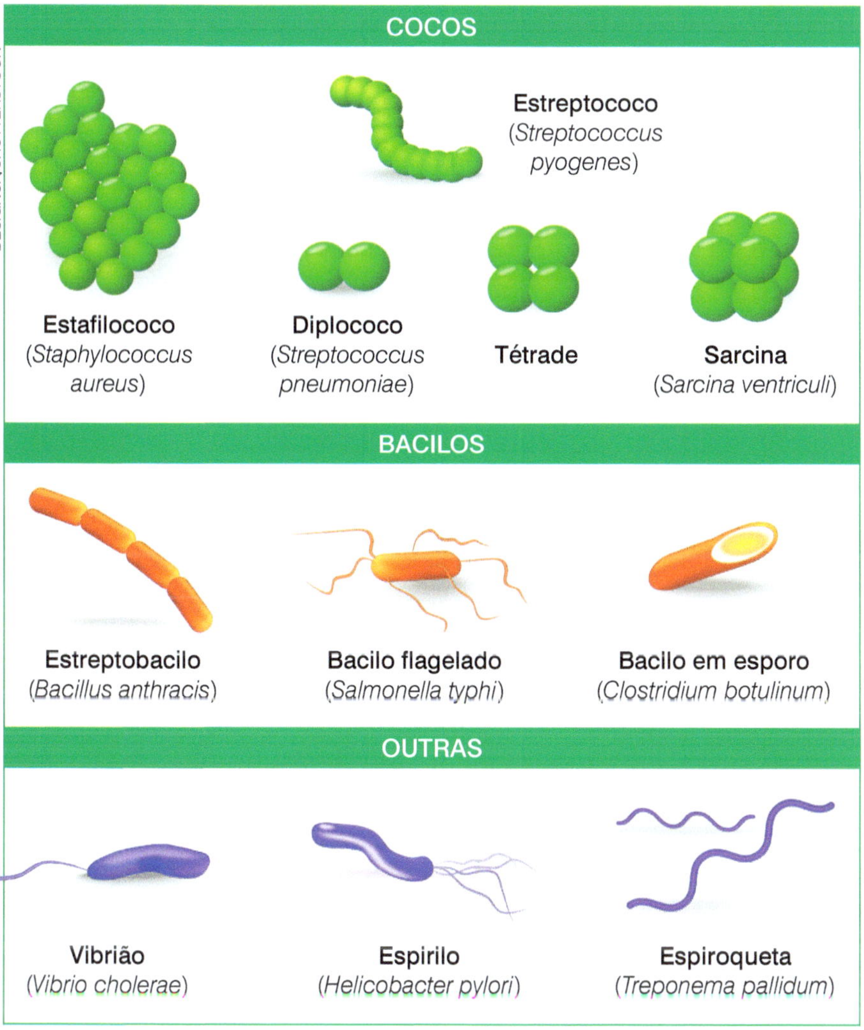

DESIGNUA/SHUTTERSTOCK

As diferentes formas das bactérias. O nome coco é derivado do grego *kókkos* e significa grão (observe seu formato esférico); bacilo é derivado do latim *bacillum* e significa vareta, bastão. Costuma-se dizer que os vibriões se parecem com pequenas vírgulas e as espiroquetas, com saca-rolhas.

Descubra você mesmo!

Observe a figura com as diferentes formas das bactérias e deduza o que significam os prefixos "estafilo" e "estrepto". Depois, recorra a um dicionário para confirmar o que esses prefixos indicam.

É SEMPRE BOM SABER MAIS!

Se há um grupo que pode ser encontrado em praticamente qualquer lugar da Terra, esse é o das bactérias. No ar, no solo, na água, no interior e na superfície de outros seres vivos, no interior da crosta terrestre, no gelo das calotas polares e no mais profundo dos mares são encontradas bactérias.

Sob condições desfavoráveis (temperatura elevada, desidratação), bactérias formam *esporos* (do grego, *spora* = semente). São formas de resistência que podem se manter em um estado de vida latente (aparentemente sem vida) durante anos. Os esporos estão por toda a parte e, encontrando condições favoráveis, voltam à forma celular ativa.

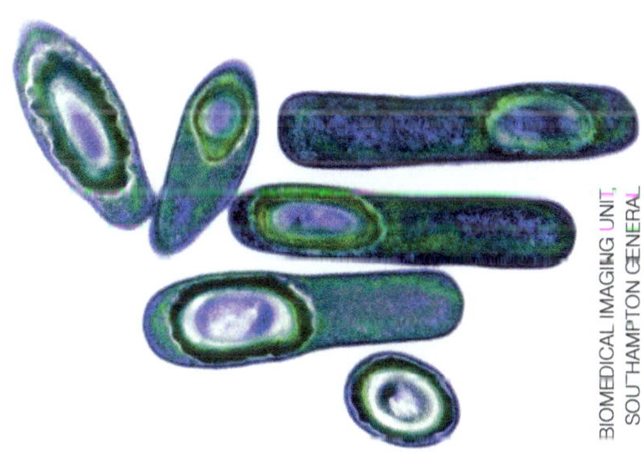

BIOMEDICAL IMAGING UNIT, SOUTHAMPTON GENERAL HOSPITAL/SPL/LATINSTOCK

Bactéria *Clostridium difficile*, integrante da flora intestinal humana. Essa bactéria forma esporos (na foto, os discos ovalados), que são muito resistentes ao calor e aos antibióticos. É uma das causas mais frequentes de infecção hospitalar. (Imagem colorida artificialmente, obtida a partir de um microscópio eletrônico. Ampliação: 7.400 vezes.)

Nutrição e respiração bacterianas

Bactérias autótrofas são mais raras e produzem seu alimento orgânico utilizando a energia proveniente da luz do Sol ou de outras fontes de energia, liberada a partir de reações químicas. As que utilizam a luz solar como fonte de energia são fotossintetizantes, processo que conta com a participação, entre outras, de moléculas específicas de clorofila bacteriana.

As que não produzem o seu alimento orgânico e precisam obtê-lo de outras fontes são chamadas **bactérias heterótrofas**. A grande maioria vive basicamente da decomposição de materiais orgânicos, encontrados no ambiente; algumas espécies obtêm seu alimento associando-se a outros seres vivos.

Nas chamadas **bactérias aeróbias**, as atividades metabólicas celulares são executadas na presença de oxigênio, do mesmo modo que ocorre na maioria dos animais, incluindo os seres humanos. Há, no entanto, inúmeras **bactérias anaeróbias**, nas quais o metabolismo ocorre na ausência de oxigênio.

Fique por dentro!

Atividades metabólicas que produzem energia para a manutenção dos processos vitais são mais eficientes quando há participação do oxigênio. A quantidade de energia liberada nessas reações é maior.

Reprodução das bactérias

É surpreendente a velocidade de multiplicação das bactérias. Para se ter uma ideia do que estamos dizendo, se você, de manhã, estiver bem de saúde e, de repente, à tarde, apresentar dor de garganta, com pus, pode estar certo de que lá existem bactérias que se multiplicaram rapidamente a partir das poucas bactérias que invadiram sua garganta. É simples entender o porquê.

Se uma bactéria invadir a sua garganta e encontrar condições ideais, ela agride as suas células, obtém delas o alimento necessário e em cerca de 20 minutos se divide em duas. Mais vinte minutos e as duas bactérias viram quatro, as quatro produzem oito e assim, sucessivamente, até a sua garganta se encher de bactérias. Qual é o princípio que permite essa multiplicação desenfreada? É a facilidade com que ocorre a divisão da célula bacteriana, que ilustramos no esquema ao lado. É uma reprodução por **divisão binária**, ou seja, a partir de uma bactéria formam-se duas. Leia a legenda que acompanha o esquema para entender esse processo de divisão.

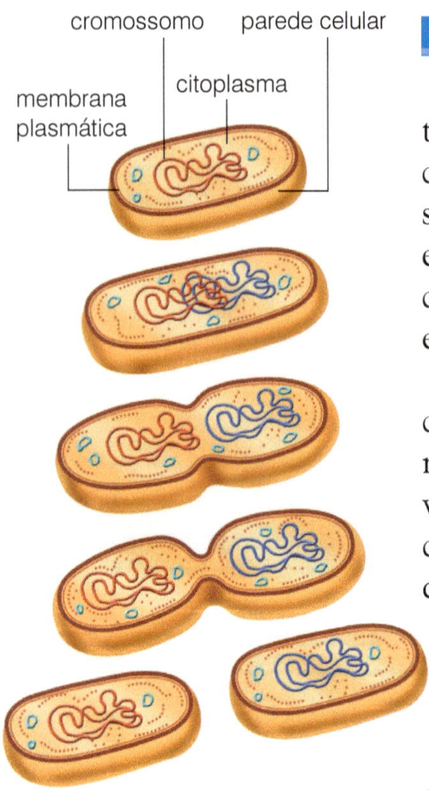

No início do processo de divisão binária, a célula bacteriana aumenta de volume e duplica seu material genético.

À medida que a célula bacteriana se alonga, os cromossomos se separam e, gradativamente, a membrana plasmática e a parede celular dividem as duas células.

A importância das bactérias

Apesar da aparente simplicidade da célula bacteriana, ela executa uma infinidade de tarefas metabólicas importantes tanto para o ambiente como para o homem, como você verá a seguir.

Decomposição

A decomposição da matéria orgânica é um dos importantes papéis ecológicos das bactérias. Esse processo é efetuado tanto aeróbia como anaerobiamente. É uma atividade que libera diversos tipos de nutrientes minerais e orgânicos que, de outra maneira, não poderiam ser devolvidos para a biosfera, impossibilitando a construção do corpo de outros seres vivos. Sem a decomposição da matéria orgânica a vida não teria continuidade.

Fixação do nitrogênio

Algumas espécies de bactérias são capazes de efetuar a *fixação biológica de nitrogênio atmosférico*. Destacam-se as bactérias do gênero *Rhizobium*, que são encontradas em nódulos existentes em raízes de algumas plantas como, por exemplo, feijão e soja.

Em associação com outros seres vivos

Um grupo particular de bactérias heterótrofas é o que vive em simbiose no interior de outros seres vivos, sem causar prejuízos. É o que ocorre no estômago dos animais ruminantes (bois, búfalos, cabras, ovelhas, camelos, lhamas). Nesse caso, o alimento ingerido pelos animais, principalmente a celulose contida nos vegetais, é digerido pelas bactérias e os produtos ricos em energia resultantes da digestão (moléculas de glicose) são aproveitados por elas e também pelos animais que as hospedam. Estes protegem as bactérias ao abrigá-las em seu interior e, ao mesmo tempo, fornecem a elas muitas substâncias úteis ao metabolismo bacteriano. É uma troca mútua entre as duas espécies, característica de uma associação simbiótica do tipo *mutualismo*.

Simbiose: associação entre dois ou mais seres vivos.

DE OLHO NO PLANETA
Sustentabilidade

Bactérias e metano

No estômago dos ruminantes, como já dissemos, existe uma comunidade de microrganismos, muitos deles pertencentes a diferentes espécies de bactérias anaeróbias. Elas digerem a celulose existente nos vegetais que constituem o alimento dos animais, resultando moléculas de glicose. Ao utilizarem a glicose em seu metabolismo anaeróbio, as bactérias produzem o gás metano (CH_4), que é expelido pelos ruminantes na eructação (ato de arrotar).

Outras espécies de bactérias, também anaeróbias, vivem em aterros sanitários e, ao utilizarem o alimento orgânico existente nesses locais, liberam enormes quantidades desse mesmo gás. Esse biogás é hoje considerado um potente gás causador do efeito estufa, na medida em que sua capacidade de reter o calor gerado pela luz do Sol é cerca de vinte e uma vezes maior do que a do gás carbônico. Como é um excelente combustível, existem inúmeros projetos que visam utilizá-lo, por exemplo, na geração de eletricidade e calor.

PROCHASSON FREDERIC/SHUTTERSTOCK

Importância econômica

PHOTOLOGY1971/SHUTTERSTOCK

Originalmente, o vinagre era produzido a partir da fermentação do vinho, mas hoje em dia também pode ser produzido a partir da fermentação de sucos de fruta, como, por exemplo, maçã ou morango.

O homem aprendeu a utilizar bactérias em seu proveito. Um bom exemplo é a produção de iogurtes. Por meio de um processo conhecido como **fermentação láctica**, as bactérias conhecidas como *lactobacilos* transformam o leite em coalhada ou iogurte. Os lactobacilos decompõem o açúcar natural do leite, a *lactose*, e, a partir dele, produzem um composto orgâncio mais simples, o *ácido láctico*, que dá o sabor azedo ao iogurte ou à coalhada. Ao quebrarem a lactose, essas bactérias obtêm energia para suas atividades vitais.

As bactérias também são importantes na fabricação de antibióticos, substâncias úteis no tratamento de infecções causadas por outras espécies de bactérias, que podem ocorrer tanto em seres humanos como em animais de criação.

Fique por dentro!

Os antibióticos são produzidos tanto por algumas espécies de bactérias como também por algumas espécies de fungos.

ESTABELECENDO CONEXÕES

Saúde

Às vezes, o antibiótico não mais funciona

Você deve saber que, muitas vezes, os antibióticos não funcionam adequadamente e as bactérias que causam a doença continuam no organismo do doente. Uma das explicações para isso é que as bactérias que se quer combater são resistentes ao antibiótico. Por exemplo, muitas bactérias são resistentes à penicilina. Isso ocorre porque essas bactérias, de modo geral, produzem substâncias que destroem a penicilina, impedindo-a de atuar sobre elas.

Frequentemente, a resistência das bactérias aos antibióticos é decorrente de mutações no material genético desses microrganismos. Como as bactérias se multiplicam rapidamente, as mutações são passadas para as descendentes, gerando uma população mutante que não é mais combatida pelo antibiótico.

O uso indiscriminado e de forma inadequada de antibióticos tem sido apontado como uma das causas de seleção de bactérias resistentes: caso esse medicamento não seja administrado em quantidade correta, e pelo tempo certo, pode ocorrer que sobreviva uma bactéria resistente. Ao se multiplicar, essa bactéria gerará uma população de bactérias resistentes e o antibiótico anteriormente administrado não terá mais efeito.

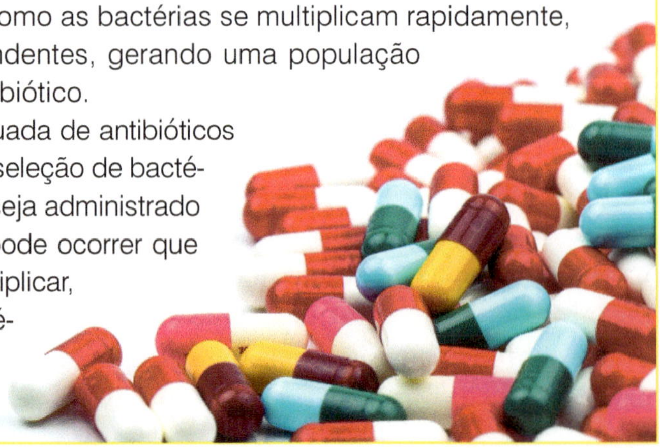

FAHRONI/SHUTTERSTOCK

Biotecnologia

Modificando geneticamente algumas espécies de bactérias, o homem passou a utilizá-las como "fábricas" de substâncias de uso medicinal. Esse procedimento é feito com a introdução de determinado gene (pedaço de DNA) humano em plasmídios (pequenos anéis de material genético) presentes no citoplasma das células bacterianas. Ao incorporar esse gene, as bactérias passam a produzir substâncias úteis à espécie humana. Por exemplo, a introdução de um gene humano que comanda a produção de insulina faz com que as bactérias produzam esse hormônio, que é empregado no tratamento de pessoas diabéticas.

Doenças causadas por bactérias

Embora existam bactérias que beneficiem o ser humano e o ambiente, as que provocam doenças são, e sempre foram, extremamente preocupantes. Para muitas delas, os mecanismos de prevenção, principalmente os relacionados a eficientes medidas de saneamento básico, são medidas mais do que suficientes para evitá-las.

Cólera

A cólera é uma doença causada pela bactéria *Vibrio cholerae*, que se manifesta como uma grave infecção intestinal, com diarreia intensa e desidratação.

A doença é transmitida pela água e por alimentos contaminados, moscas, ou mesmo pelo contato com pessoas infectadas. O tratamento inclui reposição de líquidos e antibióticos.

O saneamento básico é a melhor prevenção, com tratamento adequado da água e rede de esgotos.

Leptospirose

É uma doença causada por bactérias do gênero *Leptospira*. Essa doença afeta rins, fígado e provoca o amarelecimento da pele (icterícia). Sua transmissão ocorre pelo contato com água contaminada com urina de ratos que contêm as bactérias e o tratamento inclui uso de antibióticos.

Para prevenir-se da leptospirose é importantíssimo evitar contato com água de enchentes. O saneamento básico, com eliminação de focos de roedores, também ajuda na prevenção.

Disenteria bacteriana (salmonelose)

Náuseas, vômitos, diarreia líquida, dor abdominal e febre são os sintomas típicos da disenteria bacteriana, causada por bactérias do gênero *Salmonella*. Essas bactérias são transmitidas por alimentos (notadamente ovos) e água contaminados.

O tratamento inclui correção da desidratação e antibióticos são administrados só em casos graves.

Medidas simples e eficazes podem ser tomadas para prevenir-se da salmonelose: beber água tratada, lavar as mãos antes das refeições, não ingerir ovos crus ou mal cozidos e esterilizar verduras, frutas e legumes.

Tuberculose

A tuberculose é uma das doenças mais antigas de que se tem notícia – não há país isento dela. Também chamada de "tísica", essa doença é causada pela bactéria *Mycobacterium tuberculosis*.

A tuberculose mais frequente é a pulmonar (afeta os pulmões), e causa febre, dor no peito, tosse com muito muco. Mas ela também pode afetar outros órgãos, como rins, intestinos e ossos.

Fique por dentro!

A bactéria causadora da tuberculose também é conhecida como "bacilo de Koch" em homenagem ao pesquisador alemão Robert Koch, que a identificou em 1882.

Sua transmissão se dá pessoa a pessoa, por meio da saliva e do escarro (expelido pela tosse, por exemplo) contaminados. O tratamento é feito com antibióticos.

A melhor forma de se prevenir da tuberculose é por meio de vacinação (vacina BCG).

Febre maculosa

Conhecida popularmente como "doença do carrapato", a febre maculosa é causada mais comumente pela bactéria *Rickettsia rickettsii*. É uma doença pouco comum, porém no ano de 2023 houve alguns casos na cidade de Campinas, estado de São Paulo. Sintomas mais frequentes são febre elevada, mal-estar, dor de cabeça, dor muscular e nas articulações, dor abdominal, vômito, diarreia, conjuntiva do olho avermelhada e, como sintoma característico, manchas avermelhadas na pele, o que justifica o termo maculosa, cujo significado provém de mácula, ou seja, mancha.

Carrapatos são os hospedeiros tradicionais da bactéria, que, por meio de suas picadas, a transmitem para animais, a exemplo cães, bois, vacas, cavalos e, evidentemente, seres humanos. Estes são atingidos por carrapatos, sobretudo em regiões agrícolas e de matas nas quais estão presentes capivaras. Estes roedores de grande porte constituem reservatórios de carrapatos contaminados que, ao se instalarem na pele humana e tentarem obter sangue, inoculam as bactérias causadoras da febre maculosa. O tratamento deve ser feito imediatamente após o diagnóstico e consiste na administração de antibiótico. Não há vacina.

Tétano

Doença não contagiosa causada pela bactéria anaeróbia obrigatória *Clostridium tetani*. Formas de resistência da bactéria, denominadas esporos, comuns na terra contaminada por fezes animais, pregos enferrujados e latas velhas contaminadas, poeira da rua, entre outros locais. A contaminação pode ocorrer por meio de cortes, arranhões e ferimentos insignificantes, assim como em ferimentos profundos causados por objetos contaminados com esporos da bactéria, que produz uma neurotoxina (denominada toxina tetânica) que atinge células do sistema nervoso e causa uma contração generalizada da musculatura estriada corporal. Se a neurotoxina atingir músculos que atuam na respiração pode causar a morte do portador da bactéria.

O tratamento pode ser efetuado com a administração de sedativos, relaxantes musculares, antibióticos específicos e soro antitetânico, o qual é dotado de anticorpos específicos que atuam na inativação da toxina tetânica. A prevenção é feita por imunização ativa, com a aplicação de vacina antitetânica extremamente eficaz e disponível nos postos de vacinação e hospitais.

Outras doenças bacterianas de importância nos seres humanos.

Doença bacteriana	Características
Coqueluche	Agente causador: *Bordetella pertussis*. Sintomas: afeta o sistema respiratório, principalmente em crianças, com tosse intensa (muitas vezes denominada de tosse comprida), guincho (ruído que acompanha a tosse), catarro e vômitos. Transmissão: gotículas expelidas pela tosse e que contêm bactérias. Tratamento: cuidados gerais, reduzir estímulos que induzem à tosse, reidratação e antibióticos, se necessário. Prevenção: vacinação.
Difteria ou crupe	Agente causador: *Corynebacterium diphteriae*. Sintomas: atinge preferencialmente crianças até dez anos de idade. Principal sintoma é o aparecimento de placas com pus na garganta. Laringite e rinite diftérica também podem ocorrer. Transmissão: contato com portadores da bactéria. Tratamento: soro antidiftérico, que neutraliza a toxina produzida pelas bactérias. Eventualmente, antibióticos. Prevenção: existe vacina antidiftérica.
Gonorreia	Agente causador: *Neisseria gonorrhoeae*. Sintomas: afeta órgãos genitais, pênis por exemplo, com pus espesso e amarelado que sai pela uretra. Transmissão: é doença sexualmente transmissível. Tratamento: antibióticos. Prevenção: uso de preservativos.
Meningite bacteriana	Agente causador: *Neisseria meningitidis*. Sintomas: afeta meninges (membranas que envolvem órgãos do sistema nervoso central). Manchas avermelhadas na pele. Havendo lesões de órgãos do sistema nervoso central, ocorrem sequelas graves. Transmissão: contato com portadores da bactéria. Tratamento: antibióticos. Prevenção: existe vacina preventiva.
Pneumonia bacteriana	Agente causador mais comum: *Streptococcus pneumoniae* (antigamente conhecido como *Diplococcus pneumoniae*). Sintomas: afeta o sistema respiratório, com dificuldade respiratória, febre, dor torácica e tosse com muita expectoração, ou seja, muito catarro esverdeado, às vezes com sangue. Transmissão: gotículas de catarro contaminadas, expelidas pela tosse. Tratamento: antibióticos específicos. Prevenção: vacinação.

Cianobactérias

Cianobactérias constituem um grupo de bactérias habitantes de água doce, salgada, ou do solo e troncos de árvores de bosques extremamente úmidos. Por muito tempo foram chamadas de algas azuis ou cianofíceas. Mas, diferentemente das algas, que são eucariontes, as cianobactérias são procariontes, como qualquer bactéria.

DR JEREMY BURGESS/SPL/LATINSTOCK

Cianobactéria do gênero *Nostoc*.
Filamentosa, essa cianobactéria tem a capacidade de fixar nitrogênio atmosférico, o que auxilia na fertilização do solo. (Imagem colorida artificialmente, obtida com microscópio eletrônico. Ampliação: 240 vezes.)

Possuem moléculas de clorofila dispersas no citoplasma. Isso lhes permite realizar fotossíntese. É muito comum encontrar cianobactérias em represas, lagoas e lagos poluídos com restos orgânicos (fezes, restos de alimento). É que a decomposição dessa matéria orgânica, por bactérias decompositoras, libera nutrientes minerais na água, principalmente nitrogenados e fosfatados, que as cianobactérias aproveitam. A rápida multiplicação desses organismos deixa a água, muitas vezes, esverdeada.

Água: importante para a vida

Não somos uma ilha, mas vivemos cercados de água por todos os lados! Você já parou para pensar nisso? Nosso planeta e nossos corpos são constituídos por grandes quantidades de água. Vamos ver alguns exemplos? Nosso planeta, apesar de se chamar Terra, é formado por aproximadamente 70% de água. Um feto, aos 3 meses de gestação, possui 94% de água em seu corpo; uma criança recém-nascida, 69%; um adulto, em torno de 63%.

Atividades que dependem da água, como higiene pessoal, lavar e preparar alimentos e irrigar as plantas, também são fundamentais para uma boa saúde. Porém, para realizar essas atividades, a água precisa estar limpa, ou seja, não pode estar contaminada por microrganismos que possam nos causar doenças, nem poluída por substâncias tóxicas.

Entretanto, algumas ações do homem têm poluído as águas, como acontece quando são despejados nos rios esgotos domésticos e industriais sem tratamento e agrotóxicos e metais pesados (mercúrio, por exemplo). Além disso, microrganismos parasitas, ovos e larvas (fases jovens) de vermes e de insetos podem contaminar a água e afetar nosso organismo causando ou transmitindo doenças, como as que veremos neste capítulo.

Beber água que não tenha sido tratada devidamente, filtrada ou fervida, pode trazer sérios riscos à saúde humana. Entre as principais doenças que podem ser contraídas por meio de água contaminada estão **amebíase**, **giardíase**, **"barriga-d'água"**, **cólera** e **leptospirose**. Já **dengue**, **febre amarela** e **malária** são doenças cujos organismos transmissores necessitam da água para se desenvolver.

É SEMPRE BOM SABER MAIS!

O nome cianobactérias é derivado do grego, *kyanós*, que significa azul escuro. Essa denominação foi dada porque essas bactérias possuem, além de clorofila, um pigmento azulado em suas células. Quanto ao nome cianofíceas, a terminação "fíceas" deriva do grego e significa algas, que, por muito tempo, foi o grupo de organismos no qual essas bactérias eram classificadas.

Lembre-se de que as algas são eucariontes enquanto as cianobactérias são procariontes.

Nosso desafio

Para preencher os quadrinhos de 1 a 10, você deve utilizar as seguintes palavras: aeróbias, anaeróbias, autótrofas, bipartição, decompositores, doenças, heterótrofas, núcleo organizado, procariontes, simbiose.

À medida que você preencher os quadrinhos, risque a palavra que escolheu para não usá-la novamente.

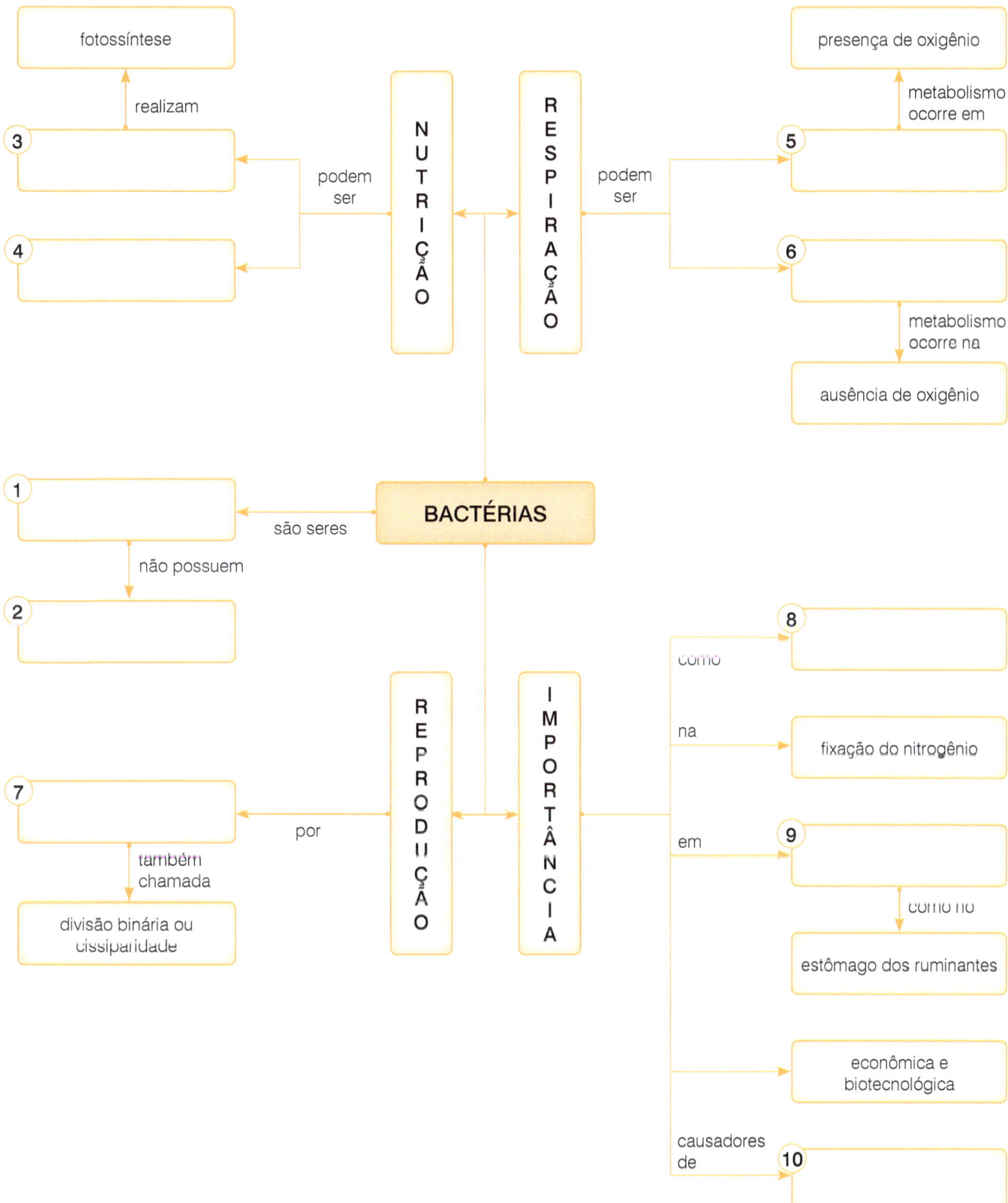

Atividades

1. [1, 2, 3, 7, 9, 10, 12, 15] Atualmente, são muitos os comentários sobre vírus por serem microrganismos causadores de inúmeras enfermidades como, por exemplo, a febre amarela. Comparados aos demais seres vivos, todos têm em comum uma importante característica que os diferencia. Como todo e qualquer microrganismo, também os vírus são capazes de se reproduzir, desde que uma condição básica seja obtida. Estabelecida essa condição, o vírus pode ser reproduzir e gerar às vezes milhares de descendentes. Em termos de reprodução, todo e qualquer vírus se comporta como o vírus bacteriófago, cujo comportamento reprodutor foi descrito neste capítulo.
   a) Em termos de organização estrutural, se você tivesse que escolher uma palavra para caracterizar apenas os vírus, diferenciando-os dos demais seres vivos, qual seria?
   b) Indique a primeira condição básica que deve ocorrer para que um vírus possa se reproduzir.
   c) Após a ocorrência dessa condição básica, indique o próximo passo adotado por qualquer vírus ao se reproduzir.
   d) Com relação ao material genético dos vírus, indique a característica que os diferencia de todos os demais seres vivos que também possuem material genético.

2. [1, 2, 3, 7, 9, 10, 12, 15] Embora haja muita discussão a respeito, está razoavelmente estabelecido que a vacinação é uma medida protetora contra a disseminação de vírus pelas pessoas. Ao estimular os mecanismos de defesa das pessoas nas quais a vacina é aplicada, ela é uma prevenção contra diversas viroses para as quais existem vacinas. Considerando essas informações:
   a) Indique a substância molecular existente nos vírus que estimula as defesas do organismo humano e também as substâncias moleculares de defesa, específicas de combate aos vírus, produzidas por uma pessoa vacinada ou que tenha contraído uma virose. Que células do organismo humano são capazes de produzir essas substâncias de defesa?
   b) Indique a importância do aleitamento materno na proteção dos recém-nascidos contra possíveis viroses que possam contrair.
   c) Indique a importante diferença entre vacina e soro no que diz respeito à proteção das pessoas em risco de contrair viroses ou outras infecções.

3. [1, 2, 3, 7, 9, 10, 12, 15] O gráfico a seguir mostra o que ocorre no processo de imunização de uma pessoa em resposta à vacinação. Note que na primeira inoculação de antígeno, a produção de anticorpos é mais lenta, tornando-se mais rápida após a segunda inoculação, frequentemente denominada de "dose de reforço".

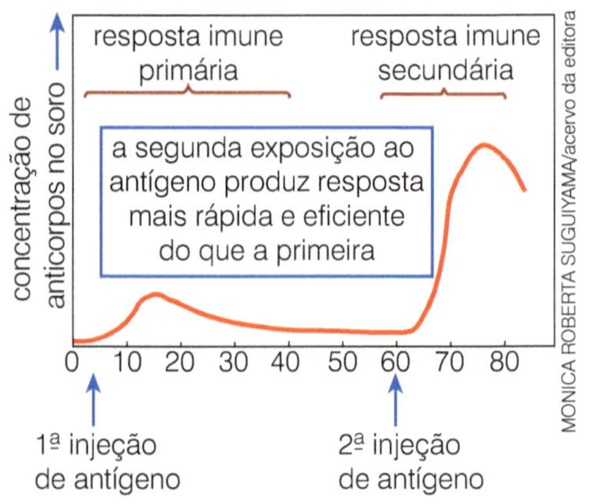

   Após a leitura e o entendimento do significado do gráfico, responda:
   a) Por que após a segunda inoculação de antígenos a resposta na produção de anticorpos é mais rápida?
   b) Ao "pegarmos" uma virose, por exemplo, o sarampo, nosso organismo fica imunizado, com frequência, pelo resto da vida. Muitas pessoas acham, que, então, é preferível "ficar doente" e, assim, adquirir imunidade contra as viroses de modo geral. Nesse sentido, as vacinas não seriam necessárias no processo de imunização. Por que é recomendável vacinar as pes-

soas em vez de aguardar que elas fiquem doentes a fim de ficarem imunizadas?

4. **[1, 2, 3, 7, 9, 10, 12, 15]** A avó de Marcos não se conformava com o fato de ter que tomar vacina contra a gripe todos os anos. Depois que Marcos aprendeu porque se adota esse procedimento, explicou para a avó, que se convenceu e passou a frequentar o Posto de Saúde para ser vacinada contra a gripe durante as campanhas de vacinação. Com relação a este assunto, responda as questões a seguir.

a) Que argumentos Marcos deve ter utilizado para convencer a avó sobre a importância de se submeter à vacinação contra a gripe todos os anos?

b) Todos os anos o Ministério da Saúde e as Secretarias Estaduais da Saúde promovem campanhas de vacinação contra a gripe. Além da explicação dada por Marcos à avó, ao convencê-la da importância da vacinação, sugira outro motivo que justifique a preocupação das autoridades de saúde ao incentivarem as pessoas idosas a comparecerem aos postos de vacinação nessas ocasiões.

5. **[1, 2, 3, 7, 9, 10, 12, 15]** Febre amarela e dengue são duas viroses comuns nos países situados em regiões tropicais, como é o caso do Brasil. A respeito dessas duas viroses, responda às questões a seguir.

a) Qual é o transmissor dos vírus causadores de ambas as doenças?

b) Para qual das duas doenças existe, até o momento, vacina preventiva?

c) Frequentemente, as autoridades de Saúde Pública alertam para os perigos decorrentes da contaminação das pessoas com esses vírus. Por isso, a participação das comunidades na prevenção dessas duas doenças é extremamente importante. A esse respeito, cite as medidas preventivas que devem ser postas em prática para evitar a ocorrência dos inúmeros casos dessas doenças em nosso país.

6. **[1, 2, 3, 7, 9, 10, 12, 15]** Muitas diarreias são provocadas por um tipo de vírus chamado *rotavírus*, que se instalam no intestino e são eliminados por fezes. Contaminam praias, águas de rios e hortaliças regadas com água contaminada.

a) O que deve ser feito – em termos de Saúde Pública – no sentido de se evitar a contaminação das praias e outros locais de recreação com essas e outras doenças que são veiculadas por fezes contaminadas?

b) Consulte o item "Doenças causadas por vírus", página 124, e cite as duas outras viroses (uma delas afeta o fígado das pessoas e a outra provoca lesões nos nervos que inervam a musculatura) cujos vírus causadores também são veiculados por fezes contaminadas.

c) Qual virose, citada na resposta ao item *b*, é motivo de campanhas de vacinação periódica no sentido de se evitar novos e lamentáveis casos da doença? Como é denominada a vacina utilizada nessas campanhas e por que via ela é administrada?

7. **[1, 2, 3, 7, 9, 10, 12]** Relativamente à AIDS, considerada doença sexualmente transmissível (DST),

a) cite a sigla por meio da qual o vírus causador dessa doença é conhecido;

b) cite algumas atitudes preventivas que podem colaborar para diminuir a incidência dessa doença.

8. **[1, 2, 3, 7, 9, 10, 12, 15]** Faça um levantamento das doenças que você estudou no item "Doenças causadas por vírus", página 140, e responda:

a) Para quais delas existe vacina?

b) Em sua opinião, quais das doenças relacionadas no item que citamos acima são consideradas viroses da infância?

Você percebeu que os componentes do grupo dos vírus possuem algumas particularidades exclusivas. Recordando o que você leu nos itens iniciais deste capítulo, responda os itens das questões **9** a **11**.

9. **[1, 2, 3, 7, 9, 10, 12, 15]**

a) Como é organizado, simplificadamente, o "organismo" de um vírus, como, por exemplo, o bacteriófago T4?

b) Qual é o tipo de material genético presente nos vírus atualmente conhecidos?

10. **[1, 2, 3, 7, 9, 10, 12, 15]**

a) O que significa dizer que os vírus são "parasitas intracelulares obrigatórios"?

b) Sabe-se que os vírus não possuem organelas conhecidas como ribossomos, importantes participantes do processo de síntese de proteínas. Então, como é que os vírus produzem suas proteínas, no interior de uma célula hospedeira?

11. **[1, 2, 3, 7, 9, 10, 12]**

a) De maneira geral, que método os cientistas utilizam para cultivar vírus, por exemplo, os da gripe, para serem utilizados na produção de vacinas?

b) Afinal, depois de tudo o que você leu neste capítulo, qual é a sua opinião: vírus podem ou não ser considerados seres vivos? Justifique sua resposta.

12. **[1, 2, 3, 7, 9, 10]** A ilustração a seguir representa o esquema de uma célula bacteriana, feito com base em uma foto obtida ao microscópio eletrônico.

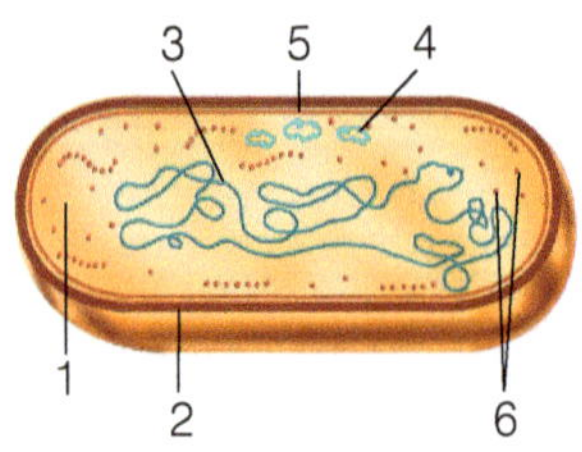

a) Reconheça as estruturas indicadas pelas setas.

b) Por que se diz que a célula bacteriana é procariótica?

c) Todas as bactérias conhecidas pertencem ao reino Monera. Cite a característica que justifica a inclusão desses seres no reino citado.

13. **[1, 2, 3, 7, 9, 10, 12, 15]** Os esquemas a seguir representam as várias formas ou associações de formas, que podem ser apresentadas pelas bactérias.

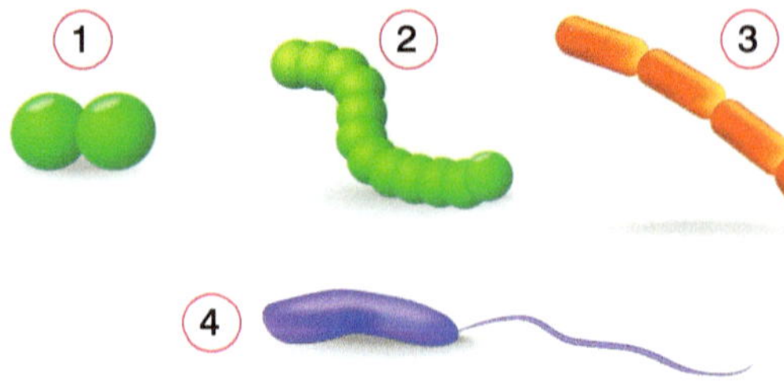

DESIGNUA/SHUTTERSTOCK

A doença cólera é causada por uma bactéria de formato semelhante a uma vírgula, denominado vibrião. Por outro lado, a doença salmonelose é causada por uma bactéria cujo formato lembra um pequeno bastonete, denominado bacilo. Que números indicam, respectivamente, essas formas?

14. **[1, 2, 3, 7, 9]** A clorofila existente em algumas espécies de bactérias é um pigmento que absorve a luz solar e atua na produção de matéria orgânica utilizada por essas espécies na sua nutrição. Quanto ao tipo de nutrição, como podem ser classificadas essas bactérias?

15. **[1, 2, 3, 7, 9, 10, 12, 15]** É verdade que algumas espécies de bactérias causam doenças no homem e, por essa razão, devem ser evitadas e combatidas. No entanto, aprendemos a lidar com inúmeras outras espécies que são úteis, por exemplo, na indústria de transformação de alimentos, para a produção de medicamentos e para o aumento da produtividade de certos vegetais. Releia o item "A importância das bactérias" e, em seguida, cite exemplos da utilização delas:

a) na indústria de transformação de alimentos,

b) na produção de substâncias de uso medicinal.

16. **[1, 2, 3, 7, 9, 10, 12, 15]** Consulte o item "Doenças causadas por bactérias" e responda:

a) Para quais das doenças relacionadas existe vacina preventiva?

b) Quais são as duas doenças em que as bactérias afetam o intestino?

c) Considere: 1) infecção pulmonar, 2) transmissão por urina de rato contaminada, 3) infecção intestinal, 4) vacina BCG, 5) diarreias intensas. Indique os números que se relacionam às doenças: leptospirose, tuberculose e cólera.

17. [1, 2, 3, 7, 9, 10, 12, 15] Medidas de saneamento básico são fundamentais no processo de promoção de saúde e qualidade de vida da população. Muitas vezes, a falta de saneamento está relacionada com o aparecimento de várias doenças. Nesse contexto, um paciente deu entrada em um pronto atendimento relatando que há 30 dias teve contato com águas de enchente, molhando pés e pernas, sem ter havido, no entanto, ingestão ou contato da água com a boca. Ainda informa que nesta localidade não há rede de esgoto e drenagem de águas pluviais, que a coleta de lixo é inadequada, além de existirem muitos ratos de esgotos. Ele apresentava os seguintes sintomas: febre alta, dor de cabeça intensa e dores musculares.

Disponível em: <http://portal.saude.gov.br>. Adaptado.

a) Considerando os sintomas descritos e as condições sanitárias da localidade em que houve o contato com águas de enchente, a que doença bacteriana o texto acima mais provavelmente se refere, dentre as seguintes: salmonelose, leptospirose, tuberculose, cólera?

b) Justifique sua resposta, com base apenas nas informações do texto.

18. [1, 2, 3, 7, 9, 10, 12, 15] Lavar as mãos é sempre importante – antes das refeições e após usar o banheiro, principalmente. E também nos prédios e navios de turismo, após apoiar as mãos no corrimão das escadarias. Apesar desses cuidados, uma bactéria costuma frustrar as melhores medidas preventivas. Essa bactéria tem apropriadamente o nome de *Clostridium difficile*. Na revista "Infection, Control and Hospital Epidemiology" do mês de janeiro de 2014, um estudo mostra que uma de cada quatro mãos de médicos ou enfermeiros estava contaminada por ***esporos*** de *C. difficile*, após atenção a pacientes com diarreia.

ABRAMCZYCK, J. Uma bactéria difícil. *Folha de S. Paulo*, 11 jan. 2014. Caderno Saúde + Ciência, p. C7.

Utilizando as informações contidas no texto:

a) Qual é o significado do termo *esporos*, utilizado para as bactérias?

b) Considerando que a bactéria descrita no texto é causadora de diarreia, que órgãos humanos são por ela normalmente infectados?

19. [1, 2, 3, 7, 9] Em inúmeros arrozais é frequente o encontro de cianobactérias associadas às plantas de arroz. Essa associação proporciona uma vantagem para o cultivo do cereal, graças a um processo executado pelas cianobactérias, que é o mesmo realizado pela bactéria *Rhizobium*, que se associa a raízes de plantas de feijão e soja.

a) A que processo realizado pelas bactérias o texto se refere?

b) Cianobactérias são dotadas de clorofila, que lhes permite realizar um importante processo que utiliza a luz solar, gás carbônico e água, com produção de alimento orgânico e liberação de gás oxigênio. Qual é esse processo?

Navegando na net

Visite o Portal do Ministério da Saúde, endereço eletrônico

<http://portalsaude.saude.gov.br/>

e conheça mais detalhes sobre as doenças estudadas neste capítulo, principalmente mais detalhes sobre Covid-19, zika, chikungunya e AIDS. (*Acesso em:* 26 out. 2023.)

capítulo 9

FUNGOS, PROTOZOÁRIOS E ALGAS

Como é bom ir à praia, não é mesmo?

Colocar os pés na areia, tomar um banho de mar e depois sentar e admirar as ondas... O que ninguém imagina é que a água do mar é uma admirável residência para inúmeras espécies de peixes, mariscos, ostras, caramujos, polvos, tartarugas, baleias, protozoários, algas e... fungos! Sim, fungos! E estudos recentes apontam para uma espécie de fungo (*Zalerion maritimum*) que pode destruir o plástico (esse, das sacolinhas de supermercado e das garrafas *pet* que infestam a areia das praias!). Esse fungo esbranquiçado e de jeitão esponjoso só busca o plástico como fonte de alimento quando não há outras fontes, mas já é uma esperança para resolver o acúmulo de plástico em alguns pontos dos oceanos.

O que pouca gente sabe é que a água do mar também é residência para um enorme grupo de algas, tanto as visíveis, macroscópicas, de diversas cores, como as microscópicas, visíveis apenas com o uso de um bom microscópio. Componentes do chamado *fitoplâncton* e capazes de realizar fotossíntese, essas microalgas possuem uma importância ecológica extraordinária. Admite-se que cerca de 50% da fotossíntese mundial seja por elas realizada. O que significa dizer que elas são excelentes absorvedoras de gás carbônico e liberadoras de gás oxigênio para a água do mar e para a atmosfera. Além disso, constituem o ponto de partida, ou, como se costuma dizer, a base das teias alimentares oceânicas. É esse grupo de seres vivos, com o dos fungos e dos protozoários, que você conhecerá, ao ler as páginas deste capítulo.

LARINA MARINA/SHUTTERSTOCK

Reino Fungi

Estamos rodeados de fungos por todos os lados. Em ambientes de temperatura e umidade elevadas, grande quantidade de matéria orgânica e baixa luminosidade, eles são muito abundantes.

Como alimentos, para a produção de pão e bebidas, como um tipo de remédio, há muito o ser humano aprendeu a utilizar os fungos. Assim como as bactérias, os fungos também são os principais agentes de decomposição da matéria orgânica, contribuindo de maneira importante para a reciclagem de nutrientes minerais. Mas essa sua característica também traz alguns prejuízos, pois o bolor (um tipo de fungo) estraga alimentos, paredes, armários e sapatos, além de um sem-número de objetos.

Sem-número: em grande quantidade.

Os fungos também são causadores de doenças, conhecidas como **micoses**.

Características dos fungos

O reino Fungi é constituído de espécies unicelulares ou pluricelulares, mas todas são eucariontes. Os fungos unicelulares são conhecidos como **leveduras**, e o mais comum deles é o fermento biológico utilizado para a produção de pães. Já os pluricelulares mais conhecidos são os **bolores** (ou mofo), os **cogumelos** e as **orelhas-de-pau**.

ALLA VASYLENKO/SHUTTERSTOCK

Mofo (ou bolor) em pão.

DR JEREMY BURGESS/SPL/LATINSTOCK

Saccharomyces cerevisiae, fungo unicelular, uma conhecida levedura. (Imagem obtida com microscopia eletrônica de varredura. Colorida artificialmente. Ampliação: 980 vezes.)

PUTTOGRAPHY/SHUTTERSTOCK

Fungo do tipo orelha-de-pau em árvore. (*Ganoderma lucidum*, mede de 10 a 30 cm.)

BOGDAN IONESCU/SHUTTERSTOCK

Armillaria gallica, um fungo do tipo cogumelo, mede de 3 a 10 cm.

Esquema da estrutura de um fungo pluricelular. (Cores-fantasia. Ilustração fora de escala.)

Fique por dentro!

A palavra micélio deriva do grego *mykes*, que significa cogumelo ou fungo.

Os fungos pluricelulares possuem uma característica que os diferencia de todos os demais seres vivos. Seu corpo é formado por inúmeros filamentos, as **hifas**, cada uma delas constituída por uma fileira de células. Cada célula é envolvida por uma **parede celular** não celulósica.

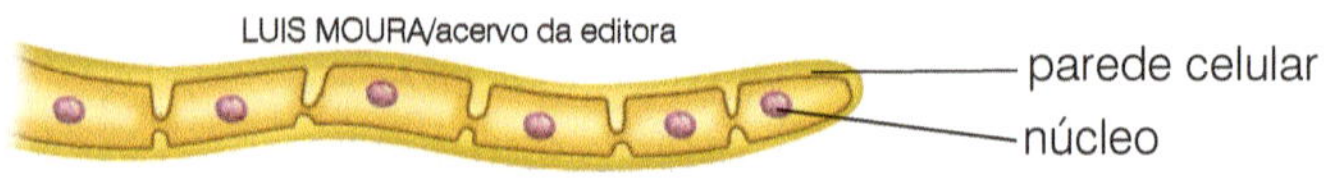

Esquema simplificado de uma hifa. (Cores-fantasia.)

A reunião de hifas constitui um **micélio**. No cogumelo esquematizado ao lado, o **micélio nutridor**, aquele que obtém alimento para o fungo, fica no solo, enquanto o micélio que cresce para fora do solo constitui o chamado **corpo de frutificação** e atua na reprodução. Então, nos cogumelos comestíveis o que se consome é o corpo de frutificação.

Como os fungos se nutrem?

Nos fungos, não há cloroplastos, o que quer dizer que eles **não** são capazes de executar fotossíntese; são, portanto, **heterótrofos**. As hifas se misturam às partículas do solo ricas em alimento orgânico. Como as partículas da matéria orgânica possuem grande tamanho e não podem ingressar nas células das hifas, estas liberam enzimas digestivas sobre o alimento. Trata-se, portanto, de uma digestão fora das células (**extracelular**). O alimento já digerido é absorvido e utilizado como fonte de energia e para a construção de novas hifas.

É SEMPRE BOM SABER MAIS!

Fungos podem fazer respiração aeróbia ou fermentação

O alimento digerido e absorvido pelas hifas é utilizado como fonte de energia. Mas como isso ocorre?

No interior da célula dos fungos, além da presença de um núcleo organizado há no citoplasma as mitocôndrias. Estas atuam no processo de **respiração celular aeróbia**, ou seja, na respiração celular que ocorre com o uso de oxigênio. E é no processo de respiração celular que as ligações das moléculas de glicose, ricas em energia, sofrem modificações fazendo com que a energia liberada possa ser utilizada pelo organismo vivo.

Alguns fungos, no entanto, vivem em ambiente em que não há oxigênio. Como, então, conseguem energia para seu metabolismo? Esses fungos, como, por exemplo, as leveduras, utilizam um processo chamado **fermentação** para conseguir energia a partir das moléculas de glicose.

A reprodução dos fungos

Você se lembra de que, no começo deste capítulo, falamos que há fungos unicelulares e pluricelulares. Os fungos unicelulares se dividem por **brotamento**, ou seja, formando pequenos "brotos" que, posteriormente, se separam.

No caso dos fungos pluricelulares, algumas hifas do corpo de frutificação dão origem a inúmeras células microscópicas, denominadas **esporos**, que se espalham pelo meio. Encontrando condições favoráveis, esses esporos desenvolvem novos fungos.

KNORRE/SHUTTERSTOCK

Ilustração de reprodução de levedura por brotamento. As setas destacam a formação de dois brotos (também chamados **gêmulas**). (Cores-fantasia.)

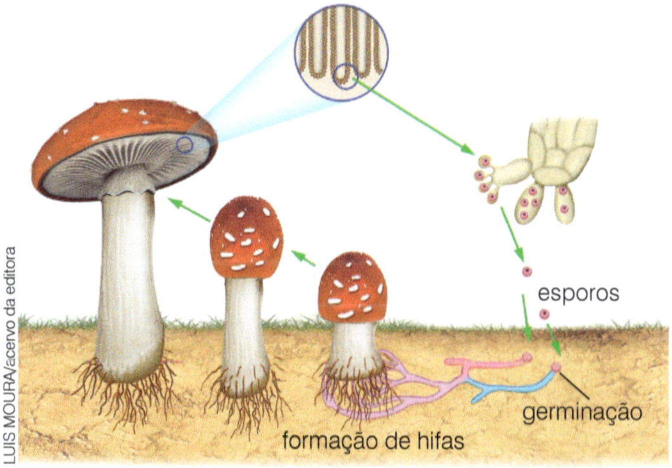

LUIS MOURA/acervo da editora

Reprodução em fungos pluricelulares. Os esporos, encontrando condições favoráveis, se desenvolvem em novos fungos.

A importância dos fungos

A ação dos fungos como decompositores, fermentadores, na produção de antibióticos, em associação com outros organismos e até mesmo como alimentos é positiva para os seres humanos, porém os fungos também podem ser parasitas, causadores de doenças, tanto em animais como em vegetais.

Decomposição

A atividade decompositora dos fungos pode até causar prejuízos ao homem, que, anualmente, perde alimentos, móveis de madeira, lentes de máquinas fotográficas, roupas, e vê paredes emboloradas, mofadas, estragadas por fungos.

No entanto, a ação decompositora de fungos e de bactérias sobre a matéria orgânica é muito importante, pois com isso ocorre a reciclagem de nutrientes minerais na biosfera terrestre.

Fique por dentro!

O organismo que se nutre de matéria orgânica morta é um **saprófago** (do grego, *sa prós* = morte + *fagos* = que se alimenta de).

Jogo rápido

Cabe ao homem proteger os materiais que podem ser atacados por fungos. Como fazer isso?

Alimentos embolorados (mofados).

Fermentação

A produção de pão e de álcool combustível é feita com a utilização do fermento *Saccharomyces cerevisiae*. Do mesmo modo, a produção de vários tipos de cerveja e de vinho, uma atividade milenar, conta com a participação de variedades de fungos do mesmo gênero, que realizam a fermentação com os açúcares disponíveis nos materiais utilizados.

ESTABELECENDO CONEXÕES

Cotidiano

A fermentação do pão

A massa do pão é feita com farinha de trigo, água, margarina ou manteiga, sal, açúcar e fermento biológico (levedura).

Misturado à massa do pão, inicialmente o fermento digere o amido existente na farinha de trigo em várias moléculas de glicose, atividade que é executada fora das células, sob a ação de enzimas. Em seguida, as células do fungo absorvem moléculas de glicose e as utilizam no processo de **fermentação**, que ocorre sem a presença de oxigênio, resultando álcool etílico, que evapora, e gás carbônico, que faz crescer a massa.

JULIJA SAPIC/SHUTTERSTOCK

ANTONIO GRAVANTE/SHUTTERSTOCK

V.S.ANANDHAKRISHNA/SHUTTERSTOCK

Depois de misturar bem os ingredientes para o pão, deixa-se a massa "descansar" para que possa "crescer". É durante esse período que ocorre a fermentação e o gás carbônico resultante da ação da levedura forma pequenas bolhas na massa (observe que elas podem ser vistas no pote transparente), fazendo-a aumentar de volume.

DE OLHO NO PLANETA

Sustentabilidade

A produção do etanol

Você já aprendeu que a queima dos combustíveis fósseis, como petróleo, por exemplo, aumenta na atmosfera os gases de efeito estufa, além de serem combustíveis não renováveis, isto é, sua formação em nosso planeta é tão lenta que, praticamente, ao usarmos esses combustíveis estamos acabando com suas reservas.

Uma alternativa para os veículos automotores é o uso, em lugar da gasolina (um derivado do petróleo), do etanol produzido a partir de milho, cana-de-açúcar ou até mesmo beterraba.

Para a produção desse biocombustível, no Brasil as usinas utilizam a sacarose (um açúcar) presente na cana-de-açúcar. Depois que o caldo da cana é extraído e passa por um processo de "limpeza", são acrescentadas leveduras. As células do fungo inicialmente liberam enzimas que digerem a sacarose até moléculas de glicose. Em seguida, absorvem as moléculas de glicose e, sem a presença de oxigênio, realizam a fermentação, com produção de gás carbônico (que não é aproveitado) e álcool, utilizado como biocombustível.

TONOGRAPHER/SHUTTERSTOCK

Produção de antibióticos

A penicilina, substância que salvou e continua salvando muitas vidas, é produzida por fungos do gênero *Penicillium*, principalmente da espécie *Penicillium chrisogenum*. Sua descoberta ocorreu casualmente, a partir de 1929, pelo pesquisador inglês Alexander Fleming, que trabalhava no Hospital Saint Mary, em Londres. Ele percebeu em uma das culturas de bactérias, que estava criando em placas de vidro, a presença de um bolor esverdeado e que, ao seu redor, não cresciam bactérias. Reconheceu o bolor como sendo pertencente ao gênero *Penicillium* (no caso, *Penicillium notatum*) e concluiu que o micélio devia ter produzido alguma substância que se espalhara pelo meio, matando as bactérias mais próximas.

CNRI/SPL/LATINSTOCK

Os antibióticos são utilizados em caso de infecção bacteriana, mas é preciso saber qual deles, de fato, consegue acabar com a infecção. No recipiente acima foi colocada uma substância adequada, como uma gelatina, para que uma bactéria (*Bacillus anthracis*) pudesse se desenvolver. Depois, cinco pastilhas de diferentes antibióticos foram acrescentadas a esse meio para testar quais seriam efetivos contra essa espécie de bactéria. A região límpida em torno das pastilhas mostra que todos os antibióticos testados têm potencial para matar essa espécie de bactéria.

Fonte de alimentos

Champignon, *shiitake*, trufa, são tipos de cogumelos utilizados pelo homem em sua alimentação.

CHAWAD BAIMAI/SHUTTERSTOCK

Lembre-se!

Embora muitos cogumelos sejam utilizados pelo homem como alimento, é preciso cuidado na seleção dos que são comestíveis. Isso porque várias espécies produzem toxinas que, se ingeridas, podem causar a morte. Se em uma caminhada ou excursão ao campo você encontrar cogumelos, não os colha para comer, eles podem conter substâncias prejudiciais à saúde.

Queijos do tipo *brie*, *camembert*, *roquefort* e gorgonzola são produzidos com a utilização de fungos do gênero *Penicillium*, que dão a consistência e o sabor característico a esses tipos de queijo.

Na produção dos queijos (a) *camembert* e (b) *roquefort*, participam fungos do gênero *Penicillium*.

PIOTR KRZESLAK/SHUTTERSTOCK

ELNAVEGANTE/SHUTTERSTOCK

Lembre-se!

Mutualismo é uma associação entre indivíduos de espécies diferentes, em que há benefício para ambos.

Associações benéficas: mutualismos

Os fungos participam de duas importantes associações benéficas do tipo *mutualismo* com outros seres vivos, conhecidas como **liquens** e **micorrizas**.

- **Liquens** – são associações formadas entre fungos e alguns tipos de algas unicelulares, encontradas sobre troncos de árvores e rochas. Os fungos fornecem água e sais minerais às algas, que, em troca, graças à fotossíntese, fornecem alimento orgânico e gás oxigênio.

Microscopia eletrônica mostrando corte do líquen *Parmelia sulcata*. As algas (bolinhas verdes) realizam fotossíntese e produzem os nutrientes que são absorvidos pelas hifas dos fungos (em bege) que envolvem as algas. Por sua vez, os fungos absorvem minerais das águas das chuvas. (Imagem colorida artificialmente. Ampliação: 620 vezes.)

DE OLHO NO PLANETA

Ética & Cidadania

Liquens e poluição atmosférica

Líquen crescendo sobre casca de árvore. Essa espécie de líquen, *Xantoria parientina*, mede de 2,5 cm a 7,5 cm.

Se você mora em uma grande cidade e não encontra liquens nas árvores, isso não é um bom sinal, pois sua ausência é considerada um excelente indicador de poluição atmosférica por gases. Os liquens são incapazes de "excretar" as substâncias tóxicas que absorvem, porém são extremamente sensíveis a gases poluentes liberados por indústrias e veículos movidos a derivados de petróleo, especialmente ao dióxido de enxofre (SO_2).

➢ Que medidas poderiam ser tomadas para melhorar a qualidade do ar das cidades?

- **Micorrizas** – nesse caso, os fungos associam-se a raízes de plantas. Além de atuarem na decomposição da matéria orgânica existente no solo, a grande vantagem que conferem às plantas é o aumento da capacidade de absorção de nutrientes minerais pelas raízes. Em troca, recebem da planta proteção e alimento orgânico, essencial para a sua sobrevivência.

Associação prejudicial: parasitismo

Muitas espécies de fungos são parasitas. Nas plantas, acarretam consideráveis prejuízos, por exemplo, em laranjeiras (causando o escurecimento das folhas), nas folhas do cafeeiro e da soja ("ferrugem") e nas espigas de milho, que são totalmente destruídas por um fungo cujo corpo de frutificação se assemelha a carvão.

NATALIIA MELNYCHUK/SHUTTERSTOCK

Espiga de milho atacada pela doença carvão do milho, causada pelo fungo *Ustilago maydis*. A doença tem esse nome porque dentro dos "gomos" cinza que se formam há inúmeros esporos de cor preta.

Nos animais, destaca-se o parasitismo que afeta várias espécies de anfíbios, como os sapos, provocando o declínio de suas populações. Nos seres humanos, sobressaem as **micoses**, como as que afetam as unhas e a pele, e a **candidíase** ou **sapinho**, causada pelo fungo *Candida albicans*, que afeta boca, faringe e até mesmo os pulmões.

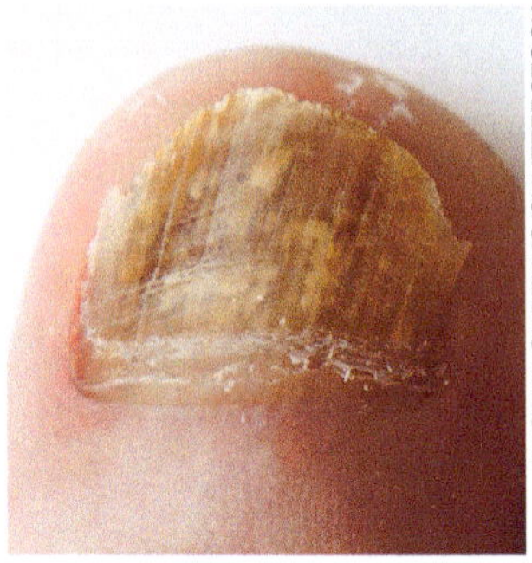
EVGENY GUBENKO/SHUTTERSTOCK

Micose em unha do pé.

ENTRANDO EM AÇÃO

Observação de bolores no pão

Você vai precisar de uma fatia de pão, um saco plástico e um pires.

Deixe a fatia de pão em um pires durante um dia à temperatura ambiente. Depois, coloque-a em um saco plástico e aguarde o seu embolorамento. Assim que isso ocorrer, registre a cor, ou cores, existentes no bolor. Se dispuser de um microscópio, você poderá colocar, com um pincel, pequenos fragmentos do bolor em uma lâmina de vidro e observar o conteúdo do bolor.

➢ Caso a reprodução do bolor seja bem-sucedida, deverão ser observadas minúsculas esferas, correspondentes às células que possibilitam a reprodução do fungo. Como são denominadas essas células?

Reino Protista (ou Protoctista)

O reino Protista (ou Protoctista) inclui os protozoários e as algas, organismos dotados de células eucarióticas.

Os protozoários

Todos os protozoários (do grego, *protos* = primeiro + + *zoon* = animal) são unicelulares e heterótrofos. Muitos vivem livremente na natureza e outros são parasitas causadores de graves doenças nos seres humanos. A maioria dos seres pertencentes a esse grupo se locomove utilizando estruturas apropriadas a essa finalidade, como é o caso de amebas, paramécios e tripanossomos, enquanto outros não possuem qualquer estrutura de locomoção, como os plasmódios.

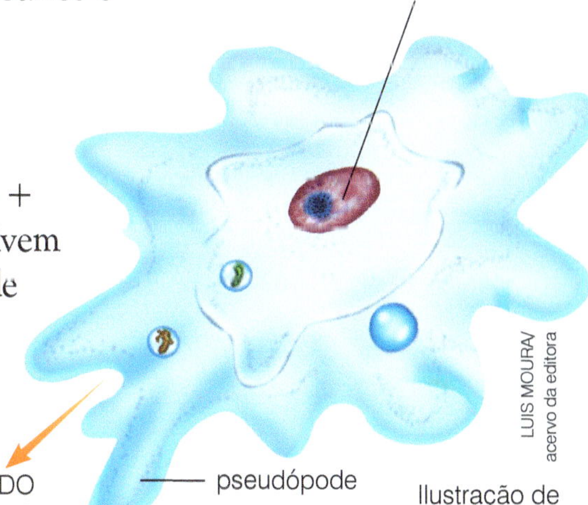

LUIS MOURA/ acervo da editora

Ilustração de emissão de pseudópodes por uma ameba. (Cores-fantasia.)

Jogo rápido

O texto ao lado contém duas características que podem ter sido utilizadas para a inclusão dos protozoários no reino Animal, nas antigas classificações dos seres vivos. Identifique essas duas informações.

As amebas se deslocam lentamente por meio da emissão de **pseudópodes**, que são expansões da célula que vão sendo projetadas e que possibilitam o deslocamento do protozoário.

Mas as amebas não utilizam os pseudópodes apenas para locomoção – eles são empregados também para a captura de alimentos, em um processo chamado **fagocitose**. Nesse tipo de captura, os pseudópodes rodeiam o alimento e o englobam.

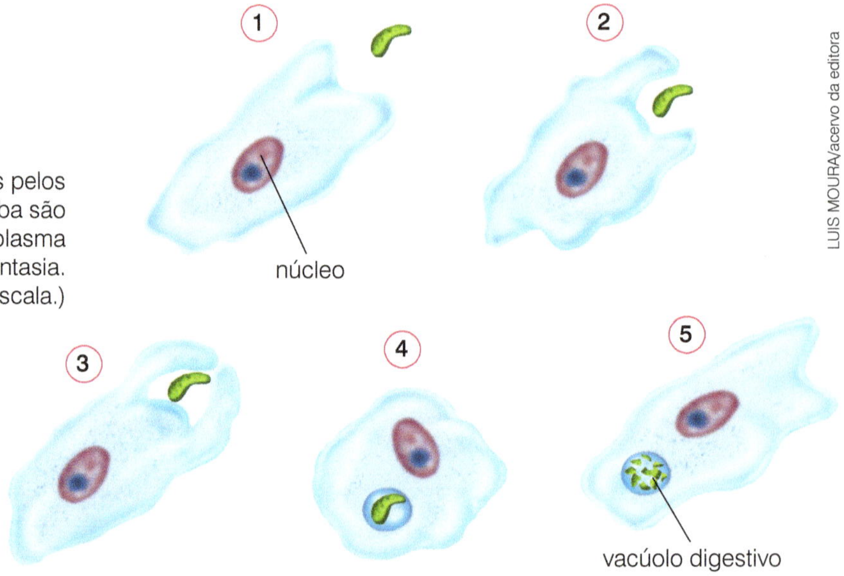

Os alimentos capturados pelos pseudópodes da ameba são digeridos no interior do seu citoplasma (digestão intracelular). (Cores-fantasia. Ilustrações fora de escala.)

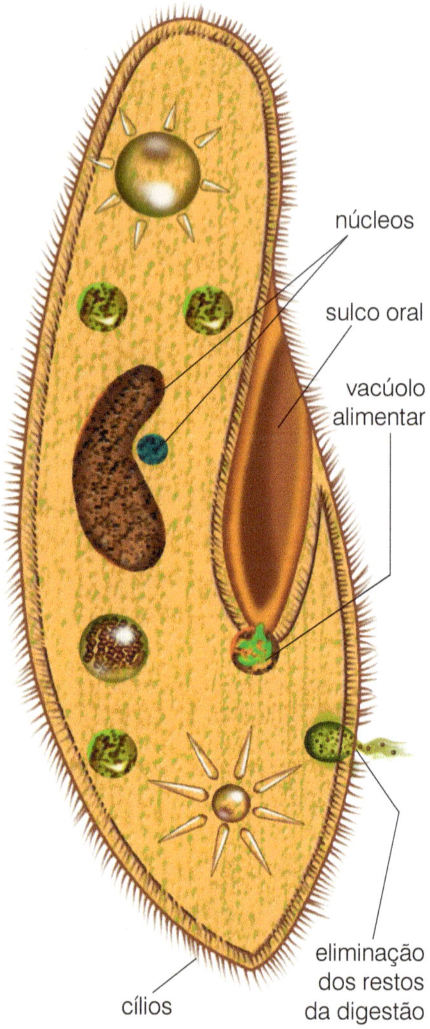

Ilustração de um paramécio. (Cores-fantasia.)

Outra forma de locomoção dos protozoários é por meio de **cílios**, como, por exemplo, no caso do paramécio. Esses pequeníssimos fios que surgem do interior do citoplasma possibilitam a locomoção das células em meio líquido. A movimentação dos cílios também faz com que o alimento presente no meio líquido chegue até o sulco oral, por onde o alimento é ingerido.

Cílios são mais curtos e mais numerosos do que **flagelos**, que são outra forma de locomoção dos protozoários em meio líquido. Pertencem ao grupo dos flagelados os tripanossomos e as leishmanias.

Assim como os cílios, o flagelo também auxilia na captura do alimento.

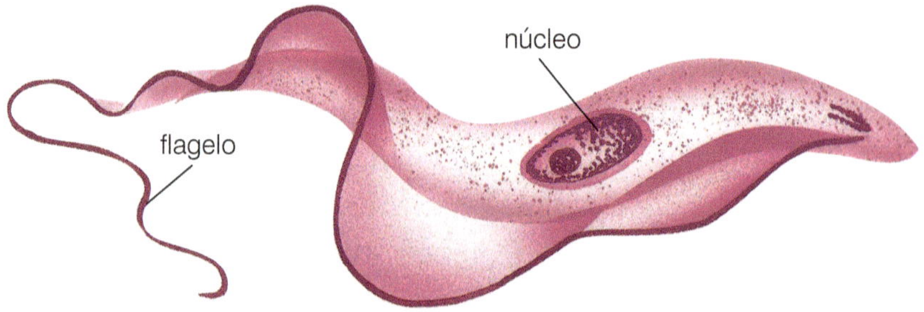

Ilustração de um tripanossomo. Compare esta imagem com a ilustração do paramécio e observe como o flagelo (do latim, *flagellum* = chicote) é muito mais longo do que os cílios.

Nos protozoários em que não há mecanismo de locomoção, como nos plasmódios, eles se deslocam pela movimentação do próprio líquido do meio em que se encontram. São parasitas de células de outros organismos, entre eles os seres humanos.

Como os protozoários são unicelulares, a célula que os constitui deve realizar todas as funções vitais: digestão de alimentos, eliminação de resíduos, trocas gasosas de respiração, transporte e reprodução.

Quanto à reprodução, o processo mais frequente é o de **divisão binária** ou **bipartição** (reprodução assexuada), mas há algumas formas de ciliados que apresentam reprodução sexuada.

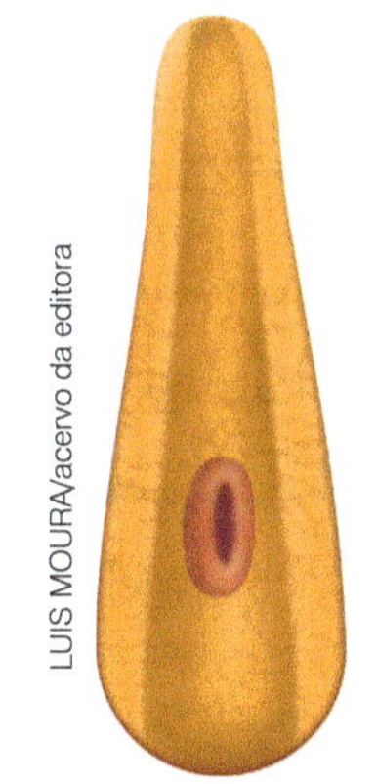

Ilustração de um plasmódio. (Cores-fantasia.)

Doenças causadas por protozoários

Entre os protozoários há várias espécies parasitas, causadoras de doenças nos seres humanos e em outros animais.

Doença de Chagas

O protozoário flagelado *Trypanosoma cruzi* é o causador da **doença de Chagas**, que ainda hoje afeta milhões de brasileiros. Acompanhe, pelo esquema, o ciclo dessa doença.

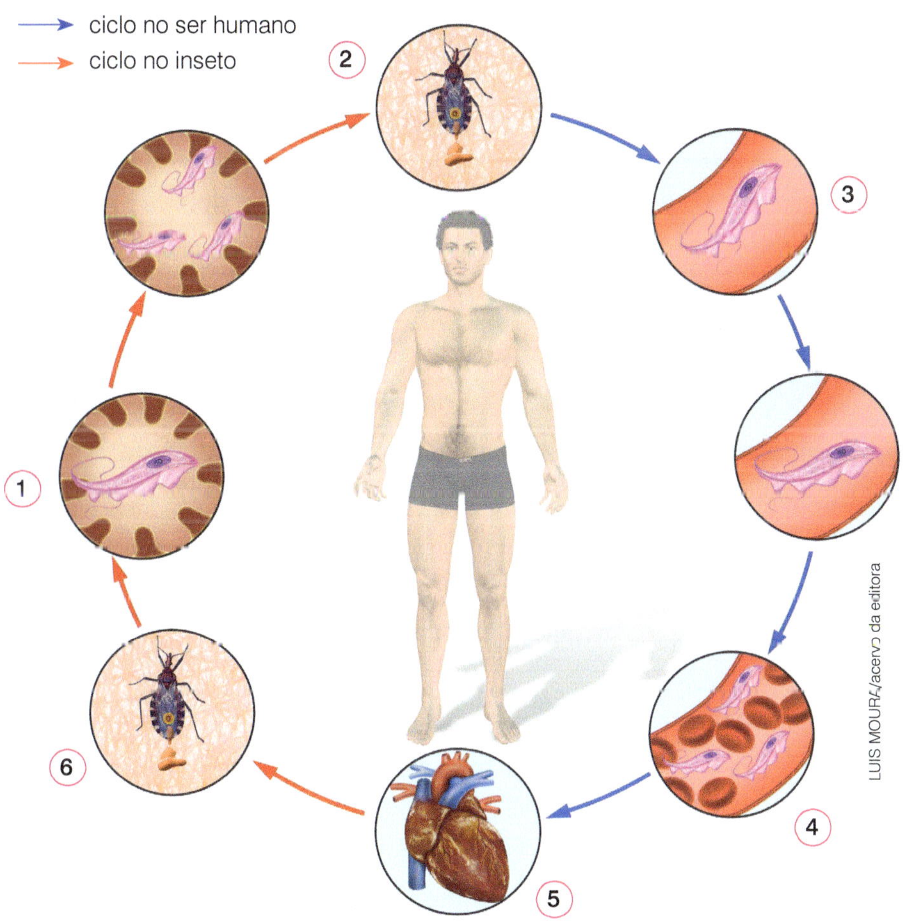

Ciclo da doença de Chagas.

1. O parasita multiplica-se no intestino de percevejos (insetos), os barbeiros, assim chamados por picarem, à noite, a pele delicada do rosto das pessoas.
2. Ao mesmo tempo em que se alimentam de sangue, os barbeiros defecam e liberam os tripanossomos.
3. Coçando-se, a pessoa favorece o ingresso de tripanossomos em células da pele ou da mucosa ocular, nas quais se multiplicam.
4. Após alguns dias, rompem as células e espalham-se, por meio da corrente sanguínea, invadindo outros órgãos, como, por exemplo, o coração e a musculatura da parede do esôfago e do intestino.
5. No coração, provocam inúmeras lesões e destroem as células musculares cardíacas.
   O coração comprometido reduz a sua capacidade de impulsionar o sangue, caracterizando, ao longo do tempo, um quadro de insuficiência cardíaca.
   Ao destruírem a musculatura da parede do tubo digestório, dificultam o trânsito dos alimentos e das fezes.
6. Ao picarem uma pessoa ou animal contaminado pelos tripanossomos, os barbeiros se infestam e podem transmitir os protozoários para outros organismos.

Outra via de contaminação é a transfusão de sangue contendo o parasita. Daí a importância do controle do sangue nos bancos de sangue. Alimentos contaminados pelo contato com barbeiros (caldo de cana, açaí etc.) também transmitem a doença.

SCHLYX/SHUTTERSTOCK

Barbeiro (*Triatoma infestans*), transmissor da doença de Chagas.

DE OLHO NO PLANETA

Meio Ambiente

A prevenção da doença de Chagas

A doença de Chagas é de difícil tratamento. Não há vacina preventiva. Os barbeiros habitam chiqueiros, paióis e residências de regiões rurais, ranchos de madeira e casas de pau-a-pique, cujas paredes e teto, dotadas de inúmeras frestas, possibilitam o refúgio e a procriação desses insetos. À noite, saem dos seus esconderijos para sugar o sangue dos seres humanos e outros animais. Considerando que essa é uma doença geralmente associada à precariedade das habitações, a prevenção só é eficiente na medida em que melhorarem as condições de habitação das pessoas que vivem no meio rural ou na periferia das cidades em que essa parasitose é comum.

A pulverização das habitações com substâncias não agressivas ao meio, mas que sejam efetivas contra os percevejos, também é uma medida eficaz para o controle dos agentes transmissores (barbeiros).

EM CONJUNTO COM A TURMA!

Entre o período de 2010 a 2020, foram registrados 2.777 casos confirmados de doença de Chagas aguda na maioria dos estados brasileiros. Entretanto, a maior distribuição, cerca de 85%, concentra-se na Região Norte. Destes, o estado do Pará é responsável por 72% dos casos. As principais formas prováveis de transmissão ocorridas no país foram por via oral (ingestão de leite materno de mãe infectada, de carne mal cozida de mamíferos infectados ou de alimentos e bebidas contaminados, por exemplo), além da via vetorial.

Mesmo com o controle da ocorrência de novos casos da doença na maioria do território nacional, estima-se que existam no Brasil entre 1,9 a 4,6 milhões de pessoas infectadas por *T. cruzi*. Reflexo disso é a elevada carga de mortalidade por doenças de Chagas no país, representando uma das quatro maiores causas de mortes por doenças infecciosas e parasitárias.

A taxa de mortalidade por doença de Chagas no Brasil em 2019 foi de 2,04 mortes por 100.000 habitantes, sendo Goiás a unidade da federação em que se registrou o maior índice de mortalidade por essa doença (10,74 mortes por 100.000 habitantes) e Santa Catarina registrou o menor índice (0,01 mortes por 100.000 habitantes).

Adaptado de: <https://www.gov.br/saude/pt-br/assuntos/saude-de-a-a-z/d/doenca-de-chagas/situacao-epidemiologica>. *Acesso em:* 8 nov. 2023.

Com seu grupo de trabalho, visitem o site do Ministério da Saúde (endereço eletrônico acima) e verifiquem a situação epidemiológica de sua região e, principalmente, de seu estado. Os dados sobre a situação epidemiológica são atualizados com relativa frequência. Analisem a série histórica disponível: qual é a forma de transmissão mais frequente, se o número de casos notificados está aumentando ou diminuindo e a letalidade anual da doença, por exemplo.

Malária

A malária é doença causada por protozoários do gênero *Plasmodium*. Também conhecida como maleita ou impaludismo, a malária é transmitida pela fêmea do mosquito-prego (pernilongo do gênero *Anopheles*), que pica o homem à procura de sangue. Veja o esquema do ciclo da malária a seguir.

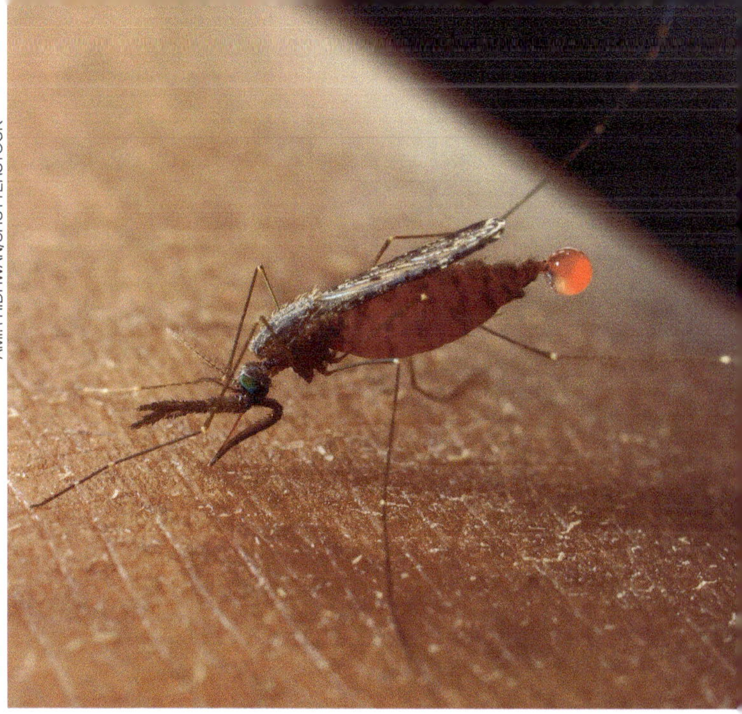

AMIR RIDHWAN/SHUTTERSTOCK

Fêmea do mosquito *Anopheles* sobre pele humana, picando em busca de sangue. O excesso de fluido está sendo excretado pelo ânus.

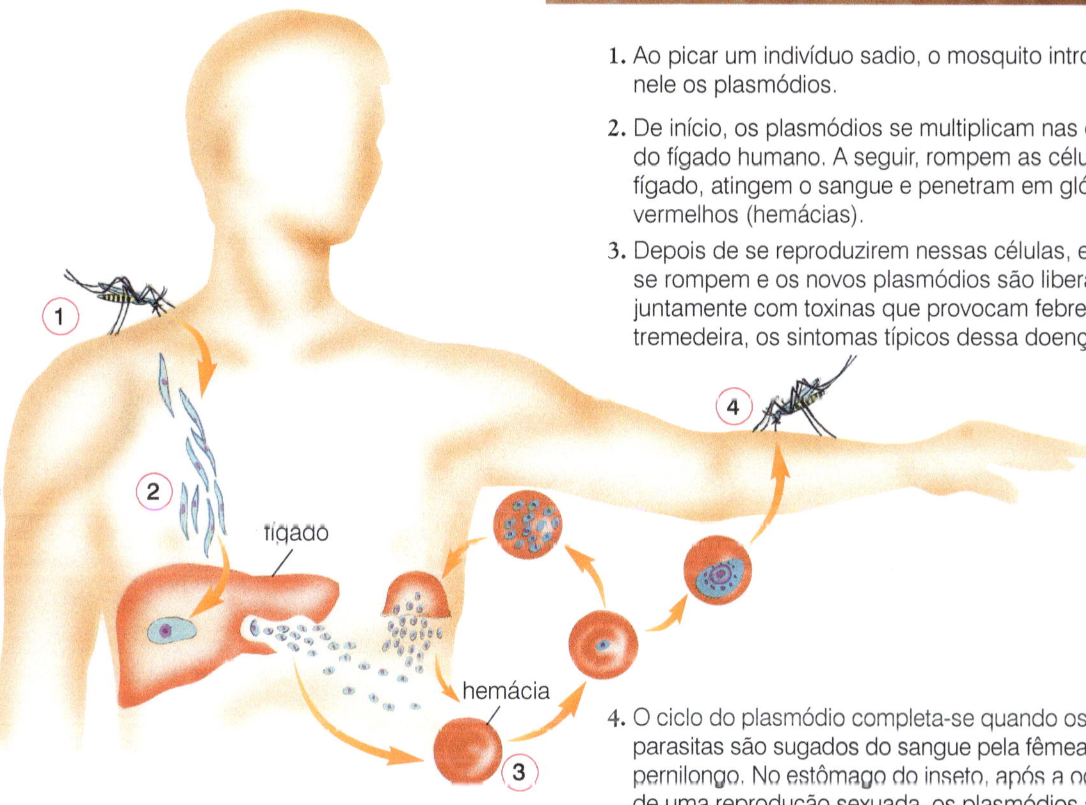

LUIS MOURA/acervo da editora

1. Ao picar um indivíduo sadio, o mosquito introduz nele os plasmódios.
2. De início, os plasmódios se multiplicam nas células do fígado humano. A seguir, rompem as células do fígado, atingem o sangue e penetram em glóbulos vermelhos (hemácias).
3. Depois de se reproduzirem nessas células, elas se rompem e os novos plasmódios são liberados juntamente com toxinas que provocam febre e tremedeira, os sintomas típicos dessa doença.
4. O ciclo do plasmódio completa-se quando os parasitas são sugados do sangue pela fêmea do pernilongo. No estômago do inseto, após a ocorrência de uma reprodução sexuada, os plasmódios se multiplicam e migram para as glândulas salivares do mosquito, de onde passarão para a corrente sanguínea do próximo indivíduo picado.

Ciclo da malária.

É SEMPRE BOM SABER MAIS!

Somente as fêmeas dos mosquitos *Anopheles* alimentam-se de sangue, no qual encontram nutrientes essenciais para a formação de seus ovos. Os ovos são depositados em água parada e limpa, onde se desenvolvem as larvas que, posteriormente, transformam-se em insetos adultos. Os machos nutrem-se da seiva retirada de vegetais.

As febres geralmente ocorrem de 48 em 48 horas, tempo que o parasita leva para se reproduzir assexuadamente nos glóbulos vermelhos (da invasão até a destruição de novos glóbulos).

ESTABELECENDO CONEXÕES

Saúde

Prevenção da malária

Por hora, não há vacina preventiva contra os plasmódios. A prevenção depende da adoção de algumas medidas, principalmente nas regiões em que a malária é comum:

- evitar aproximar-se de lagos, córregos, igarapés etc. nas horas do dia em que os pernilongos são mais ativos, ou seja, ao entardecer e ao amanhecer;
- instalar telas (mosquiteiros) em barracas, cabanas e residências;
- eliminar a água acumulada em recipientes onde se desenvolvem as larvas dos pernilongos;
- recorrer ao controle biológico, utilizando espécies de peixes que se alimentam das larvas dos pernilongos;

➢ Sugira outra medida que poderia ser adotada a fim de prevenir a malária.

Leishmaniose

A leishmaniose visceral e a leishmaniose cutânea são doenças causadas por protozoários flagelados do gênero *Leishmania*.

Na leishmaniose visceral, o protozoário afeta o fígado e o baço, e os principais sintomas são febre, anemia e perda de peso. A leishmaniose cutânea causa a doença conhecida como úlcera de Bauru, que afeta pele e cartilagens (nariz, laringe), provocando graves lesões. O transmissor dos protozoários é o mosquito-birigui, conhecido como mosquito-palha. A prevenção depende do controle dos insetos transmissores e da adoção de medidas que evitem sua proliferação, que costuma ocorrer no solo das matas contendo muito material orgânico.

Toxoplasmose

A toxoplasmose é uma doença comum nos trópicos causada pelo *Toxoplasma gondii*, presente em animais domésticos, como os gatos, os seus principais reservatórios. O homem adquire a doença ao inalar cistos do parasita – presentes nas fezes secas dos gatos – ou ao ingerir alimentos contaminados com esses cistos, que foram transportados para os alimentos por moscas e baratas.

Na maioria dos casos, a toxoplasmose não produz sintomas. Porém, em alguns indivíduos, especialmente com o sistema imunológico comprometido, a toxoplasmose pode provocar sérios danos no sistema nervoso ou mesmo a morte.

Outras doenças de importância nos seres humanos causadas por protozoários.

Doença	Características
Amebíase ou disenteria amebiana	Agente causador: *Entamoeba histolytica*. Sintomas: cólicas abdominais e disenteria. Transmissão: por meio da água, verduras e mãos contaminadas. Prevenção: hábitos de higiene pessoal (lavar as mãos) e saneamento básico (fornecimento de água tratada e redes de coleta e tratamento de esgoto).
Giardíase	Agente causador: *Giardia lamblia*. Sintomas: cólicas abdominais, diarreias e fraqueza. Transmissão: por meio da água e alimentos contaminados. Prevenção: hábitos de higiene pessoal (lavar as mãos) e saneamento básico (fornecimento de água tratada e redes de coleta e tratamento de esgoto).

Doença	Características
Tricomoníase	Agente causador: *Trichomonas vaginalis*. Sintomas: coceira, ardor e corrimento vaginal. Transmissão: doença sexualmente transmissível (DST). Prevenção: uso de preservativos e tratamento dos portadores do parasita e de seus parceiros.

As algas

A grande maioria das algas não é visível, sendo constituída de espécies microscópicas que vivem mergulhadas na água e possuem extraordinária importância para o nosso planeta. O motivo é simples de entender: todas as algas são *autótrofas*; em suas células existem *cloroplastos*, organelas responsáveis pela *fotossíntese*. Por meio desse processo, elas retiram o gás carbônico do ar e devolvem oxigênio, além de produzirem matéria orgânica.

Em tempos de intensificação do aquecimento global, causado pela liberação excessiva de gás carbônico para a atmosfera, a contribuição das algas é extraordinária. Há quem diga que elas são responsáveis por cerca de 50% da fotossíntese executada em nossa biosfera.

Dentre as espécies componentes do grupo das algas muitas são unicelulares e vivem isoladas, outras são unicelulares e se agrupam em colônias de diversos formatos e inúmeras espécies são pluricelulares, mas não formam tecidos verdadeiramente organizados. Trata-se, portanto, de um grupo bastante heterogêneo. Existe, porém, uma característica comum a todas elas: são autótrofas, possuem o pigmento clorofila e realizam fotossíntese no interior de cloroplastos.

Muitas vezes, como veremos a seguir, a cor da alga é devida a um pigmento predominante, que mascara a cor verde da clorofila.

Dentre os principais grupos de algas, as popularmente conhecidas como **diatomáceas** são as mais abundantes no meio aquático, tanto marinho como de água doce. São em sua maioria unicelulares, com poucas coloniais. A célula é rodeada por uma carapaça de sílica.

As **clorofíceas**, conhecidas como **algas verdes**, podem ser unicelulares, coloniais e pluricelulares. Podem ser encontradas no mar, na água doce e em meio terrestre úmido. Algumas espécies associam-se a fungos na constituição dos liquens.

Pluricelulares e macroscópicas, as **feofíceas** são as também chamadas **algas pardas**. A maioria é marinha e nos mares de regiões temperadas são componentes das florestas marinhas, conhecidas como *kelps*. Muitas espécies são comestíveis.

Jogo rápido

Nos primeiros sistemas de classificação dos seres vivos, pelo menos duas características teriam sido utilizadas como critério de inclusão de um cogumelo e de uma alga marinha pluricelular de grande porte em um mesmo reino. Quais poderiam ter sido essas duas características?

JAN HINSCH/SCIENCE PHOTO LIBRARY/LATINSTOCK

Diatomáceas são um grupo de algas com mais de 10.000 espécies. (Imagem vista ao microscópio óptico, colorida artificialmente. Ampliação: 50 vezes.)

Fique por dentro!

A terminação *fíceas*, que faz parte do nome dos grupos de algas, é derivada do grego *phykos*, que significa alga.

TASFOTONL/SHUTTERSTOCK

Ulva, também conhecida como alface-do-mar, é uma alga verde comestível. Pode atingir até 60 cm.

SPACE MONKEY PICS/SHUTTERSTOCK

Alga parda (*Fucus vesiculosus*). Medem cerca de 60 cm.

As **euglenofíceas** são todas unicelulares, de coloração verde. A maioria vive em água doce. Há espécies que se alimentam de partículas orgânicas existentes na água e também fazem fotossíntese. As euglenas pertencem a esse filo.

As **pirrofíceas**, também chamadas de **dinoflagelados**, são todas unicelulares, sendo a maioria marinha. A *Noctiluca* é uma espécie que emite luz ao ser atritada (bioluminescência).

Também pluricelulares, porém de tamanho menor do que as feofíceas, são as **algas vermelhas**, as **rodofíceas**. A maioria é marinha. De algumas espécies extrai-se o *ágar*, substância utilizada para a confecção de meios de cultivo. Algumas espécies de algas vermelhas são comestíveis.

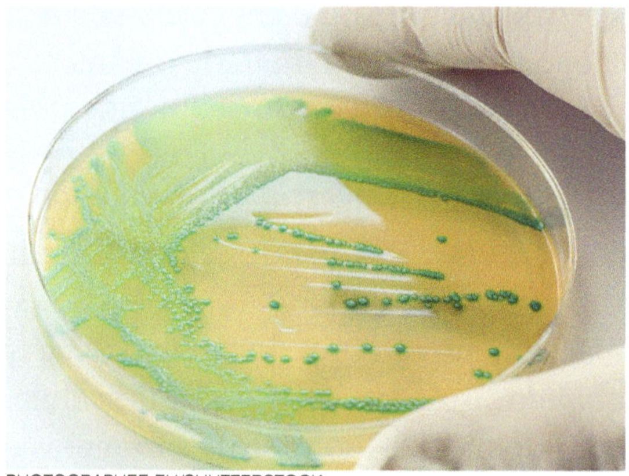
PHOTOGRAPHEE.EU/SHUTTERSTOCK

O ágar, substância extraída de algas vermelhas do gênero *Gelidium*, é uma espécie de gelatina muito adequada para usar como meio de cultura em laboratório. Na foto, o ágar (em amarelo) foi utilizado para cultivo de bactérias (em verde).

ESTABELECENDO CONEXÕES

História

Algas comestíveis

Cada país tem em sua culinária pratos que lhe são característicos. E, naturalmente, isso também acontece com o Japão, país da Ásia formado por um conjunto de ilhas. Com um território em que cerca de 75% da superfície é montanhosa (possui mais de 60 vulcões ativos) e apenas 14% do território pode ser utilizado para a agricultura, os produtos que vêm do mar passam a ter grande importância.

Entre os vários pratos da culinária japonesa estão os peixes crus fatiados (*sashimi*), arroz e, entre outros, os chamados *sushis*: rolinhos de arroz com vinagre, recheados, envolvidos por um tipo de alga, conhecida como nori.

Mas esse prato tem sua origem em um tempo remoto no Japão, em uma época em que os pescadores enfrentavam o problema de como conservar o que era pescado. Para isso, depois de limpar os peixes, os salgavam e os envolviam com arroz, que fermentava e azedava, conservando o peixe. Isso podia manter o pescado por até 3 anos em condições de ser consumido, mas não o arroz.

Foi apenas no século XVII, com a introdução do vinagre no arroz, que o sushi passou a ser preparado e consumido como o conhecemos hoje.

a

ELENADESIGN/SHUTTERSTOCK

AFRICA STUDIO/SHUTTERSTOCK

SHEBEKO/SHUTTERSTOCK

No tradicional *sushi* japonês, as folhas feitas com alga (a) são recheadas com arroz e vegetais ou peixes (b), enroladas, e cortadas em pequenas porções (c) para serem servidas.

A *importância das algas*

Importância ecológia

O **fitoplâncton** é uma comunidade formada principalmente por microalgas que flutuam livremente ao sabor das ondas. São importantes produtoras de alimento orgânico (autótrofas fotossintetizantes) e liberam oxigênio para a água e atmosfera. Formam a base das cadeias alimentares aquáticas, o chamado "pasto marinho", que constitui o alimento dos consumidores primários dos ecossistemas aquáticos, que, por sua vez, são o alimento para consumidores secundários, e assim por diante até o topo das cadeias alimentares. Isso significa que todo o "pescado" que nos alimenta (crustáceos, peixes etc.) depende direta ou indiretamente das algas do fotoplâncton.

Importância alimentar, industrial e agrícola

Diversas algas de grande tamanho são comestíveis, principalmente as pardas, as vermelhas e as verdes. Em países como o Japão, existem diversos criadouros de algas para essa finalidade. Além disso, *alginatos* (derivados de algas pardas) são utilizados como espessantes de alimentos (sorvetes, geleias e balas, por exemplo), de corantes e cosméticos.

A substância conhecida como *ágar*, derivada da parede celular de algas vermelhas (rodofíceas), é utilizada na indústria farmacêutica para a confecção de cápsulas de medicamentos e como laxante. Também é usada como meio de cultura para fungos e bactétias.

Algumas espécies de algas são ricas em elementos químicos como iodo, cálcio, cobre, ferro e zinco, muito utilizados na produção de adubos.

Jogo rápido

Embora tenham sido colocadas no mesmo reino, nos primeiros sistemas de classificação dos seres vivos, atualmente as algas e os fungos se encontram em reinos separados. Em sua opinião, qual foi o principal critério utilizado para essa separação?

Fique por dentro!

Cerca de 90% do gás oxigênio da atmosfera terrestre é produzido pelas algas do fitoplâncton por meio da fotossíntese.

Espessante: substância que dá consistência, que engrossa.

Nosso desafio

Para preencher os quadrinhos de 1 a 15, você deve utilizar as seguintes palavras: algas, amebas, autótrofas, cílios, doença de Chagas, heterótrofos, malária, pardas, plasmódios, protozoários, pseudópodes, tripanossomos, unicelulares, verdes, vermelhas.

À medida que você preencher os quadrinhos, risque a palavra que escolheu para não usá-la novamente.

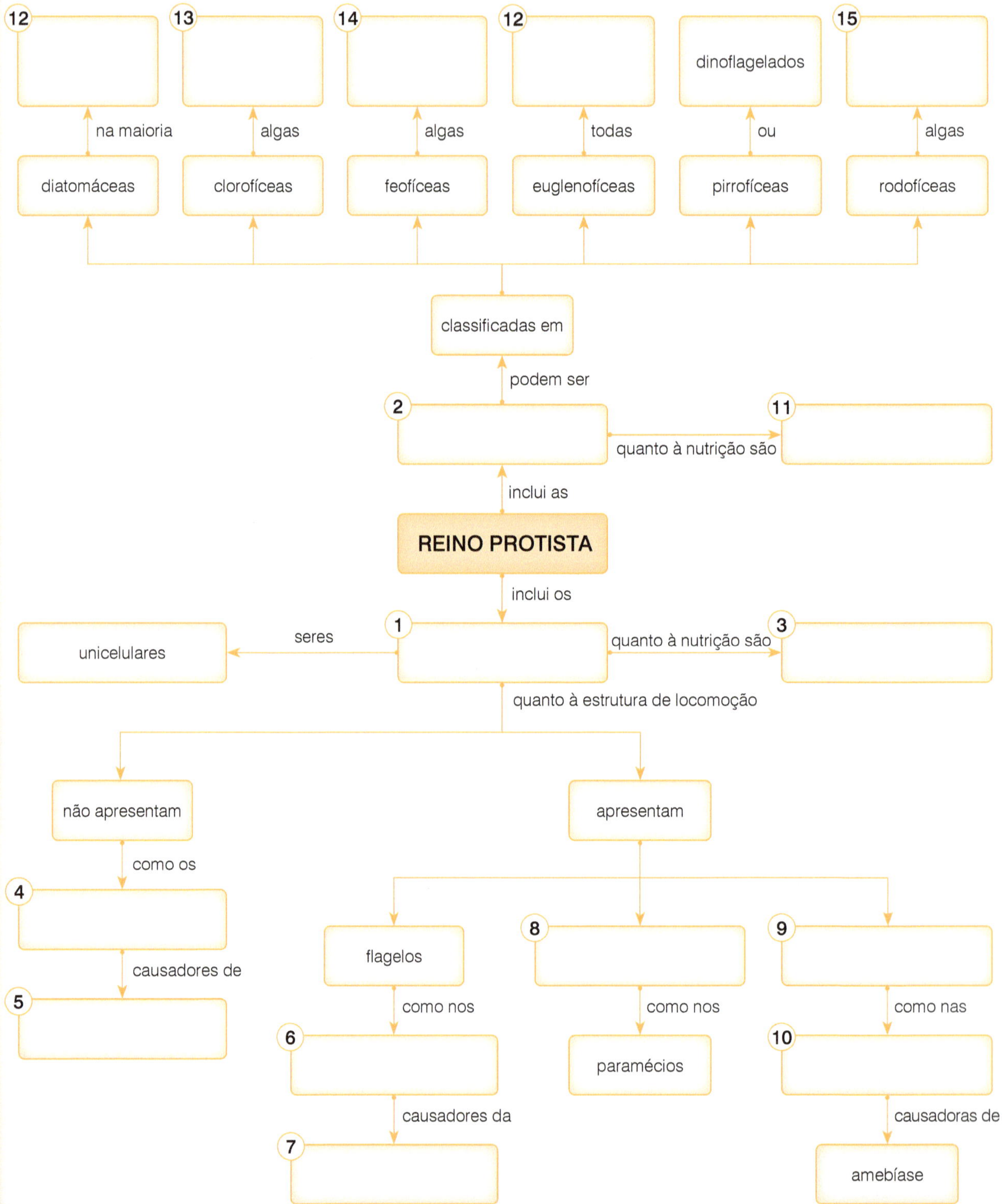

Atividades

1. **[6, 10]** A ilustração a seguir, representa o esquema de um cogumelo:

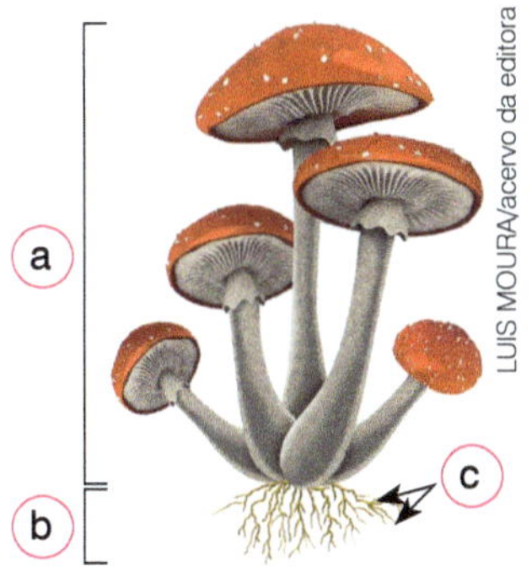

a) Reconheça as estruturas apontadas pelas setas.

b) Qual é o papel desempenhado pela estrutura *b*?

c) Qual é o papel desempenhado pela estrutura *a*?

2. **[7, 12]** Ao ver um mamão cheio de bolor no mercado, Senhor Américo exclamou: "Não vou comprar esta fruta porque está cheia de bactérias que fizeram crescer esse bolor". Com relação à situação descrita no texto da questão:

a) Senhor Américo errou ao dizer que o bolor é causado por crescimento de bactérias. Por quê?

b) Se você reconheceu o erro cometido por Senhor Américo e indicou corretamente o grupo de seres vivos a que o bolor pertence, cite duas outras palavras mais comumente associadas a representantes desse grupo.

3. **[6, 10]** Bactérias e fungos são considerados seres vivos de extraordinária importância para a reciclagem dos nutrientes minerais na biosfera. Sem a atividade desses seres, seria praticamente impossível a construção dos corpos de novos seres vivos. Com relação a esse tema:

a) Cite o nome do processo realizado por esses seres, responsável pela reciclagem dos nutrientes minerais.

b) Embora fungos e bactérias sejam responsáveis pela realização do processo acima citado, há uma importante diferença na organização celular desses dois grupos de seres vivos e uma importante semelhança referente a um envoltório celular nos representantes dos dois grupos. Cite a diferença e a semelhança a que estamos nos referindo.

4. **[10, 12]** *Saccharomyces cerevisiae* é o nome científico de um fungo microscópico, unicelular, popularmente conhecido como lêvedo. Com relação a esse fungo:

a) Cite as duas principais utilizações desse fungo, uma delas relacionada à produção de um alimento amplamente consumido pelo homem e a outra baseada na transformação do açúcar de cana.

b) Por meio de que processo metabólico esse fungo libera o gás carbônico nesses dois processos?

5. **[6, 9]** Dia desses, um paciente sentiu uma forte dor de garganta e, como estava com febre, decidiu ir ao médico. O médico constatou que o paciente estava com a garganta inflamada, cheia de pus, e lhe receitou penicilina. Voltando para casa, ele disse à esposa que o médico tinha receitado penicilina, um remédio produzido por bactérias para matar as bactérias que inflamavam a sua garganta. A partir das informações fornecidas pelo texto e dos seus conhecimentos sobre o assunto, corrija a informação fornecida pelo paciente, relativa à origem da penicilina.

6. **[6, 10]** Quando o fungo *Ustilago maydis* invade uma planta de milho, provocando o surgimento de gomos cinza escuros semelhantes a carvão ("carvão do milho"), suas hifas penetram nas células da planta hospedeira, que são ricas em nutrientes que favorecem o desenvolvimento do fungo. Essa atividade prejudica a formação de espigas pela planta de milho.

Os gomos cinza escuros que se exteriorizam da espiga correspondem ao micélio reprodutor do fungo, ou seja, as hifas que produzem as células reprodutoras.

a) Como é denominado o conjunto representado pelo micélio reprodutor do fungo e que forma os gomos conhecidos como "carvão do milho", citados no texto?

b) O micélio reprodutor é responsável pela produção de células reprodutoras que certamente estão presentes nos gomos citados no texto. Como são denominadas essas células reprodutoras?

7. **[6, 10]** Liquens e micorrizas são os nomes de duas associações em que há a participação de fungos. Com relação a essas associações:

a) Cite os parceiros dos fungos, em cada uma delas.

b) Explique como se dá a interação dos fungos com os seus parceiros, em ambos os casos.

c) Que tipo de relação ecológica é representado por essas duas associações?

8. **[6, 10]** O reino Protista é constituído de dois grandes grupos de seres vivos, o dos protozoários e o das algas. Com relação a esses dois grupos:

a) Cite as duas diferenças básicas existentes entre eles, a primeira relativa à quantidade de células (unicelulares ou pluricelulares) que os constitui e a segunda referente ao tipo de nutrição (autotrófica ou heterotrófica) praticada por esses seres.

b) Nas antigas classificações dos seres vivos, os protozoários eram incluídos no reino Animal, considerados *animais de uma só célula*. Cite as duas características que justificavam a inclusão desses seres no reino Animal.

9. **[6, 7, 10]** Seres vivos que necessitam de outro para se alimentar são chamados de heterótrofos. A grande maioria dos heterótrofos deve localizar e capturar os seres vivos que constituem o seu alimento. Os protozoários, seres vivos eucariontes, são heterótrofos.

a) Qual é a relação entre o heterotrofismo e a vantagem evolutiva de poder se deslocar?

b) É correto afirmar que todos os protozoários se utilizam das mesmas estruturas para poderem se locomover? Justifique a resposta.

c) Protozoários minúsculos aprisionam bactérias inteiras em seus vacúolos digestivos. Então, é correto afirmar que a digestão em protozoários é sempre intracelular? Justifique a resposta.

d) Existe um grupo de protozoários que, por falta de estruturas presentes nos protozoários que se movimentam, é incapaz de se locomover na maior parte de sua vida. Então, como se explica que conseguem alimento já que são heterótrofos?

10. **[6, 7, 10]** Comparando-se as amebas de água doce ou marinha e o paramécio com o tripanossomo e o plasmódio, percebe-se que há uma diferença quanto ao modo de vida desses seres. Qual é essa diferença?

11. **[6, 10]** O grupo das algas é bastante heterogêneo, fato que pode ser evidenciado pela diversidade de formas, tamanho, cores e pela existência de espécies unicelulares, coloniais e pluricelulares. Com relação a esse assunto, consulte o item "As algas" e responda:

a) Cite os grupos de algas que contêm espécies pluricelulares.

b) Cite os grupos de algas que contêm espécies unicelulares.

c) Em qual dos grupos que você citou as células são envolvidas por uma carapaça de sílica?

12. **[6, 10]** De modo geral, as algas vivem em ambientes aquáticos marinhos e de água doce, podendo ser encontradas também em ambientes terrestres úmidos. No ambiente marinho, as algas pluricelulares macroscópicas de modo geral fixam-se às rochas ou no fundo do mar. As algas unicelulares e coloniais, componentes do fitoplâncton, vivem livremente na água, flutuando ao sabor das ondas. Baseando-se nessas informações e utilizando os seus conhecimentos sobre o assunto, responda:

a) Considerando que as algas são autótrofas fotossintetizantes, até que profundidade elas podem ser encontradas na água do mar?

b) O fitoplâncton constitui uma população ou uma comunidade de algas? Justifique a sua resposta.

c) Algumas espécies de algas podem ser encontradas em locais úmidos de matas, bosques e florestas. Nesses locais, também é comum encontrar algas que se juntam a fungos, constituindo uma associação que costuma se fixar na casca das árvores. Como é denominada essa associação?

13. **[6, 7, 10]** Considere o esquema a seguir, que representa algumas relações alimentares – teia alimentar – entre espécies que vivem em um lago de região equatorial.

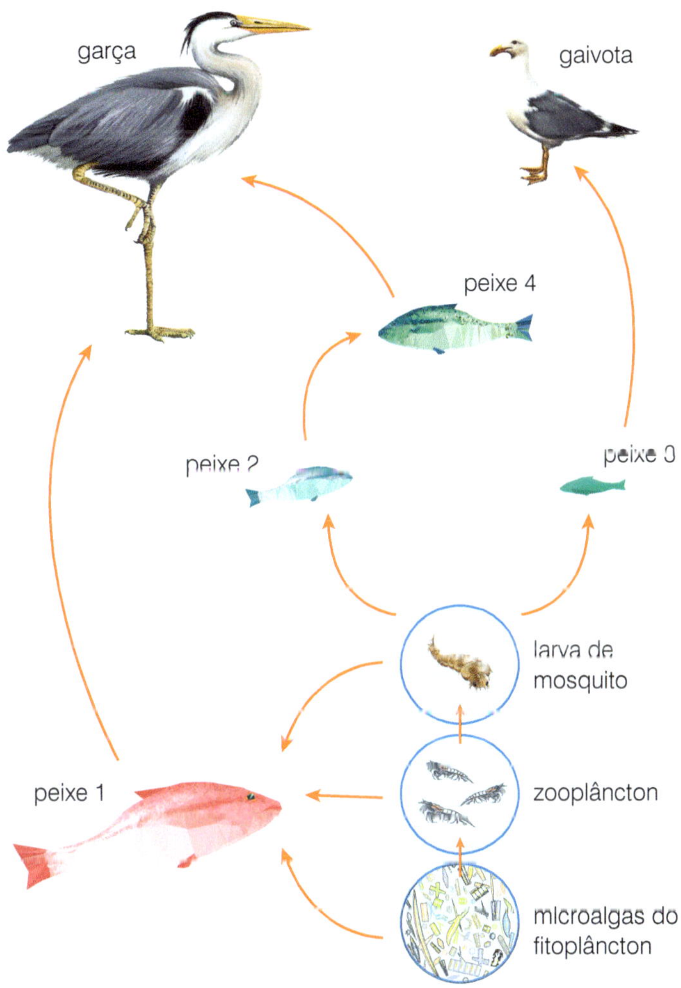

ANA OLÍVIA JUSTO/acervo da editora

a) Que papel é desempenhado pelas microalgas do fitoplâncton nessa teia alimentar?

b) Dentre os consumidores, indique os que ocupam um único nível trófico?

c) Indique os níveis tróficos ocupados pelo peixe 1 e pela garça.

14. [6, 10, 12] O fitoplâncton é constituído, de modo geral, por inúmeras espécies de microalgas que vivem livres na água, sendo por ela transportadas passivamente. Essas microalgas dependem da existência de nutrientes minerais dissolvidos na água contendo, principalmente, os elementos nitrogênio e fósforo, indispensáveis para a síntese de substâncias componentes das células e para a multiplicação das algas. A esse respeito, responda:

a) Qual é a importância do fitoplâncton para os ecossistemas aquáticos?

b) De que modo o fitoplâncton pode ser benéfico para a vida dos demais seres vivos da biosfera?

15. [1, 6, 7, 10, 15, 17, 18] Com o descobrimento das Américas, o europeu à procura de madeiras cortou florestas e mais florestas. Mais tarde os colonizadores implantaram a agropecuária, além de procurarem pedras preciosas e ouro. Com isso mais e mais florestas foram destruídas eliminando boa parte da flora e da fauna típicas dessas regiões.

Entre os animais que se viram ameaçados com a destruição provocada pelo ser humano está o "barbeiro", inseto hematófago, isto é, que se alimenta de sangue de animais, como gambá, tatu e roedores.

SCHLYX/SHUTTERSTOCK

"Barbeiro".

Esses animais, portanto, forneciam alimento e abrigo para os barbeiros. Na ausência dos mamíferos citados, os "barbeiros" voaram para os abrigos mais próximos, os galinheiros, os chiqueiros e as habitações rústicas construídas pelo homem com barro ressequido e cobertas de sapé (casas de pau a pique), que, quando mal construídas, racham e deixam buracos. Alimento abundante pela presença de moradores (homem, gato, cão) e habitação protegida (os buracos do barro ressequido) favoreceram a instalação e procriação do "barbeiro" nessas regiões, permitindo a presença de dezenas de barbeiros apenas em uma parede dessas casas.

a) Como se explica que a alteração ambiental citada no texto provocada pelos seres humanos está associada à doença de Chagas?

b) Como se explica que nos habitantes da floresta na região da Amazônia a existência de doença de Chagas é extremamente rara, mesmo naqueles que vivem em habitações bem rudimentares?

c) Quando o europeu chegou ao sul dos Estados Unidos, onde viviam "barbeiros", também modificaram o meio ambiente. No entanto, o número de casos de doença de Chagas naquela região é bem menor do que na América Latina. Baseado exclusivamente no texto do enunciado da questão levante uma hipótese para o menor número de afetados pela doença de Chagas naquela região.

16. [1, 6, 7, 10, 15, 17, 18] Ainda em relação à doença de Chagas, a profilaxia (conjunto de medidas que se tomam para prevenir doenças) está intimamente associada à melhoria das condições de vida do nosso camponês. Do ponto de vista da Ciência, comente as frases a seguir.

a) Não há dúvida alguma de que é preciso pesquisar medicamentos para curar os doentes acometidos pela doença de Chagas, porém a medida profilática mais eficiente para erradicar essa doença é investir grandes recursos em medidas preventivas e não o contrário, grandes recursos em tratamentos médicos e poucos recursos em tratamento preventivo.

b) A medida mais eficiente para se combater a doença de Chagas no meio rural é fornecer água encanada e esgoto tratado para os habitantes.

17. [1, 6, 7, 10, 15, 17, 18] Em visita a dois sobrinhos que vivem em um pequeno sítio cuja casa, sem reboco, tem muitas frestas na parede, um senhor disse a eles para tomarem cuidado porque na região em que residem vive um inseto chamado barbeiro, que durante o dia se esconde nos buracos da parede e à noite suga o sangue das pessoas e elimina fezes contendo um parasita que pode causar uma doença que afeta o coração. A seguir, ao visitar outros parentes que residem na região amazônica, em uma pequena moradia rodeada de rios e lagos, alertou-os para o fato de que naquela região existe um mosquito que, ao picar as pessoas ao amanhecer e ao anoitecer, transmite parasitas que atacam células do sangue e causam a doença de Chagas.

Utilize o texto para responder aos itens seguintes:

a) A que doença o senhor se referiu, na região em que moram os dois sobrinhos? Qual é o agente causador dessa doença?

b) Cite os procedimentos que devem ser tomados para evitar a ocorrência de casos dessa doença na região.

c) A segunda doença a que o senhor se referiu certamente não é a doença de Chagas. Corrija essa informação, citando o nome correto da doença e o seu agente causador.

18. [1, 7, 10, 15, 17, 18] Segundo a OMS (Organização Mundial de Saúde) o nutrição deficiente, educação insuficiente e habitação inadequada favorecem o aparecimento de *doenças*. Investimentos maciços em tratamentos médicos e poucos recursos em saúde pública e medicina preventiva não resolvem o problema da persistência de doenças, pois suas causas não foram erradicadas.

Tomando como referência as causas citadas pela OMS no ciclo pobreza-doença, quais são as medidas preventivas que devem ser adotadas para erradicar as protozooses (doenças causadas por parasitas protozoários): amebíase, giardíase, doença de Chagas e malária? Justifique a sua resposta.

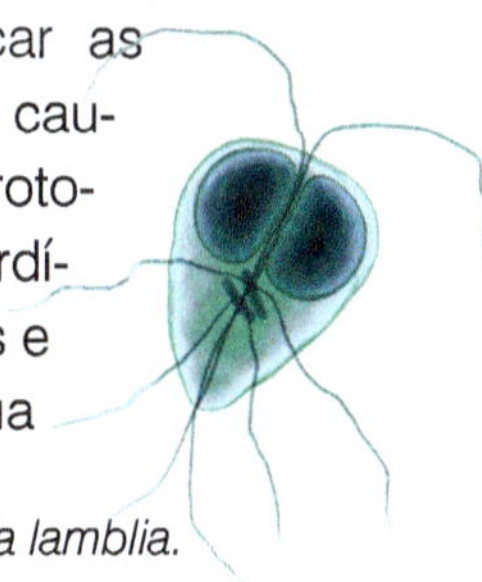
KATERYNA KON/SHUTTERSTOCK

Giardia lamblia.

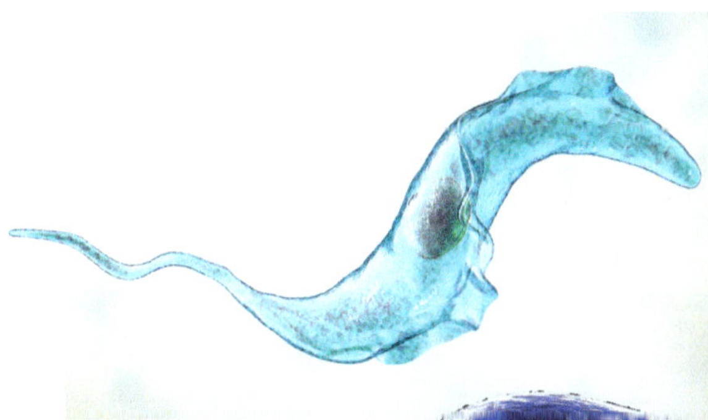
KATERYNA KON/SHUTTERSTOCK

Trypanosoma cruzi.

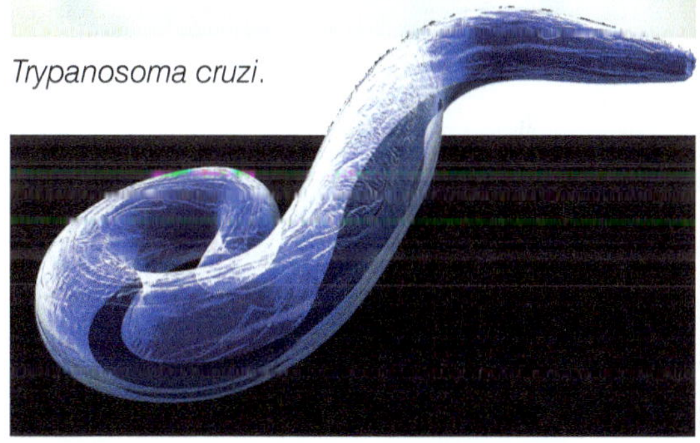
SCIENCEPICS/SHUTTERSTOCK

Plasmodium falciparum.

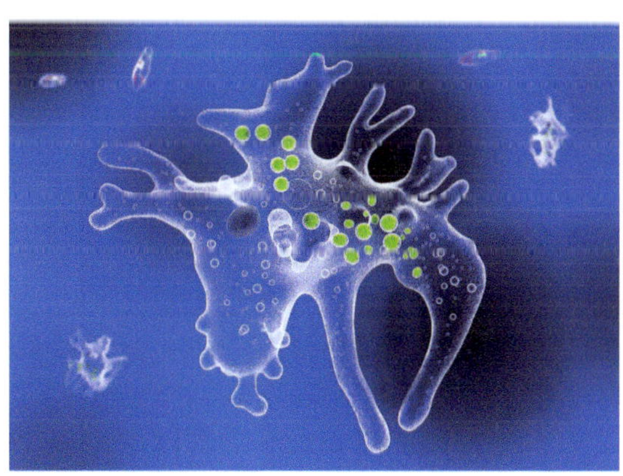
MELETIOS VERRAS/SHUTTERSTOCK

Amoeba sp.

Leitura

Você, desvendando a Ciência

Cirurgia para correção de miopia

Vimos que a miopia é um distúrbio da visão em que, como consequência de o globo ocular ser mais longo do que o normal, a imagem é focalizada antes da retina. Lentes corretivas, como as de óculos ou de contato, podem alterar a trajetória dos raios luminosos, fazendo com que eles recaiam sobre a retina.

Durante muito tempo essa era a forma como se corrigia a miopia. Já há alguns anos, está sendo utilizada cirurgia para a correção desse problema. O procedimento é feito na córnea com um aparelho que emite raios laser (acompanhe pelas imagens a seguir).

O olho do paciente (1) é anestesiado com um colírio. Com um equipamento de extrema precisão (o microcerótomo), levanta-se a membrana (2) que reveste a córnea. Depois disso, o laser é acionado e dirigido para o centro da córnea (3), modelando essa estrutura (4).

O laser é um feixe de luz que está acoplado a um equipamento sofisticado, calibrado para que possa fazer a correção adequada a cada paciente. O médico não o manipula, apenas inicialmente dirige a luz para o local adequado e dá início ao procedimento. Ao final, é só (5) abaixar a membrana que revestia a córnea, colocando-a novamente em sua posição inicial (6).

Pronto. Sem pontos e sem dor, em menos de um minuto pode-se diminuir até 10 graus de miopia, que é o valor máximo que essa técnica permite corrigir.

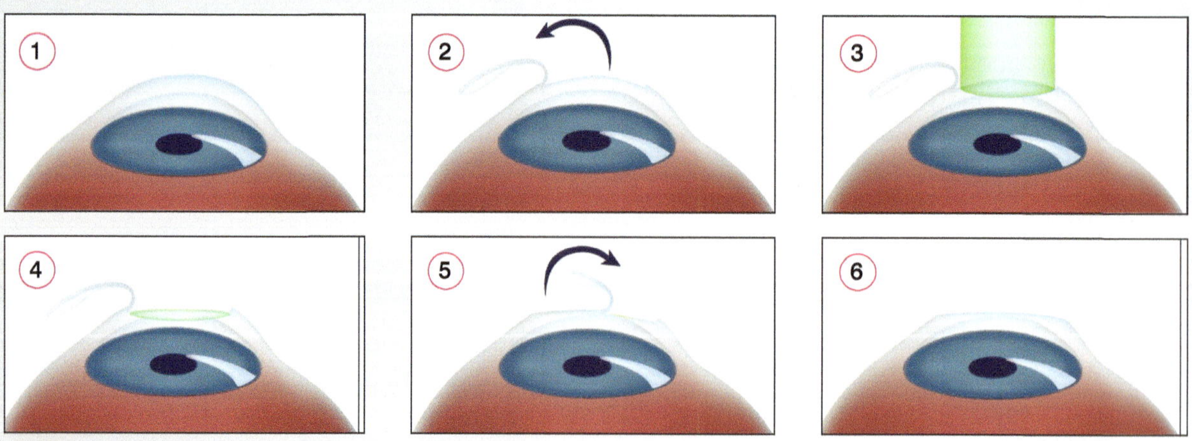

ALILA MEDICAL MEDIA/SHUTTERSTOCK

Suponha que um adolescente que apresente 7 graus de miopia seja submetido a uma cirurgia para correção desse distúrbio. Podemos afirmar que essa cirurgia previne o adolescente de ter presbiopia?

TecNews

O que há de mais moderno no mundo da Ciência!

Implantes cerebrais para tratamento de desordens do humor

Equipes de cientistas estão desenvolvendo métodos que tentam aliviar a carga emocional e de sentimentos das pessoas por meio de implantes que liberam impulsos elétricos, do mesmo modo que ocorre durante a atividade dos neurônios do sistema nervoso central. Como se sabe, essas células funcionam por meio da geração de corrente elétrica que envolve os elementos sódio e potássio, na geração do chamado impulso nervoso ao longo dos axônios neuronais. O trabalho dos cientistas foi apresentado em um encontro da Sociedade de Neurociência, em Washington, Estados Unidos, e pode eventualmente constituir-se em um tratamento de doenças mentais severas que são resistentes às terapias hoje empregadas.

O método tem como princípio um dispositivo implantado no cérebro que gera impulsos elétricos que alteram a atividade dos neurônios, e foi chamado de estimulação cerebral profunda. A expectativa é que essa metodologia sirva para o tratamento de desordens do humor, incluindo casos de depressão. Evidências obtidas por meio dos experimentos sugerem que a estimulação constante de certas áreas cerebrais pode provocar melhora da depressão. Cada grupo envolvido na pesquisa espera criar um sistema de implante de eletrodos para rastrear a atividade dos neurônios ao longo do cérebro, ao ocorrer a estimulação elétrica. Os grupos de pesquisa estão ainda desenvolvendo tal tecnologia em experimentos com pessoas com epilepsia que já possuem eletrodos implantados em seus cérebros e, com isso, esperam localizar precisamente as regiões que conduzem à alteração de condução elétrica neuronal anormal que causa as convulsões, típicas dessa irregularidade de trabalho cerebral relacionado à atividade dos neurônios.

É a Ciência a serviço da saúde humana. Vamos torcer para que os resultados sejam promissores e sejam utilizados em larga escala no tratamento dos distúrbios do sistema nervoso central.

Adaptado de: REARDON, R. Brain implants for mood disorders tested in people. *Nature*, News in Focus, London, v. 551, n. 7682, 30 Nov. 2017. p. 549-550.

Investigando

Com seu grupo de trabalho, faça uma pequena pesquisa sobre o que é depressão, seus sintomas, suas causas mais frequentes e formas de tratamento.

UNIDADE 2

Matéria e ENERGIA

Matéria e energia estão presentes de diferentes formas em nosso dia a dia e, em geral, somos capazes de intuitivamente reconhecer uma ou outra. Entre os diferentes tipos de matéria, uma delas é vital para os seres humanos: a ***água***. Sem água, nenhuma reação química celular pode ocorrer. Sem água não haveria sangue circulante no organismo das pessoas, não haveria fornecimento de nutrientes essenciais às células do nosso corpo. Sem água não haveria vida como a conhecemos.

Hoje, milhões de pessoas não têm acesso à água tratada e estima-se que para o ano 2030 teremos uma necessidade 40% maior do que a atual de água tratada para os seres humanos. A contaminação desse líquido tão precioso acarreta problemas de saúde, uma vez que serve de veículo para inúmeros microrganismos, como os que causam a cólera, por exemplo, infecção bacteriana que condiciona muitas mortes.

Cuidar da água, de suas características, de sua pureza e de seu uso responsável, é cuidar da vida!

capítulo 10

AS MUDANÇAS DA MATÉRIA

Somos feitos de quê?

Essa é uma pergunta que pode ter várias respostas. Assim, como todo o Universo, somos feitos de matéria e energia.

Para sobreviver, os seres vivos precisam ingerir alimentos para deles extrair a matéria e a energia de que necessitam. Sem a energia proveniente dos alimentos, você não conseguiria ter disposição para estudar, praticar esportes ou brincar com seus colegas de escola na hora do recreio.

Do mesmo modo que ocorre com a gasolina ou o álcool para um carro, podemos dizer que o alimento que ingerimos contém substâncias que são o nosso combustível. Desse combustível, nosso organismo irá extrair a energia que será utilizada para a realização de nossas atividades.

Neste capítulo, você vai aprender um pouco mais sobre a matéria, a energia e suas transformações.

RAWPIXEL.COM/SHUTTERSTOCK

Matéria e energia

Quando observamos o ambiente em que vivemos, podemos notar a existência de uma infinidade de formas e cores dos diferentes materiais que nos rodeiam.

Olhe ao seu redor e perceba que existem materiais muito resistentes que formam a parede, o teto ou o piso de sua sala de aula. Existem também materiais mais frágeis e maleáveis como objetos feitos de vidro, plástico ou papel, ou, ainda, aqueles que não podemos segurar com as mãos, como o ar, por exemplo.

Maleável: que tem elasticidade; flexível, dobrável; que pode ser modelado.

Também podemos sentir o calor do Sol, percebemos a luz que ilumina a sala e o som de uma campainha. Parede, piso, objetos de vidro, de plástico, o ar que respiramos, são considerados **matéria**; o calor, a luz e o som são formas de **energia**.

De um modo simples, podemos dizer que *matéria* é tudo aquilo de que são feitas as coisas. Por exemplo, um livro, o solo, uma árvore ou um animal são constituídos de matéria e, por isso, em linguagem científica são chamados de *corpos materiais*. De um modo mais preciso, podemos dizer que matéria é tudo o que tem *massa* e ocupa lugar no espaço, isto é, que apresenta *volume*. Todas as substâncias que formam os materiais, que existem na Terra, na Lua, nos planetas, que formam os seres vivos e seus alimentos, são formas diferentes de matéria.

Todos os seres vivos são formados de matéria e energia, que sustentam a vida. Quando você se alimenta, está adquirindo matéria e energia para o seu crescimento e para a realização das suas atividades diárias. Você já sabe que certos alimentos, os açúcares, são os principais fornecedores de energia para os seres vivos.

Diferentes tipos de matéria (alimentos, água, ar, vidro, plástico, papel etc.) e de energia (calor, luz, som etc.) provocam sensações que podem ser percebidas por meio dos nossos sentidos (tato, visão, olfato, audição, paladar). Por meio dessas sensações podemos conhecer e compreender em grande parte o mundo em que vivemos e o Universo de uma forma geral.

Todos temos uma ideia sobre o que seja energia e até sabemos reconhecer alguns tipos dela. Mas dar uma definição exata é muito difícil.

De um modo geral, podemos relacionar a ideia de energia com a realização de algum trabalho ou atividade: energia elétrica, energia térmica (calor), energia luminosa (luz), entre outras. Pense, por exemplo, nas atividades ou trabalhos do nosso dia a dia que dependem da *energia elétrica* ou do calor (*energia térmica*). Você já sabe que sem a *energia luminosa* as plantas não

Este livro que você está lendo e o caderno em que escreve são feitos de diferentes tipos de matéria. Você poderia citar algumas delas?

Descubra você mesmo!

Em sua casa, observe algumas embalagens, como as de alimentos enlatados, pacotes de arroz e de farinha de trigo, entre outros produtos. Elas trazem informações sobre a quantidade de seus conteúdos. Verifique seus rótulos e faça uma lista em seu caderno da massa e do volume de alguns produtos. Por que é importante conhecer essa informação nos produtos que compramos?

realizam a fotossíntese, processo responsável pela produção de matéria orgânica que alimenta todos os seres vivos direta ou indiretamente. E qualquer trabalho que depende da atividade de seus músculos seria impossível de executar sem a energia que você obtém dos alimentos que consome.

ESTABELECENDO CONEXÕES

Saúde

Quando ingerimos uma quantidade grande de alimentos e não conseguimos gastar toda a energia por eles fornecida, o "excesso" fica armazenado em nosso corpo para ser usado mais tarde. É o que ocorre, por exemplo, quando ingerimos quantidades de açúcares que ultrapassam nossas necessidades diárias. Parte desse excesso converte-se em gordura que, se não consumida, pode causar problemas de obesidade.

EM CONJUNTO COM A TURMA!

Pesquise com seus colegas as formas de energia usadas em suas casas e anotem suas observações. Anotem também as transformações da energia elétrica em aparelhos de uso doméstico. Completem suas informações com os dados dos outros grupos de trabalho.

LIGHTFIELD STUDIOS/ SHUTTERSTOCK

Como medir a matéria?

Como já vimos, matéria é tudo aquilo que apresenta massa e volume. A **massa** é uma medida da quantidade da matéria contida em um corpo e seu **volume** é a medida do espaço ocupado por ele. Se desejarmos medir a matéria, devemos pensar em uma forma de determinar sua massa e seu volume. Mas como medi-los?

Na primeira atividade deste capítulo, você listou a massa e o volume de alguns produtos. Você pode observar que a massa é mais frequentemente medida em **quilograma (kg)** e seus submúltiplos **grama (g)** ou **miligrama (mg)**, que são chamadas de **unidades de medida**. E você sabe qual instrumento é utilizado para medir a massa de objetos e substâncias? Isto mesmo, é a **balança**.

Observe algumas relações entre unidades de medida de massa:

$$1 \text{ kg} = 1.000 \text{ g}$$
$$1 \text{ g} = 1.000 \text{ mg}$$

Para medir o volume ocupado por líquidos podemos utilizar recipientes graduados, ou seja, com escalas (marcações utilizadas como referência).

Quando subimos em uma balança, estamos medindo a **massa** de nosso corpo.

O volume de corpos sólidos não porosos, mesmo com formas irregulares (como massa de modelar, por exemplo), pode ser medido mergulhando-se o corpo em um recipiente graduado contendo água. O acréscimo de volume, que pode ser facilmente observado na escala do recipiente, corresponde ao volume do corpo.

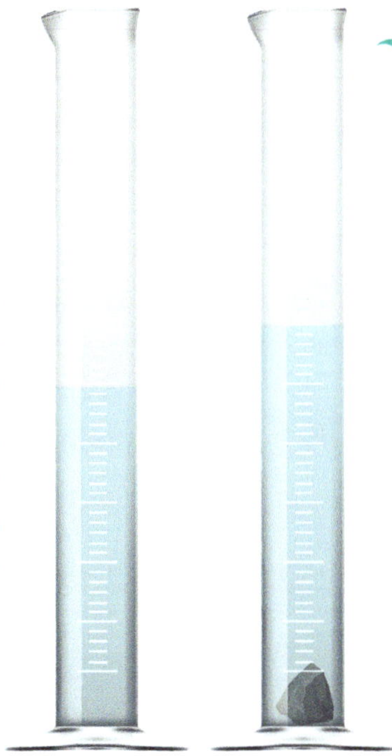

Uma proveta é um instrumento graduado que pode ser usado para medir o volume de líquidos e sólidos, mesmo que estes apresentem formas irregulares.

Jogo rápido

1. Você acha que um corpo poroso (uma esponja de limpeza, por exemplo) mergulhado em um recipiente graduado teria o volume corretamente avaliado? Justifique sua resposta.
2. É possível encontrar muitos frascos utilizados para medir volumes na cozinha de sua casa, como copo de liquidificador, jarras e mamadeiras. Também é possível encontrar pequenas balanças em muitas residências. Observe os frascos e a balança e identifique as unidades de medida utilizadas nesses dois instrumentos de medida.
3. Por que a quantidade de alguns produtos é expressa em quilogramas, outras em gramas ou miligramas? O mesmo pode ocorrer com as medidas volumétricas: litros ou mililitros. Por que, às vezes, é mais conveniente expressarmos o volume em litros e outras vezes em mililitros?

A unidade mais usada para medir volume é o **litro (L)**. Também é muito utilizado o submúltiplo **mililitro (mL)**, que é equivalente ao **centímetro cúbico (cm^3)**.

A correspondência entre algumas unidades de medida de volume é:

$$1\ L = 1.000\ mL$$

$$1\ mL = 1\ cm^3$$

Fique por dentro!

Outro modo de calcular o volume de um corpo, quando se trata de um corpo de formato regular, bem definido (um cubo, um cilindro, uma esfera, por exemplo) consiste na aplicação de fórmulas matemáticas que você conhecerá em outras oportunidades.

TRIALH-UNI/SHUTTERSTOCK

Os estados físicos da matéria

A água que sai de uma torneira e que se transforma em gelo em um congelador ou que "desaparece" de uma panela quando colocada sobre a chama de um fogão, transformando-se em vapor, são exemplos de transformações que a matéria, no caso, a água, pode sofrer.

POPOV NIKOLAY/SHUTTERSTOCK

A água no estado sólido é conhecida como gelo.

Por não terem forma definida, os líquidos adaptam-se à forma dos recipientes em que são colocados. Nas fotos, cada recipiente contém 1 L de líquido.

GRASIELE FAVATTO/acervo da editora

Dizemos que a água da torneira está no **estado líquido**, o gelo no **estado sólido** e o vapor-d'água no **estado gasoso**. Os estados sólido, líquido e gasoso são chamados de **estados físicos da matéria** e todas as substâncias existentes no nosso planeta podem ser encontradas em pelo menos um desses estados físicos.

No **estado sólido**, a matéria apresenta forma e volume definidos. Por exemplo, uma pedra ou um lápis são objetos sólidos. A areia, o sal de cozinha, a farinha e o açúcar também estão no estado sólido e seus grãos possuem forma e volume definidos.

No **estado líquido**, a matéria não tem forma definida, mas seu volume permanece constante. Por exemplo, colocando-se um litro de água em vários recipientes diferentes notaremos que ela adquire a forma do frasco que a contém, porém o seu volume é sempre o mesmo, um litro.

No **estado gasoso**, a matéria não tem forma nem volume definidos. Quando você abre um frasco de perfume, o líquido em seu interior se transforma em gás na forma de vapor, que se espalha por todo o ambiente. É dessa forma que você pode perceber o cheiro do perfume. O mesmo ocorre quando se prepara uma refeição. Os vapores liberados durante o preparo dos alimentos trazem o cheiro da comida até você.

Por que a matéria se transforma?

Por que a água da chuva desaparece da calçada molhada? O que faz com que a água desapareça da roupa colocada no varal para secar? Você deve ter notado que isso ocorre mais rapidamente em dias quentes ou quando expostas diretamente ao Sol. Da mesma maneira, a água colocada em um vasilhame sobre a chama de um fogão tende a desaparecer. Isso acontece porque a água se transforma em vapor, um gás invisível que se mistura com o ar e se espalha pelo ambiente. Neste caso, dizemos que a matéria (a água) sofre uma transformação, uma mudança de estado físico, passando do estado líquido para o estado gasoso.

E por que a matéria muda de estado? Porque, neste caso, ela recebeu energia. O fogo da chama ou o Sol estão transferindo energia térmica, ou seja, calor, para a água. E, ao se aquecer, a água começa a desprender-se na forma de vapor.

Agora, pense na situação inversa. Se retirarmos energia térmica (calor) da água no estado gasoso ela se transformará em líquido novamente? A resposta é afirmativa.

O chão molhado e as roupas estendidas no varal secam porque retiram calor (energia térmica) do ambiente e a água evapora enquanto o ar ao edor for continuamente renovado.

BRIAN A JACKSON/SHUTTERSTOCK

Ao fornecermos ou retirarmos energia térmica de uma substância ela poderá sofrer uma mudança de estado físico. É por isso também que ao colocarmos água líquida no congelador ela se transforma em gelo, pois a geladeira retira energia térmica (calor) da água.

É SEMPRE BOM SABER MAIS!

Você já deve ter observado uma situação curiosa: quando retiramos uma latinha de refrigerante da geladeira, notamos, depois de certo tempo, o aparecimento de pequenas gotas de água, que parecem surgir da própria lata. Qual é a origem dessas pequenas gotas?

Como o ar contém água na forma de vapor, este, ao entrar em contato com a superfície fria da latinha, perde calor, ou seja, a superfície fria retira energia térmica do vapor, e este se transforma, mudando seu estado físico para líquido.

AFRICA STUDIO/SHUTTERSTOCK

A água sob a forma de vapor, em contato com a superfície fria da lata gelada, passa para o estado líquido.

HUYANGSHU/SHUTTERSTOCK

Aquecido a 1.500 graus Celsius (1.500 °C), o ferro se funde e passa para o estado líquido.

Tipos de transformação da matéria

Todas essas transformações da matéria recebem o nome genérico de **mudanças de estado físico**, mas conforme o tipo de transformação recebem nomes específicos, como veremos a seguir.

AFRICA STUDIO/SHUTTERSTOCK

Uma pedra de gelo (água no estado sólido) retirada do congelador absorve calor do ambiente e passa para o estado líquido por meio da fusão.

- **Fusão**: é a passagem do estado sólido para o estado líquido. Exemplo: o gelo (água no estado sólido), ao ganhar calor, transforma-se em água no estado líquido; metais (ferro, chumbo, ouro) tranformam-se em líquido quando atingem sua temperatura de fusão.
- **Solidificação**: é a mudança de estado oposta à fusão, isto é, a passagem da matéria do estado líquido para o estado sólido. Exemplo: a água na forma de líquido transforma-se em gelo, neve ou granizo ao perder calor.

SÓLIDO $\underset{\text{solidificação}}{\overset{\text{fusão}}{\rightleftarrows}}$ LÍQUIDO

- **Vaporização**: é a passagem da matéria do estado líquido para o estado de vapor ou gás.

  Você já deve ter observado que a vaporização pode ocorrer de duas maneiras: *lenta* ou *rápida*, representadas como exemplos pela roupa que seca no varal e pela água que ferve em uma panela. Esses dois processos são chamados, respectivamente, de *evaporação* e *ebulição*.
- **Liquefação ou condensação**: é a mudança de estado contrária à vaporização, ou seja, é a passagem do estado gasoso para o estado líquido. Exemplo: a água no estado de vapor, contida no ar atmosférico, em contato com uma superfície fria, perde calor e se transforma em água no estado líquido. Você se lembra da latinha de refrigerante retirada da geladeira e deixada sobre a mesa?

LÍQUIDO $\underset{\text{liquefação ou condensação}}{\overset{\text{vaporização}}{\rightleftarrows}}$ GÁS/VAPOR

- **Sublimação**: ocorre quando a matéria passa diretamente do estado sólido para o estado gasoso, ou do estado gasoso para o sólido sem passar pelo estado líquido. A bolinha de naftalina, matéria no estado sólido, colocada em armários ou gavetas para evitar a presença de insetos e mofo, desaparece depois de algum tempo. Ela sofre lentamente o processo de sublimação, passando do

MASHKA/SHUTTERSTOCK

estado sólido diretamente para o estado de vapor. Um processo semelhante ocorre com o gelo seco (gás carbônico na forma sólida), muito usado em refrigeração e para produzir efeitos especiais em espetáculo de música ou dança.

ANNA OM/SHUTTERSTOCK

Os fenômenos de fusão, vaporização e sublimação (sólido para gasoso) de uma substância acontecem sempre que há recebimento de calor. Os processos de solidificação, condensação e sublimação (gasoso para sólido) sempre são acompanhados de perda de calor.

Lembre-se!

Existe diferença entre **gás** e **vapor**?

Você já deve ter notado que, muitas vezes, ao nos referirmos aos estados físicos da matéria, usamos a palavra **gás** em algumas situações e, em outras, a palavra **vapor**. Por exemplo, falamos em vapor-d'água e em gás oxigênio. Existe diferença no significado dessas palavras?

Sim, existe. Dizemos que uma substância se encontra no estado de vapor quando ela pode se liquefazer apenas com a diminuição de sua temperatura ou com o aumento da pressão (um ou outro, separadamente). Por exemplo, podemos fazer com que a água no estado de vapor se torne líquida apenas comprimindo o vapor. A compressão faz com que ocorra um aumento da pressão e o vapor se liquefaz.

Por outro lado, a água em seu estado de vapor pode tornar-se líquida também pela diminuição de sua temperatura. Por exemplo, a água do arroz cozinhando se transforma em vapor que, ao tocar na tampa da panela que se encontra a uma temperatura menor, perde calor para a tampa, esfria e se liquefaz.

Dizemos, então, que o vapor é um estado físico em que a substância pode ser liquefeita utilizando-se apenas um dos dois processos: diminuição de temperatura ou aumento de pressão. Já uma substância que se encontra no estado gasoso para ser liquefeita deve ser submetida aos dois processos simultaneamente: aumento de pressão e diminuição de sua temperatura.

É SEMPRE BOM SABER MAIS!

Fenômenos físicos × fenômenos químicos

Quando a matéria é submetida a transformações que não alteram sua natureza, dizemos que está ocorrendo um **fenômeno físico**. Assim, por exemplo, quando a água passa por mudanças de estados, ela não deixa de ser a substância água, com todas as suas propriedades, em qualquer dos estados em que se encontre.

Agora, considere a queima (combustão) de uma folha de papel. O papel é feito a partir de fibras de celulose, extraída da madeira. Quando o papel é queimado, a celulose deixa de existir, pois transforma-se em novos materiais, como carvão, gás carbônico e vapor-d'água.

Cada um desses produtos tem características diferentes da celulose. Nesse caso, a matéria passa por transformações que alteram sua natureza. Dizemos, então, que está ocorrendo um **fenômeno químico**.

ENTRANDO EM AÇÃO

Você vai precisar de um funil, um recipiente com tampa, um prato fundo, um copo e água.

Coloque meio copo de água dentro do prato fundo e a mesma quantidade de água dentro do recipiente. Tampe-o bem, tomando o cuidado para que não haja vazamento de líquido.

Mantenha essas preparações em local aberto, uma ao lado da outra, por 24 horas. Depois, observe o que aconteceu e responda:

1. Houve mudança na quantidade de líquido dos recipientes? Em caso afirmativo, em qual ou quais deles?
2. Com base no texto deste capítulo, como você explica o resultado observado?

Descubra você mesmo!

Observe o ambiente em que você vive, principalmente a cozinha de sua casa. Você deverá encontrar muitas transformações de materiais. Faça uma lista das principais transformações da matéria que envolvem mudanças de estado físico e ocorrem diariamente em sua casa. O que pode estar causando as transformações que você observou?

De que é feita a matéria?

A resposta a essa pergunta foi dada pela primeira vez cinco séculos antes de Cristo por um filósofo grego de nome Demócrito. Para ele, se um pedaço de material fosse dividido em partes cada vez menores, chegaria a partículas de dimensões tão pequenas que não poderiam mais ser divididas. A essas partículas indivisíveis Demócrito chamou **átomos** (*a* = não, sem + + *tomos* = partes, divisões).

Os átomos são divisíveis

Você aprenderá mais tarde que a "ideia" dos gregos persistiu durante muitos séculos, mas já não é a mesma. Sabe-se hoje que os próprios átomos são formados por partículas ainda menores e que, sob determinadas condições – por exemplo, quando grande quantidade de energia é aplicada em seus núcleos, eles podem ser divididos, liberando grande quantidade de energia, chamada de **energia nuclear**. É o que ocorre nas explosões atômicas e nas usinas nucleares.

Os átomos não são todos iguais

Você também aprenderá que materiais diferentes são formados por átomos diferentes. Por exemplo, uma barra de ferro é formada por átomos diferentes dos átomos que compõem o mercúrio dos termômetros.

Moléculas

Na natureza, átomos iguais ou diferentes podem agrupar-se formando, por exemplo, as moléculas. **Moléculas** são, então, partículas formadas por um conjunto de átomos. Assim, por exemplo, o gás oxigênio é constituído por moléculas formadas pela união de 2 átomos de **oxigênio**. Por isso, cada molécula desse gás é representada por O_2.

No caso da água, as moléculas são formadas pela união de 2 átomos do elemento químico hidrogênio com 1 átomo de oxigênio. Por isso, representa-se a fórmula da molécula água por H_2O, em que H simboliza o hidrogênio e O simboliza o oxigênio. Podemos representar cada molécula de água assim:

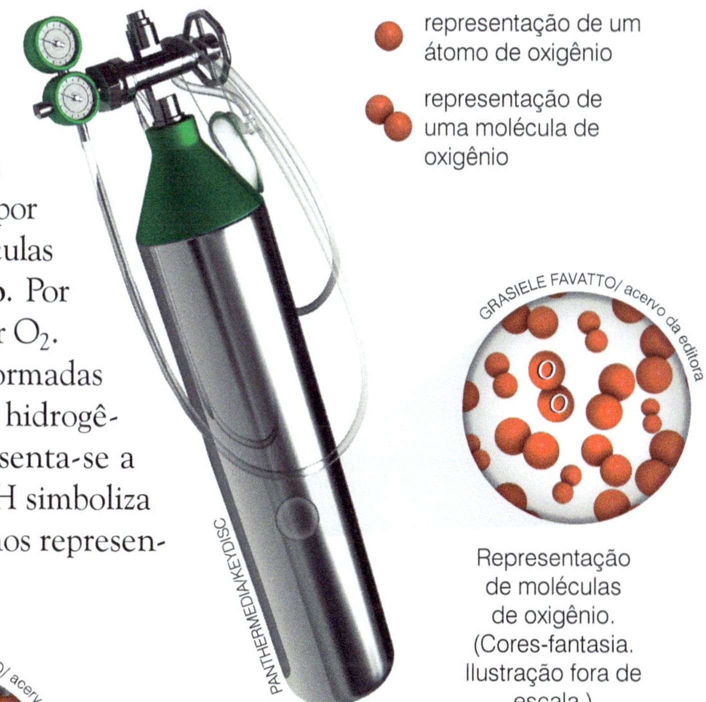

Representação de moléculas de oxigênio. (Cores-fantasia. Ilustração fora de escala.)

Cilindro de oxigênio.

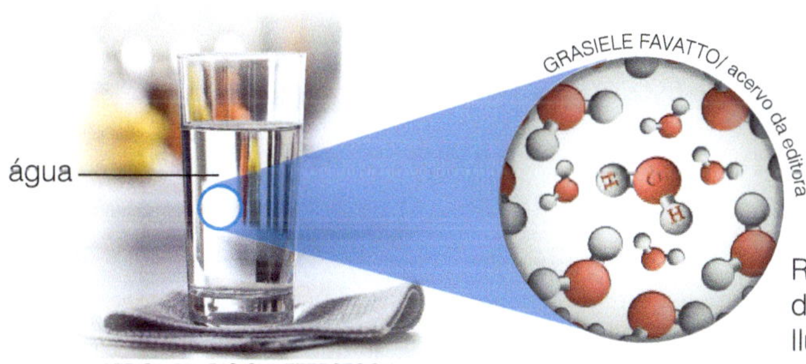

AFRICA STUDIO/SHUTTERSTOCK

Representação de moléculas de água. (Cores-fantasia. Ilustração fora de escala.)

Em conclusão, podemos dizer que a matéria é constituída por átomos isolados, como o gás hélio, ou por agrupamento de átomos, como as moléculas que constituem a água. Mas como as moléculas são sempre formadas por átomos, em última análise podemos afirmar que toda matéria é feita de átomos.

Como os átomos ou as moléculas se comportam no interior da matéria?

As moléculas, assim como os átomos, também são muito pequenas, de forma que não conseguimos enxergá-las a olho nu. É por isso que, em vez de tentar ver, imaginamos esses átomos ou seus agrupamentos – as moléculas – como pequenas bolinhas. Essas esferas permanecem fixas em suas posições nos sólidos, mas vibrando. Quando aquecemos o sólido, essas moléculas vibram cada vez mais e começam a se deslocar. Nesse momento, o sólido está se transformando no estado líquido. Fornecendo mais energia, as moléculas se movimentam o bastante para se separarem umas das outras. Nessas condições, o líquido passa para o estado gasoso.

Exemplificando: em um cubo de gelo em um copo, as moléculas da água que o formam vibram muito pouco porque o gelo se encontra no estado sólido. Quando aquecemos o gelo, essas moléculas vibram cada vez mais, deslocam-se e o gelo se transforma e começa a surgir água no estado líquido. Quando aquecemos o líquido, fornecemos mais energia às moléculas, de tal forma que elas escapam para o ar na forma de vapor, ou seja, água no estado gasoso.

É SEMPRE BOM SABER MAIS!

Matéria pode ter cheiro e gosto; energia, não.

Agora que você já se familiarizou com os conceitos de matéria e de energia, saiba que por meio do sentido do tato, da audição e da visão detectamos formas de *energia* (calor, som e luz, respectivamente).

Por meio dos sentidos do olfato e da gustação temos a percepção de algumas características de determinados tipos de *matéria*. Esses sentidos só conseguem perceber moléculas dissolvidas em água. Na umidade das fossas nasais, por exemplo, dissolvem-se moléculas de substâncias químicas que causam a sensação de odor. Na saliva ou na água dos próprios alimentos dissolvem-se moléculas de substâncias químicas responsáveis pelos diversos sabores.

DE OLHO NO PLANETA

Sustentabilidade

Energia limpa – adote essa ideia!

O homem é o animal que mais causa poluição e danos ao meio ambiente. Isso acontece, em parte, porque a vida na sociedade de hoje utiliza em grandes quantidades fontes de energia poluentes, como os combustíveis fósseis (petróleo, gasolina, diesel), ou fontes de energia que causam transformações significativas no meio ambiente, como as usinas hidrelétricas.

Nas usinas, a força das águas represadas dos rios é utilizada para a produção de energia elétrica. Essas usinas são a principal maneira de se obter energia elétrica no Brasil. O único problema é que para construir represas e usinas é preciso alagar uma área enorme e muitas vezes alterar o caminho que o rio percorre. Essa modificação do meio ambiente interfere na vida dos animais e das plantas da região, além de mudar radicalmente a paisagem, muitas vezes destruindo belezas naturais. Também saem prejudicadas as pessoas que moram por perto e têm de se mudar por causa da inundação.

Uma das maneiras de dar "uma mãozinha" para a natureza é usar formas alternativas de energia, as chamadas energias limpas. A energia solar e a energia eólica (do vento) podem ser transformadas em energia elétrica.

Além de serem fontes praticamente inesgotáveis, elas não deixam resíduos no meio ambiente. As energias limpas estão sendo cada vez mais utilizadas para construir um futuro diferente para o nosso planeta.

Adaptado de: <http://www.canalkids.com.br/meioambiente/cuidandodoplaneta/sol.htm>. *Acesso em:* 11 nov. 2023.

EM CONJUNTO COM A TURMA!

Economizar energia é uma medida essencial para evitar desperdícios e contribuir com o meio ambiente. Faça um grupo de discussão com seus colegas e aponte medidas importantes que você e sua família possam adotar no seu dia a dia para economizar energia.

Nosso desafio

1. Preencha os quadrinhos utilizando as seguintes palavras: condensação ou liquefação, fusão, gasoso, solidificação, sublimação, vaporização.

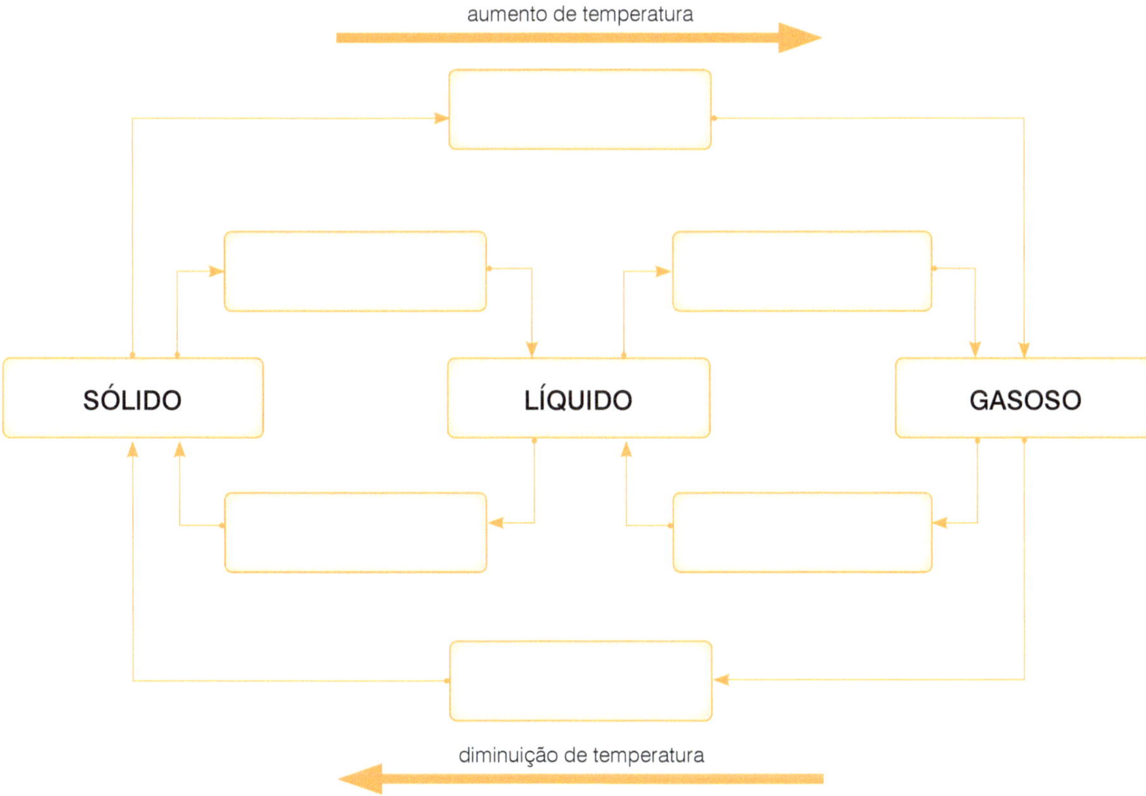

2. Para preencher os quadrinhos de 1 a 9, você deve utilizar as seguintes palavras: átomos, calor, energia, gasoso, líquido, luz, matéria, moléculas, sólido.

À medida que você preencher os quadrinhos, risque a palavra que você escolheu para não usá-la novamente.

Atividades

1. **[1, 3]** De que é constituído o Universo?

2. **[1, 3, 5]** Toda matéria possui massa e volume. Como é possível medir a massa e o volume de um corpo?

3. **[1, 5]** Quais são as unidades de medida mais utilizadas para se medir massa e volume?

4. **[5]** Quais as relações entre as unidades de medida citadas a seguir?

a) Quilograma (kg) e grama (g).

b) Grama (g) e miligrama (mg).

c) Litro (L) e mililitro (mL).

d) Mililitro (mL) e centímetro cúbico (cm^3).

5. **[1, 3, 6, 9, 10]** Como você aprendeu no início deste capítulo, o Universo é feito de matéria e energia.

a) De que é feita a matéria?

b) Cite dois exemplos de matéria necessária para a manutenção de sua vida.

c) Cite duas modalidades de energia essenciais à sua vida.

---

6. **[1, 3, 6, 9, 10]** Nosso corpo se comunica com o meio externo por meio dos sentidos do tato, da audição, da visão, do olfato e da gustação.

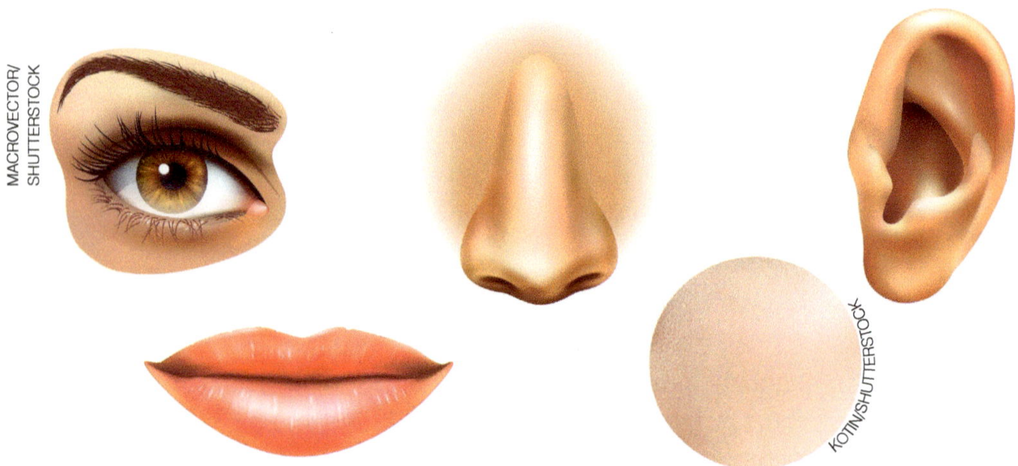

a) Quais desses sentidos detectam formas de energia e qual é a modalidade de energia detectada?

b) Quais desses sentidos percebem a existência de algumas características de determinados tipos de matéria?

7. **[1, 3, 6, 9, 10]** A água que sai de uma torneira e é colocada sobre a chama de um fogão no interior de uma panela com o tempo irá “desaparecer”. O mesmo ocorre com uma vela acesa. No final, irá sobrar apenas um pouco da parafina. O processo que leva ao “desaparecimento” da água e da vela é o mesmo? Explique.

8. **[1, 3, 6, 9, 10]** Ao queimar uma vela há liberação de luz e calor, que são modalidades diferentes de energia. Qual é a origem dessa energia?

9. **[1, 9]** Nos itens abaixo, identifique a que processos de mudança de estado da matéria referem-se as transformações citadas.

a) Água líquida transformando-se em gelo.

b) Gelo transformando-se em água líquida.

c) Água líquida transformando-se em vapor-d’água.

d) Vapor-d’água transformando-se em água líquida.

10. [1, 3, 6, 9, 10] Por que as poças de água que ficam nas ruas após a chuva vão desaparecendo lentamente? Para onde vai a água dessas poças?

USOLTCEVA ANASTASIIA/SHUTTERSTOCK

11. [1, 3, 6, 9, 10] O que diferencia ebulição de evaporação? Dê exemplos desses fenômenos.

12. [1, 3, 6, 9, 10] Observe uma panela contendo água, sendo aquecida em um fogão, por exemplo, quando sua mãe está cozinhando o arroz. Nela, você pode notar o aparecimento de pequenas gotas de líquido na face da tampa voltada para o interior do recipiente.

CWALES/SHUTTERSTOCK

a) Como podemos explicar o surgimento dessas gotas de água?

b) Você pode usar esse comportamento da água em uma panela de arroz sendo cozido para explicar a formação da chuva? Justifique.

13. [1, 3, 6, 9, 10] Você já deve ter notado que, em dias frios, quando toma banho, o espelho e o azulejo do banheiro ficam repletos de gotinhas de água.

ANTON WATMAN/SHUTTERSTOCK

Por que isso ocorre?

14. [1, 3, 6, 9, 10] Quando saímos de uma piscina com o corpo todo molhado sentimos frio. Se recebemos um pouco de vento, a sensação de frio aumenta.

YANA KABANGU/SHUTTERSTOCK

Você pode fazer uma experiência muito simples: espalhe um pouco de álcool sobre sua mão e, em seguida, assopre. Repita este procedimento, porém colocando água em sua mão. Você vai notar que a sensação de frio é maior com o álcool do que com a água.

CUIDADO PRODUTO INFLAMÁVEL

Com base nas informações acima, responda os itens a seguir:

a) Como se chama a mudança de estado físico que está ocorrendo nas situações descritas acima?

b) Nessa mudança de estado físico, a água e o álcool perdem ou recebem calor?

c) Como você explica a sensação de frio, quando a água ou o álcool evaporam?

---

15. **[1, 3, 6, 9, 10]** Elabore um pequeno texto para explicar por que uma pedra de gelo retirada do congelador e colocada sobre a mesa se transforma em água no estado líquido. Se essa água for deixada sobre a mesa, o que ocorrerá com ela?

ANJA VAN DE POLL/SHUTTERSTOCK

---

16. **[1, 7]** O que são moléculas? Como são representadas?

17. **[1, 7]** Os átomos na natureza sempre se unem formando moléculas?

18. **[1, 7]** Na natureza, a matéria pode ser encontrada em três principais estados de agregação, também conhecidos como estados físicos da matéria.

a) Quais são os principais estados de agregação da matéria?

b) Quais são as principais características de cada um deles?

19. **[1, 3, 6, 9, 10]** O que são energias limpas e por que elas estão sendo cada vez mais utilizadas?

20. **[1, 3, 9]** Parte da energia contida nos alimentos, se não for utilizada, pode ser armazenada em nosso corpo para ser aproveitada mais tarde. Qual é a forma utilizada por nossos corpos para armazenar energia?

SUBSTÂNCIAS E MISTURAS

capítulo 11

Até parece um olho!

Você conhece o guaraná, esse fruto que mais parece um olho? É de sua semente que são feitos alguns tipos de refrigerante.

Tudo começa depois da colheita, que ocorre entre os meses de outubro e fevereiro. A semente, que é a parte pretinha dentro do fruto, é separada e lavada em um tanque com água. Em geral, os produtores utilizam peneiras para separar as sementes do restante do fruto durante o processo de lavagem.

Já lavadas, as sementes de guaraná são torradas para retirar toda a umidade, como se faz com as sementes de café. Depois, escolhidos os melhores grãos, eles são ensacados e podem ficar armazenados por um período bem longo (de até dois anos).

A partir das sementes torradas e moídas é preparada uma mistura, uma espécie de xarope concentrado, com a adição de aromatizantes, essências e outros produtos particulares de cada produtor do refrigerante de guaraná.

No caso das indústrias, esse xarope é distribuído para as diversas fábricas, onde com a adição de água torna-se a solução característica da bebida. O efeito espumante é dado pelo gás carbônico, adicionado antes de o refrigerante ser hermeticamente fechado.

No processo de produção do refrigerante falamos em solução, mistura e alguns de seus métodos de separação (a peneiração e escolha), alguns dos temas deste nosso capítulo.

FABIO COLOMBINI

Métodos de separação

Qual é a relação entre as três imagens abaixo? O que elas representam dentro do contexto da Química?

Seja na estação de tratamento de água, nas latas de lixo ou na refinaria de petróleo, temos nas três imagens um importante processo em comum: a separação.

(a) Estação de tratamento de água; (b) latas de separação de lixo; (c) refinaria de petróleo.

Na estação de tratamento de água, esse processo destina-se a separar certas impurezas da água, tornando-a potável. A separação utilizada nas diferentes latas de lixo facilita a reciclagem e o descarte dos resíduos. Já na refinaria de petróleo, os processos de separação têm por objetivo a produção de combustíveis e outros derivados do petróleo.

Mas será que nas três imagens são empregados os mesmos métodos de separação? Certamente não! Como então decidir sobre qual método de separação deve ser utilizado?

Para responder a essas perguntas, é preciso conhecer quais são os principais métodos de separação, além de identificar as diferentes substâncias e os diferentes tipos de mistura que estão envolvidos nos sistemas em que desejamos fazer uma separação.

Sistema: conjunto de elementos em que estamos interessados. Ao estudar uma bola de tênis que cai sobre uma mesa, por exemplo, a bola e a mesa constituem o sistema.

Substâncias puras e misturas

Após uma boa noite de sono, as reservas energéticas de nosso corpo encontram-se baixas, por isso o café da manhã é considerado por muitos como sendo a refeição mais importante do dia. Uma xicara de café com leite, pães, frutas e uma porção de cereal podem nos fornecer as quantidades de carboidratos, vitaminas e fibras necessárias para iniciar o dia.

Mas de que forma o café da manhã está relacionado ao que vamos estudar aqui? Bem, no processo de preparo de alguns alimentos que compõem o café da manhã, é possível identificar várias substâncias, misturas de substâncias e também processos de separação dessas substâncias.

Vamos começar analisando o preparo do café, para isso, leia o trecho do artigo a seguir que trata das diferentes substâncias contidas nesse grão.

MONTICELLO/SHUTTERSTOCK

Café e composição química

A maioria das pessoas que bebe café diariamente ignora quais são as substâncias que estão presentes nele e pensa que o café contém apenas ou principalmente cafeína. Grande engano. O café possui apenas 1% a 2,5% de cafeína e diversas outras substâncias em maior quantidade. E estas outras substâncias podem até ser mais importantes do que a cafeína para o organismo humano.

O grão de café (café verde) possui: uma grande variedade de minerais, como potássio (K), magnésio (Mg), cálcio (Ca), sódio (Na), ferro (Fe), manganês (Mn), rubídio (Rb), zinco (Zn), cobre (Cu), estrôncio (Sr), cromo (Cr), vanádio (V), bário (Ba), níquel (Ni), cobalto (Co), chumbo (Pb), molibdênio (Mo), titânio (Ti) e cádmio (Cd); aminoácidos, como alanina, arginina, asparagina, cisteína, ácido glutâmico, glicina, histidina, isoleucina, lisina, metionina, fenilalanina, prolina, serina, treonina, tirosina, valina; lipídios, como triglicerídios e ácidos graxos livres; açúcares, como sucrose, glicose, frutose, arabinose, galactose, maltose e polissacarídeos. Adicionalmente, o café também possui uma vitamina do complexo B, a niacina (vitamina B3, PP ou "Pelagra *Preventing*" do inglês), e, em maior quantidade que todos os demais componentes, os ácidos clorogênicos, na proporção de 7% a 10%, isto é, 3 a 5 vezes mais que a cafeína.

Fique por dentro!

Arginina é um aminoácido importante para o bom funcionamento do corpo humano. Em sua estrutura química, temos seis átomos de carbono, quatro átomos de nitrogênio, dois átomos de oxigênio e quatorze átomos de hidrogênio. A arginina pode ser encontrada no amendoim, castanha, aveia, leite, atum, iogurte, entre outras fontes.

Ácidos clorogênicos: determinado tipo de substância, formada a partir de dois outros ácidos presentes no café. São importantes, pois auxiliam a controlar o nível de açúcar no sangue.

DONOT6 STUDIO/ SHUTTERSTOCK

Mas apenas a cafeína é termoestável, isto é, não é destruída com a torrefação excessiva. As demais substâncias, como aminoácidos, açúcares, lipídios, niacina e os ácidos clorogênicos, são preservadas, formadas ou mesmo destruídas durante o processo de torra. (...)

Termoestável: objeto ou corpo que não é modificado pela ação do calor.

Composto	Café	Água Mineral	Bebida Isotônica
K	100-500 mg	1,50 mg	120 mg
Ca	100-300 mg	60 mg	0 mg
Mg	120-250 mg	13 mg	0 mg
Na	20 a 70 mg	1 mg	450 mg
Cl	0,01 mg	0,01 mg	420 mg
Fe	2 a 5 mg	0 mg	0 mg
Sr	5 a 20 mg	0 mg	0 mg

LIMA, D. R. *Café e composição química. Disponível em:* <https://www.cafepoint.com.br/noticias/giro-de-noticias/cafe-e-composicao-quimica-38703n.aspx>. *Acesso em:* 8 nov. 2023.

Magnésio, cálcio, sódio, ferro, cromo, alanina, arginina, ácido glutâmico... todos esses nomes representam a diversidade de substâncias que compõem o café. Essas diferentes substâncias descritas no texto podem ser classificadas de acordo com sua composição. O magnésio isoladamente, por exemplo, por se tratar de uma substância composta por átomos de um único elemento químico – o magnésio (Mg) – é chamado de **substância pura simples**. Outros exemplos de substâncias puras simples são: zinco (Zn), sódio (Na), oxigênio (O_2), ferro (Fe), ozônio (O_3), cloro (Cl), entre outros.

Já a substância arginina é classificada como **substância pura composta**, pois é formada por átomos de diferentes elementos químicos. Outros exemplos de substâncias puras compostas são: açúcar ($C_6H_{12}O_6$), água (H_2O), gás carbônico (CO_2), entre outras.

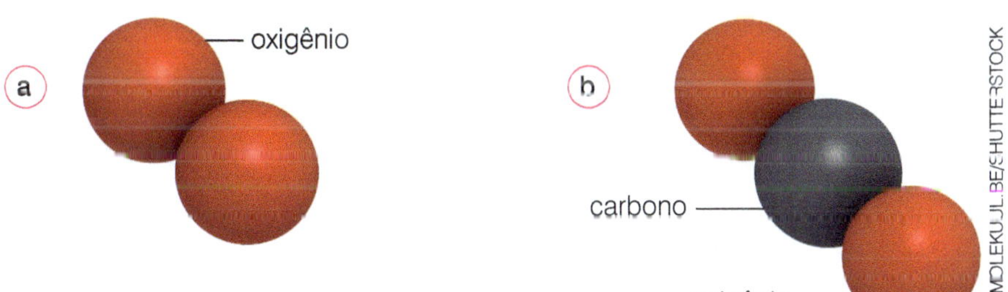

(a) Gás oxigênio (O_2), uma substância pura simples.
(b) Gás carbônico (CO_2), uma substância pura composta.

Fique por dentro!

Alguns elementos químicos podem apresentar duas ou mais estruturas diferentes, fenômeno conhecido como alotropia. São exemplos o oxigênio, que pode se apresentar tanto na forma de O_2 como na de ozônio (O_3), e o carbono, em suas variedades diamante e grafite.

Ao classificar as substâncias como simples ou compostas, nos referimos a elas como sendo *puras*. Mas o que isso realmente significa? Ou seja, o que significa dizer que uma substância é pura? Seria a água uma substância pura?

Vejamos o caso da água mineral que encontramos em garrafas.

SOMCHAIJ/SHUTTERSTOCK

ÁGUA MINERAL FLUORETADA COMPOSIÇÃO QUÍMICA APROXIMADA (em mg/L)	
carbonato de sódio	143,68
sulfato de sódio	65,71
bicarbonato de sódio	42,20
cloreto de sódio	4,07
sulfato de cálcio	2,29
sulfato de potássio	2,16
fluoreto de sódio	1,24
vanádio	0,07
sulfato de estrôncio	0,04

Para que pudesse ser considerada uma substância pura, a água encontrada no interior da garrafa deveria conter *apenas* H_2O. No entanto, veja ao lado o que encontramos tipicamente em sua composição.

Como podemos perceber, a água mineral não é uma substância pura, mas sim *um conjunto de substâncias*, ou seja, é uma **mistura**. Como veremos nos processos de separação a seguir, se a água mineral for aquecida até 100 °C, as moléculas de H_2O começam a evaporar, enquanto que as outras substâncias não. Condensando esse vapor, é possível (teoricamente) obter uma substância pura composta, água pura (apenas H_2O). O termo "teoricamente" foi colocado entre parênteses, pois durante todo o processo pode ser que alguma pequena partícula de sujeira ou mesmo alguma molécula de um dos sais minerais presentes na mistura inicial sejam carregados junto com o vapor. A água destilada, nesse caso, não seria 100% pura, mas poderia chegar a aproximadamente 99% de pureza.

Lembre-se!

Condensação ou liquefação é a passagem do estado gasoso para o líquido.

ESTABELECENDO CONEXÕES

Saúde

Limite de impurezas

O teor de pureza também pode ser aplicado para uma mistura. A Agência Nacional de Vigilância Sanitária (ANVISA) regulamenta o teor de pureza ou o limite de impurezas que podem estar presentes em vários alimentos.

No caso da canela em pó, por exemplo, como ela é extraída de cascas de árvore, pedaços de insetos podem ser processados juntos com a canela. Impurezas também podem ser processadas junto com o café ou com a farinha de trigo.

Veja a seguir alguns limites de impurezas estabelecidos pela ANVISA.

Produto	Norma ANVISA
canela	permitido 100 fragmentos a cada 50 g
café	permitido 60 fragmentos a cada 25 g
farinha de trigo	permitido 75 fragmentos a cada 50 g

➢ Quais dos três produtos apresentados na tabela acima apresenta maior rigidez no controle de pureza?

Voltando ao nosso café da manhã, ao pó de café em particular, ele é formado pelo conjunto das várias substâncias, como já vimos. Chamamos a esse conjunto de diferentes substâncias de **mistura.** Assim, como o pó de café é uma mistura, quando acrescentamos leite ao café (bebida) ou ainda quando adicionamos leite a uma porção de cereal, também temos misturas. Essas e outras misturas podem ser classificadas como **homogêneas**, também chamadas **soluções**, quando apresentam uma única fase, ou **heterogêneas**, quando apresentam mais de uma fase.

JNE VALOKUVAUS/SHUTTERSTOCK

Açúcar em pó é um sistema homogêneo (uma fase).

Fase: cada um dos componentes de uma mistura que pode ser visto a olho nu. Por exemplo, uma mistura homogênea de água e sal apresenta uma fase só. Já uma mistura de água com areia apresenta duas fases.

IFONG/SHUTTERSTOCK

Em um pote de cereal com leite, temos uma mistura heterogênea. Nela, é possível identificar duas fases: a fase líquida do leite e a fase sólida do cereal.

DOTTA 2/SHUTTERSTOCK

Sistema heterogêneo trifásico (3 fases).

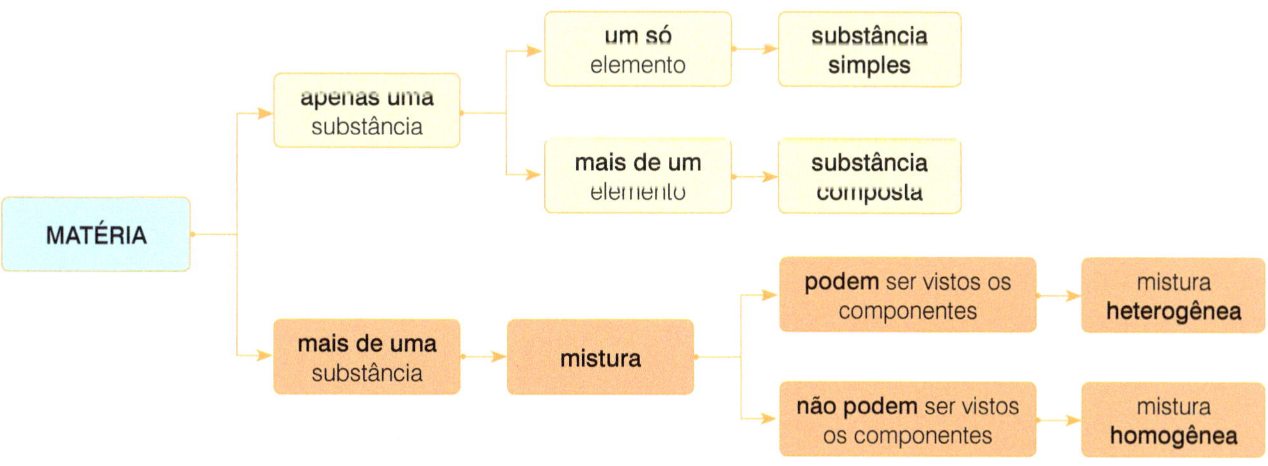

É SEMPRE BOM SABER MAIS!

Solução

Uma solução ou mistura homogênea é aquela que apresenta uma única fase e pode ser líquida (como um refrigerante), sólida (como o bronze) ou gasosa (por exemplo, ar atmosférico).

Em uma solução, uma substância é dissolvida em outra; por exemplo, em uma solução de água e sal, o sal é dissolvido na água. A substância que é dissolvida (sal) se chama **soluto** e a substância que dissolve é chamada **solvente** (água).

As soluções em que a água é o solvente são chamadas **soluções aquosas**.

RUNZELKORN/ SHUTTERSTOCK

Processos de separação dos componentes de uma mistura e suas aplicações

Para preparar o café, misturamos água fervente e o pó de café. Nessa solução, parte do pó é completamente dissolvida na água; outra parte, no entanto, permanece separada (parte sólida). Assim, o café e a água fervente constituem uma mistura heterogênea. Para que possamos desfrutar da bebida, é preciso separar a parte homogênea (café diluído na água) da parte heterogênea (pó não diluído) dessa solução. Para isso, é preciso filtrar a mistura, que é o primeiro método de separação dos componentes de uma mistura que vamos estudar.

Filtração

Processo utilizado para separar a porção líquida de uma mistura de sua porção sólida não dissolvida ou para separar a parte sólida de uma mistura de sua parte gasosa.

Esse processo de separação consiste em fazer a mistura atravessar um filtro poroso, cujos poros sejam pequenos o suficiente para reter a porção sólida, mas que tenham o tamanho adequado para deixar a parte líquida (ou gasosa) passar. Como exemplos, temos a preparação do café, separação da água da areia, separação de partículas de poeira do ar atmosférico.

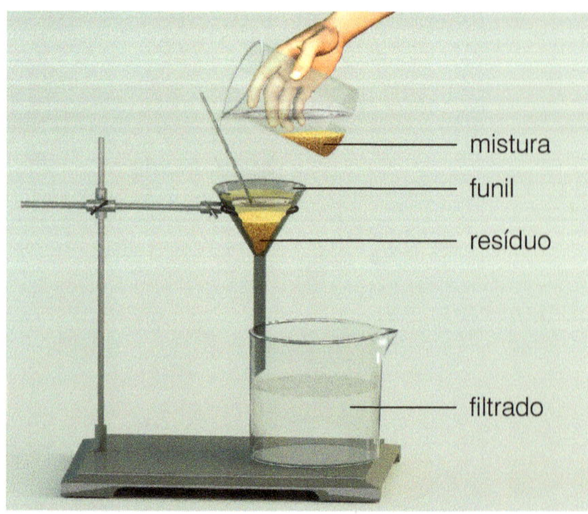

LUIS MOURA/acervo da editora

Esquema ilustrativo do processo de filtração.

Descubra você mesmo!

Deixando de lado por um momento os exemplos relacionados ao café da manhã, que outras misturas presentes no cotidiano você poderia descrever? Em que casos é necessário algum método de separação para essas misturas?

Lembre-se!

Misturas homogêneas: possuem apenas uma fase.

Misturas heterogêneas: possuem mais de uma fase.

Catação

Este processo de separação de misturas está baseado na diferença visual do tamanho entre os materiais a serem separados e está associado às misturas sólido-sólido.

ANA OLÍVIA JUSTO/acervo da editora

No cotidiano, o processo de catação é utilizado para separar, por exemplo, o feijão das impurezas que vêm no pacote desse cereal.

DE OLHO NO PLANETA

Ética & Cidadania

Lixo, reciclagem e coleta seletiva

Atualmente, todos os dias são gerados milhões de toneladas de lixo nas cidades, que vão se acumulando nos aterros sanitários sem qualquer tipo de separação ou tratamento. Nesses locais, catadores remexem o lixo e separam os materiais que têm algum valor, a fim de que possam sustentar suas famílias. Em muitos lixões já foram implantadas cooperativas para que seja feita a coleta seletiva, fortalecendo a reciclagem e propiciando uma melhor gestão do aterro sanitário.

A coleta seletiva e a reciclagem de lixo têm um papel muito importante para o meio ambiente. Por meio delas, recuperam-se matérias-primas que, de outro modo, seriam retiradas da natureza. A ameaça de exaustão dos recursos naturais não renováveis aumenta a necessidade de reaproveitamento dos materiais recicláveis, que são separados por meio da coleta seletiva de lixo.

Há uma diferença entre *coleta seletiva* e reciclagem. *Reciclagem* é o processo de transformação de um material, cuja primeira utilidade terminou, em outro produto. Por exemplo, um processo de reciclagem é o de transformar o plástico da garrafa PET em cerdas de vassoura ou fibras para moletom. *Coleta seletiva* de lixo é um sistema de recolhimento de materiais recicláveis: papéis, plásticos, vidros, metais e orgânicos, previamente separados na fonte geradora e que podem ser reutilizados ou reciclados. A coleta seletiva também tem papel no processo de educação ambiental na medida em que sensibiliza a comunidade sobre os problemas do desperdício de recursos naturais e da poluição causada pelo lixo.

Adaptado de: SECRETARIA DO MEIO AMBIENTE/GOVERNO DO ESTADO DE SÃO PAULO. Coleta seletiva. *Disponível em:* <http://www.lixo.com.br/documentos/coleta%20seletiva%20como%20fazer.pdf>. *Acesso em:* 10 maio 2018.

➢ Separar é diferente de reciclar. Separar é retirar do lixo aquilo que ainda pode ser aproveitado ou reciclado (transformado). De que forma você e sua comunidade poderiam atuar de modo a conscientizar as pessoas sobre a necessidade de implantar a coleta seletiva de lixo a fim de propiciar a reciclagem de materiais? Em que essa reciclagem contribuiria para a melhoria do meio ambiente?

OKSANA SHUFRYCH/SHUTTERSTOCK

Peneiração (tamisação)

É um processo empregado para separar, pela diferença de tamanho, uma mistura de sólido com outros sólidos. Para isso, são utilizadas peneiras de malhas apropriadas, em que os grãos maiores ficam retidos e somente os grãos menores passam. Esse método é usado, por exemplo, para separar a areia grossa da areia fina.

Malha de uma peneira: espaços vazios entre a trama da peneira. Uma malha de 1 mm significa que seus espaços vazios deixarão passar partículas menores do que 1 mm, retendo as que forem maiores do que essa medida.

Agricultor ventilando café após a colheita na zona rural do município de Guaranésia, sul de Minas Gerais.

Levigação

Processo de separação de mistura que usa como referência a diferença de densidade entre os sólidos a serem separados. Para isso, utiliza-se um fluxo de água que, ao passar pela mistura, leva consigo a parte sólida mais leve (menos densa). Muito utilizado nos garimpos para separar a areia, menos densa, do ouro, mais denso.

FRANCO HOFF/PULSAR IMAGENS

Garimpeiro à procura de ouro no Rio Araguari, povoado de Desemboque, MG

Ventilação

Processo que utiliza uma corrente de ar para favorecer a separação de sólidos com diferentes densidades. É usado, por exemplo, para separar os cereais colhidos de suas cascas.

Separação magnética ou imantação

Método empregado para separar os componentes sólidos de uma mistura que são atraídos por um ímã. Vale a pena destacar que apenas parte dos constituintes da mistura deve ter a propriedade de ser atraída por um ímã. O ferro, por exemplo, possui propriedades magnéticas e pode ser separado da areia pelo processo de imantação. Também os objetos de metal presentes no lixo podem ser separados dessa forma para serem reciclados.

Separação magnética de mistura de limalhas (raspas) de ferro e enxofre.

LUIS MOURA/acervo da editora

Flotação (sedimentação fracionada)

Método empregado na utilização de água ou outro solvente para separar sólidos com diferentes densidades. O sólido mais leve (menos denso) flutua e o denso sedimenta. Serragem e areia, por exemplo, podem ser separadas pela adição de água; neste caso, a areia sedimenta e a serragem flutua. A flotação é utilizada, por exemplo, nas estações de tratamento durante o processo de tratamento de esgoto.

Dissolução fracionada

Nesse processo, a separação de dois sólidos é realizada quando um deles é solúvel em água ou outro solvente qualquer, e o outro não. Uma das formas de separar o sal da areia da praia, por exemplo, é pela adição de água ao recipiente em que a mistura se encontra; nesse caso, apenas o sal vai se dissolver, enquanto a areia irá sedimentar no fundo. Na sequência, é realizada uma filtração para separar a areia da água salgada, que será colocada para evaporar a fim de separá-la do sal.

LUIS MOURA/acervo da editora

Imiscíveis: que não se misturam.

Decantação

Esse processo consiste em separar líquidos imiscíveis ou um sólido precipitado em um líquido. Se pensarmos novamente em um recipiente contendo uma mistura de água e barro, por exemplo, ao deixarmos esse sistema em repouso, o sólido irá se posicionar no fundo do recipiente, enquanto a parte líquida ficará acima dele. A seguir, é preciso decantar o líquido e isso pode ser feito por meio de uma mangueira para retirá-lo de uma posição mais elevada para outra mais baixa.

LUIS MOURA/acervo da editora

DE OLHO NO PLANETA

Sustentabilidade

Decantação na produção de biodiesel

Os óleos de origem vegetal são uma alternativa para o óleo diesel, derivado de petróleo, utilizado como combustível por caminhões. Para a produção do diesel vegetal (biodiesel), utiliza-se, principalmente, o óleo de soja, mas também os resíduos de óleo de fritura (veja tabela abaixo), cuja coleta seletiva também tem sido estimulada.

Produção de biodiesel por matéria-prima (em %).

Matéria-prima	2008	2010	2012	2014	2017
Óleo de soja	69%	82%	75%	75%	70%
Gorduras animais	18%	14%	18%	21%	17%
Óleo de algodão	2%	2%	5%	2%	0,3%
Óleo de fritura usado	0%	0%	1%	1%	1,4%
Outras	12%	1%	2%	1%	11,3%
Total	100%	100%	100%	100%	100%

Fonte/elaboração: ANP/ABIOVE – Coordenadoria de Economia e Estatística

Durante o processo de produção do biodiesel, o óleo vegetal é submetido a uma série de reações, transformando-se em uma mistura que apresenta glicerina como resíduo. Para separar a glicerina (mais densa) do óleo (menos denso), utiliza-se um **funil de decantação**.

O funil de decantação ou balão de decantação é uma peça de vidro, em geral com o formato de pera, em cuja base há uma torneira que fecha o sistema. Para separar líquidos imiscíveis, eles são colocados nesse funil e deixados descansar. Com isso, o líquido mais denso se coloca na parte de baixo do funil, próximo à torneira, enquanto o menos denso fica na parte de cima. Controlando-se a abertura e o fechamento da torneira, é possível recolher para outro recipiente primeiro o líquido mais denso.

PR HANEY/CREATIVE COMMONS

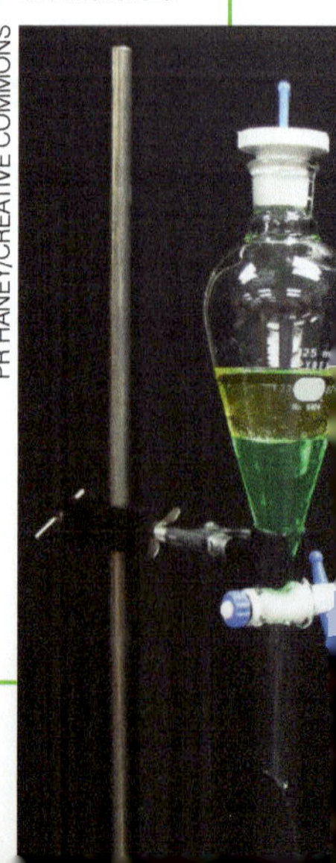

Funil de decantação separando óleo e água colorida, dois líquidos imiscíveis.

Centrifugação

Método de separação de misturas que faz uso de um equipamento chamado *centrífuga*. O interior dessa máquina possui "compartimentos" para que as amostras que se quer centrifugar sejam colocadas. Tampada a máquina, sua parte interna gira em alta velocidade e, devido à ação da força aplicada, a fase líquida das amostras é separada de sua fase sólida (devido à diferença de densidade entre os materiais). Esse método é muito usado para separar os diversos componentes do sangue.

Jogo rápido

Sabendo que hemácias são mais densas do que glóbulos brancos e estes são mais densos do que o plasma, como esses componentes estariam dispostos em um tubo de sangue depois de ter sido centrifugado?

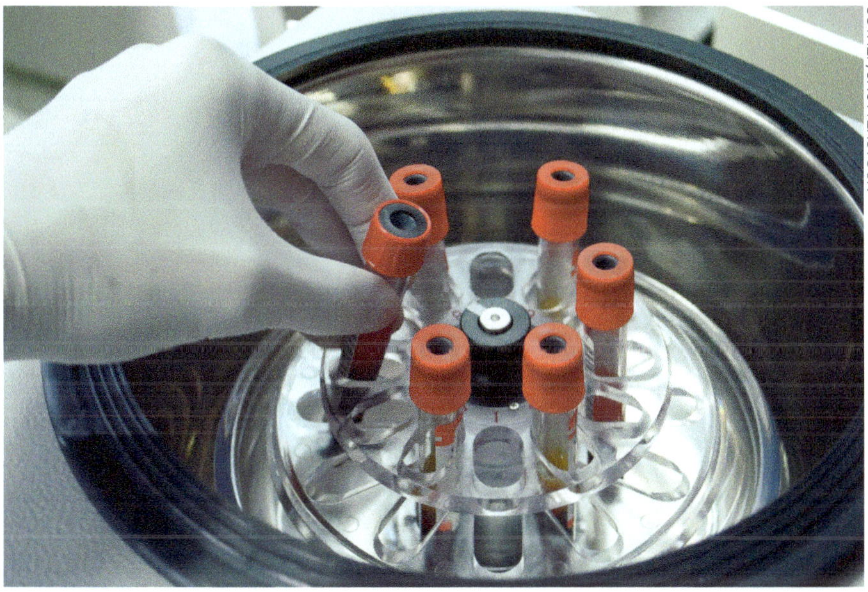

SUTHEP/SHUTTERSTOCK

Tubo contendo sangue sendo colocado no interior de uma centrífuga. O interior do aparelho é posto a girar em alta velocidade, o que faz com que a porção mais densa do material seja forçada para a base do tubo.

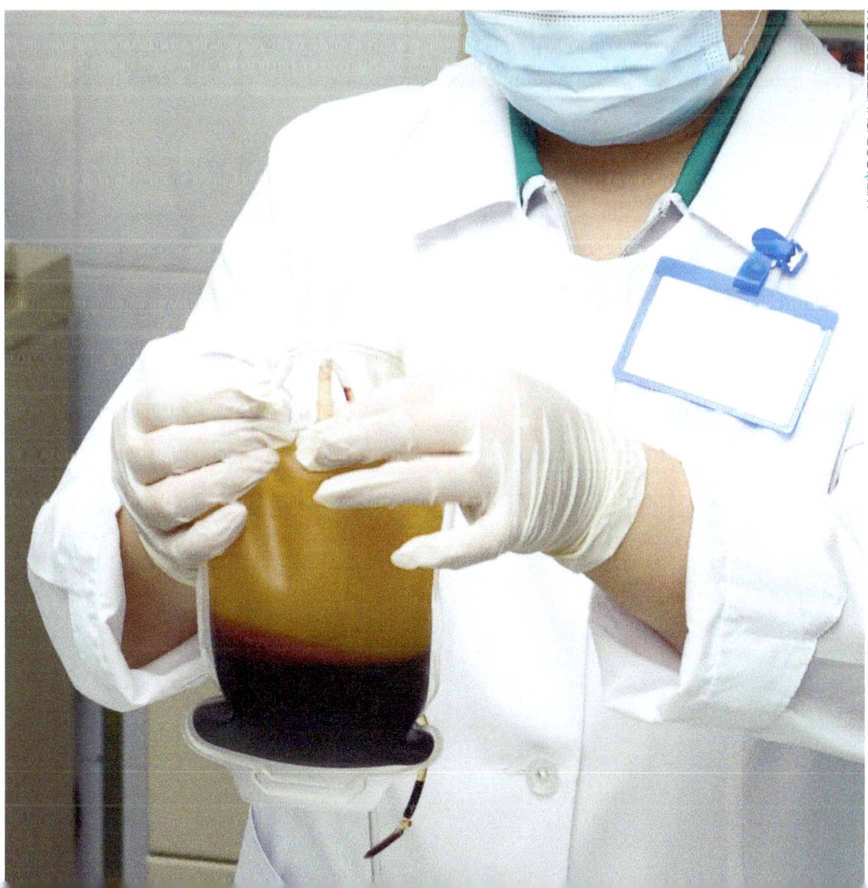

WITHGOD/SHUTTERSTOCK

Jogo rápido

Cite uma vantagem de se utilizar a centrifugação e a separação de glóbulos vermelhos, em relação ao plasma e aos glóbulos brancos.

Técnico carrega uma bolsa de sangue que foi submetido à centrifugação (os glóbulos vermelhos se depositaram na base e sobre eles, amarelado, está o plasma).

Evaporação

Esse processo é usado na separação de um sólido dissolvido em um líquido, quando a mistura fica exposta ao calor em um ambiente aberto.

T. W. VAN URK/SHUTTERSTOCK

Nas salinas, utiliza-se o processo de evaporação a fim de separar os sais da água do mar.

Destilação simples

Suponha que tenhamos uma mistura homogênea de um sólido dissolvido em um líquido e que desejamos separar essas duas fases. Para isso, podemos utilizar o método da destilação simples.

Com um equipamento adequado (chamado destilador), aquecemos a mistura fazendo com que a porção líquida se vaporize, sendo direcionada para o condensador, onde é resfriada. A diferença de temperatura faz com que o vapor condense e possa ser recolhido na forma líquida em outro recipiente.

Condensador: o que condensa, que torna o vapor em líquido. Em um destilador, é um tubo mantido a baixa temperatura.

Se quiséssemos separar os sais da água do mar, recuperando as duas fases, poderíamos utilizar o método da destilação simples.

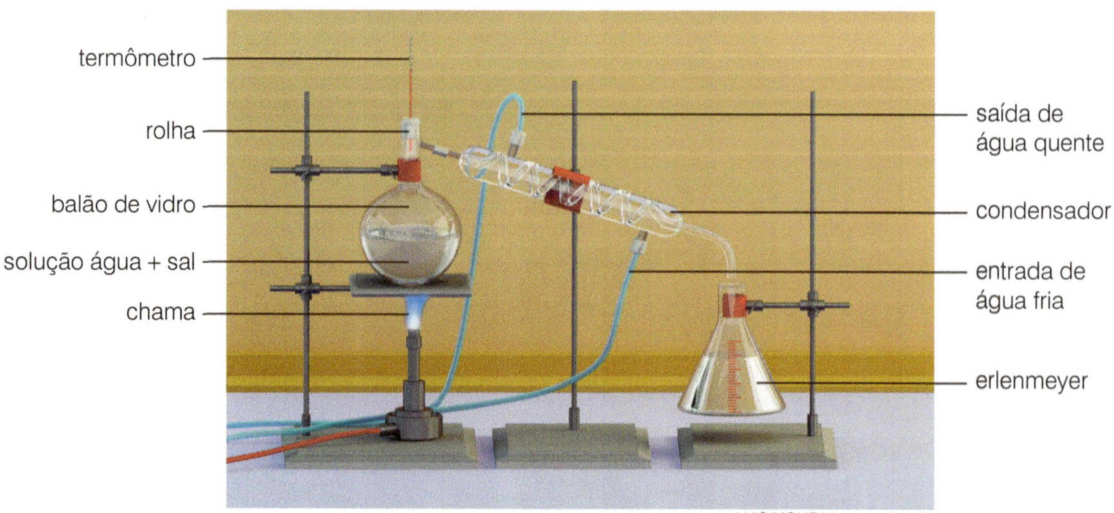

LUIS MOURA/acervo da editora

Destilação fracionada

Você já pensou como são separados os derivados de petróleo em uma refinaria? Além dos óleos combustíveis e do petróleo também são obtidos o gás, o diesel, os óleos lubrificantes, entre outros derivados. Até seus resíduos são aproveitados como matéria-prima para a produção de asfalto.

A separação desses componentes leva em conta uma propriedade chamada *ponto de ebulição*. Isso porque substâncias puras e misturas apresentam comportamentos diferentes durante a ebulição: nas substâncias puras, a temperatura permanece constante durante toda a ebulição, enquanto nas misturas essa temperatura aumenta durante o processo.

> **Lembre-se!**
>
> **Ponto de ebulição** é a temperatura em que uma substância passa do estado líquido para o gasoso.

ANA OLÍVIA JUSTO/acervo da editora

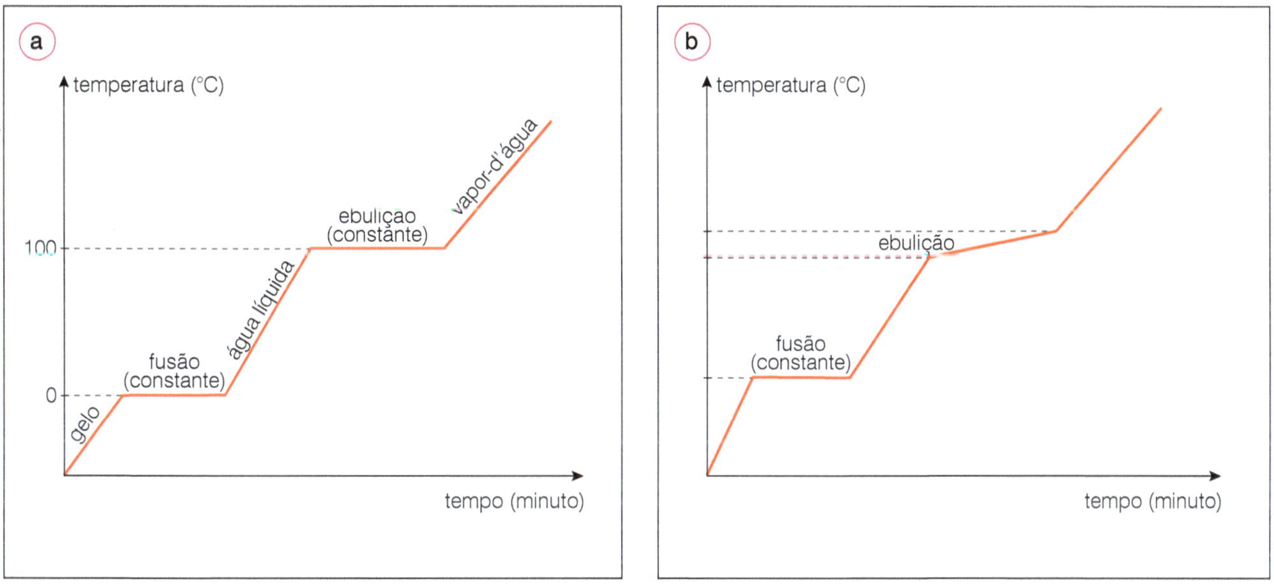

Curvas de aquecimento para (a) uma substância pura e (b) uma mistura. Observe como na mistura a temperatura de ebulição aumenta durante o processo.

Aquecendo-se a mistura chamada petróleo, seus componentes se vaporizam a diferentes temperaturas e podem ser recuperados por meio do processo de destilação, desta vez parte a parte (fração a fração). Nesse processo, conhecido como destilação fracionada, utiliza-se uma coluna de fracionamento onde é possível separar as diferentes frações de uma mistura, segundo seus diferentes pontos de ebulição, e coletá-las.

Veja no infográfico a seguir como a destilação fracionada separa compostos para diferentes finalidades em uma refinaria de petróleo.

> **Descubra você mesmo!**
>
> Suprir a falta de água potável no mundo é e será um dos grandes desafios da humanidade. Algumas regiões já estão sofrendo com a falta de água trazendo sérios problemas ambientais, sociais e econômicos. Será que é possível transformar a água do mar, que é muito abundante, em água potável?
>
> Faça uma pesquisa sobre o processo de obtenção de água potável a partir da água do mar pelo processo de dessalinização.

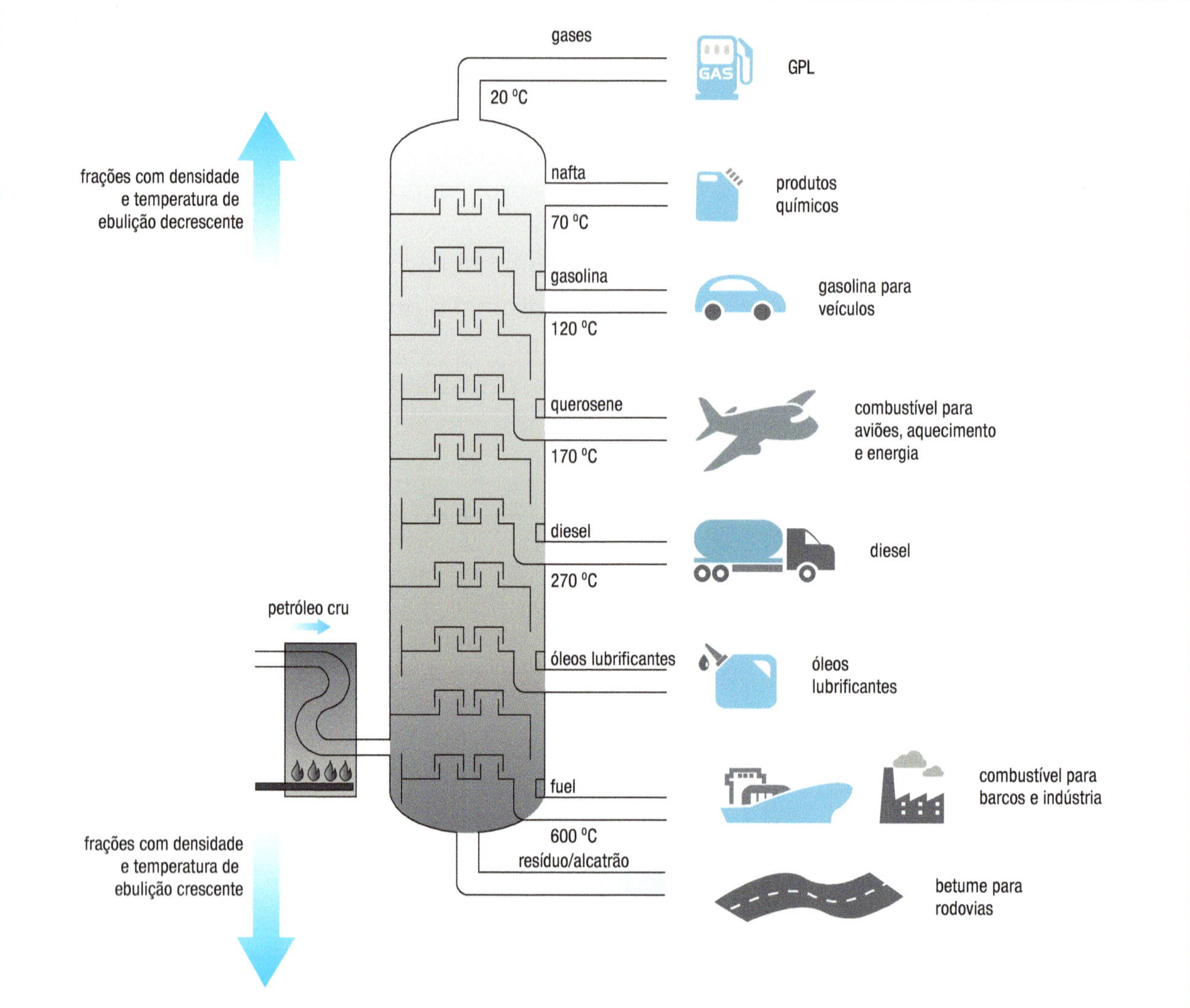

Adaptado de: ALMEIDA, J. R. de; BERGMANN, N. *Química Orgânica*. 3. ed. São Paulo: HARBRA, 2015. p. 27.

Cromatografia

Diferentes substâncias que compõem uma mistura podem apresentar diferentes comportamentos ao se deslocarem em um fluido. Por volta do ano de 1900, o botânico russo Mikhail Semenovich Tswett (1872-1919) propôs um método de separação, chamado **cromatografia**, que faz uso dessa propriedade.

Para compreender como funciona a cromatografia, considere uma tinta roxa, que é uma mistura de duas substâncias: um pigmento azul e um pigmento vermelho. Ao pingar tinta roxa em um papel poroso, por exemplo, e imergir esse papel em um líquido apropriado, podemos separar cada um dos pigmentos que compõem essa tinta, pois cada um deles apresentará velocidade diferente e percorrerá no papel uma distância diferente, como mostra a imagem ao lado.

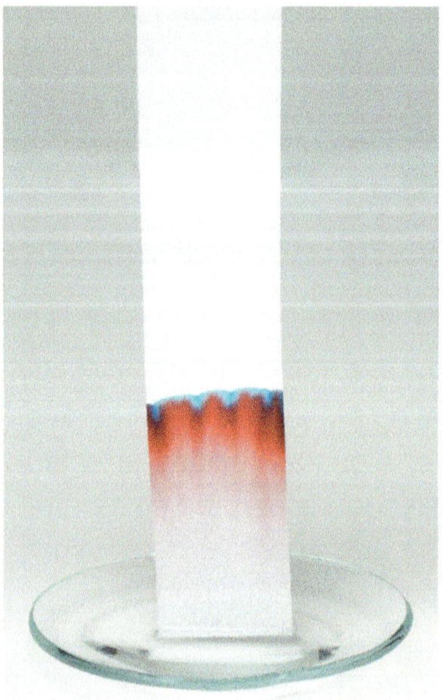

DORLING KINDERSLEY/UIG/SCIENCE PHOTO LIBRARY/ LATINSTOCK

A imagem mostra a separação dos componentes de uma tinta roxa, submetida ao método de cromatografia em papel.

ENTRANDO EM AÇÃO

Cromatografia em papel

Neste experimento, vamos explorar a cromatografia como técnica para separação de substâncias. Vamos separar as cores da tinta de uma caneta em um filtro de papel. Para isso, você vai precisar dos seguintes materiais: uma tira de papel-filtro (pode ser usado filtro para coar café), um lápis para usar como suporte para a tira, 100 mL de álcool, um recipiente de vidro e duas canetas (uma hidrográfica e outra esferográfica). Inicialmente, faça um traço com uma das canetas a uns 3 cm da borda inferior do papel-filtro. Repita o procedimento em outro pedaço de papel-filtro, mas agora com a outra caneta. Monte com cuidado as duas tiras de papel sobre o lápis.

Agora, coloque o álcool dentro do recipiente de vidro e mergulhe os papéis-filtro no líquido por tempo o bastante para que o álcool embeba o papel. CUIDADO: você deve mergulhar apenas a ponta dos papéis-filtro e não toda a tira.

CUIDADO PRODUTO INFLAMÁVEL

ANA OLÍVIA JUSTO/acervo da editora

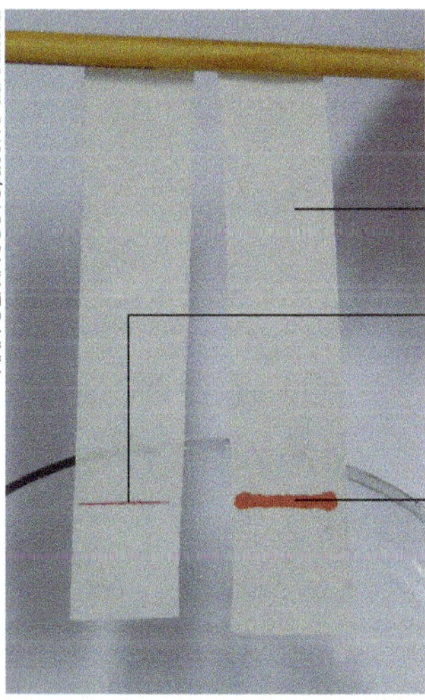

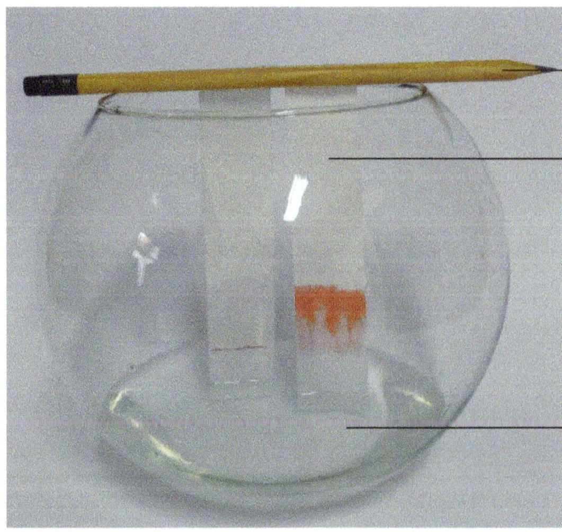

1. Observe o que ocorre com a marca feita com caneta após o álcool entrar em contato com o filtro. Como é possível explicar as diferentes cores formadas?
2. Há alguma diferença entre o comportamento da caneta hidrográfica e da caneta esferográfica? Se sim, como é possível explicar essa diferença?

EM CONJUNTO COM A TURMA!

Utilizando os conhecimentos adquiridos na seção *De olho no planeta – Ética & Cidadania* sobre reciclagem e separação de misturas, com seu grupo de trabalho elabore uma cartilha de esclarecimento à comunidade sobre a separação e a importância da reciclagem do lixo.

A cartilha deve trazer dicas e informações relevantes sobre a reciclagem. Podem ser abordadas questões como a separação do lixo nas residências, locais públicos, escolas e ruas, por exemplo, como também sobre o tempo de decomposição do lixo, ideias de como se pode reaproveitar o lixo, vantagens da reciclagem, levantamento sobre a quantidade de lixo que é produzido em média pela população.

Vocês ainda poderão incluir informações sobre o que já foi feito e até as possibilidades de gerar lucros para quem recicla.

Transformações químicas

Observe as imagens a seguir. Que tipos de transformações estão ocorrendo?

Podemos perceber o aparecimento da ferrugem, o escurecimento de algumas frutas quando cortadas ou mordidas, a queima de um fósforo quando riscado, a solidificação da clara de ovo à medida que está sendo aquecida, produtos da combustão sendo lançados na atmosfera, a transformação de um bolo assando e do bicarbonato de sódio quando misturado com vinagre.

Todos esses processos são o resultado de transformações químicas, também denominadas **reações químicas**, isto é, são

TIAGO M NUNES/SHUTTERSTOCK

GGW/SHUTTERSTOCK

TALITHA_IT/SHUTTERSTOCK

o resultado de processos em que há a transformação de uma ou mais substâncias (chamadas de **reagentes**) em uma nova substância ou substâncias (chamadas de **produtos**). De uma forma mais geral, reação química é a reorganização de átomos, que formarão substâncias diferentes das iniciais.

Apesar de presentes em nosso cotidiano, em muitos casos as reações químicas não são percebidas, como na purificação da água que usamos todos os dias, no preparo de alimentos, na ação dos detergentes quando lavamos a louça, na combustão que possibilita o movimento dos automóveis, entre tantos outros exemplos.

MÔNICA ROBERTA SUGUIYAMA/acervo da editora

TIAGO M NUNES/SHUTTERSTOCK

VANKAD/SHUTTERSTOCK

KOKHANCHIKOV/SHUTTERSTOCK

POOHMINT/SHUTTERSTOCK

Lembre-se!

Nas reações químicas, os átomos que estavam presentes no início continuam presentes no final delas. Não há "criação" nem "extinção" de átomos: eles apenas se "combinam" de modo diferente.

Algumas reações químicas liberam calor, como, por exemplo, a reação entre o sódio metálico com a água, em que há formação de hidróxido de sódio e gás hidrogênio. O calor liberado por essa reação é grande o bastante para derreter o sódio e inflamar o hidrogênio.

ALBERT RUSS/SHUTTERSTOCK

Evidências de transformações químicas

O simples fato de colocar duas substâncias em contato não quer dizer que ocorrerá uma reação química. Como muitas vezes é difícil perceber a ocorrência de uma reação química, os químicos analisam cuidadosamente as propriedades das substâncias envolvidas para se certificar de que novas substâncias foram criadas. Contudo, é possível observar alguns sinais que indicam a ocorrência de uma reação química. As principais evidências são:

- **liberação de calor** – como ocorre, por exemplo, na queima de uma folha de papel, de um palito de fósforo, do álcool ou da gasolina;
- **mudança de cor** – pode ser notada, por exemplo, no amadurecimento das frutas ou no escurecimento de algumas frutas quando cortadas ou mordidas; nas folhas das árvores que secam; em um alvejante, como a água sanitária, em contato com uma roupa colorida; na queima de uma folha de papel ou dos fogos de artifício;
- **mudança de odor** – por exemplo, no aparecimento do perfume das flores, no cozimento dos alimentos, no apodrecimento de frutas, legumes e carnes;
- **liberação de gás** – pode ser vista, por exemplo, quando um comprimido efervescente é colocado em água ou o bicarbonato de sódio é misturado com vinagre produzindo gás carbônico que se desprende em forma de bolhas. A água oxigenada em contato com um ferimento produz o gás oxigênio, que também pode ser notado por meio de bolhas que se desprendem do ferimento;
- **formação de precipitado (substância no estado sólido)** – como ocorre, por exemplo, ao se adicionar solução de iodeto de potássio a uma solução de nitrato de chumbo, em que há formação de um precipitado amarelo de iodeto de chumbo, que se deposita no fundo do recipiente.

Materiais naturais e sintéticos

Materiais **naturais** são aqueles encontrados na natureza e que não foram criados pelo homem. Por exemplo, as florestas, a água, o ar e as pedras não foram criados pelo homem e, portanto, são materiais naturais.

Também as frutas são naturais. Por exemplo, a laranja é produzida em laranjeiras e, portanto, é um produto natural, bem como a vitamina C que ela contém. No entanto, os cientistas conseguiram sintetizar a vitamina C em laboratório com estrutura molecular idêntica àquela produzida pelas laranjeiras e hoje é produzida em escala industrial. Como essa vitamina é feita em laboratório pela combinação de diferentes substâncias químicas, dizemos que ela é um produto **sintético**, ou seja, não vem de sua fonte natural, que é, por exemplo, a laranja. O mesmo ocorre com a vitamina D. Nossa pele sintetiza a vitamina D quando exposta ao Sol. Porém, ela pode ser fabricada em laboratórios e vendida em farmácias. Portanto, a vitamina D produzida em sua pele é *natural* e a produzida em laboratórios é *sintética*. O mesmo pode ser observado com a insulina e tantas outras substâncias.

Dessa forma, produtos naturais são produzidos pela natureza e produtos sintéticos são produzidos pelo homem ao manipular substâncias naturais em laboratórios. Os plásticos, por exemplo, que são materiais sintéticos, são criados a partir de substâncias químicas naturais, pois essas sustâncias são obtidas do petróleo, que é extraído da natureza e, portanto, é um material natural.

Como os materiais sintéticos são feitos pelo homem alterando quimicamente as substâncias naturais para criar um material com outras características, eles podem ter impactos muito negativos no meio ambiente. Por isso você deve sempre observar os impactos negativos e positivos para a sociedade ao utilizar um produto sintético: Quais recursos naturais estão sendo utilizados em sua fabricação? Esses recursos são renováveis ou não renováveis? Quais processos químicos estão envolvidos? Quais subprodutos estão sendo gerados no processo? Quanto tempo os materiais sintetizados permanecem na natureza? Como afetam o meio ambiente?

É importante notar que a natureza realiza uma infinidade de transformações químicas, sempre mantendo um equilíbrio entre a criação e a destruição de substâncias. Isso pode se notado, por exemplo, nos ciclos do nitrogênio e do carbono. Porém, esse equilíbrio pode ser quebrado pela síntese de materiais sintéticos pelo homem e, por isso, devemos sempre questionar a utilização de qualquer material sintético.

A vitamina C *natural* é obtida a partir da fruta laranja, mas a versão *sintética* dessa vitamina pode ser produzida em laboratórios.

ORAWAN PATTARAWIMONCHAI/ SHUTTERSTOCK

Nosso desafio

Para preencher os quadrinhos de 1 a 10, você deve utilizar as seguintes palavras: catação, compostas, de líquidos, de sólidos, decantação, filtração, heterogêneas, homogêneas, misturas, simples.

À medida que você preencher os quadrinhos, risque a palavra que escolheu para não usá-la novamente.

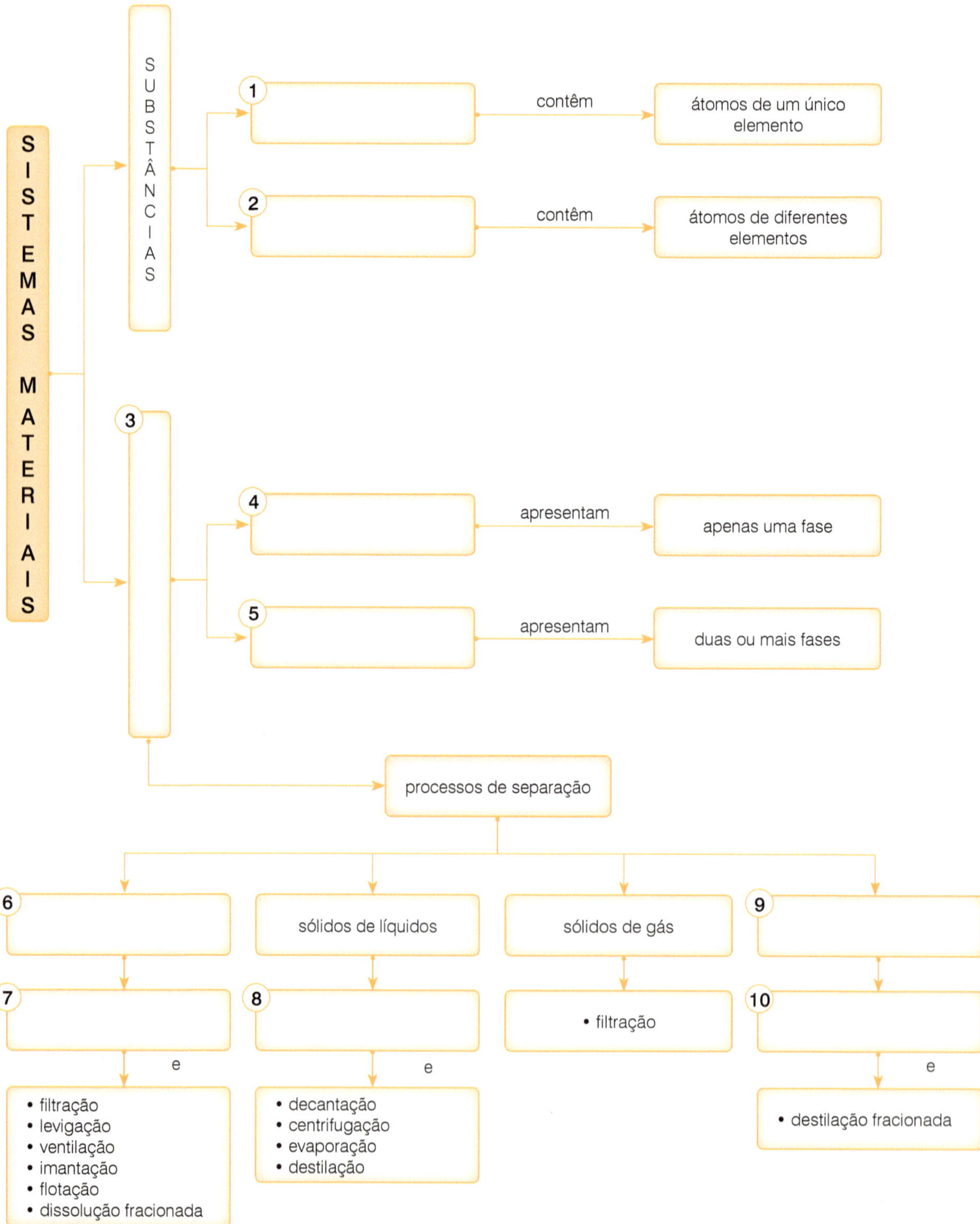

Atividades

1. **[1, 10]** O que é uma substância?

2. **[1, 10]** Qual é a diferença entre substâncias puras e misturas?

3. **[1, 10]** As substâncias puras podem ser simples ou compostas.
   a) O que é uma substância pura simples?
   b) O que é uma substância pura composta?

4. **[1, 10]** As misturas podem ser homogêneas ou heterogêneas.
   a) O que é uma mistura homogênea?
   b) O que é uma mistura heterogênea?

5. **[1, 10]** O que é fase de uma mistura?

6. **[1, 3, 6, 7, 9]** Você coloca alguns cubos de gelo em um copo contendo água. Observando a água em seu estado líquido com os cubos de gelo, determine:
   a) O número de fases.
   b) A quantidade de substâncias.

7. **[1, 10]** Toda mistura homogênea também pode ser chamada de solução. Em um copo contendo água, você adiciona uma pitada de sal que se dissolve totalmente. Nessa mistura, identifique o soluto e o solvente.

8. **[1, 3, 6, 7, 9]** A água, depois de captada de rios, lagos ou mananciais é transportada por meio de adutoras para estações de tratamento e passa por várias etapas até tornar-se água potável. Em uma dessas etapas, a água recebe sulfato de alumínio. Essa substância química faz com que as partículas de sujeira se agrupem formando pequenos flocos, que em sua grande maioria submergem. Qual é o método de separação usado para retirar esses flocos de sujeira?

9. **[1, 9, 10]** Quando mencionamos a mistura de cereal com leite, como poderíamos classificar o leite isoladamente? Como substância (simples ou composta)? Como mistura? Pesquise quais são os componentes do leite.

10. **[1, 9, 10]** Classifique cada substância a seguir como sendo simples ou composta.

Substância	Fórmula molecular	Classificação
cloro	Cl_2	
gás carbônico	CO_2	
ácido nítrico	HNO_3	
enxofre	S_8	
sacarose	$C_{12}H_{22}O_{11}$	
cobre	Cu	
ácido sulfúrico	H_2SO_4	
glicose	$C_6H_{12}O_6$	
nitrogênio	N_2	
hélio	He	
ferro	Fe	
bicarbonato de sódio	$NaHCO_3$	

11. **[1, 9, 10]** Para cada uma das misturas a seguir, aponte qual é o método capaz de separar suas substâncias integrantes.
   (1) limalha de ferro e areia
   (2) óleo e água
   (3) sal e água

12. **[1, 9, 10]** Sabendo que a gasolina é imiscível na água e que o cloreto de sódio é solúvel em água, podemos separar uma mistura de gasolina, água e cloreto de sódio de acordo com o esquema a seguir.

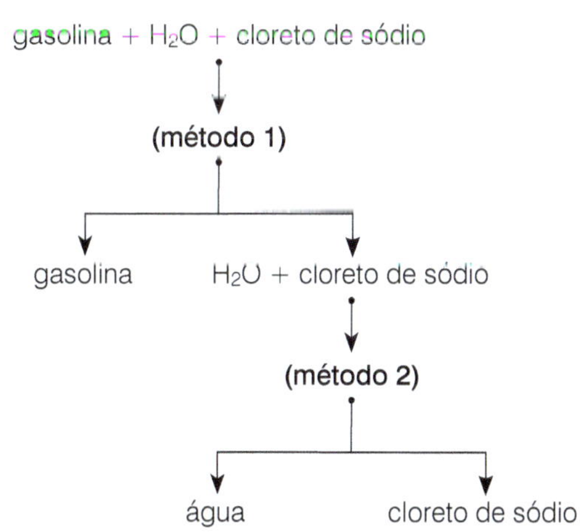

Os métodos 1 e 2 usados para separar a mistura são, respectivamente:

a) decantação e destilação simples.
b) centrifugação e decantação.
c) decantação e filtração.
d) filtração simples e centrifugação.
e) destilação simples e filtração simples.

13. [1, 9, 10] Quantas fases existem em cada um dos sistemas a seguir?

I. gelo, água e óleo
II. água com gás e gelo
III. gelo, óleo, areia e parafina

14. [1, 9, 10] O sal obtido nas salinas contém impurezas insolúveis em água. Os procedimentos para se obter o sal livre dessas impurezas são:

a) catação, dissolução em água e destilação.
b) separação magnética, decantação e dissolução em água.
c) sublimação, dissolução em água e peneiração.
d) dissolução em água, filtração simples e evaporação.
e) dissolução em água, decantação e sublimação.

15. [1, 6, 9, 10] Quais dos processos a seguir são transformações químicas que ocorrem com misturas de substâncias?

I. queima do gás de cozinha
II. aquecimento de um cubo de gelo
III. obtenção do sal de cozinha a partir da água do mar
IV. crescimento da unha
V. digestão de alimentos

16. [1, 9, 10] O sistema a seguir é constituído de duas fases, uma sólida e outra líquida, onde foram aplicadas as separações por filtração, resultando em um sólido (sólido 1) e um líquido (líquido 1). Na segunda etapa, foi realizada uma destilação que resultou em um sólido (sólido 2) e um líquido (líquido 2), ambos de aparência homogênea.

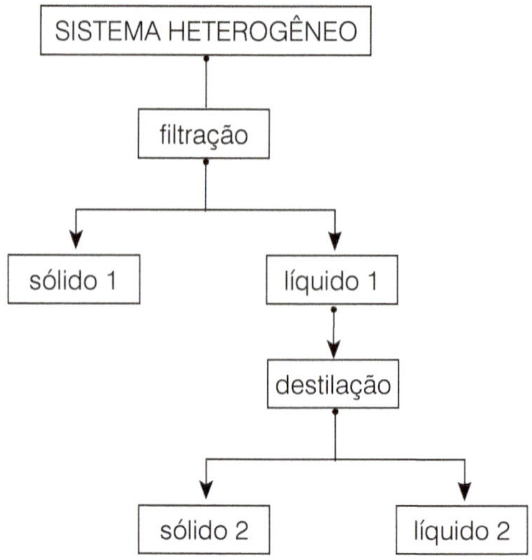

Pelo esquema, podemos concluir que:

a) o sólido 2 e o líquido 2 são substâncias puras.
b) o líquido 1 é uma substância composta.
c) o líquido 2 é uma substância composta.
d) o sólido 2 é uma substância pura.
e) o líquido 1 é uma mistura homogênea.

17. [1, 6, 9, 10] (ENEM) Em visita a uma usina sucroalcooleira, um grupo de alunos pôde observar a série de processos de beneficiamento da cana-de-açúcar, entre os quais se destacam:

1. A cana chega cortada da lavoura por meio de caminhões e é despejada em mesas alimentadoras que a conduzem para as moendas. Antes de ser esmagada para a retirada do caldo açucarado, toda a cana é transportada por esteiras e passada por um eletroímã para a retirada de materiais metálicos.
2. Após se esmagar a cana, o bagaço segue para as caldeiras, que geram vapor e energia para toda a usina.
3. O caldo primário, resultante do esmagamento, é passado por filtros e sofre tratamento para transformar-se em açúcar refinado e etanol.

Com base nos destaques da observação dos alunos, quais operações físicas de separação de materiais foram realizadas nas etapas de beneficiamento da cana-de-açúcar?

a) Separação mecânica, extração, decantação.
b) Separação magnética, combustão, filtração.
c) Separação magnética, extração, filtração.
d) Imantação, combustão, peneiração.
e) Imantação, destilação, filtração.

18. **[1, 2, 3, 6, 9, 10, 11]** (ENEM) O lixão que recebia 130 toneladas de lixo e contaminava a região com o seu chorume (líquido derivado da decomposição de compostos orgânicos) foi recuperado, transformando-se em um aterro sanitário controlado, mudando a qualidade de vida e a paisagem e proporcionando condições dignas de trabalho para os que dele subsistiam.

Quais procedimentos técnicos tornam o aterro sanitário mais vantajoso que o lixão, em relação às questões abordadas no texto?

a) O lixo é recolhido e incinerado pela combustão a altas temperaturas.
b) O lixo hospitalar é separado para ser enterrado e sobre ele é colocada cal virgem.
c) O lixo orgânico e inorgânico é encoberto, e o chorume canalizado para ser tratado e neutralizado.
d) O lixo orgânico é completamente separado do lixo inorgânico, evitando a formação de chorume.
e) O lixo industrial é separado e acondicionado de forma adequada, formando uma bolsa de resíduos.

19. **[1, 3, 6, 7, 9]** (OBQjr) Ponha em uma panela 200 g de açúcar (cujo nome químico é sacarose), meio copo de água e meio copo de xarope de milho (solução de glicose). Aqueça a mistura mexendo sempre. Continue a aquecer, depois de o xarope ferver. Observe como a mistura vai ficando castanha, borbulha e desprende vapores. Quando a temperatura atingir 140 °C, jogue na panela um punhado de amendoim, com uma pitada de bicarbonato de sódio. Depois, despeje tudo, rapidamente, sobre uma folha de papel de alumínio. Deixe esfriar, corte o sólido castanho em pequenos pedaços e prove um deles. Você acabou de fazer um pé-de-moleque! E durante a preparação realizou muitas operações que os químicos praticam todos os dias: observou mudanças químicas e físicas e diferentes estados da matéria; fez observações qualitativas e quantitativas e efetuou medidas (KOTZ e TREICHEL, *Química e Reações Químicas*, v. 1).

A respeito do texto acima, julgue as afirmativas que seguem.

I. O xarope de milho é uma substância composta.
II. Sacarose (açúcar) e glicose (do xarope de milho) são solúveis em água, portanto a mistura inicial será homogênea.
III. Por se tratar de uma mistura, a temperatura será constante durante a fervura (ebulição).
IV. Com a adição do amendoim, a mistura se tornará heterogênea.
V. O fato de a mistura líquida passar a ser sólida depois de esfriar caracteriza uma mudança física.

20. **[1, 3, 6, 7, 9]** (OBQjr) Uma das etapas para processamento do mel de forma higiênica e segura envolve o uso de um equipamento que, por meio do movimento de rotação em torno de seu próprio eixo, retira esse alimento dos alvéolos existentes na colmeia. No comércio, esse tipo de equipamento é encontrado com várias capacidades de extração, podendo ser com sistema de rotação acionado manualmente ou por eletricidade, com motor e dispositivos de controle de velocidade de rotação.

Adaptado de:
<http://www.obq.ufc.br/OBQJunior2011.pdf>.
Acesso em: 20 set. 2018.

Que tipo de processo de separação é realizado nesse equipamento?

Leitura

Você, desvendando a Ciência

Mundo declara guerra ao canudo plástico, vilão do meio ambiente

Quantos canudos plásticos você já usou em sua vida? Nos Estados Unidos, são 500 milhões por dia. Mas quem paga essa conta é a natureza.

A vida útil de um canudo é de, em média, quatro minutos – tempo suficiente para você terminar sua bebida. Só que, feitos normalmente de polipropileno ou poliestireno, materiais que não são biodegradáveis, eles demoram até 200 anos para se decompor. Pior: quando descartados, se desintegram em pequenas partículas, que chegam aos oceanos e acabam engolidas pelos animais. (...)

Em meio à busca por alternativas ao plástico, outras opções já vêm sendo usadas, como canudos de metal, de vidro e até comestíveis. Na Espanha, por exemplo, um grupo de amigos criou um canudo comestível, biodegradável e reciclável. Feito de açúcar, gelatina bovina e amido de milho, o Sorbos pode vir aromatizado em sete sabores diferentes (limão, lima, morango, canela, maçã verde, chocolate e gengibre), mas, segundo seus inventores, não altera o gosto da bebida.

Respondendo por 4% de todo o lixo plástico encontrado no mundo, os canudos ainda representam um desafio. Segundo dados da ONG Ocean Conservancy, sediada nos Estados Unidos, foi o 7.º item mais coletado nos oceanos em todo o mundo em 2017.

O biólogo Cláudio Gonçalves Tiago, professor do Centro de Biologia Marinha (Cebimar) da Universidade de São Paulo (USP), chama atenção para a necessidade de educar a população para o uso do plástico. "O plástico revolucionou a humanidade e nos permitiu um avanço considerável de desenvolvimento. Não devemos vilanizá-lo. O problema é o destino que damos ao plástico. Não adianta nada proibir determinado objeto, se a população não tem alternativas. O caminho para um mundo com menos plástico vai se dar por educação, não por proibição. Precisamos ensinar as pessoas como descartar esses objetos e pressionar por novas tecnologias biodegradáveis", diz.

Com reportagem de Luís Barrucho, da BBC News Brasil em Londres, 8 jun. 2018. *Disponível em:* <https://www.bbc.com/portuguese/geral-44419803>.

BONNARINA/SHUTTERSTOCK

Vamos analisar nossa "pegada" no planeta? Diariamente, que tipo e que quantidade de objetos plásticos são utilizados uma única vez em sua casa e são descartados?

TecNews

O que há de mais moderno no mundo da Ciência!

Exoplanetas, água e vida

A existência de vida na Terra é obra do acaso ou uma consequência inevitável das leis da natureza? É fácil surgir vida em um novo planeta ou ela é o resultado final de uma sequência teórica de eventos precursores impossíveis à primeira vista?

A descoberta de inúmeros exoplanetas (planetas que orbitam em torno de uma estrela que não seja o nosso Sol) tem entusiasmado o renascimento de estudos científicos sobre a origem da vida. De modo surpreendente, quase todos os novos sistemas solares descobertos, assim como novos exoplanetas, são bastante diferentes do nosso Sistema Solar e do nosso planeta. Então, o que é fundamental existir nesses novos ambientes para que a vida possa se concretizar, ou seja, para que a vida, como a conhecemos, possa existir? A resposta óbvia para a maioria das pessoas é: **água**.

Como aprendemos nessa unidade, a água é fundamental para a execução de inúmeras reações químicas metabólicas, serve de meio de veiculação de inúmeras substâncias do meio extracelular para o intracelular e, no caso de muitos animais e vegetais, é o principal componente químico do sangue e das seivas, respectivamente. Mas só água não basta! Para entender como a vida pode ser iniciada em outros planetas, é preciso primeiro deixar bem claro como e com quais ingredientes químicos ocorre a formação de tais planetas.

Uma nova geração de radiotelescópios, notadamente o existente no Deserto do Atacama, Chile, tem proporcionado excelentes imagens dos chamados "discos de poeira e gases da fase inicial de um planeta (chamados gases de protoplanetas)", bem como sua composição química. Essas informações inspiram a construção de modelos de como os planetas se formam a partir de poeira e gases presentes nesses discos. No nosso Sistema Solar, a chamada Missão Rosetta foi destinada a fazer visita a um cometa e recolher amostras de asteroides, as quais podem fornecer o inventário essencial dos materiais necessários que, em conjunto, podem proporcionar a origem de um planeta. E, naturalmente, a partir desses conhecimentos, aliado à presença de água, é possível ter informações e levantar hipóteses a respeito da provável existência de vida nesses ambientes ainda desconhecidos. A descoberta de água nesses locais, se porventura for confirmada, é o primeiro passo que poderá permitir que se conclua sobre a provável existência de vida em exoplanetas. A Terra serviu de bom exemplo. Será que esse exemplo se repetiu em outros sistemas solares? Com o tempo, a Ciência nos responderá.

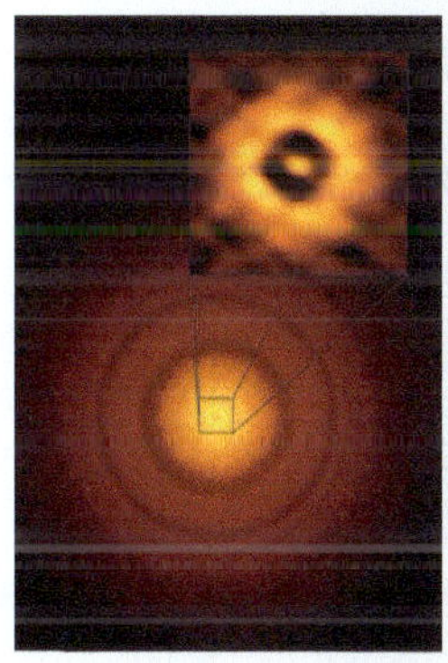

S. ANDREWS (HARVARD-SMITHSONIAN CFA), ALMA (ESO/NAOJ/NRAO)

Evidência de formação planetária em uma órbita semelhante à da Terra em torno de uma estrela jovem. A imagem sobreposta (em cima à direita) apresenta um *zoom* do espaço em que uma versão do nosso planeta poderá estar emergindo do gás e poeira do disco.

Adaptado de: SZOSTAK, J. How Did Life Begin? Innovations, The Biggest Questions in Science. *Nature*, London, v. 557, n. 7704, 10 May 2018. p. S13-S15.

Investigando

Com seus colegas de classe, pesquisem sobre o projeto ALMA, no Deserto do Atacama, Chile, e também sobre o que foi a Missão Rosetta.

UNIDADE 3

NASA IMAGES/SHUTTERSTOCK

Terra e UNIVERSO

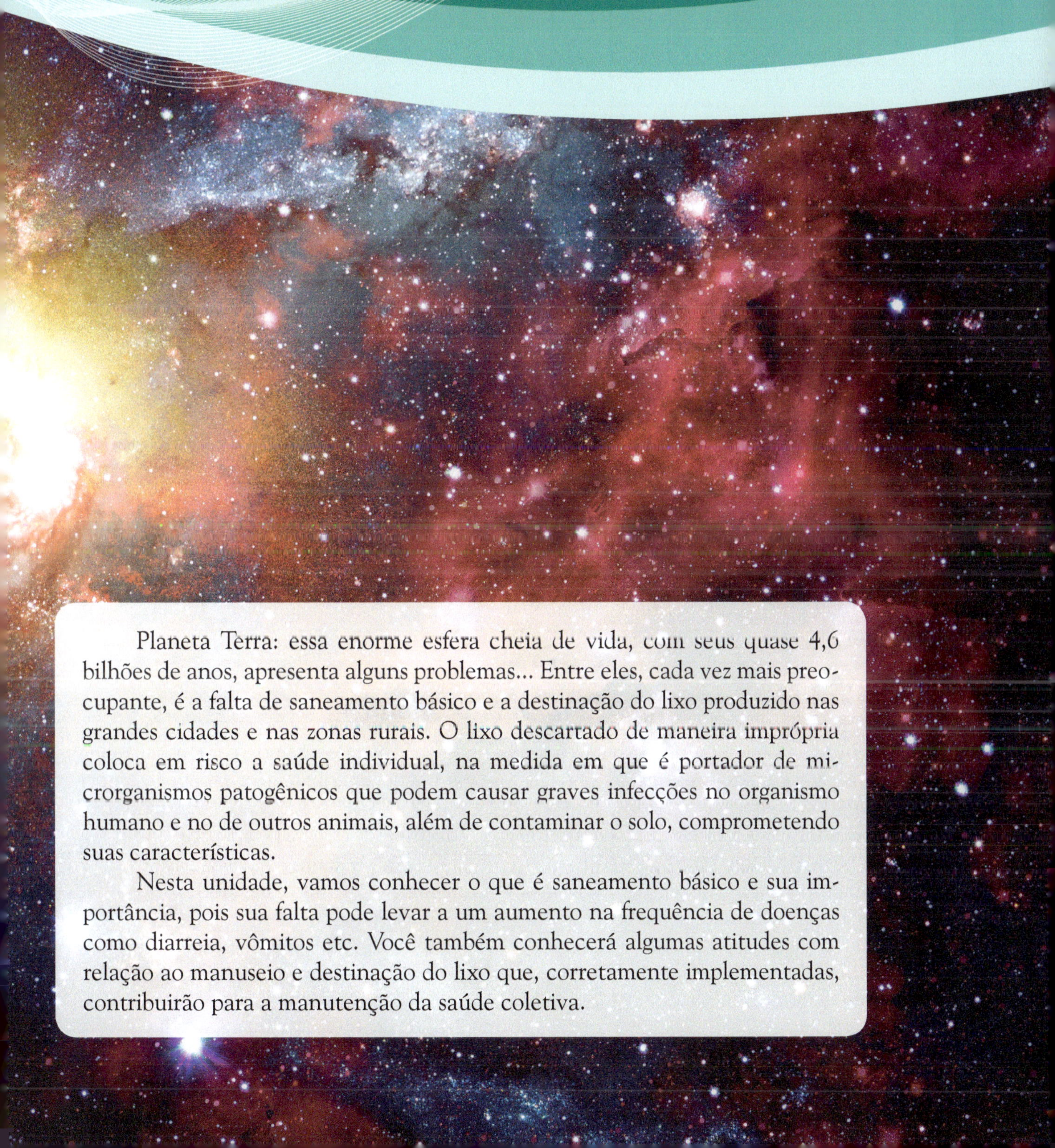

Planeta Terra: essa enorme esfera cheia de vida, com seus quase 4,6 bilhões de anos, apresenta alguns problemas... Entre eles, cada vez mais preocupante, é a falta de saneamento básico e a destinação do lixo produzido nas grandes cidades e nas zonas rurais. O lixo descartado de maneira imprópria coloca em risco a saúde individual, na medida em que é portador de microrganismos patogênicos que podem causar graves infecções no organismo humano e no de outros animais, além de contaminar o solo, comprometendo suas características.

Nesta unidade, vamos conhecer o que é saneamento básico e sua importância, pois sua falta pode levar a um aumento na frequência de doenças como diarreia, vômitos etc. Você também conhecerá algumas atitudes com relação ao manuseio e destinação do lixo que, corretamente implementadas, contribuirão para a manutenção da saúde coletiva.

capítulo 12

A IMPORTÂNCIA DO SANEAMENTO BÁSICO

Um meio ambiente saudável

Esgoto, abastecimento de água, lixo, limpeza urbana e manejo das águas pluviais urbanas não são sistemas isolados, mas estão interligados, interferindo diretamente na vida das pessoas. Esses serviços fazem parte do saneamento básico e devem ser ofertados aos cidadãos de forma adequada, pois são um direito deles. Ações apropriadas são importantes para se evitar a propagação de doenças e para que as pessoas tenham um meio ambiente saudável.

A água que usamos para nos banhar, matar a sede, cozinhar, lavar as roupas, limpar a casa, precisa ser tratada para consumo. Depois de utilizada essa água fará parte do esgoto, que também precisa ser tratado para evitar a contaminação quando lançado nos rios e lagos, o que nem sempre é feito.

Neste capítulo, você conhecerá as etapas de tratamento nas estações de água e de esgoto, assim como ocorrem os sistemas de coleta de esgoto e de distribuição de água nas cidades.

ALF RIBEIRO/SHUTTERSTOCK

Afinal, o que é “saneamento básico”?

Saneamento básico é um serviço público que envolve um conjunto de ações que visa prevenir doenças e, consequentemente, promover a saúde. O saneamento básico é composto de duas principais ações: **abastecimento de água própria para consumo** e **coleta e tratamento de esgotos**.

O saneamento envolve outras atividades, como o controle de transmissores de doenças (insetos, pombos, ratos, por exemplo), coleta de lixo, drenagem de águas pluviais (das chuvas), controle de inundações e a promoção do bem-estar social, melhorando, por exemplo, as condições das habitações e dos espaços de lazer. A finalidade do saneamento básico é, então, proporcionar uma qualidade de vida melhor à população.

A falta de saneamento básico é responsável por mais de 100 doenças, entre as quais cólera, giardíase, amebíase, hepatite A e leptospirose.

O saneamento básico do Brasil ainda está longe de ser adequado. Segundo o *Ranking 2023 de Saneamento* (do Instituto Tetra) cerca de 70 milhões de pessoas residentes no Brasil não tinham acesso a sistemas de coleta de esgoto. Ou seja, para uma população de, aproximadamente, 203 milhões de habitantes, cerca de um terço dos habitantes ainda não possuíam em suas residências esgoto (5 milhões não tinham sequer banheiro em suas casas).

Quando não há estações de tratamento de água e de esgoto

O que podemos fazer para termos certeza de que a água que bebemos não é um veículo transmissor de doenças?

Além de filtrar a água com o uso de filtros caseiros, facilmente encontrados em praticamente todas as cidades, ferver a água ainda é uma forma muito fácil e acessível para a sua esterilização, tomando-se sempre o cuidado de, depois de esterilizada, acondicioná-la em recipientes limpos, devidamente tampados.

Com relação aos esgotos, quando não há rede de coleta é preciso que seja construída uma **fossa seca**, ou seja, um local em que os esgotos serão recolhidos. Em geral, a fossa é simplesmente um buraco no solo em que sobre ele se coloca um piso e um vaso sanitário. Naturalmente, ela não pode ser construída perto da casa em que se mora em virtude do cheiro que exala (de tempos em tempos, é preciso jogar dentro da fossa cal mis-

Lembre-se!

Mesmo as residências que tenham o abastecimento de água já tratada pelas estações de tratamento, ainda assim devem submetê-la à filtragem ou fervura antes de ser ingerida.

Fique por dentro!

Quando o conteúdo da fossa seca estiver a aproximadamente 50 cm da borda, é hora de aterrar essa fossa e cavar uma nova.

Patogênico: que tem a possibilidade de causar doenças.

turado com terra a fim de diminuir o mau cheiro) e da possibilidade de termos nesse local organismos patogênicos. Tampouco pode ser construída próximo ao poço a fim de evitar qualquer contaminação.

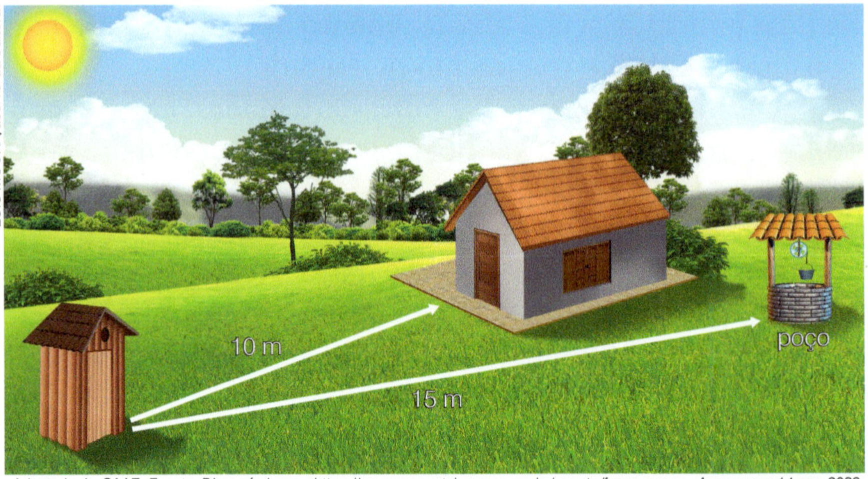

Esquema de fossa seca. As distâncias indicadas na figura são as recomendadas para a instalação da fossa. Quando o terreno for em declive, a fossa seca deve ficar em nível mais baixo do que o poço. (Cores-fantasia. Ilustração fora de escala.)

Adaptado de: SAAE. *Esgoto: Disponível em:* <https://www.saaesetelagoas.com.br/esgoto/fossa-seca>. *Acesso em:* 14 nov. 2023.

Outro tipo de fossa é a **fossa séptica**. Nesse tipo de fossa pode ser feita a separação do material sólido do líquido. Para esse tipo de fossa, é necessário que haja água encanada na casa.

Na verdade, trata-se de um tanque enterrado no solo, revestido de tijolos ou com cerâmica ou com blocos e concreto, com entrada para os canos que trazem o esgoto da casa e com saída para os canos que levarão a parte líquida do esgoto para outro compartimento, chamado *sumidouro*.

No sistema de fossa séptica, a parte sólida do esgoto forma uma espécie de lodo que fica armazenado no fundo do tanque, enquanto a parte líquida não é retida e passa para o *sumidouro*.

Fique por dentro!

Se houver poço, a fossa séptica deve ficar a uma distância mínima de 15 metros para que não haja contaminação.

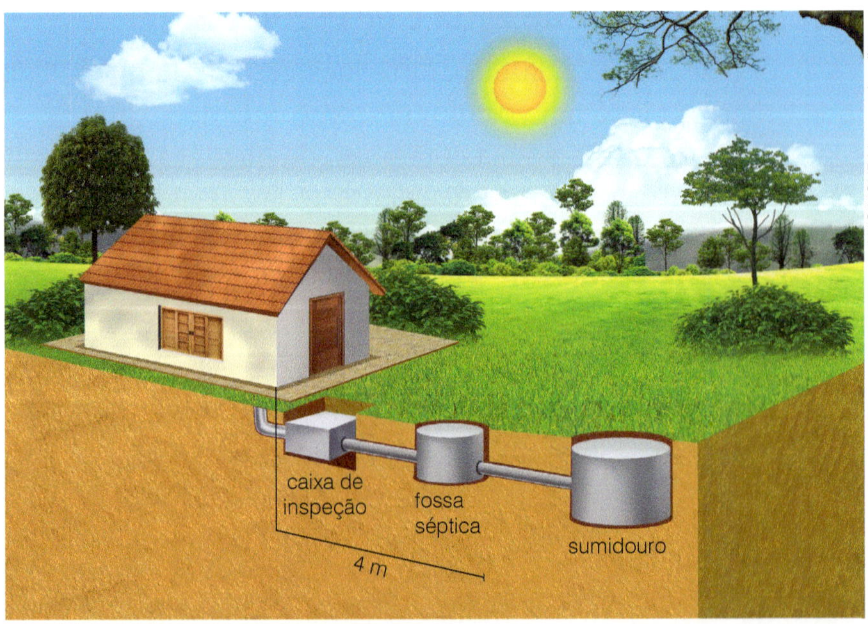

Esquema de fossa séptica. O sumidouro é um poço sem laje de fundo que permite a penetração do efluente da fossa séptica no solo e a caixa de inspeção serve para facilitar a manutenção do sistema, caso haja entupimento. (Cores-fantasia. Ilustração fora de escala.)

Adaptado de: CAESB. *Instruções para instalação de fossa séptica e sumidouro em sua casa. Disponível em:* <https://caesb.df.gov.br/>. *Acesso em:* 14 nov. 2023.

Uma noção fundamental

Observe, na figura abaixo, que quatro recipientes com formas e capacidades (volumes) diferentes se comunicam em suas bases por um tubo, formando um único recipiente. Recipientes desse tipo, que se comunicam entre si, são chamados de **vasos comunicantes**.

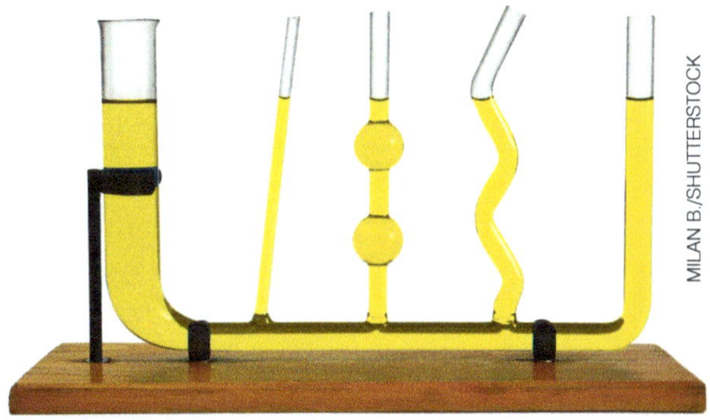

MILAN B./SHUTTERSTOCK

O nível da água é o mesmo nos recipientes, independentemente de seu volume ou forma. Se despejarmos água em um desses vasos, a pressão na base desse vaso aumenta, aumentando também as forças que empurram as moléculas de água, forçando o seu escoamento pelo tubo horizontal em direção aos outros vasos. Portanto, a água vai escoar e se distribuir entre todos de tal forma que o nível da água se torne o mesmo em todos os recipientes. Somente assim a pressão na base de cada tubo tem a mesma intensidade. Isso faz com que as forças se anulem e as moléculas de água permaneçam em "repouso".

Concluímos, então, que a *pressão não está associada com a quantidade de água contida nos recipientes, mas com a altura da coluna de água nesses frascos*. Quando as alturas das colunas de água se igualam, cessa o fluxo de água no tubo da base, indicando que a pressão é a mesma ao longo desse tubo. Assim, em um sistema de vasos comunicantes, a pressão depende apenas da altura da coluna de água e não de seu diâmetro.

Jogo rápido

Duas caixas de água cilíndricas foram construídas com a mesma altura, porém uma delas possui o dobro do diâmetro da outra. Se uma torneira for instalada junto à base em cada uma das caixas, a água vai jorrar com mais pressão de qual delas, quando ambas estiverem cheias e as torneiras abertas?

L.ENDERSON ROCHA/ acervo da editora

Agora que conhecemos o princípio dos vasos comunicantes, podemos entender como a água percorre o subsolo.

A água da chuva pode infiltrar-se no solo poroso até encontrar uma camada impermeável. Nesse ponto, a água ficará acumulada ou escoará na forma de um rio subterrâneo que poderá brotar em algum ponto como uma nascente, originando um rio.

A água retida pelas camadas impermeáveis é denominada **água freática** ou **lençol freático.** Neste caso, para ser retirada, são necessárias bombas hidráulicas. Existem também poços artesianos, em que a água pode jorrar com grande pressão e atingir a superfície porque as perfurações desses poços são muito mais profundas, atingindo 100 m a mais do que as perfurações de um poço comum.

Observe a figura abaixo, que mostra um esquema de fontes de água.

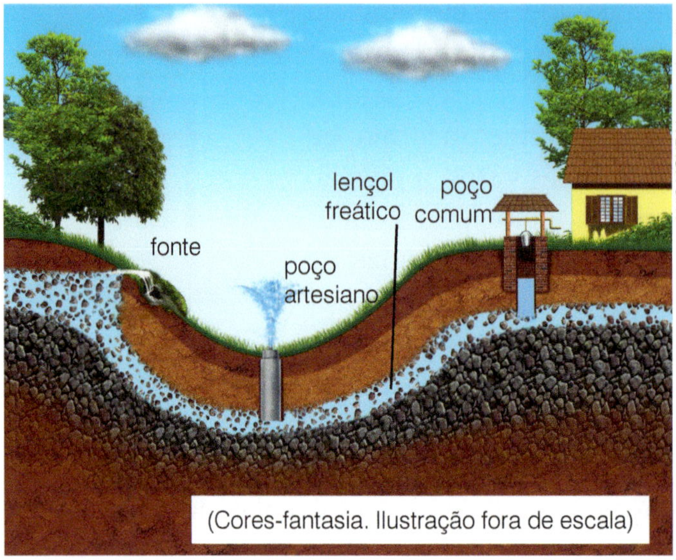

(Cores-fantasia. Ilustração fora de escala)

O sistema de distribuição de água potável

Na natureza, a água é distribuída tanto pela atmosfera quanto pelo subsolo. O homem também criou sistemas para a distribuição de água. Da mesma forma que os sistemas de distribuição de água na natureza, a distribuição de água de uma cidade, ou mesmo de uma casa, utiliza-se da pressão gerada em um sistema de vasos comunicantes. Os reservatórios de água de uma região são sempre construídos no ponto mais alto para que a água tratada possa chegar naturalmente a todas as caixas-d'água e torneiras das casas, conforme o princípio dos vasos comunicantes.

Mas de onde vem a água que abastece os reservatórios de nosso bairro ou região? E o que acontece com ela depois que a utilizamos?

Grandes edifícios de apartamentos têm reservatórios de água geralmente localizados no subsolo. Para que essa água seja conduzida para as caixas situadas acima do último andar, são necessárias bombas hidráulicas acionadas por energia elétrica. Uma vez armazenada no alto do edifício, a água flui para os apartamentos segundo a propriedade dos vasos comunicantes. (Cores-fantasia. Ilustração fora de escala)

Captação e tratamento de água

A água que chega a nossas casas é obtida de fontes naturais, como rios, lagos ou mananciais. Depois de captada, ela é levada através de adutoras para as represas das chamadas **estações de tratamento**, locais em que a água é submetida a um tratamento para a retirada de impurezas e microrganismos que possam nos causar doenças.

Acompanhe pelo esquema a seguir as etapas do tratamento da água para torná-la própria para o nosso consumo.

Manancial: fonte, nascente.

Adutoras: sistema de canos bem grossos e longos, que leva a água de onde é captada até o local em que será tratada.

LUIS MOURA/acervo da editora

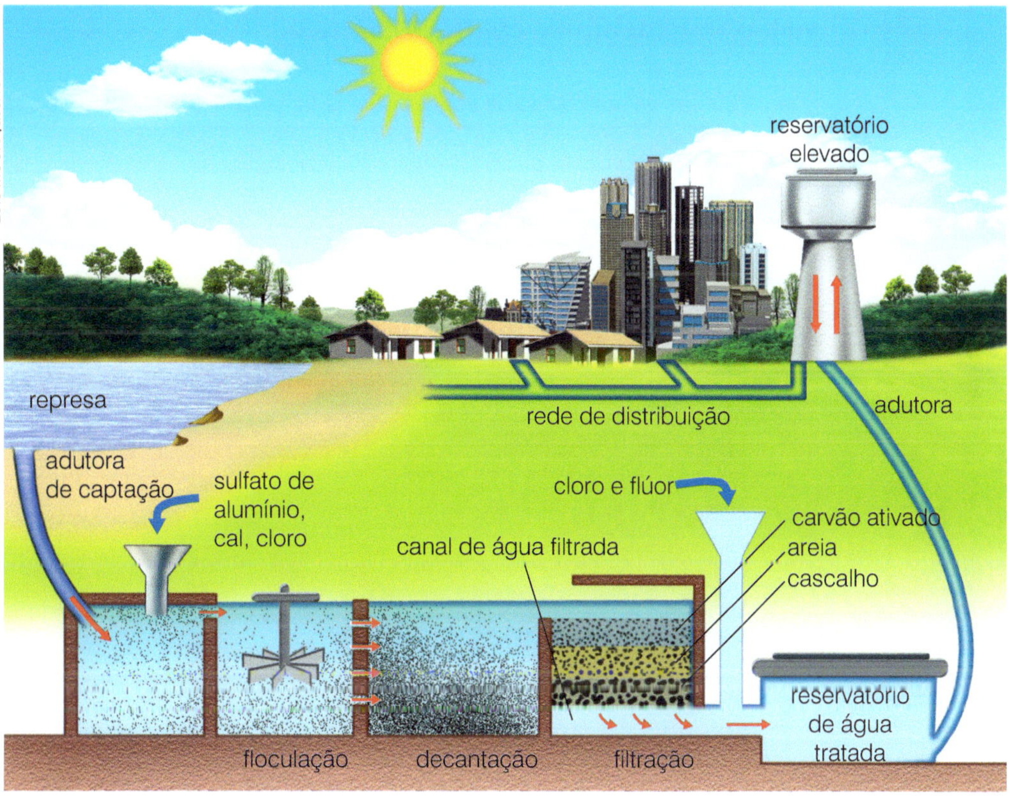

Etapas de tratamento de água. (Cores-fantasia. Ilustração fora de escala.)

Adaptado de: BRANCO, S. M. Quem mexeu na nossa água? São Paulo: Instituto Samuel Murgel Branco/SABESP, 2010.

Depois de enviada pelas adutoras ao reservatório da estação de tratamento, a água

1. recebe os seguintes produtos químicos:
   a. sulfato de alumínio – que faz com que as partículas de sujeira existentes na água se agrupem;
   b. cal – para corrigir a acidez da água;
   c. cloro – a fim de eliminar microrganismos;
2. é agitada de modo suave para facilitar a formação de flocos com a sujeira existente na água. Essa etapa é conhecida como **floculação**;
3. a seguir, a água passa para outro tanque em que fica em repouso. Com isso, os flocos de sujeira, que são mais densos do que a água, afundam. Esse processo de separação das partículas sólidas da água líquida é chamado de **decantação**;
4. pronto, agora a água passa por um processo de **filtração**, em que filtros de carvão, areia e cascalho retiram quaisquer flocos de sujeira que ainda estiverem presentes ou até mesmo microrganismos;
5. a água tratada recebe a adição de cal, cloro para matar eventuais microrganismos, e flúor, importante elemento para auxiliar na redução das cáries dentárias, e é enviada para os reservatórios.

Tratamento de esgoto

A água utilizada para a higiene pessoal (banhos, lavatórios), descartada de vasos sanitários, limpeza em geral e alimentação transforma-se em esgoto doméstico. O esgoto também pode se originar das chuvas (esgoto pluvial) e das atividades comerciais e industriais (esgoto industrial). A coleta e o tratamento de esgotos são importantes para a saúde pública porque evitam a contaminação e a transmissão de doenças, além de preservar o meio ambiente.

Acompanhe pela ilustração a seguir as etapas que envolvem o tratamento de esgoto doméstico.

Etapas de tratamento de esgoto. (Cores-fantasia. Ilustração fora de escala.)

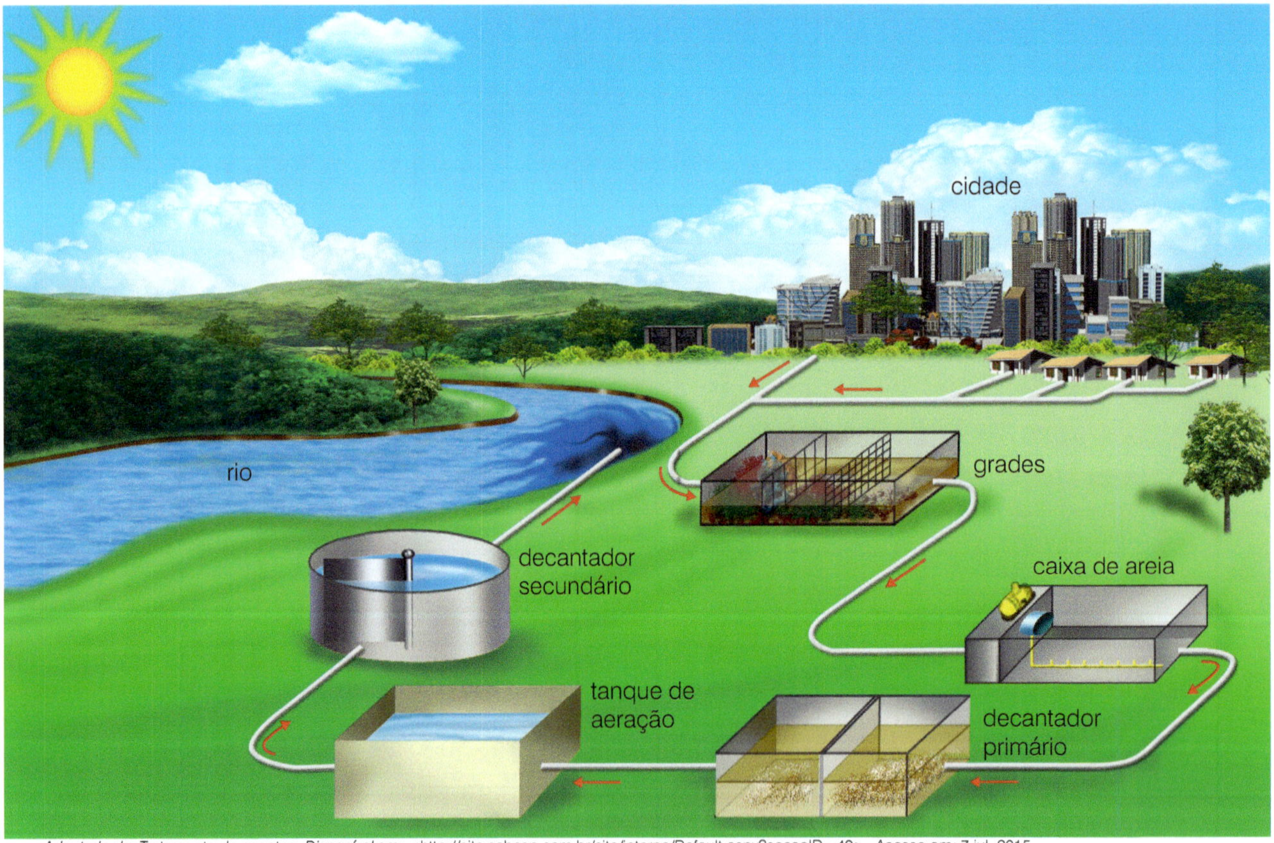

LUIS MOURA/acervo da editora

Adaptado de: Tratamento de esgotos. *Disponível em:* <http://site.sabesp.com.br/site/interna/Default.aspx?secaoID=49>. *Acesso em:* 7 jul. 2015.

Das residências, o esgoto é encaminhado para as redes coletoras até chegar nas **estações de tratamento de esgoto** (ETE), também chamadas de **estações depuradoras**, locais em que será tratado. Nessas estações, o esgoto

1. passa por **grades** de diferentes espessuras para a retirada de materiais que não devem passar pelo sistema, como plásticos, papel, garrafas etc.;
2. após passar pelas grades, o esgoto é transportado para caixas de areia para a **precipitação** da areia contida nele;

3. o esgoto passa para um **decantador primário**, local em que as partículas mais pesadas irão para o fundo, formando um lodo. Este poderá ser tratado e utilizado para a produção de gás;
4. o esgoto obtido do decantador, composto ainda por matéria orgânica e microrganismos, passa para **tanques de aeração**. Nesses tanques, uma grande quantidade de ar comprimido é borbulhada continuamente. O oxigênio favorece a multiplicação dos microrganismos, que se alimentam da matéria orgânica ainda presente;
5. em seguida, o esgoto passa para outros tanques (**decantadores secundários**) onde se dá a precipitação da grande quantidade de microrganismos que se formou nos tanques de aeração. Nos decantadores secundários, a parte líquida do esgoto já reduziu 90% das impurezas. No entanto, essa água não é potável, mas já pode ser lançada nos rios.

Fique por dentro!

A água que sai dos decantadores secundários não é potável, mas pode ser reaproveitada para diversos fins, como lavagem das ruas e praças, para regar jardins, geração de energia, refrigeração de equipamentos industriais. Essa água é chamada de **água de reuso**.

ESTABELECENDO CONEXÕES
Cotidiano

Tratamento de esgoto em pequenas cidades

Todo o processo de tratamento de esgotos apresentado acima é mais usado em grandes cidades, em que a quantidade de esgotos a ser tratada é muito grande.

Em pequenas cidades, principalmente nas regiões de clima tropical, para o tratamento de esgotos utilizam-se as chamadas **lagoas de estabilização** ou **de tratamento**.

Nessas lagoas, a aeração, isto é, o fornecimento de O_2 aos microrganismos decompositores, fica a cargo da fotossíntese realizada por algas microscópicas e bactérias.

O lodo acumulado no fundo dessas lagoas deve ser removido periodicamente e tratado antes de ser lançado em um curso-d'água coletador.

DE OLHO NO PLANETA
Meio Ambiente

Utilização de resíduos do tratamento de esgoto

O cuidado com o meio ambiente é um item cada vez mais importante em todos os processos e atividades humanas. O aproveitamento dos resíduos do tratamento de esgoto é um bom exemplo dessa atitude.

No tratamento de esgoto, o lodo recolhido dos decantadores ainda contém grande quantidade de água para ser retirada. Para isso, passa por tanques onde se torna mais concentrado por meio da separação de parte da água presente. A parte sólida restante é encaminhada para equipamentos chamados *biodigestores*, onde a matéria orgânica é degradada por microrganismos em um processo que leva à produção do gás metano (CH_4). Parte desse gás pode gerar energia; parte é queimada sem prejuízo para a atmosfera. O lodo que sai dos *biodigestores* passa por gigantescas prensas que compactam os resíduos sólidos. Estes, por sua vez, são depositados nos aterros sanitários ou aproveitados como adubo em algumas atividades agrícolas (reflorestamento, por exemplo).

O lixo

O lixo é um problema que incomoda, não apenas pelo aspecto visual, mas porque o seu acúmulo, principalmente aquele que contém restos de alimentos, atrai ratos, moscas, baratas e outros animais indesejáveis que são transmissores de doenças. Objetos cortantes contaminados, descartados no lixo incorretamente, podem causar graves infecções. Vasilhames e pneus podem acumular água da chuva favorecendo a proliferação dos mosquitos transmissores da dengue. O lixo em decomposição libera gases tóxicos para a atmosfera e outras substâncias que se infiltram e contaminam o solo e as águas subterrâneas. O lixo atirado nas vias públicas é responsável pelo entupimento de galerias pluviais com consequentes casos de alagamentos urbanos.

Galerias pluviais: conjunto de bocas coletoras e condutos (canais) destinados à coleta e transporte das águas das chuvas.

Em séculos anteriores ao atual, em que a população humana era bem menor, as pessoas costumavam jogar lixo nas ruas. As doenças eram constantes e, com elas, uma grande quantidade de mortes. Com o tempo, ao se perceber que o lixo estava associado a doenças, passou-se a efetuar a coleta e a deposição em local seguro, distante dos grandes centros urbanos. Claro que esse procedimento melhorou a situação de saúde nas grandes cidades. Mas, com o aumento da população humana, também aumentou a produção de lixo. Outros locais eram necessários para receber os resíduos gerados pela atividade humana. Surgiram outros problemas. Um deles foi o que fazer com a enorme quantidade de materiais não biodegraváveis, como muitos tipos de plásticos, que não são decompostos por microrganismos e se acumulam no ambiente; o outro foi a contaminação do solo por substâncias produzidas pela decomposição dos restos orgânicos e outros tipos de materiais, ou por diversos agentes causadores de doenças.

Biodegradável: material que pode ser completamente decomposto pela ação de microrganismos (bactérias e fungos).

Fique por dentro!

Poluir o solo é introduzir diferentes tipos de substâncias e materiais capazes de prejudicar a saúde humana ou a qualidade do ambiente.

Muitos materiais resultantes das atividades humanas são lançados no solo e, pelas suas características ou quantidades, não são atacados por microrganismos decompositores, acumulando-se e gerando poluição.

Jogo rápido

Faça um levantamento dos diversos materiais existentes em sua sala de aula (alimentos, embalagens, utensílios, móveis, materiais de decoração, vestuário etc.) e organize uma tabela relacionando o que você considera biodegradável ou não.

Biodegradável ou não?

Se você deixar um pedaço de carne em um frasco aberto, ela apodrecerá e, após certo tempo, desaparecerá. O apodrecimento da carne se deve à ação de microrganismos decompositores (bactérias, fungos), que produzem substâncias especiais para efetuar o "desmanche" da matéria orgânica. A carne, assim como inúmeros restos alimentares que produzimos diariamente em nossas casas, é um material biodegradável (*bio* = vida), isto é, que se degrada, se decompõe pela ação de seres vivos. Agora, se você abandonar uma garrafa de plástico em qualquer lugar, provavelmente ao longo de toda a sua vida ela permanecerá inalterada. Os microrganismos não produzem substâncias capazes de decompor o plástico da garrafa. É material não biodegradável, que se acumula no ambiente. O que fazer, então, com os materiais não biodegradáveis? Logo adiante veremos sugestões que podem solucionar o problema do acúmulo desse tipo de material no ambiente.

A destinação do lixo

Em virtude do tamanho das cidades, nem sempre o lixo de nossas casas é recolhido diariamente pelas empresas contratadas pelos governos para esse fim. Com isso, um primeiro e importante passo para evitarmos doenças e proliferação de animais indesejáveis é manter o lixo de nossa casa acondicionado em sacos plásticos devidamente fechados. Para evitar que esses sacos sejam rompidos enquanto não são coletados, o ideal é mantê-los em uma lixeira com tampa (que deve ser limpa regularmente), apropriada para esse fim.

Mas o que acontece com o lixo que é recolhido em nossa casa, nas empresas, indústrias, nos comércios e hospitais, por exemplo?

Lixão

Apesar de que há todo um empenho no sentido de terminar com os lixões, esses terrenos em que o lixo é simplesmente jogado a céu aberto ainda são muito comuns em nosso país.

A céu aberto: exposto ao ar livre; descoberto.

Sem nenhum tipo de tratamento ou controle dos resíduos que lá são jogados, os lixões são um problema de saúde pública em virtude da quantidade de animais transmissores de doenças, como ratos, por exemplo, que neles encontram alimento, e pela possibilidade de contaminação do solo e do lençol freático com produtos da própria decomposição do lixo.

Os lixões são depósitos de lixo em que não há qualquer tipo de preparo do solo ou de tratamento dos resíduos.

Aterro sanitário

Aterro sanitário é um dos locais para onde é enviado o lixo produzido nas cidades. Ao se construir um aterro sanitário, primeiro é preciso revestir o solo com um material impermeabilizante (plástico, concreto, argila). A impermeabilização evita que substâncias tóxicas existentes nos líquidos resultantes da decomposição do lixo penetrem no solo. Do contrário, sem impermeabilização, tais substâncias contaminariam o solo, podendo atingir a água contida no *lençol freático* subterrâneo. Após esse cuidado inicial, o lixo é então depositado até atingir uma camada de cerca de 2 metros de altura. Depois, com um trator dotado de um rolo compressor contendo dentes de aço, compacta-se o lixo e cobre-se com entulho ou areia. A seguir, nova camada de lixo e, depois, nova compressão e nova camada de entulho ou areia.

A área do aterro deve conter, no seu entorno, vegetação que absorva o gás carbônico resultante da decomposição da matéria orgânica do lixo. Com o tempo, após alguns anos de uso, o aterro deixa de ser utilizado devido ao esgotamento da capacidade de receber mais lixo. É coberto com terra e fechado. A área pode servir para o plantio de árvores que formarão uma mata. O aterro sanitário é considerado o método mais barato de tratamento do lixo.

Metano: gás resultante da decomposição do lixo

Nos aterros sanitários instalam-se tubos enterrados verticalmente, como chaminés no solo, cuja função é deixar sair os gases resultantes da decomposição da matéria orgânica, entre eles o gás carbônico e o metano. O gás carbônico pode ser utilizado na fotossíntese realizada por algas e vegetais. Inflamável quando em contato com o ar, o metano é um gás que não tem cheiro e contribui para acentuar o aquecimento global. Pode ser utilizado como fonte de energia, que pode ser transformada inclusive em energia elétrica.

Vista aérea do aterro sanitário de Caieiras, SP. Observe como o aterro é revestido para evitar contaminação do solo. Os caminhões e tratores compactam o lixo e jogam areia sobre ele.

DELFIM MARTINS/PULSAR IMAGENS

DE OLHO NO PLANETA

Sustentabilidade

Aterros sanitários e mecanismo de desenvolvimento limpo

Preocupados com o meio ambiente e o aquecimento global, há muitos anos representantes de diversos países têm se reunido a fim de encontrar alternativas para o desenvolvimento sustentável, ou seja, para que possamos continuar a usufruir dos bens do nosso planeta, porém sem causar prejuízos para ele e para a sobrevivência das espécies que nele vivem. Vários documentos foram preparados a partir dessas reuniões a fim de auxiliar os países a atingir os objetivos a que todos se propuseram e um desses documentos ficou conhecido como **MDL**, sigla de **M**ecanismo de **D**esenvolvimento **L**impo. Uma das principais propostas do MDL é implantar nos países em desenvolvimento mecanismos que contribuam para o desenvolvimento sustentável e também para diminuir a emissão de gases de efeito estufa, principalmente a emissão de gás carbônico.

Na cidade de Perus, Estado de São Paulo, temos um dos exemplos mais bem-sucedidos de projetos de MDL em nosso país: trata-se da captação do gás metano produzido no Aterro Sanitário Bandeirantes, localizado em Perus, no Estado de São Paulo.

O gás metano (biogás) que é gerado no aterro Bandeirantes é tratado em uma usina termelétrica, onde é transformado em energia elétrica suficiente para abastecer uma cidade de 400.000 habitantes.

Chorume: uso como fertilizante

Chorume é o líquido de coloração variada e de mau cheiro resultante da decomposição do lixo orgânico. Ele é rico em substâncias químicas minerais, algumas delas tóxicas e que, ao atingirem as profundezas do solo, podem comprometer a qualidade das águas subterrâneas ao contaminá-las. Por esse motivo, é fundamental impermeabilizar o solo do aterro sanitário, coletar o chorume e encaminhá-lo para local apropriado. Depois de seco e convenientemente tratado, removendo-se as substâncias tóxicas, os nutrientes minerais do chorume podem até ser aproveitados como fertilizantes na agricultura.

IMFOTO/SHUTTERSTOCK

Coleta de chorume.

Jogo rápido

No processamento da cana feito nas usinas de açúcar e destilarias de álcool, resulta um resíduo líquido, o vinhoto (também chamado de vinhaça, restilo ou calda de destilaria), rico em substâncias orgânicas e minerais (entre eles fósforo, nitrogênio e potássio). Por muito tempo, o vinhoto era lançado diretamente no solo ou em um rio, poluindo-os. Percebeu-se, porém, que se for convenientemente tratado, o vinhoto pode ser utilizado como fertilizante agrícola. Em vista destas informações, justifique por que dizemos que, após ser convenientemente tratado, removendo-se substâncias indesejáveis, o vinhoto, do mesmo modo que ocorre com o chorume produzido nos aterros sanitários, pode ser utilizado como eficiente fertilizante agrícola.

Compostagem

Compostagem é o processo natural em que microrganismos (bactérias e fungos) atuam em restos orgânicos e efetuam a sua decomposição, originando o **composto**, rico em nutrientes minerais e orgânicos finamente fragmentados.

Restos de vegetação (folhas, galhos, cascas de árvores), estercos e o lixo doméstico contendo restos de alimentos de origem vegetal podem ser submetidos a esse processo nas chamadas *usinas de compostagem* existentes nas grandes cidades. Claro que materiais impróprios, não biodegradáveis, como plásticos, vidros e latas, devem ser retirados antes do procedimento. Os materiais adequados são, então, moídos em máquinas apropriadas e, ao fim do processo de decomposição pelos microrganismos, o produto (o composto) pode ser utilizado como adubo.

Composto secando em usina de compostagem.

ERIC KROUSE/PANTHERMEDIA/KEYDISC

Incineração

A **incineração** é a queima de diversos tipos de lixo, principalmente o hospitalar. Ela é realizada em fornos especiais ou usinas de incineração.

O lixo contém substâncias poluentes e microrganismos causadores de doenças. Ao incinerá-lo evita-se a poluição do solo e das águas, preservando o ambiente. No processo de incineração, gases tóxicos são liberados pelas chaminés. A solução para este problema é a instalação de filtros que retêm esses gases.

A incineração reduz o volume de lixo, pois as cinzas ocupam um espaço bem menor do que os resíduos não incinerados. As cinzas são encaminhadas aos aterros sanitários.

Fique por dentro!

O lixo hospitalar é constituído por seringas, agulhas, luvas descartáveis, frascos plásticos, gaze, algodão, fraldas, medicamentos com prazo de validade vencido, filmes de raio X etc. Ele deve obrigatoriamente ser incinerado, pois está contaminado por microrganismos causadores de doenças.

EM CONJUNTO COM A TURMA!

Organize um grupo de discussão com os seus colegas a respeito do seguinte tema: "Na natureza, todos os restos orgânicos dos seres vivos acabam sendo decompostos pelos microrganismos, e os nutrientes minerais que deles faziam parte retornam para o meio, participando de um ciclo de materiais que é essencial para a manutenção da vida na biosfera terrestre. Há, portanto, um caminho de mão dupla: nutrientes minerais são utilizados pelos seres vivos para a construção de seus corpos e, por meio da decomposição dos restos orgânicos, os nutrientes minerais retornam para o solo. No entanto, ao depositar o lixo doméstico contendo restos orgânicos recicláveis em aterros sanitários, o homem, de certo modo, quebra o ciclo natural de materiais, prejudicando a reutilização natural dos nutrientes minerais por outros seres vivos. Ou seja, há um caminho de mão única, do campo, onde são produzidos os alimentos, para as cidades, que não devolvem os nutrientes minerais para os solos agrícolas".

Que soluções o grupo propõe para resolver o impacto causado por essa quebra do ciclo natural dos nutrientes minerais?

Reciclagem

Boa parte do lixo que geramos contém produtos que, depois de tratados, podem ser utilizados novamente, ou seja, podem ser reciclados. Assim, reciclagem nada mais é do que o reaproveitamento de materiais que já foram usados uma vez para, a partir deles, preparar novos produtos. Mas por que reciclar?

Símbolo internacional de reciclagem.

É preciso que o cidadão seja responsável pela conservação dos recursos do planeta, e isto está diretamente ligado aos resíduos que gera. Assim, ao reciclar resíduos, como papel, vidro, plástico, alumínio, óleo, por exemplo, isso faz com que esses produtos voltem novamente para a cadeia produtiva, diminuindo o consumo de recursos naturais e minimizando o impacto ambiental causado pelo lixo em demasia.

Cadeia produtiva: um conjunto de etapas sucessivas, que transformam uma ou mais matérias-primas em um produto acabado.

Na reciclagem, por exemplo, latinhas de alumínio são fundidas e o alumínio obtido é utilizado para a produção de novas latinhas ou outros materiais contendo esse material em sua composição; o papel usado pode ser reciclado e entrar como um dos compostos para a produção de uma nova qualidade de papel; o vidro triturado torna-se novamente matéria-prima para as indústrias; o óleo de cozinha usado para frituras pode ser reciclado e entrar na produção de sabões.

Descubra você mesmo!

Reciclar é o mesmo que reutilizar?

ESTABELECENDO CONEXÕES

Cotidiano

Coleta seletiva e reciclagem: incentive essas ideias

Facilitar o tratamento do lixo por meio da coleta seletiva é uma atividade que cada vez ganha mais adeptos no Brasil. O lixo biodegradável é recolhido por caminhões que passam pelas ruas das cidades e o encaminham aos aterros sanitários. O lixo não biodegradável é colocado à parte e recolhido por caminhões específicos, que passam semanalmente pelas residências ou, então, é depositado pelas próprias pessoas em postos de coleta distribuídos em vários pontos das cidades. Recipientes ou tambores de cores diferentes indicam o tipo de material que cada um deverá receber. É recomendável limpar e lavar garrafas e latinhas antes de colocá-las no lixo, evitando, assim, a proliferação de animais ou microrganismos nocivos.

Nas estações de tratamento de lixo, os diversos materiais são separados e encaminhados para as usinas de reciclagem.

O descarte de pilhas e baterias usadas deve ser feito sempre por meio de locais de coleta específicos para esse fim e nunca devem ser colocados no lixo doméstico, pois se esses produtos forem amassados podem vazar substâncias tóxicas que estão presentes em seu interior. Como essas substâncias não são biodegradáveis, elas podem contaminar o solo.

Separar o lixo para reciclagem pode – e deve! – ser feito por todos. Afinal, por mais óbvio que possa parecer, é dos recursos deste planeta que produzimos tudo o que está à nossa volta – e esses recursos, se não cuidados, se não poupados, poderão se esgotar.

PHALAKON JAISANGAT/ PANTHERMEDIA/KEYDISC

As lixeiras para coleta seletiva de lixo são identificadas por cores. No Brasil, as de cor azul recebem papel e papelão; as de cor verde, vidro; as de cor amarela, metal; e as de cor vermelha, plástico.

RUSS WITHERINGTON/PANTHERMEDIA/KEYDISC

Reciclar não diz respeito apenas a produtos de tamanho reduzido – reciclar independe de tamanho. O ferro de veículos fora de uso, por exemplo, pode ser reciclado e entrar como matéria-prima para a fabricação de peças em aço inoxidável.

WK1003MIKE/SHUTTERSTOCK

Pilhas e quaisquer tipos de bateria, inclusive as de celular e de automóvel, não devem ser colocadas com o lixo doméstico, mas levadas para descarte em local de coleta desses produtos.

ENTRANDO EM AÇÃO

Vamos aproveitar parte do lixo orgânico de nossa casa para preparar adubo por meio do processo de compostagem. Para isso, separe cascas e sobras de vegetais, legumes e frutas, que normalmente seriam colocadas no lixo, evitando utilizar sobras de carnes e de peixes, apenas para que o processo se desenvolva mais rapidamente. Também podem ser acrescentados restos de grama, folhas caídas de árvores e flores, independentes se murchas ou não.

Para a formação do composto, pegue um recipiente transparente para que você possa acompanhar todo o processo. Vamos à montagem:

- coloque um saco plástico grande dentro do recipiente transparente e, dentro desse saco, deposite um punhado de terra que será a base de nosso composto;
- sobre essa primeira camada de terra, disponha parte dos restos orgânicos que você separou;
- continue o processo intercalando uma camada de terra com uma camada de restos orgânicos, deixando espaço suficiente para fechar o saco plástico com uma presilha;
- faça alguns furos no saco plástico a fim de que o ar penetre na preparação.

Uma vez por semana, revire todo o conjunto (terra + restos orgânicos) com uma pá a fim de que a mistura seja arejada; nessa ocasião, acrescente um pouco de água ao solo se a mistura estiver muito seca.

A montagem não deve ter cheiro nem atrair qualquer tipo de inseto. Se isso estiver acontecendo, você deve revirar a mistura mais frequentemente.

Ao final de 90 dias, o processo de compostagem deve ter sido completado. Para saber se o produto está pronto para ser usado, coloque dois dedos do composto em um copo e complete com água e uma colher (de café) de amoníaco. Misture tudo e deixe descansar. Se a cor do líquido for preta e a maior parte do material estiver em suspensão no líquido, o composto está pronto para ser usado como adubo em suas plantas. Caso contrário, é preciso continuar com o processo de compostagem, pois só assim o adubo poderá ser empregado sem prejuízo para as plantas.

Lembre-se!

O amoníaco é um produto tóxico. **Não deve ser inalado.**

MARINA LOHRBACH/PANTHERMEDIA/KEYDISC

Nosso desafio

Para preencher os quadrinhos de 1 a 8 você deve utilizar as seguintes palavras: aterros sanitários, coleta seletiva, hospitalares, incineração, materiais biodegradáveis, não recicláveis, reciclagem ou descarte, resíduos.

À medida que você preencher os quadrinhos, risque a palavra que escolheu para não usá-la novamente

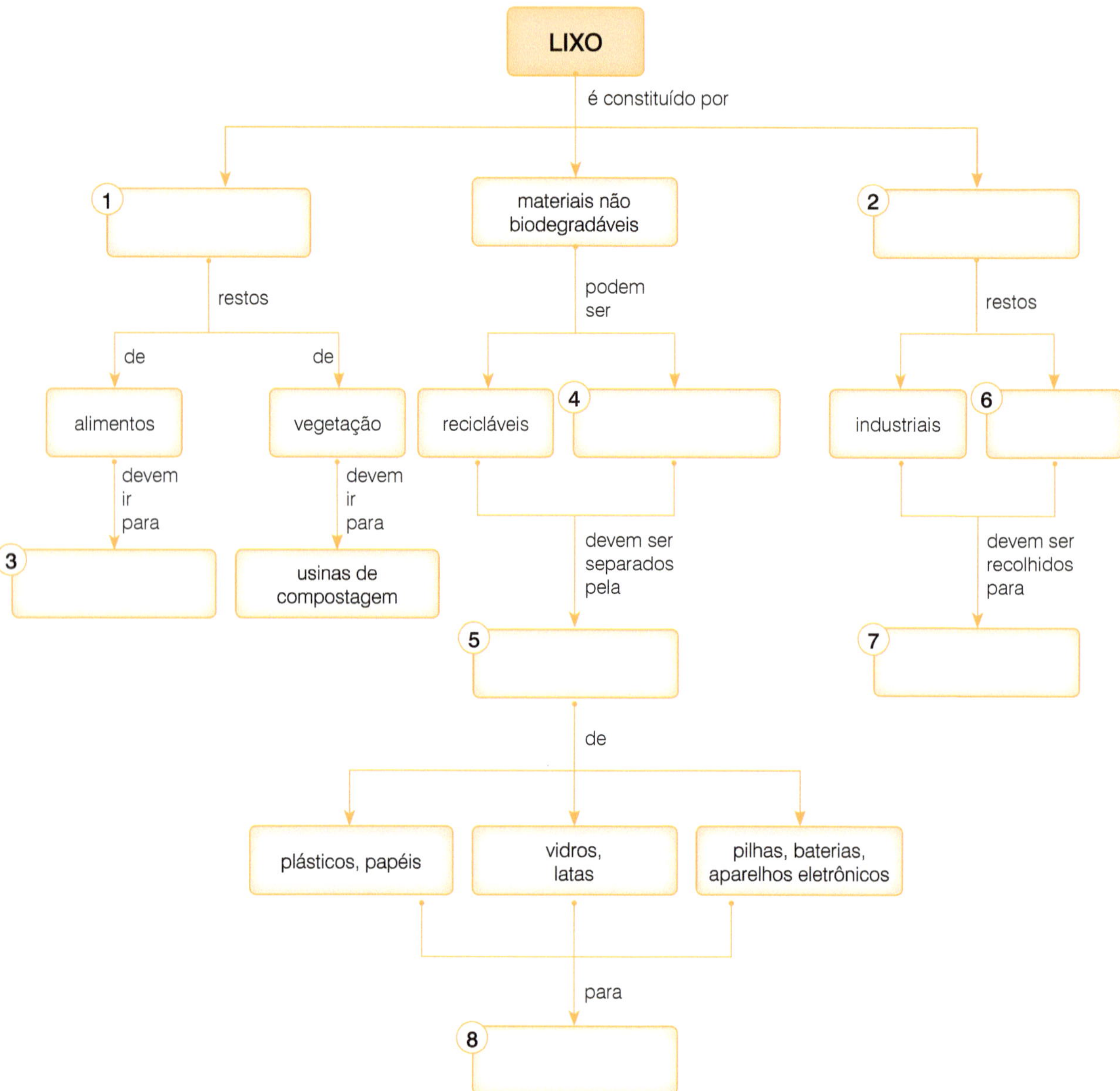

Atividades

1. [1, 2, 3, 6, 7, 8, 9, 11, 12, 17, 18] Com o crescimento da população humana e a migração das pessoas das zonas rurais para os centros urbanos, o problema resultante do acúmulo de lixo tornou-se um grave problema para a saúde pública. Restos de alimentos, objetos cortantes, sacos plásticos umedecidos com água da chuva, pneus abandonados que acumulam água, latas e garrafas vazias e destampadas, acumulando água, todos esses resíduos incomodam as pessoas e preocupam as autoridades de saúde nos municípios brasileiros.
   a) Que consequência pode acarretar o acúmulo de lixo com restos de alimentos nas ruas, praças e jardins das regiões urbanas das cidades?
   b) Que risco representa o acúmulo de água em pneus abandonados, latas e garrafas de plástico abertas e sacos plásticos molhados e repletos de água de chuva?

2. [1, 2, 3, 6, 7, 8, 9, 11, 12, 17, 18] Atualmente, a população humana atinge o expressivo número de 7 bilhões de pessoas e a tendência é de aumento do número de habitantes nas grandes cidades. Obviamente, a produção de lixo também aumentou e, com ela, a preocupação com o destino a ser dado aos resíduos gerados pelos habitantes dos meios urbanos.
   a) Indique a solução encontrada para o problema do aumento da produção de resíduos gerados nos centros urbanos das grandes cidades.
   b) Mesmo que a solução sugerida no item anterior tenha resolvido razoavelmente o problema gerado pelo acúmulo de lixo, tornou-se necessário o encontro de locais apropriados para receber os resíduos gerados pela atividade humana. No entanto, apesar dos esforços, a solução não foi perfeita. Indique pelo menos um problema relacionado aos grandes depósitos de lixo de uma cidade.

3. [1, 2, 3, 6, 7, 8, 9, 11, 12, 17, 18] Considere a seguinte relação de materiais:

pedaço de pão
latinha de refrigerante
recipiente de plástico comum
folha de alface
pedaço de madeira
folha de papel

teclado de computador
bateria de telefone celular
barra de ferro
barra de chocolate
pedaço de lasanha
copo de vidro

pedaço de queijo
fio elétrico
tampa de refrigerante PET
semente de feijão
monitor de computador
abacate

Utilizando os seus conhecimentos sobre o assunto, responda aos itens abaixo.
   a) Que denominação é dada aos compostos orgânicos que podem ser degradados por organismos vivos e aos que não podem ser decompostos por seres vivos, respectivamente?
   b) Faça uma tabela contendo duas colunas, acrescentando em uma delas os materiais que podem ser decompostos por seres vivos e, na outra, os que não são decompostos por esses seres.

4. [1, 2, 3, 6, 7, 8, 9, 11, 12, 17, 18] Lixões e aterros sanitários constituem medidas que contribuem para a destinação do lixo gerado pelos moradores de cidades. O encaminhamento do lixo para esses locais foi uma necessidade decorrente da vida moderna, uma vez que é totalmente desaconselhável o armazenamento de lixo por longo tempo em residências.
   a) Indique a principal diferença entre lixão e aterro sanitário, em termos da constituição desses locais como armazenadores de lixo.

b) Qual desses dois locais oferece menos risco à saúde coletiva e ao ambiente de modo geral? Justifique sua resposta.

5. **[1, 2, 3, 6, 7, 8, 9, 11, 12, 17, 18]** Leia o texto a seguir: "Todo lixo gerado pela população deveria ser coletado, armazenado e processado de forma adequada. Ao jogar lixo nas ruas, lixões, córregos e rios, os resíduos dele decorrentes penetram no solo e são carregados pela água das chuvas, contaminando o lençol freático. Além disso, o lixo jogado em local inadequado também pode agravar o problema das enchentes, gerar doenças, atrair insetos e outros animais que comprometem a saúde humana".

Fonte: FUNDESPA (Fundação de Estudos e Pesquisas Aquáticas) – Programa de Ações de Cidadania – Transpetro – Terminal Aquaviário de São Sebastião, 2008, p. 108.

a) Tendo como base as informações contidas no texto, reconheça e reescreva no seu caderno os trechos que se referem às consequências de se jogar o lixo em locais inadequados.

b) O texto deixa claro que o lixo gerado pela população não deve ser jogado em local inadequado. Cite o local mais adequado para receber lixo biodegradável produzido pela população.

6. **[1, 2, 3, 6, 7, 8, 9, 11, 12, 17, 18]** Qualquer alimento deixado fora da geladeira apodrece após alguns dias. Uma garrafa de plástico contendo água mineral, ao contrário, após o consumo permanece no ambiente por vários anos. Esse é um dos motivos que justificam atualmente o uso de garrafas de plástico descartadas para produzir objetos que sirvam para a decoração, paredes e mesas. O mesmo nunca poderia ser feito com os restos de alimentos que normalmente são consumidos pelas pessoas, como carnes, pães, massas etc.

a) No que diz respeito ao tema deste capítulo, indique a principal diferença existente entre os alimentos citados e as garrafas de plástico.

b) Por que restos de alimentos expostos no ambiente não se comportam como as garrafas de plástico, ou seja, por que não permanecem no ambiente por vários anos?

c) Indique uma possível utilidade das garrafas de plástico.

A ilustração ao lado é um esquema de aterro sanitário. Baseando-se no esquema e utilizando os seus conhecimentos sobre o assunto, responda às questões **7** a **9**.

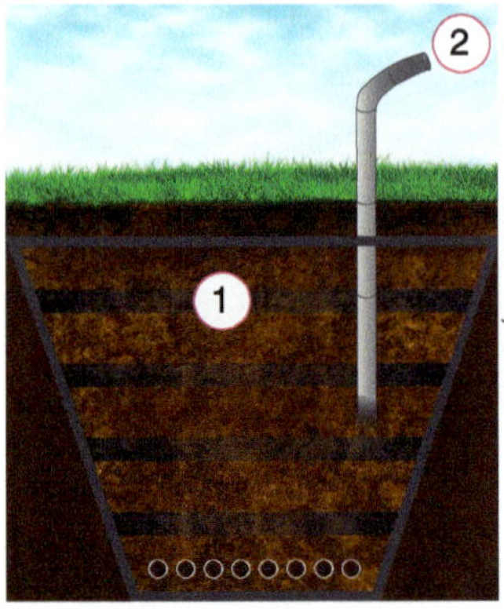

ANA OLÍVIA JUSTO/acervo da editora

7. **[1, 2, 3, 6, 7, 8, 9, 11, 12, 17, 18]**

a) Cite os papéis desempenhados pela camada 1 e pelo tubo 2, desenhados no esquema.

b) O lixo domiciliar, ou seja, aquele produzido pela população em suas residências é constituído de diversos tipos de materiais: restos de alimentos e guardanapos de papel, sacos plásticos, recipientes PET, latinhas de alumínio e caixas de papelão. Dos materiais citados, recomenda-se que sejam depositados em um aterro sanitário os restos de alimentos e os guardanapos. Explique, em poucas palavras, a razão desse procedimento.

8. **[1, 2, 3, 6, 7, 8, 9, 11, 12, 17, 18]** Sacos plásticos, recipientes PET, latinhas de alumínio e caixas de papelão, bem como pilhas, baterias, teclados e monitores de computador, recipientes de isopor e inúmeros outros materiais industrializados não devem ser encaminhados a aterros sanitários. Em vista disso, responda:

a) Qual deve ser o destino dos seguintes materiais: sacos plásticos, recipientes PET, latinhas de alumínio e caixas de papelão?

b) Como proceder no caso dos demais materiais citados?

9. **[1, 2, 3, 6, 7, 8, 9, 11, 12, 17, 18]** O lixo hospitalar é constituído de agulhas, seringas, algodões, luvas descartáveis, remédios com prazos de validade vencidos, filmes fotográficos de raios X, entre outros, que não devem ser depositados em aterros sanitários. Por outro lado, restos de vegetação, como galhos, folhas, raízes e outros materiais orgânicos merecem um destino diferente. Em vista dessas informações, responda:

a) Para onde deve ser encaminhado o lixo hospitalar? Justifique a sua resposta, citando a principal vantagem desse procedimento.

b) O que deve ser feito com os restos de vegetação e outros materiais orgânicos, no sentido de reaproveitar os nutrientes minerais neles existentes?

10. **[1, 2, 3, 6, 7, 8, 9, 11, 12, 17, 18]** Gás metano e gás carbônico são dois resíduos gasosos liberados por microrganismos e também resultantes da decomposição do lixo orgânico depositado em lixões e aterros sanitários. Essas duas substâncias podem ter utilidade no meio ambiente.

a) Indique por que razão se recomenda que a área do lixão e do aterro sanitário seja dotada de vegetação no seu entorno?

b) Que destino pode ser dado ao gás metano recolhido em aterros sanitários?

11. **[1, 2, 3, 6, 7, 8, 9, 11, 12, 17, 18]** A decomposição de matéria orgânica, sobretudo de resíduos alimentares, nos lixões e aterros sanitários é o resultado da ação de microrganismos. Essa ação resulta no "desmanche" de muitas substâncias orgânicas. Com a decomposição nesses depósitos de lixo, pode haver a formação de um líquido escuro.

a) Indique como é denominado o líquido escuro que se origina da decomposição de matéria orgânica em lixões e aterros sanitários.

b) Que propriedades desse líquido escuro podem comprometer o solo e o ambiente em que é originado?

c) Embora possa comprometer o solo e o ambiente, substâncias contidas no líquido escuro podem ser úteis? Justifique sua resposta.

12. **[1, 2, 3, 6, 7, 8, 9, 11, 12, 17, 18]** Usinas de açúcar e destilarias de álcool utilizam o açúcar de cana e resíduos dessa planta na obtenção de açúcar para consumo humano, bem como para a produção de álcool combustível e de uso doméstico. Do processamento dos resíduos da cana-de-açúcar resulta um líquido, que se convenientemente tratado pode ser útil.

a) Indique as denominações atribuídas ao líquido resultante do processamento dos resíduos da cana-de-açúcar.

b) Por muito tempo o líquido resultante do processamento de resíduos da cana-de-açúcar foi lançado indiscriminadamente no solo. Atualmente, porém, essa atitude mudou e convenientemente tratado esse resíduo pode ser útil. Indique a utilidade resultante do tratamento desse líquido.

13. **[1, 2, 3, 6, 7, 8, 9, 11, 12, 17, 18]** Em muitas regiões agrícolas – e atualmente em muitas residências – tem-se adotado o hábito de não descartar os restos de vegetação e de muitos alimentos, despejando-os em cavidades devidamente revestidas no solo ou em recipientes apropriados de fácil manutenção e manuseio em residências. Folhas, galhos, frutos, flores, cascas que caem de árvores, bem como esterco de animais e restos de alimentos, sobretudo de origem vegetal, são despejados nesses locais protegidos e originam um material que pode ser utilizado para o cultivo de vegetais.

a) Que denominação designa o processo em que microrganismos atuam nesses restos orgânicos e qual é o material dele resultante?

b) Indique a utilidade que o material resultante desse processo pode ter para o cultivo de plantas.

14. [1, 2, 3, 6, 7, 8, 9, 11, 12, 17, 18] Resíduos hospitalares, comumente designados de lixo hospitalar, que contêm seringas, luvas, restos de medicamentos e, às vezes, instrumentos cirúrgicos, costumam estar contaminados por microrganismos, muitos deles patogênicos, ou seja, capazes de causar danos à saúde das pessoas que com eles possam ter contato.

Devido a essa ocorrência, o destino dado a esses resíduos deve ser bem avaliado no sentido de evitar malefícios. Qual é o melhor destino para esses resíduos? Justifique sua resposta.

15. [1, 2, 3, 6, 7, 8, 9, 11, 12, 17, 18] Na natureza, tudo o que faz parte do corpo de seres vivos deve retornar ao ambiente. No corpo humano, por exemplo, há uma utilização intensiva de substâncias contendo os elementos químicos sódio, potássio, cálcio, ferro, carbono, entre outros, que são essenciais para o bom funcionamento do organismo.

a) Argumente a favor da necessidade de devolver ao meio os elementos químicos que compõem os seres vivos.

b) Indique que seres vivos possuem fundamental importância para a devolução ao meio dos elementos que compunham o organismo dos indivíduos enquanto vivos.

---

16. [1, 2, 3, 6, 7, 8, 9, 11, 12, 17, 18] A foto A, à esquerda, mostra uma das mais bem-sucedidas atitudes das sociedades modernas, ou seja, o correto procedimento na coleta do lixo produzido nas cidades. O esquema B ilustra o princípio dos "três erres", que simboliza a necessidade de conscientizar a população de que deve adotar medidas concretas para resolver o problema do lixo: reduzir a produção de resíduos e consumir com moderação, reutilizar os materiais e reciclar, sempre que possível. Com relação a este assunto, responda:

A

LUCA DE POLO/PANTHERMEDIA/KEYDISC

B

PANTHERMEDIA/KEYDISC

a) Qual é a principal mensagem da foto representada em A?

b) Com relação ao esquema dos "três erres", sugira um exemplo, com algum tipo de material que você conheça, de que é possível concretizar o que o símbolo sugere.

---

17. [1, 2, 3, 6, 7, 8, 9, 11, 12, 17, 18] Segundo algumas estimativas, consomem-se anualmente cerca de 500 bilhões a um trilhão de sacos plásticos ao redor do mundo (*National Geographic*). O plástico, embora represente um conforto em termos de embalagem, acarreta um grave problema ambiental que precisa ser resolvido.

Com relação ao texto acima e utilizando os seus conhecimentos sobre o assunto, responda:

a) Por que os plásticos atualmente utilizados em sua grande maioria representam um grave problema ambiental?

b) Sugira algumas soluções que resolvam o problema representado pela maioria dos plásticos atualmente utilizados.

O gráfico abaixo, em forma de *pizza*, relaciona as porcentagens de resíduos sólidos produzidos em uma grande cidade hipotética. Utilize-o para elaborar as respostas das questões **18** e **19**.

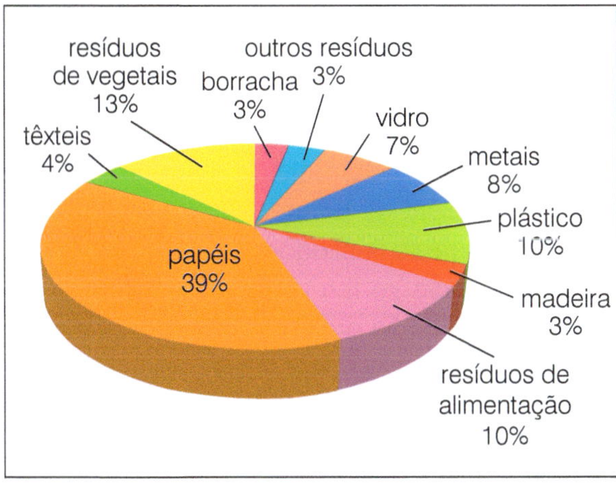

ANA OLÍVIA JUSTO/acervo da editora

18. **[1, 2, 3, 6, 7, 8, 9, 11, 12, 17, 18]**

a) Cite dois materiais que se destinam a centros de reciclagem ou que possam ser reutilizados.

b) Quais dos resíduos devem ser destinados a um aterro sanitário?

c) Que materiais podem servir para a elaboração de um composto orgânico usado como adubo?

19. **[1, 2, 3, 6, 7, 8, 9, 11, 12, 17, 18]**

a) Qual é a porcentagem final de resíduos que se destinariam a um possível processo de produção de composto que poderá ser utilizado para finalidades agrícolas?

b) Em termos porcentuais, quais dos resíduos são mais abundantes, os biodegradáveis ou os não biodegradáveis? Justifique sua resposta com os cálculos correspondentes.

20. **[1, 2, 3, 6, 7, 8, 9, 11, 12, 17, 18]** O esquema a seguir simboliza e resume tudo o que abordamos neste capítulo. A partir de sua observação e análise, responda:

DANIEL VILLENEUVE/PANTHERMEDIA/KEYDISC

a) Qual é a mensagem contida nessa ilustração?

b) Interprete a frase que acompanha o esquema: "Mude de atitude: não jogue tudo fora. Recicle!".

Navegando na net

As ações sobre coleta seletiva são divulgadas, geralmente, pelos sites das prefeituras. Visite o site da prefeitura de sua cidade para saber os dias em que os caminhões de coleta seletiva passam pela rua em que você mora. Além disso, o endereço eletrônico

<http://www.mpsp.mp.br/portal/page/portal/Cartilhas/coleta_seletiva.pdf>

apresenta uma cartilha com orientações sobre o processo de separação dos resíduos recicláveis (*acesso em:* 26 out. 2023).

Leitura

Você, desvendando a Ciência

E se a Terra não tivesse solo?

Já pensou se nosso planeta não tivesse solo? Inúmeras atividades seriam impossíveis de realizar. Por exemplo, não seria possível cultivar plantas. A não ser que conseguíssemos cultivá-las de outro jeito. Por exemplo, na água. Hoje, isso já é possível por meio de cultivo hidropônico, mas não com qualquer espécie de planta.

O solo foi fundamental para a nossa espécie. Com ele, aprendemos a cultivar plantas de interesse alimentar, além de árvores cuja madeira o homem utiliza para uma infinidade de finalidades. Sem pensar neste momento sobre como o solo se formou no nosso planeta, é graças a ele que a vegetação que cultivamos retira a água e os nutrientes minerais indispensáveis para o seu bom desenvolvimento.

Outros seres vivos também se beneficiam da existência de solo. É o caso de bactérias e fungos decompositores, que ajudam a transformar a matéria orgânica em nutrientes que possam ser utilizados pela vegetação. Só para lembrar, foi do solo que os cientistas descobriram inúmeras espécies de bactérias e fungos produtores de antibióticos, substâncias úteis para o tratamento de inúmeras enfermidades. Minhocas, besouros e outros animais ao movimentarem os componentes do solo contribuem para a sua aeração, o que favorece também o desenvolvimento das raízes das plantas.

Você dirá: sim, mas o solo também abriga inúmeros outros seres, entre eles vermes, vírus e bactérias causadores de doenças. Sim, você tem razão, mas cabe a nós, seres humanos, saber evitar, por meio de medidas de saneamento básico, as doenças que esses seres poderiam nos causar.

Hortaliças sendo cultivadas pelo processo de hidroponia, em que o solo é substituído por uma solução nutritiva, adequada ao desenvolvimento das plantas.

Em sua opinião, qual é o maior benfício que os seres vivos que habitam o solo nos proporcionam?

TecNews

O que há de mais moderno no mundo da Ciência!

Lixo útil e resgate da cidadania

A crescente preocupação com meio ambiente tem sido frequentemente relatada tanto na literatura científica quanto nos diversos meios de comunicação. Seja nos países desenvolvidos, subdesenvolvidos ou em desenvolvimento, a consciência política e social da integração entre meio ambiente e saúde humana é um fato. Esta interdependência da saúde com os fatores ambientais é denominada saúde ambiental.

A busca e a consciência do desenvolvimento sustentável é a abordagem universal para preservação do meio ambiente e manutenção da qualidade de vida. A coleta seletiva de lixo objetiva a diminuição da poluição do ar, do solo e dos recursos hídricos, o reaproveitamento de matéria-prima, diminuindo a exploração das riquezas naturais como a extração de minérios e madeira, do mesmo modo que aponta para a economia de energia.

Do ponto de vista da saúde pública, várias são as moléstias que se desenvolvem em função do lixo, direta ou indiretamente. Geralmente, doenças associadas à falta de saneamento básico ou à precariedade do sistema, à carência de educação sanitária e higiene; especialmente doenças de veiculação e de origem hídrica. Estas vêm ganhando especial atenção pela sua prevalência, passando a ser consideradas como um dos principais problemas de saúde da população, em função de seus elevados índices de mortalidade, morbidade e pelos elevados custos sociais que acarretam. Este fato mostra-se ainda mais relevante pelo fato de atingir, predominantemente, as camadas populacionais mais carentes, o que se torna bastante preocupante, ao levarmos em conta que o Brasil, considerado atualmente como país em desenvolvimento, possui ainda considerável parte da população sem os benefícios do saneamento básico.

Atividades de reciclagem e reaproveitamento do lixo, que são fundamentais para o desenvolvimento do país, não dizem respeito apenas à preservação do meio ambiente ou do equilíbrio ecológico, mas à valorização da própria natureza humana. Não é suficiente, em um país como o Brasil, fazer a reciclagem do lixo: precisa-se também fazer uma reciclagem da cidadania, promovendo, antes de qualquer coisa, o ser humano e o cidadão.

Fonte: MULLER, A. P. B. *et al. Lixo útil e resgate da cidadania. Disponível em*: <http://www.unaerp.br/documentos/789-lixo-util-e-resgate-da-cidadania/file>. *Acesso em*: 27 out. 2023.

Investigando

Com seu grupo de trabalho, façam uma pesquisa a respeito da coleta de lixo em sua cidade, tanto a doméstica como a hospitalar. Pesquisem também sobre o trabalho dos catadores de material reciclável, responsáveis pelos significativos índices de coleta seletiva no país, fazendo do Brasil um dos campeões mundiais em reciclagem de alumínio.

BIBLIOGRAFIA

ANDERY, M. A. *et al. Para Compreender a Ciência*. Rio de Janeiro: Garamond, 2007.

BRESINSKY, A. *et al. Tratado de Botânica de Strasburger.* 36. ed. Porto Alegre: Artmed, 2012.

BRUSCA, R. C.; BRUSCA, G. J. *Invertebrados*. 2. ed. Rio de Janeiro: Guanabara Koogan, 2007.

CANIATO, R. *As Linguagens da Física*. São Paulo: Ática, 1990. (coleção Na sala de aula).

CHALMERS, F. A. *O que É Ciência Afinal?* São Paulo: Brasiliense, 1993.

CHANG, R. *Chemistry*. 9. ed. New York: McGraw-Hill, 2007.

CLEMENTS, J. *Darwin's Notebook* – the life, times and discoveries of Charles Robert Darwin. Philadelphia: The History Press, 2009.

CUNNINGHAM, W.; CUNNINGHAM, M. A. *Environmental Science* – a global concern. 10. ed. New York: McGraw-Hill, 2008.

LEPSCH, I. F. *Formação e Conservação dos Solos*. São Paulo: Oficina de Textos, 2010.

MILLER, T. G. *Living in the Environment* – principles, connections, and solutions. 13. ed. Belmont: Cengage Learning, 2004.

NELSON, D. L.; COX, M. M. *Lehninger Principles of Biochemistry*. 5. ed. New York: W. H. Freeman, 2008.

POUGH, F. H.; JANIS, C. M.; HEISER, J. B. *Vertebrate Life*. 6. ed. New Jersey: Prentice-Hall, 2002.

PRESS, F. *et al. Para Entender a Terra*. 4. ed. Porto Alegre: Artmed, 2008.

RAVEN, P. H.; EVERT, R. F.; EICHHORN, S. E. *Biology of Plants*. 7. ed. New York: W. H. Freeman, 2005.

SILVERTHORN, D. U. *Fisiologia Humana* – uma abordagem integrada. 5. ed. Porto Alegre: Artmed, 2010.

STARR, C. *et al. Biology* – the unity and diversity of life. 13. ed. Stamford: Brooks/Cole, 2009.

TAIZ, L.; ZEIGER, E. *Plant Physiology*. 3. ed. Sunderland: Sinauer Associates, 2002.